AtV

KURT BÖWE ist einer der populärsten ostdeutschen Schauspieler. Er wurde 1928 in einer Bauernfamilie im brandenburgischen Reetz (Westprignitz) geboren. Von 1950 bis 1954 studierte er Germanistik und Theaterwissenschaften an der Humboldt-Universität zu Berlin und war dort bis 1960 wissenschaftlicher Assistent sowie Leiter der Studentenbühne. Regisseur Horst Schönemann holte ihn als Schauspieler ans Maxim Gorki Theater Berlin. 1967 Wechsel nach Halle und erste große Erfolge als Spiegelberg, Faust, Puntila und Trullesand (in Hermann Kants »Aula«). 1973 wurde er ans Deutsche Theater Berlin engagiert und in Inszenierungen von Adolf Dresen, Alexander Lang, Rolf Winkelgrund und Thomas Langhoff zu einem der wichtigsten Protagonisten. Seit 1997 spielt Böwe als Gast am DT.

Der Schauspieler übernahm auch Hauptrollen in zahlreichen DEFA- und DDR-Fernsehfilmen (u. a. in »Der nackte Mann auf dem Sportplatz«, »Jadup und Boel«, »Märkische Forschungen«, »Einzug ins Paradies«, »Späte Ankunft«, »Levins Mühle«, »Pause für Wanzka«). Seit 1991 ist er Kommissar Groth in der TV-Reihe »Polizeiruf 110« (NDR).

HANS-DIETER SCHÜTT wurde 1948 in Ohrdruf geboren. Er ist Theaterwissenschaftler und arbeitet als Journalist und Publizist in Berlin. Er veröffentlichte zahlreiche Interviewbücher, so mit Reinhold Messner, Gert Voss, Klaus Löwitsch, Alfred Hrdlicka, Frank Castorf, Gerhard Gundermann, Gisela Oechelhaeuser und Inge Keller sowie »Mein Abenteuer bin ich – 24 Prominente im Gespräch«. Mit Böwe gab er das Lesebuch »Böwes Fontane« heraus.

Hans-Dieter Schütt

KURT BÖWE

Der lange kurze Atem

Aufbau Taschenbuch Verlag

Alle Autorenbeiträge und Interviews wurden, soweit nicht anders notiert, für dieses Buch verfaßt.
Die Notizen Werner Stötzers veröffentlichen wir mit freundlicher Genehmigung des Autors.
Der Text von Alexander Osang erschien am 10. März 1992 in der »Berliner Zeitung«; die Veröffentlichung erfolgt mit freundlicher Genehmigung des Chr. Links Verlags Berlin.
Dieter Sturm gab uns die freundliche Genehmigung, seines Dankesworte bei der Verleihung des Fritz-Kortner-Preises 1993 zu veröffentlichen.

Die Fotos stellte Kurt Böwe aus seinem Archiv zur Verfügung. Die Autoren sind:
Gisela Brandt, Martin Dettloff, Pepita Engel, Joachim Fieguth, Günter Gueffroy, Barbara Haller, Harry Hirschfeld, Andreas Kämper, Dieter Lück, Barbara Meffert, Manfred Paul
Nicht in jedem Fall waren die Autoren zu ermitteln.

ISBN 3-7466-1540-2

1. Auflage 1999
Aufbau Taschenbuch Verlag Berlin

Umschlaggestaltung Torsten Lemme
unter Verwendung eines Fotos von Andreas Kämper
aus dem Archiv von Kurt Böwe
Druck Clausen & Bosse, Leck
Printed in Germany

EIN SCHAUSPIELER, kaum hat er sich abgeschminkt, wartet aufs Lob. Lobe ihn auf jeden Fall, spare deine Kritik für übermorgen. Im Augenblick, da einer von der Bühne kommt, ist Kritik nur eines: grausam.

Der Schauspieler, anders als andere Künstler, ist eins mit seinem Werk, und zwar auf sehr leibliche Weise. Was ihm mißlingt, kann er nicht herausreißen, zerknüllen und wegwerfen; es klebt an ihm, ob gelungen oder mißlungen. Nichts ist begreiflicher als seine Gier, sofort zu hören, sofort zu erfahren, wie er denn gewesen sei heute abend. Er kann sein Werk nicht selber sehen. Das ist etwas Ungeheuerliches. Der Schauspieler hat etwas von einem Maler, der blind ist – vermerkt Max Frisch in seinem Tagebuch.

Ich gestehe: Kein weltverbesserlicher Impetus hat mich ins Bühnenlicht gezogen; nein, mein eigener eitler und gefährlicher Spieltrieb brachte mich auf jene gut dotierten Örtlichkeiten, die in Deutschland gar übermäßig verbreitet sind.

Doch wehe, wenn du hinaufgelangst!

Die Bühne: Sinnbild, Abbild des Lebens aller Jahrhunderte, so wähnt man, und wo es am wildesten hergeht, da ist das Heute. Dies ist der Ort ohne Entrinnen, der Ort, wo der Schauspieler seine Feinde trifft und seine Freunde. Meist zu viele Feinde, zu wenige Freunde. Da kämpft er, und da kämpft er sich müde. Und zwar am einzigen Zwecke, der ihn – auf glückliche, weil Hoffnung schaffende, aber auch unglückliche, weil nie endende Weise – mit seinen Zuschauern verbindet: mittels Spiel zu versuchen, auf das poetische Niveau seiner Träume zu gelangen.

Wohl eingedenk der wunderwahren Worte Theodor Fontanes, die alles ach so Erhabene (oder was sich dafür hält) aufs menschenbekömmliche Maß bringen: »Ohne ein gewisses Quantum von Mumpitz geht es nicht!«

Das gilt für dieses Buch allemal.

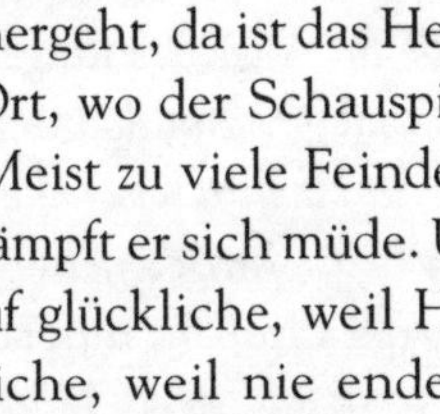

Thomas Langhoff

Du Fuchs im Bärenpelz

Vergnüger, Verführer, Verzauberer, Verärgerer des Publikums.
So soll es sein.

1960. Ein Schauspielschüler sah in Leipzig eine Gruppe darstellender Theaterwissenschafts-Studenten, den »Entfesselten Wotan« spielten sie. Nichts hat ihm gefallen, nur ein dicklicher, stark schnaufender Kerl mit markantem Organ. Auffällig war er, wendig, witzig und unverschämt. Der junge arrogante Schüler war immerhin empfänglich für den Charme des Frechen.

1965 sah er in Berlin »Die Geisel«. Nichts hat ihm gefallen, nur wieder sehr der Dicke in einer kleinen Rolle. Der ehemalige Schauspielschüler merkte, dieser Mann wirkt auf ihn betörend: Er war kein Wissenschaftsstudent mehr, er war nun Berufsschauspieler und wurde mehr und mehr berühmt. Der Junge wurde nicht berühmt. Er arbeitete aber fleißig und durfte an Orten inszenieren, wo er des Dicken habhaft werden konnte. So kamen sie zusammen; der mächtige Mann wurde im Auge des Jüngeren kleiner, schrumpelte auf ein Menschenmaß und gewann dadurch um so mehr.

Fortan mehrten sich die gemeinsamen Arbeiten, auch hörte der nun nicht mehr Junge, inzwischen auch Angesehene, gern auf die Meinung des Großen, nun bald Alten. Beide traten, der eine früher, der andere später, in ein Haus ein, dem sie gern angehörten. Beide trachten auch heute noch, gerade heute, ihre Eitelkeit, ihr Künstlertum und ihren gemeinsamen Sinn für Unsinn in den Dienst dieses Hauses zu stellen, in das die Zuschauer auch kommen, um den wunderbaren Schauspieler B. zu sehen. Er ist ein Teil des Theaters, ist fast ein Markenzeichen. Kurt, der Komödiant, Literaturliebhaber, Schwadroneur, Westentaschenphilosoph, Narr mit ersten Weisheitsanflügen, Spieler, Selbst- und Fremddarsteller, er ist der Listige, Lustige mit latenter Traurigkeit. Ein Biedermeier-Kerl, so scheint es, aber der Gemütlich-Gemütvolle ist der Fuchs im Bärenpelz.

Ausgestattet mit diesen Erkenntnissen, erhofft sich der Jüngere, erhoffe ich mir noch viele Arbeiten mit dem unwesentlich Älteren.

(Thomas Langhoff ist Intendant des Deutschen Theaters Berlin)

Reden wir kurz über das, worüber wir reden werden

OHNE NACHAHMUNG kommen wir alle nicht aus.

Auch der Urgrund von Schauspielerei ist Nachahmung – dessen, was vor unseren Augen geschieht und dessen, was in uns selbst geschieht. Wer etwas nachahmt, wiederholt die Welt – freilich: nur etwas anders, als die Welt sich selber gibt.

Aber in diesem kleinen Wörtchen NUR steckt die ganze Kunst.

Wird eine Schauspielerei gar zur Wiederholung dessen, was SO vorher noch nie jemand gemacht hat, dann kann man, vielleicht, von wahrhaft großer Kunst sprechen. Es ist das Ratespiel, das wir aus der Kindheit kennen: Ich sehe was, was du nicht siehst.

Dieses Buch ist das Protokoll eines langen Gesprächs, dessen Anfang verlorenging, dessen Ende auch nach Abschluß dieses Buches eigentlich nicht absehbar ist. Denn Kurt Böwe attackiert jede Interviewführung, die ihm ein Ordnungsprinzip aufzuerlegen sucht, mit gnadenloser Lebendigkeit – indem er tönt und tuschelt, weit ausholt und sich selbst nicht wieder einholt. Auf jede Frage tausend Antworten, auf jede Antwort tausend neue Fragen. »Bitte nichts Abgeschlossenes! Sammeln wir gemeinsam Material für ein Fragment: Ich in wechselnden Zeiten.« Der Schauspieler schwingt sich in Höhen, kurvt schwungvoll um sich selber. Er durchschreitet eigene Kreise, läuft sich selber in den Weg – ein Weg, der ihm, der ihn doch ging, dennoch an so mancher Stelle ein Rätsel bleibt. Und Böwe rumpelt auch mal ärgerlich an den Grenzen des eigenen Verstehens entlang.

Ich hörte zu, und schließlich stand ich vor einem Kopf-Innenbild, das wunderbar staunen machte.

Böwes Bühnenleben entbehrt in beträchtlichen Teilen einer deutlichen Schau-Stellerei und eines virtuos gehandhabten Mimen-Registers. In vielen Rollen kam er nicht aus einem fremden Stück zu uns, von ganz weither, sondern gleichsam von nebenan mal kurz herüber. Doch welch seltsame Verkehrung:

Justament im Gespräch, jenseits von Garderobe und Maske, verwandelt sich der Mann von »nebenan« in einen unentwegt Gaukelnden; der Narr in der Garderobe des Philosophen, der Philosoph in der Maske des Narren.

Überhaupt, Schauspielers Hauptinstrument: Ist sie, die Maske, ein Irrtum des Gesichts? Oder eine Krankheit des Gesichts? Böwe schmunzelt: vielleicht dessen größte Leistung.

Jede Begegnung mit diesem Mann: Fulminantes Zimmertheater zwischen Flunkerei und Fakten. Alle Dichter auf einer Zunge versammelt, Fontane vornweg: Was aber ist wahr in diesen dröhnenden Reden und was Märchen?

Er hält es mit Janosch, dem Maler und Dichter, der einem Journalisten beim Interview sagte: »So viele Jahre Leben – war das ein Glück oder nicht? Sie stellen Fragen! Das zu beantworten, wäre eine lange Rede. Doch darf ich Ihnen schon jetzt sagen, wie es mich davor graut, ausgefragt zu werden. Erfahrungsgemäß werden Sie manches verdrehen, verändern, spätestens der Redakteur oder Lektor wird einen schlechten Tag haben und das, was Sie hinschreiben, noch einmal zerstören; Lektoren haben vom Schreiben so viel Ahnung wie ein Hecht von Hechtsuppe; richten in der Literatur mehr Schaden an, als ein Wildschwein in einem Frisiersalon ... Da kann ich gleich selbst lügen. Ist Ihnen das recht?«

Und ob uns das recht ist.

Und so wird schnell klar, warum der Schauspieler seine Frau nicht gern in der Nähe weiß, wenn er zunächst ganz schlicht, ja geradezu gefährlich scheinheilig ankündigt, er wolle nun wieder etwas aus seinem Leben erzählen. So schnell der Satz gesagt ist, so schnell treibt's uns hinaus, und noch schneller vergessen wir, wohin.

Geschichten kommen vorüber, wie diese.

Morgens und abends ging ich an einer Statue vorbei, sagt der Schauspieler, und ich bin jedesmal sehr enttäuscht gewesen: Denn ich rührte sie an – sie rührte sich nicht. Ich sprach sie an – sie blieb sprachlos. Ich lächelte ihr zu – nie lächelte sie zurück.

Da war ich mir sicher, meint Böwe: Das kann auf gar keinen Fall Kunst sein!

Und er schickt dieser poetischen Marginalie, die viel über sein Verhältnis zur Kunst erzählt, ein hintergründiges Lächeln hinterher, das sagt: Für jemanden, der wie ich in einer Welt der Träume und fremden Gestalten lebt, an der langen Wegstrecke zwischen Realität und Utopie, bedeutet es eine geradezu unnatürliche Anstrengung, wahrheitsgetreu im üblichen Sinne des Wortes zu sein; ich verstand mich nie mit Leuten, die alles wörtlich nehmen.

Wir haben miteinander gesprochen, und über Monate hinweg monologisierte Kurt Böwe auch auf sein kleines Kassettengerät. Immer wieder grub er in seinem zweiten Gedächtnis nach, seinem übervollen Sammelsurium aus Zeitungsausschnitten, Programmheften und anderen Zeitdokumenten. Das vorliegende Buch – erfragt auf Spaziergängen mit Böwe in dessen heimatlicher Prignitz, am Schreibtisch des Schauspielers in Berlin-Lichtenberg und beim Besuch von Freunden und Kollegen – besteht aus Gedankensprüngen und Existenzvermutungen. Biographiefäden tanzen aus der Reihe. Leben tut sich auf als das, was es hinter der scheinbaren Übersichtlichkeit einer Biographie ist: ein Gemenge, an dem ziemlich viele Leute beteiligt sind, mal nah dran am Schauspieler, mal weniger, aber allesamt verwickelt.

Dem nähert sich der Darsteller: dem Undarstellbaren – jenem Durcheinander aus Denken, Fühlen und Zweifeln, jenen Halden aus Unbegriffenem und Angedachtem, die sich über Jahre angesammelt haben.

KURT BÖWE, Sie haben allen Grund, glücklich zu sein.

»Das stimmt, aber von wem wissen Sie das?«

Vom großen Berliner Schauspieler Alexander Granach. Der hat es ausgerechnet: Lear ist einhundertzwölf Jahre alt, Mephisto fünfzig, Hamlet dreißig, Franz Moor so um die fünfundzwanzig, Shylock ist sechzig und Othello vierzig Jahre alt, macht zusammen dreihundertsiebzehn Jahre. Die kann ein Protagonist am Theater glatt – gut, wir spitzen jetzt sehr zweckdienlich zu – in etwas mehr als einer einzigen Spielzeit schaffen. Wenn man also dreißig Jahre schauspielert, lebt man neuntausendfünfhundertzehn reiche Jahre statt erbärmlicher siebzig.

»Hm.«

Reden wir also.

»Über diese seltsame Kunst, sein Leben zu verlängern?«

Reden wir zuerst darüber, daß Sie, einer der Stars vom Deutschen Theater Berlin, schnell auch einem Westpublikum zum Begriff wurden, aber im Schrank noch immer Ihr DDR-Nationalpreis liegt! Keine Rückgabe?

»Ich wurde im Osten gezogen, und ich habe meine Wurzeln nie abgeschnitten, auf daß die Pflanze Böwe vielleicht woandershin wachse. Ich bin vom Habitus her wohl kein gesamtdeutscher Schauspieler, ich gehöre in die Provinz, in die Prignitz. Hinter den Bergen wohnen auch Menschen.«

Sie sehen ja ein bißchen aus wie die DDR.

»Wie bitte?«

Ich will Sie nicht beleidigen, aber das haben Sie selber mal gesagt; wir werden darauf noch öfter zu sprechen kommen.

»Im Grunde stimmt es: Etwas zerlaufen bin ich, etwas ausgehängt, jedoch auch ziemlich rundgewachsen, naja, und als Schauspieler: immer viel Text, aber wenig Luft – ich bin ein Mensch mit kurzem Atem.«

Und Sie haben formuliert, bezogen auf ein Leben in der DDR, Sie seien ein Antifaschist der ersten und ein Nationalpreisträger der letzten Stunde.

»Beides mit nicht geringer Genugtuung.«

Aber das ist Vergangenheit, nicht mal unbedingt rühmliche.

»Was sagt das schon? Ich glaube, daß man Durchlebtes, sonderlich die Irrtümer, nicht leichtsinnig zur Seite räumen sollte.«

Sonderlich die Irrtümer?

»Ja, weil das, was man im Leben will, manchmal dort am kenntlichsten ist, wo es wehtut, wo es mit Niederlagen verbunden bleibt, aus denen zu lernen sein könnte. Alles charakterologisch und moralisch nur vom Ende her zu deuten, scheint so sinnfällig zu sein, wie es eben falsch ist. Nichts sei so erfolgreich wie der Erfolg, sagen die Amerikaner und schlußfolgern daraus, daß nichts so verächtlich sei wie der Mißerfolg. Ich halte das für eine fragwürdige Maxime.«

Von den Russen, heißt es, sollen Sie da weit mehr halten.

»Ich liebe deren leidenschaftliche Seelen, diese so gar nicht bürgerlichen Herzen. Die Russen können sich in dunkelste Tiefen und in luftigste Höhen schwingen; die halten sich nicht dauernd, wie wir, im sicheren Reich lauwarmer Gefühle auf.«

Wie wir? Sie meinen die Deutschen?

»Deutsche, ich zitiere jetzt mal Tucholsky, die sind nicht frei von der Verführung, eine Goethebüste aus Schokolade für geistige Nahrung zu halten.«

Einer Ihrer ersten Freunde war Viktor, siebzehn Jahre alt, russischer Zwangsarbeiter aus Dnepropetrowsk, hertransportiert ins Prignitzdorf Reetz, den hat ein Nazi vom Essenstisch der Böwes wegzuprügeln versucht, vergeblich.

»Wissen Sie, diese Menschen haben in der Stalinzeit so viel Schlimmes erlitten, und ihr Leben ist viel armseliger gewesen als unseres. Und doch haben sie so ein ruhiges Selbstbewußtsein, so eine natürliche Gewißheit – daß Leben möglich bleibt und Wert behält. Wir verdanken ihnen viel.«

Was verdankt ihnen Kurt Böwe?

»Ich bin ja gleichsam mit Holzpantinen in die Kunsttempel gekommen. Bei uns zu Hause, wir waren sieben Kinder, gab es kein Buch. Nicht mal die Bibel! Mein Vater sagte, die liegt beim Pfarrer, wenn man sie braucht. Oder doch, warten Sie: Das evangelische Kirchengesangbuch, das gab's. Und ein Band Alte-Fritz-Anekdoten, ja, der hatte sich irgendwann auch noch eingefunden. Jedenfalls: In der feinen Gesellschaft hatten Bauernlümmel wie ich kaum eine Chance, aus dem Heu zu kommen. Aber in den Anfängen der DDR geschah durchaus große historische Gerechtigkeit – mit der segensreichen Verwandlung des feudalen Grundbesitzes in Volkseigentum. Mit der Zerschlagung des Faschismus fing viel Hoffnung an. Schon dafür bin ich den Russen dankbar. Die gerechteste Aktion nach dem Ende des Krieges war die Bodenreform, die ungerechteste Aktion ist der Versuch, sie nun wieder rückgängig zu machen.«

Der Schauspieler Boy Gobert meinte eines Tages: Ich verstehe nicht, warum ich als Erwachsener frühmorgens aufstehe, um mir abends rote Schminke ins Gesicht zu schmieren.

»Richtig. Und ich komm dazu noch aus dem Norden! Dort gilt bis heute: Wäsche weg, die Komödianten kommen! Mißtrauen gegen das fahrende Volk ist da tief verwurzelt. Die einzige Rechtfertigung des Schauspielerberufes sieht man dortzulande in der beruhigenden Tatsache, daß so wenigstens die Asozialen von der Straße kommen. Ja, Schauspieler sind Leute, die sich nicht assoziieren lassen wollen, deshalb schließen sie sich zusammen in einer freien Gemeinschaft der Ver-rückten.«

Die leben eingesperrt in dunklen, verschlossenen Räumen und erfinden jeden Tag die Welt neu, und je größer die Rollen und die Gagen, desto größer das Gefühl, Gott zu sein.

»Nein, Götter zu sein, nicht Gott!«

Wieso Götter und nicht Gott?

»Weil Götter etwas Wesentliches von Gott unterscheidet: Götter erscheinen. Schauspieler auch. Das ist Voraussetzung ihrer Existenz.«

Ich sehe Sie als Bruscon vor mir, den »Theatermacher« von Thomas Bernhard, in den Kammerspielen des Deutschen Theaters Berlin. Ein aufgeblasener Genius mit rotem Schal, mit Streitlust und den Geltungswahn in allen Falten des weiten Gewandes. Der spielt sein gigantisches Drama »Das Rad der Geschichte«, der Welt so grimmig wie selbstverliebt, so wissend wie verunsichert den Spiegel vorhaltend. Aber nicht die große Welt schaut ihm zu – nein, die Aufführung findet im erbärmlichen Dörflein Utzbach statt: zweihundertachtzig Einwohner, draußen grunzen die Schweine, es ist Blutwursttag.

»Wahn und Wurschtigkeit eines Komödiantenlebens: Du träumst vom Olymp, aber rundum ist Utzbach. Auf der Bühne Faust, hinterm Vorhang Fusel. Du spielst den Leuten was vor – um zu verbergen, daß du dir selber was vormachst. Aber so ist das Leben, zu gewissen Teilen, und nicht mal unmaßgeblich: lauter kleine Reisen in die Hölle.«

Was Sie da spielen, Böwe, leidend und tyrannisch, großartig und bösartig, ist eine der wunderbarsten und schonungslosesten Charakterisierungen des Schauspielerberufes.

»Diese Leute vom Theater, wollen sie auch nur ein einziges Quentchen Wahrheit hervorbringen, müssen sich der Lüge verschreiben, auf immerdar. Künstlerische Wahrheit besteht überhaupt nur aus unsterblichen Lügen.«

Sie geben also zu, daß Schauspieler uns Zuschauer belügen?

»Aber doch so, daß Sie glauben, es sei die Wahrheit.«

Was ist Lüge, was ist Wahrheit?

»Wahrheit? Im Leben? Zum Beispiel, ich muß wieder auf die Geschichte kommen, daß mir das Kriegsende nicht sehr lange Zusammenbruch, sondern sehr schnell Befreiung bedeutete. Kurt, der Junge aus der platten Prignitz, läuft in Hoffnung, gemeinsam mit dem ›Russenknecht‹ Viktor, sowjetischen Panzern entgegen. Dennoch: Die Sterne stehen kaum gut damals.«

Das Asthma. Der kurze Atem.

»Ja. Wenn so einer wie ich fürderhin von Reichtum und Glück sprach, konnte wirklich schon die Luft zum Atmen gemeint sein. Nur was man mit dem Atem weiß, weiß man wirklich. Der Atem ist der größte Lehrmeister.«

Studieren wird der mickrige Mecklenburger. Ein Dörfler als Germanist und Theaterwissenschaftler?

»Auch solcherlei erfand der neue ostdeutsche Staat, und ich gehöre wohl lebenslang zu denen, die sich weigern werden, das im nachhinein klein- oder gar wegzudenken.«

Vom Lehrpult auf die Bühne, vom Berliner Maxim Gorki Theater nach Halle. Fast aus dem Nichts zum sogenannten Zeitgenossen-Theater Gerhard Wolframs und Horst Schönemanns. Sie spielen Kants Trullesand in der »Aula«, Stolpers Gubanow, Goethes Faust, Gorkis Luka. Ist überaus erfolgreich, der »Genosse Schauspieler«, aber immer glatter scheint die Straße dieses Erfolgs zu werden.

»Ich spielte vieles, und ich blieb doch zu oft der eine, der Genosse, ja, das stimmt. In jener Lebenssekunde hatte ich das größte, aber sicherlich auch quälendste Glück: daß mir der Zweifel nicht abhanden kam. Weil da plötzlich ein Fels im Türrahmen stand: Konrad Wolf. Der mich für die Hauptrolle wollte, in seinem Film ›Der nackte Mann auf dem Sportplatz‹. Er zwang meine Krise herbei, den Absprung; fast so etwas wie ein Selbstvernichtungsfeldzug begann. Aber ich kriegte die Kraft, mir selbst in den Weg zu treten; ich wagte einen Gedanken gegen mich, der mir bis dahin ziemlich fern war: Erfolg produziert tote Seelen.«

Und so kriegt Böwe seine Wende, da galt uns im Osten dieses Wort noch wenig: Er dreht den »Nackten Mann auf dem Sportplatz«. Das bleibt Wolfs und Böwes und Kohlhaases schönster, stillster, ja: auch heiterster Film.

»Der Film zeigt die Wunde, die sich selber schlägt, wer sich der Kunst hingibt und auch noch Wirkung erhofft.«

So, nun endlich das Deutsche Theater Berlin. Der Himmel.

»Die Hölle. Tyrannei der Großen, die nicht gerade auf diesen Bauernjungen warteten. Ein Fest der Schauspieler, gegen mich zunächst ein Tribunal. Sicherlich, ich spielte, aber der Applaus meinte immer die anderen. Der doch alles packen wollte, packte im Geiste schon wieder die Koffer. Am Ende wieder eine Erfahrung: Damit Sensibilität siegen kann, muß erstmal Sturheit siegen.«

Ein Kollege hatte vor Jahren zu Ihnen gesagt: Wenn du ans Deutsche Theater gehst, fällst du auf die Fresse.

»Ich habe geantwortet: Hoffentlich.«

Hoffentlich, ja. Böwe, das versteht doch kein Mensch.

»Dieser Kollege ist seit hundert Jahren am gleichen Stadttheater, in Leipzig, und er wird weitere hundert Jahre dort verbringen. Mein Fall ist das nicht. Es gibt so lapidare Lebensregeln, die stimmen auf dem Dorf, die stimmen in der Stadt. Eine heißt: Wenn man in Vergleich kommen will, muß man sich dem Vergleich stellen. Wer nicht damit rechnet, daß er dabei strandet, der muß den Beruf aufgeben. Nichts ist doch wesentlicher, als das Risiko auf sich zu nehmen, auch mal etwas zu vergeigen. Du mußt dich in Gefahr begeben, du mußt. Ins Geröll tritt man ja auch nicht zaghaft – spring ins Geröll oder meide es. Man soll Mut zu sich selbst haben, aber sich niemals sicher sein. Nichts läuft schön und gut ab, schon gar nicht, wenn man drauf baut.«

Koketterie. Der Erfolgsmensch hat gut reden.

»Wußte ich denn von Anfang an, wie's kommt? Ich bewarb mich kurz vorm Abitur in Berlin, auf der Schauspielschule des Deutschen Theaters. Weil mich mein Deutschlehrer gedrängt hatte! Bei den Prüfungen in Berlin, an ehrwürdiger Stätte, von der ich freilich wenig mitkriegte, da stellte sich heraus: Die wollten mich als Arbeiter-und-Bauern-Kader, als die Type vom Lande, der immer Wurscht mitbringt. Da verflüchtigte ich mich rasch, eine Gesundheitsbescheinigung für den Beruf konnte ich sowieso nicht aufbringen, also schrieb ich mich in der Humboldt-Uni ein. Mit dem Ergebnis, daß mein Freund, der Schauspieler Dieter Franke, später ständig warnte: Laßt den Böwe nicht auf die Bühne, der hat zuviel gelesen.«

Die Erfolge bleiben trotzdem nicht aus: Stockmann, Jegor Bulytschow, Kohlhaas, im Film Wanzka und Jadup – Böwe wird langsam groß, breit, mächtig. Nicht mehr zu umgehen, der Mann.

»Naja, wie bereits angedeutet: viel Text, aber wenig Luft. Deshalb hoffte ich beizeiten, viel aus irgendeiner inneren Bewegung zu holen und auf der Bühne zu einer sehr sparsamen Aktionsform zu finden – die sich durch geringe Zeichen Gestalt gibt.«

Sind Schauspieler eigentlich Moralisten?

»Schauspieler sind bestechlich und labil. Mit diesen Jungs und Mädels würde ich nie eine Revolution machen. Sowas auch noch nie gelungen, soviel ich weiß. Theater ist aus dem Leben herausgehoben. Abends ist es nur künstlich beleuchtet. Es hat keine Fenster zur Straße. Damit ist alles klar. Nein, was sich da drinnen abspielt, das ist kein Beruf für starke Charaktere, es ist einer für labile Leute, die man auf eine hell erleuchtete Bühne stellt, damit sie, im Lichte, unter Kontrolle bleiben. Für diese Kontrolle sorgt ein sogenannter Regisseur, der selbst lieber unten im Parkett bleibt, also im Dunklen. Das macht den Regisseur noch gefährlicher, unangreifbarer, und es verstärkt, ein wenig jedenfalls, den Respekt derer, die da oben auf der Bühne stehen.«

Studierter Theaterwissenschaftler sind Sie. Der Dichter Thomas Bernhard mutmaßt, sowas werden die Leute nicht aus Liebe zur Kunst, sondern weil ihnen andere Möglichkeiten als Chauffeur, Schlosser oder Bäcker völlig verwehrt sind.

»Der Mann sagt die Wahrheit. Wäre ich nicht asthmatisch gewesen als Kind, wäre ich Bauer geworden. Aber wenn ich als Kind Brot holen mußte beim Bäcker, standen die Großmütter in ihren Vorgärten, lehnten sich über den Zaun, sahen und hörten mich da den Weg entlangkeuchen, schüttelten mitleidig die Köpfe und sagten: Ach, Kurt, lang wird das mit dir auch nicht mehr dauern.«

So wird man früh ein Fremder?

»Ich äffte gern Leute nach. Kodi ist verrückt, hieß es immer, und die Leute hatten im Wortsinne recht: Ich war beizeiten von ihnen weggerückt. Weil ich zu fast nichts taugte, mußte ich Abitur machen, Strafe muß sein. Das Schreckensbildnis meiner Mutter war, daß ich im grünen Poppenspäler-Wagen durch die Welt fahre. Aber wenn ich nich uppass un an Kass bin, sagte sie, dann wirst du arm wie Hiob. Mein Vater, als er später sein Testament machte, wollte mich enterben; er sagte, Kurt, wenn ich dir ein paar tausend Mark gebe, dann sind die in einem halben Jahr weg. Nein, widersprach ich heftig: in einem Monat!«

Was meinen Sie, worin besteht Ihr Talent?

»Darüber denke ich noch immer nach. Ich weiß es nicht. Da gehe ich manchmal daheim in Reetz um die Kirche rum, latsche durch diese flache Landschaft, komme an den Misthaufen der Kindheit vorbei und frage mich: Warum gerade ich? Viel Glück, ein bißchen Fügung.«

Boll bleibt Boll, heißt es in Barlachs Stück »Der blaue Boll«, auch einem Erfolgsstück für Kurt Böwe am Deutschen Theater – sieh diese verwischte Perspektive, schreibt Barlach, sagt Boll, es kann mehr dahinterstecken, als man denkt; es kann anders kommen, als ausgemacht ist.

»Ja, es kann wirklich anders kommen als ausgemacht. Mein Talent, von dem ich nicht weiß, worin es besteht, liegt auf jeden Fall nicht in irgendeiner Maskerade. Für mich kann ich doch höchstens in Anspruch nehmen: Mich gab's noch nicht. Man kann mir übrigens diesen Beruf des Schauspielers nicht nachweisen, da ich ihn nie gelernt habe. Aber wie sagt der Dichter Egon Friedell? Im Dilettanten sind Mensch und Beruf eine Einheit.«

Vielleicht resultiert Ihre Wirkung, vor allem die späte Wirkung, aus einer sehr einfachen Tatsache: Es war Ihnen letztlich nie lästig, sich in Rollen auf dem Theater oder im Film selber zu begegnen.

»Wenn wir nicht von uns selbst traktiert werden, erreichen wir nichts, sagt Thomas Bernhard.«

Sind wir da wieder beim Volksschauspieler, der einfach da ist und gar nicht spielen muß?

»Es gibt eine schöne Geschichte von Jack Lemmon, die wollte ich vorhin schon erzählen. Seine erste Rolle in Hollywood bei Regisseur George Cukor. Lemmon legt los, strengt sich gewaltig an, Cukor bedankt sich, sagt dann: Sie sind neu im Business, nicht wahr? Lemmon nickt, darauf Cukor: Sie werden ein großer Star werden, zweifellos. Aber wir werden die Szene nochmal drehen, und bitte machen Sie ein bißchen weniger. Die Szene wird wiederholt. Cukor bedankt sich wieder und sagt: Toll! Aber versuchen Sie ruhig, noch weniger zu machen. Das wiederholt sich noch fünfmal, bis Lemmon schließlich sauer wird: Mr. Cukor, wenn das so weitergeht, etwas weniger, etwas weniger, wird bald der Punkt kommen, wo ich überhaupt nicht mehr spiele. Darauf Cukor: Jetzt haben Sie endlich begriffen, worauf ich aus bin.«

Die Idealvorstellung vom Hochpreis-Schauspieler: Er benimmt sich wie ein Niedrigpreis-Schauspieler – er macht gar nichts mehr. Fast wie der »Herr Paul«, den Sie seit einiger Zeit in den Kammerspielen des Deutschen Theaters geben. Ein alter Mann im Seitenflügel eines alten Fabrikgebäudes, den ein Immobilien-Yuppie nicht aus dem Haus kriegt. Bleiernes Beharrungsvermögen als letzte große menschliche Regung.

»Ja, eine schöne Idee: Sich nicht vertreiben lassen! Sich behaupten! Ob man nun Datschenbesitzer oder sonstwas ist. Der Autor Tankred Dorst hat ja bei den Brüdern Grimm so eine kurze Sache über ein schweres Kind gefunden, wo zwei Reiter an einem Feld vorbeikommen, die sehen ein kleines Kind auf dem Acker sitzen, wollen es mitnehmen, aber beide Diener zusammen kriegen dieses kleine Kind nicht weg. Es ist zu schwer. In diesem Kind ist das Gewicht der Welt.«

Das Gewicht der Welt. Etwas von diesem Gewicht habe ich auch in Ihrem Herrn Paul gesehen.

»Das ist eine Schreckfigur, sagt Dorst: arbeitet nicht, läßt sich auf nichts ein, übernimmt keine Verantwortung, der scheidet wie ein Riesenbaby aus Kämpfen der Welt aus und verbindet damit auch noch eine gewisse Philosophie.«

Die könnte lauten: Der Mensch möchte, ganz allgemein, nicht schuldig werden, an nichts. Man will nicht beteiligt sein an den Schrecken der Welt.

»Das ist das Gute am Menschen: seine Wunschvorstellung von sich selber. Aber um das zu erreichen, dürfte er gar nicht geboren sein. Ist der Mensch geboren, kann er der Schuld nicht entgehen. Welcher Schuld auch immer. Dieser Herr Paul zum Beispiel, der ist ein Aussteiger, ein Rückzieher, aber man sollte bei allem Wohlwollen dem Dicken gegenüber nicht vergessen: Auch der Rückzug macht niemanden unschuldiger.«

Die Rückzüge: Warum sieht man Kurt Böwe eigentlich nicht öfter im Fernsehen?

»Sie meinen, es gäbe doch genug Serien? Nein. Ich muß mich noch zu mir selbst in Beziehung bringen können. Es ist im Leben eine der größten Versuchungen, unter sein eigenes Niveau zu gehen.«

Sind seit der Einheit die Zeiten in Deutschland besser geworden?

»Ach, jetzt schimpfen ja sogar die Opportunisten auf den herrschenden Opportunismus. Aber da muß man ganz besonders vorsichtig sein.«

Warum?

»Sie tun es nur aus Opportunismus.«

Kurt Böwe, inzwischen über fünfundsechzig Jahre alt. Wie lebt es sich als Rentner?

»Man geht gewissenhafter mit seinen Stunden um, die Erkenntnis wächst: Leben ist ein kündbarer Stoff. Man begegnete in den vielen Jahren zuvor so allerhand – dem Glück und der Gemeinheit; man hat das Doppelleben kennengelernt und den Betrug an sich selbst, man hat leere Stunden überwunden, ist auch mal viel zu weit aufs Meer hinausgefahren, um sich von draußen das bunte Treiben am Strand anzusehen, man hat Abstand von den Dingen gewonnen, und trotzdem …«

Und trotzdem?

»… und trotzdem, finde ich, muß man auch noch mit fünfundsechzig den Dienst am Leben neu lernen. Du läßt freilich die lineare Reihenfolge der Jahre langsam außer acht, erfreust dich mehr und mehr an der Vielschichtigkeit der Welt, andere Bezüge werden sichtbar; plötzlich weiß der Mensch, daß sich das Wesentliche allzu oft weit hinter den äußerlichen Erlebnissen verbirgt. Wir sind doch alle Zufallstreffer, und das sollte uns ein klein wenig demütig machen.«

Zufallstreffer?

»Ja, Zufallstreffer! Warum bin ich denn nicht derjenige, der scheu hinter einem Hotel dieser Welt nach Eßbarem sucht? Der, in dieser Sekunde, irgendwohin deportiert wird? Ich bin statt dessen einer derjenigen, die, zwar in Sorge über diese Welt, immerhin doch sehr beruhigt in ihre Alpträume versinken dürfen.«

Wie stellen Sie sich das Ende vor?

»1949 machte ich mein Abitur, in Kyritz an der Knatter, wie man so trefflich sagt, und da gab es einen weißhaarigen, recht zartbesaiteten Mann, der war Angestellter in der Kreissparkasse und auch sonst recht kunstsinnig. Er liebte das Theater, schrieb Gedichte, und als ich mein Abitur machte, schenkte er mir so ein Gedicht aus eigener Feder, wie er immer gern betonte, und dieser kleine weiße Mann, Rudolf Hartmann, prophezeite mir den Weg auf die Bühne, und er sagte, jedem, der das Theater liebe, solle ich sein Gedicht zeigen. Und in diesem Gedicht steht die Antwort auf Ihre Frage: ›Letzter Akt! Die letzte Szene!/ Abgeblendet! Sterbeszene!/ Und erlöst von allem Harme/ nimmt der Tod uns in die Arme./Gongschlag! Ende!/ Vorhang fällt!/ Das war uns're Welt!‹«

Schön.

»Nicht wahr? Gongschlag, Ende. Vorhang fällt.«

Haben Sie Angst davor, daß Wünsche unerfüllt bleiben, weil der Tod Ihnen möglicherweise zuvorkommt?

»Ja. Trotzdem wär dies wohl das geringere Übel. Trauriger ist es, wenn der Tod nicht kommt, aber alle Wünsche schon erfüllt sind.«

Kurt Böwe, Sie mögen es, im aufgeladenen Plauderton Enormitäten auszusprechen.

»Sie selber haben vorhin den ›Theatermacher‹ erwähnt: Immer

KOMÖDIANTEN
von Rudolf Hartmann

1.
Wir reisen durch die Welt von Ort zu Ort,
Sind überall und immer nur zu Gast.
Heut hier bei euch … und morgen dort –
Ein Komödiantenvölkchen ohne Rast.
Wir kennen Mutter kaum und Vater.
Wir wissen nichts von eignem Herd und Haus.
Die Welt, die uns gehört, ist das Theater,
Das Fluidum der Bühne … der Applaus!

Puder, Schminke und Perücke,
Rollenstudium, neue Stücke.
Rampenlicht, Orchesterprobe,
Liaison in der Gard'robe.
Schloß im Süden, ganz aus Pappe,
Säulengänge, nur Attrappe.
Licht flammt auf! Der Vorhang fällt!
Das ist uns're Welt!

2.
Wir tauschen die Gestalten aus wie ein Gewand,
in dessen Falten viele Dinge sich verbergen.
Othello heut', von Eifersucht entbrannt,
Und morgen Jago, jenen falschen Schergen.
Ob wir »Don Carlos« oder »Tasso« spielen,
Ob wir als Wandrer zwischen Schuld und Sühne
Dem Guten oder Bösen je verfielen,
Stets sind wir mit dem Herzen auf der Bühne.

Zaub'rer sind wir der Verwandlung!
Den Gestalten in der Handlung
Wahres Leben einzuweben,
Dem allein gilt unser Streben.
Menschen, Bestien und Dämonen
Beieinander in uns wohnen.
Bettler, Weise, Harlekine,
Könige im Hermeline!
Was ihr wollt! Was euch gefällt!
Das ist uns're Welt!

3.
Einst kommt der Tag, da die Komödie unsres Seins
Zu Ende geht. – Wir treten ab.
Und über dieser sonderbaren Welt des Scheins
Senkt sich der Vorhang leis' herab.
Die Kunst ist flüchtig … und das Leben lang?
Der Glanz der Mimen ist so bald verblichen.
Was bleibt? Nicht einmal seines Namens Klang.
Er wird aus dem Programm des Lebens ausgestrichen.
Letzter Akt! Die letzte Szene!
Abgeblendet! Sterbeszene!
Und erlöst von allem Harme
Nimmt der Tod uns in die Arme.
Gongschlag! Ende! Vorhang fällt!
Das war uns're Welt!

ist Utzbach, und immer, wenn die Kunst ganz besonders groß sein will, ist gerade Blutwursttag im Dorf. Daran kann man verzweifeln, daran muß man sogar verzweifeln, aber erstmal wollen wir auf die Bühne gehen und spielen und danach unser frisches, kühles Bier trinken.«

Schauspielkunst ist vielleicht gar nicht, wie es heißt, die Kunst des Scheins.

»Das ist wahr, wenn ich gefälligst nur von mir rede. Meist gab ich, mit mutigen Sprüngen über sämtliche Hemmschwellen hinweg, lediglich mich selbst, und mir bedeutet inzwischen alle Verstellung lediglich das Unterhalb dieser seltsamen Angewohnheit, allabendlich auf der Bühne herumzutollen.«

Deshalb beglückt vielleicht weniger, was dieser Böwe macht, sondern das, was er ist. – Dieses Gespräch war ein thematischer Schnelldurchlauf unseres Buches. Wollen Sie es jemandem widmen?

»Niemandem. Höchstens meiner Frau. Aber sie würde sich das strengstens verbitten!«

Kodi japst. Kodi maakt den Verrückten. In dem Kerl steckt de Düwel.

»ICH KAM AUS DER PRIGNITZ – und in Versuchung.«

Der Schauspieler blickt mich an, als sei damit bereits alles gesagt.

Beide Arme fliegen ihm zu einer weit ausholenden Geste auseinander. »Und damit ist doch bereits alles gesagt, oder?«

Nichts ist gesagt, Kurt Böwe, und wir sind ja ohnehin schon unterwegs, die Fahrt nach Reetz ist nicht aufzuhalten.

Der Geburtsort des Schauspielers liegt unweit von Perleberg, in den Elbniederungen um Wittenberge.

Reetz ist ein brandenburgisches Dorf der Prignitz, die sich von der Lenzener Niederung im Westen bis zur Zechliner Seenplatte im Osten, von der Quelle der Stepenitz im Norden bis zur Havel im Süden erstreckt. Lieder singen von Heidel- und Preiselbeeren, stillen Flüssen, duftenden Pfifferlingen und Birkenwäldern. Aber je näher wir Reetz kommen, desto trister gerät die Landschaft. Das Dorf selbst: eine Straßenkreuzung, rundum alles grau und leer.

Keine Bühne für einen Protagonisten des Deutschen Theaters Berlin. Doch hier, im April 1929, fing für das fünfte von sieben Kindern der Familie Böwe alles an.

Der Schauspieler hat ein paar spielfreie Tage und will die Stunden in seinem Haus in Krumbeck genießen. Der Ort liegt nicht weit weg von Reetz, ein paar Kilometer hinter Putlitz; wer nicht rechtzeitig bremst auf der Autostraße, ist schon vorbeigefahren.

»Mein Haus in Krumbeck«, sagt der Schauspieler«, ist ein freigewordenes Gehöft, dort lebe ich sehr gern, wenn es die Zeit erlaubt. Freilich, der meist ganz leicht dunstverhangene Blick über Berlin in Blickrichtung Friedrichshain hat auch was für sich. Und die Zimmer voller Bücherwände, mein lesewütiger Wildwuchs, sind auch ganz schön, als Lebenshintergrund. Aber ein perfekter Stadtmensch bin ich nie geworden. Gar nicht so einfach, ganz genau zu wissen, wohin man gehört.«

NACHDENKEN über Herkunft. »Heimat«, sagt Böwe, »heißt auch: Verwurzelung in jenen Zeitschichten, die allem, was unser Gedächtnis bewohnt, vorangehen. Herkunft ist nicht wählbar, deshalb läßt sich Heimat nicht denken als lockeres Dazugesellen, etwa: Hier gefällt es uns, hier wollen wir bleiben, hier wollen wir immer schon dagewesen sein. Das kann man mit einer Landschaft treiben, nicht aber mit der Geschichte, die eine bestimmte Landschaft ausgetragen hat. Heimat ist ein Ort in der Zeit, kein Ort im Raum.«

Die Häuser in Reetz flimmern im frühen Nachmittagslicht, als seien sie nicht aus Stein gebaut, sondern aus einem beweglichen Stoff, der funkelt. Der Schauspieler macht ein Foto. Auf dem Bild werden die Häuser ihre Festigkeit zurückgewinnen.

REETZ ALSO, am Ortseingang wohnt Anita, die Schwester, nah der einzigen Kreuzung des Ortes steht das Haus vom ältesten Bruder Günther. Der Blick an den Häusern entlang: Ein Eindruck von Idylle will sich hier wirklich nicht einstellen.

Der Schauspieler sucht, in Gedanken, Spuren der Kindheit. Ich schaue ihn an. Was bringt Erinnerung? Vielleicht den Staubgeruch der angefeuchteten Straße, wenn die Erntewagen am Haus vorbeiknarrten; die Läden geschlossen, damit die Sommerhitze nicht hereinkonnte. Das kühle Dunkel im Haus, die hochbeinigen Betten und der Waschtisch. Es gab Jahreszeiten, da mußte man, auch wenn die Läden offen waren, Licht brennen; die Fenster brachten nicht genügend Licht in die Tiefe des Raumes. Die Krüge wurden mit Wasser vom Brunnen aufgefüllt; am Tage sollte man sich – vielleicht war es so, vielleicht auch nicht – in der Küche waschen. Dämmrig der alte Hof. Ein Licht-Geviert, wohin früher aus den Stallungen der Mist geworfen wurde. Seit langem leer. Auch in der Scheune war seit Ewigkeiten kein Heu, kein Stroh mehr eingelagert; aber der Duft hängt noch schwer herab; öffnet man Türen, tanzt der Staub im schrägen Sonnenstrahl.

Wir setzen uns auf einen Stein, der Schauspieler reckt sich und wartet, bis ich das kleine Tonbandgerät eingeschaltet habe.

»Im Frühling und im späten Sommer war es am angenehmsten, wenn man etwas weiter hinausging. Die Helle über dir, das Dumpfe des Hofes hinter dir. Das hohe Gras. Das war schön: sich hinaufsehen in die Wolken, wie vor dir die Landschaft dieses Himmels entsteht. In der Ferne, da oben, das Gebirge, wo doch rundum alles fast erbärmlich flach ist – die Kumulusgipfel, Glück des Schwebens über Abgründen. Aus der Scheunentür die Kühle des Korns.«

So sucht er das Zimmer, das Haus, den Hof. Im Traum, den er wie einen Dichtertext spricht, wird gefunden, was doch so vielleicht gar nicht war.

»Geschichten von dieser Grenze zwischen Mecklenburg und Brandenburg sind keine Spannungskisten. Es geht eher fußgängerisch zu. Wie das halt so ist, in einem Land mit Mühsal, viel Tristesse und einer gewissen Lethargie. Hören Sie hin, wenn denn ja mal einer länger als eine Minute den Mund aufmacht: Hier spricht man noch nicht das mecklenburgische Singsang, sondern monotones Prignitzer Platt. Die Sprache ist klar und knapp, klingt eckig und kantig, ein wenig hart auch, braucht, im Gegensatz zu allem Südlichen, weniger Worte zur Umschreibung auch komplizierterer Dinge. Der Mensch in dieser Region weiß, daß alles das, was zum Backtrog zugehauen ist, nun einmal nicht zur Violine taugt, und er versucht nicht, mehr zu sein, als er ist.«

Die Kulturmerkmale dieser Gegend bestanden lange aus Prügelstrafe und Einklassenschule. Die Nähe zu Mecklenburg spürt man, in der Haltung, in der Lebensart, an der aber die Winkeleisen der friderizianisch-preußischen Beamten keineswegs versagten. Und alles bliwwt bi'n Ollen, wie Paragraph 1 der Mecklenburgischen Landesverfassung bei Fritz Reuter verfügt. In diesem Punkt war es in der brandenburgischen Prignitz nicht anders. Als dann der feudale Landadel nach Berlin heiratete, das Amalgam preußisch-mecklenburgischer Zustände erstand, wurde Reuters Humor zum Zynismus des Junkers und Politikers Bismarck, der im Norden die Welt um hundert Jahre später untergehen sah. An der Küste, schreibt Fontane, schmeckt alles nach England, Skandinavien und Handel; in Brandenburg schmeckt alles nach Kiefer und Kaserne.

Böwe kommt von Bov, und das hieß Knecht. Die Schreibweise war früher Boewe. Im Althochdeutsch sprach man das w als u aus. So müßte der Name Boeue ausgesprochen werden, und ein flämischer Ursprung würde möglich. In der Altmark waren früher tatsächlich sehr viele Flamen angesiedelt. Denn Sumpfgebiete mußten trockengelegt werden, und die Flamen galten als ausgemachte Spezialisten.

Ein paar Autos fahren vorüber, keiner achtet auf die vorgeschriebenen fünfzig Stundenkilometer. Der Schauspieler schaut mißtrauisch auf meinen Notizblock. »Bäuerliche Familien hier sind eine Bindung härtester und konsequentester Art. Das meint den Tag und das Leben. Die gesamte Truppe muß sich am Produktionsprozeß beteiligen. So wird einem Kind die Welt rasch unmittelbar wie griffiges Mehl. Schon im Vorschulalter muß man Kartoffeln für die Schweine kochen. Und so setzt sich das fort. Im Winter müssen die Mieten aufgehackt werden, und im Frühjahr ist alles nur naß. Daß die Blumen blühen, siehst du nicht; daß die Vögel singen, hörst du nicht, und sie sind's zufrieden damit. Auf dem Lande ist das ganz einfach: Die Tage dehnen sich zu Wochen, die Wochen wachsen sich zu Monaten aus, und zwölf Monate sind ein Jahr. Das ist die Poesie der Arbeit, wir merken schon, mit Poesie ist da nicht viel. Die Böwesche Familiengeschichte, wir werden es auseinanderzuklamüsern haben, gibt Nachweis von solch aneinandergeklammertem Zusammenhalt. Hermann Böwe, mein Vater, stammt ab von einem Bauernknecht und Kätner, der ein abgewracktes Anwesen per Schuldenmachen erwarb und es mit seinen Söhnen und Töchtern, mein Vater also drunter, in unablässiger Plackerei tags und nachts, wie das in der Bauernsprache heißt, ›hochgebracht‹ hat. Nach Bauernart war der älteste der Erbe – Hermann, und seine beiden Schwestern wurden abgefunden. Hermann erhielt auf diese Weise einige Morgen Land, und in neuer, meiner Kindergeneration ging der Daseinskampf von neuem los: einen Hof hochbringen. Der ist ja immer in Gefahr, in Aussicht auf jede neue Ernte: Gerät sie gut, gerät sie schlecht, wie sind die Kornpreise, wie die Kartoffelpreise.«

Kann sich der Schauspieler noch an seinen ersten Schultag erinnern?

Er lacht. »Der erste Schultag ist mir in unauslöschliche Vergessenheit geraten. Ich sehe zwar die alte, bis heute in ihrer äußeren Gestalt wenig veränderte Schule vor mir – aber wie sich die Zeit in den Schulbänken voranschleppte, innerhalb der wenigen Jahre Volksschulzeit, das Gedächtnis hat es nicht festgehalten. Der Tag ist nicht einmal mehr als Photo vorhanden, das mich etwa auf dem Gehsteig vor unserem Haus zeigt; mit jener Schultüte, die ja bis heute erstaunlicherweise jedem Modernitätswechsel standgehalten hat (seltsam genug, denn viel Freude hat man ja mit einem solchen unhandlichen Behältnis eigentlich nicht). Ob das garantiert photogene Lächeln dem inneren Gemütszustand entsprach, ist auch nicht mehr rekonstruierbar. An die Herbste in der Schule kann ich mich erinnern, ja, seltsam: Fast noch schlimmer als die Winterszeit, da man sich doch manchmal am Schnee erfreuen konnte, war der Herbst mit seinen dunklen Wolken und dem Gegenwind. Alles war einsam;

höchstens ein Bauer, der vielleicht Mist aufs Feld karrte; sonst verkroch sich das Dorf hinter der Kirche, und die Kinder wollten nicht lüften, damit es im Schulzimmer nicht zu kalt würde. Den Schulzimmergeruch blies der Wind aus den Kleidern.«

Ich bitte ihn, ausführlicher zu erzählen, wie kommt einer mit Asthma durch die bäuerlichen Anforderungen?

Wieder lacht der Schauspieler. »Ich hatte stets ein paar Kumpels, die ich mit einem Stück Butter oder anderen kleinen, geklauten Geschenken bestach: Geschlagen mit meinem chronischen Leiden, das darf ich wohl so sagen, bekam ich doch schnell heraus, daß man im Moment, da Arbeit sich nähert, besonders herzzerreißend atmen muß. Was macht Kodi? Kodi japst! Er hat, wie die Ärzte sagen, ›anfallsweise Krampfzustände der Luftröhrenverzweigungen mit hochgradiger Atemnot von oft wechselnder Dauer in ganz unbestimmbaren Abständen. Bei einem Anfall des Patienten hört man schon von weitem die pfeifenden und rasselnden Atemgeräusche.‹ Mit diesem Urteil war ich regelmäßig ausgemustert. Gänsehüten in der Drift – naja, das ging noch an, aber selbst dahin nahm ich ein paar Jungs mit, die für mich die Arbeit machten. Wobei ich sagen muß: Ich hätte in Vaters Arbeitstrupps, die Kartoffelfurchen lang und im Schweinestall, schon gerne richtig mitgemacht, die Brüder neben mir. Aber, sagen wir es mal in der Bauernsprache: Ich war Fehlwuchs. Kranksein, bei Mensch oder Vieh, ist bei Bauern ganz schlimm. Ist es jedenfalls gewesen in jener Bauernzeit, von der ich rede. Meistens war ich zehn, zwölf Tage schulunfähig, auch arbeitsunfähig. Mein Leben bekam etwas von einem Exil in der eigenen Familie. Mutter hatte wenig Zeit, zu hegen und zu pflegen. Wir waren ja am Ende sieben, dazu der Lastenanteil der Hausfrau auf dem Hof, und zu allem Übel noch ihr anspruchsstrenger Mann. Hatte ich zuverlässig meinen letzten diesmaligen Anfalls-Japser getan, bekam ich allerdings oft die Forke in die Hand und wurde auf der Stelle beordert zum fälligen Stall-Ausmisten. Oder der Knecht pflügte, und ich las die Kartoffeln aus der Furche. Ich war auch eingeteilt für das von Vater ein für allemal verfügte große Saubermachen sonnabends auf dem Hof. Mein Bruder Henry und ich, wir waren die großen Fegemeister.

Ich war, was ich heute sehr gut verstehe, mit meinem dauernden Unter-der-Bettdecke-Stecken wirklich allen lästig. Vater am meisten. Ein paar Tage mußte ich so tun, als sei ich ein kräftiger Mensch. Das war der Schub, der für den ganzen Monat reichte. Der drückende Rest der Zeit aber machte mir zu schaffen.

Unter der Stube, in der wir schliefen, lag der Keller. In der Mitte des Zimmers war eine Klappe, durch die man hinuntersteigen konnte. Unten lagerten Kartoffeln. Der dumpfe Modergeruch und die Pollen bedrängten mich wie Vorboten des Todes. Es gab keine Mittel gegen die Qual, ich mußte die Sache gewissermaßen pur austragen. Nachts lag ich nicht, ich saß, schweißgebadet, keuchend. Oder in Träume verwickelt, angesichts derer ich am Morgen ein wenig aufatmete: Ich hatte sie hinter mich gebracht. Nichts war bei mir wie bei anderen: sich ins Federbett einschmiegen; die Wärmflasche an den Füßen; Wärmestrom, der von unten her ins kalte Linnen ausstrahlt; dieser Augenblick des Versinkens in den Schlaf, der dir ein glückliches Aufwachen verheißt.

Ab und zu kam Dr. Fischer aus Dallmin mit seinem zweirädrigen Karren und einem großen Hut auf dem Kopf, ich kriegte eine Spritze, mehr nicht. Von dem Manne habe ich nur in Erinnerung, daß sich mit seinem Erscheinen stärker und stärker ein Wunsch verband: Ich will auch Doktor werden. Ausgelacht wurde ich von jedem, dem ich diese Sehnsucht anvertraute – zur Hälfte wohl, weil man meiner Intelligenz gründlich mißtraute, andererseits wohl auch, weil man sich an meiner Naivität erfrischte: Solange würde ich schließlich gar nicht mehr leben. Die Familie hatte sich daran gewöhnt, daß der Arzt in grausiger Regelmäßigkeit verkündete, älter als zwanzig Jahre würde ich ohnehin nicht. Trotzdem, den Doktor Fischer bewunderte ich, und wenn ich später im Familienkreis daran erinnerte, er hätte prophezeit, daß ich nur zwanzig Jahre leben würde, korrigierte meine Schwester gern, nein, achtzehn Jahre hätte er gesagt, der Doktor Fischer, achtzehn Jahre nur!

Lediglich meine Mutter zeigte damals Einfühlung in meinen Lebenswunsch: Jaja, Kodi, din Kopp is grot genuch, du wirst Dokter.

Wenn ich freilich gesund war, wurde ich frech. Ich ließ mich auch nirgendwo bemitleiden. In der Erntezeit kamen die Zuarbeiter auf Zeit. Schön war ihre Frühstücksverköstigung am Feldrain. Alles hingelagert, alle waren aufgeräumt. Meist gab es selbstgemachte Leberwurst. Nun müßte einer was sagen gegen die Stummheit beim Kauen – was bei Nordmenschen keine Selbstverständlichkeit ist. Irgendjemandem fiel ein: Kodi, mach Faxen! Von so einem Vorschlag ist es nicht weit bis zu jener Erkenntnis, die an den Feldrainen schnell die Runde machte: In dem Kerl steckt de Düwel! Denn Kodi, der gerade mal wieder frei von Asthma-Anfällen war, kam auf Touren. Er, der sonst häuslich in der Ecke saß, das Bett statt des Viehs hütete, brachte sich in den Mittelpunkt. Ich konnte Leute nachmachen, Grimassen schneiden, Tonfälle nachahmen. In so ein Dorf und seinen geregelten Alltag bringt das Gaudi, aber es ist auch unheimlich. ›Kodi maakt wedder den Verrückten‹ haben sie gesagt, wenn sie genug gejuchzt hatten, gekreischt und gelacht ›über all den Faxenkram‹.

So lernte ich das Spiel der Doppelrollen – je nach Situation kränker oder gesünder zu sein, als ich war. Die höchste Begabung bestand darin, sich selbst am Leben zu erhalten. Denn wie leicht war man aus der Welt geschubst. Ich schon ganz und gar. Das Spiel mit dem eigenen Zustand: So entwickelt sich Darstellungstrieb.«

FLÜGELLAHMER KODI. Irgendetwas mußte ja mit ihm geschehen – auch wenn er nicht für eine anständige Arbeit taugen würde, sprich: für die Landwirtschaft.

»Stimmt.« Der Schauspieler steht auf, wir gehen die Dorfstraße entlang. »Mein Ausgedinge für den scheinbar flügellahmen Vogel wurde aber nicht etwa die Schneiderwerkstatt oder die Schuster-Ahle. Vater schickte mich zur Aufbau-Schule nach Kyritz an der Knatter. Aufbau-Schule, das war so ein Rudiment aus der Weimarer Zeit, installiert für förderungswürdige Volksschulkinder.«

Nicht mal fünfzig Kilometer sind es von Reetz nach Kyritz. Bevor 1982 die Autobahn Hamburg-Berlin freigegeben wurde, dröhnte der Transitverkehr durch das darob verängstigte Städtchen der Ostprignitz, eine ehemalige Hanse-Niederlassung. Östlich der Stadt erstreckt sich die Kyritzer Seenrinne.

»Bei so einer Reise«, erzählt der Schauspieler, »ging ein halber Tag ins Land. Allein bis zum Bahnhof mußte ich drei Kilometer laufen, durch einen Eichenwald. Nach diesen drei Kilometern trifft man auf eine Bahnschiene, und da steht ein Bahnhäuschen, und im Bahnhäuschen sitzt ein Mensch, der Fahrkarten verkauft, und das geschieht so häufig nicht. Wir sind in Vahrnow, und das gehörte einem Herrn von Winterfeld. Dort an diesem Gleis, das nach links führte und nach rechts und sonst nirgendhin – dort war mein Ausgangspunkt in die Welt.

Zur Aufnahmeprüfung nach Kyritz, in die Internatsoberschule, brachte mich mein Vater persönlich – aber nur, weil aus dem Nachbardorf ein gewisser Herr Zabel seinen Sohn ebenfalls dorthin schickte. Er meinte wohl, diese Art Eskorte sei standesgemäß, mit dem Auto freilich käme die Fahrt zu teuer, und so stiegen wir in die Kleinbahn. Vielleicht handelte es sich bei Herrn Zabel auch um einen guten Kunden, jedenfalls geizte Vater während der Fahrt nicht mit Komplimenten, Zabel junior würde sicher mit Bravour das schulische Pensum bewältigen, und bei jedem Satz streifte mich dieser herablassende Blick, der zugleich signalisierte, welches Opfer der Vater doch darbrächte, indem er einen wie mich begleitete. Der Junge, mit dem ich fuhr, die Erde hat ihn schon bedeckt, wurde später ein tüchtiger LPG-Vorsitzender; aber mir klingen noch heute die Worte des Vaters in den Ohren, Hammerschläge, wenn er, in Anwesenheit fremder Leute, laut mitteilte: Aus dem, und er zeigte auf mich, wird sowieso nüscht. Angenommen wurde ich auf der Schule wohl wegen so einer Mischung aus ›Naja, schaden tut es ja nicht‹ und ›Krank ist er außerdem‹.

Als die Schule begann, entdeckte ich im Koffer einen kleinen trockenen Brotkanten. Den hatte die Mutter heimlich hineingetan, damit ich kein Heimweh bekäme, denn Heimweh assoziierte sie mit Hunger. In der Schule angekommen, ordnete ich meine Sachen in einem der häßlichen, dumpf riechenden Militärschränke, mehr als drei Hemden waren nicht unterzubringen, da sah ich diesen Brotkanten zwischen den Wäschestücken; ich schaute mich verstohlen um, sechs Jungen wohnten jeweils in einem Zimmer, stillschweigend schlich ich mich hinaus, in eine nächstliegende Ecke, lehnte mich an einen Stein und heulte, vor Heimweh. Ich war kein Mensch, der sich leicht vom Ursprung entfernen konnte.

Die meisten Mitschüler kamen aus der Nähe, fuhren samstags nach Hause und kamen am Sonntagabend zurück, mit dicken Freßpaketen. Durch meine Krankheit war ich bald isoliert, schien sozusagen nicht kommun und kam in ein Zweibettzimmer. Ein Pfarrerssohn, christlichen Gemüts und sehr pastoral, also ziemlich langweilig, wie sich denken läßt – der war mir auf dem Zimmer beigegeben, um bei meinen Asthma-Anfällen Alarm zu schlagen, falls mein Leben in Gefahr stünde.

Wenn das Wochenende zu Hause vorüber war, kurz vor dem Abschied von den Eltern, fragte ich ihn nach etwas Geld«, der Schauspieler meint seinen Vater und zeigt mit einer Hand in die Richtung des Geburtshauses, »die Frage kam mir stets wie eine Mutprobe der Extraklasse vor. Hermann ging an seinen Schreibtisch, nahm die Schatulle heraus, in der sich eine weitere Schatulle befand, alles sorglich versiegelt, und er holte höchstens mal einen Zwanziger heraus, drehte ihn zwischen den Händen, die Zeit floß mir weg, doch endlich hatte ich den Schatz in der Hand, stob davon und war ein freier, glücklicher Mensch.«

Die Schule in Kyritz wird im Herbst 1944 aufgrund des sich nach Brandenburg wälzenden Krieges geschlossen, der Schauspieler kehrt nach Reetz zurück, auf den Hof der Eltern.

»Jetzt war ich also doch Landarbeiter, aber ohne jeden Gedanken an so etwas wie Perspektive. Das Chaos reduzierte alle Gedanken aufs Heute.«

IN EIGENER SACHE zu recherchieren macht dem Schauspieler offenbar schnell Spaß, und nun erklärt er seiner um sechs Jahre älteren Schwester Anita Baier, geborene Böwe, wie man zu sprechen habe, wenn auf dem Tisch ein kleines Kassettengerät für Tonaufnahmen steht. Sie zeigt sich zunächst willig, erwidert dann aber leicht unwirsch: »Nun, Kurt, 'n büschen kenn wir dat nu ook.«

Der Schauspieler redet als erster aufs Band. Er interviewt Anita und ihren Mann Bruno in deren Haus am Dorfeingang von Reetz.

Kurt: »Ich sitze mit Anita und Bruno in der guten Stube. Der Bruno, Dachdecker lange Jahre, ist ein sehr konsistenter Bursche, immer gut gepflegt worden, würde ich sagen. Nicht so leicht umzuhauen, der Mann. Und von meiner Schwester will ich gar nicht erst reden, die gehört ja zu diesem zähen, beständigen Geschlecht Böwe. Doch, doch, Anita. Du weißt, allein schon die Großmama, Mutter von unserem Vater Hermann Böwe, die wurde zwar immer kleiner mit den Jahren, ist aber doch fleißig geblieben bis in ihre Neunziger. Wir wollen ein wenig in der Familienchronik grasen, wollen genauer sehen, wo kam der alte Böwe eigentlich her, also der Vater von unserem Papa, der auch Hermann hieß, und wie gelangten die nach Reetz?«

Anita: »Drüben aus Schönfeld kamen die, Opa war Großknecht, und seine spätere Frau arbeitete als ›Lütt deern‹, als Aushilfe, auf einem anderen Hof dort. Der Bauer von dem Anwesen hatte sich eine Frau aus Estland mitgebracht, eine feine Frau, von der lernte Oma eine Menge, was Haushalt und Benehmen betrifft. Oma war übrigens schon immer so klein, das gerade hat ja dem Großvater gefallen. In Schönfeld heirateten sie, fingen an, mit ein paar Kühen herumzuhantieren, und eines Tages hatten sie sich eine kleine Wirtschaft zusammengespart. Knechte, bitterarme Knechte, und der Wunsch quälte sie, irgendwann selbständig zu werden. Sparsame Leute waren das, ja, sehr sparsam. Das mußten die sein. Vom Schwein die Schinken und die Mettwurst wurden verkauft, sie selber aßen nur die Reste. Irgendwann gehörten vier Kinder zur Familie, und sie kamen nach Reetz. Sie hatten sich fast zu Tode gearbeitet, das kann man so sagen – bis zu jener Stunde, da in Reetz dieses Gehöft frei wurde.«

Kurt: »Frei wurde?«

Anita: »Der Bütling hing sich auf, weißt du noch, Bruno, ein Haus stand also leer, und Opa und Großmutter kauften es, mitsamt ein bißchen Wiese, Feld und Wald. Nun war der Wunsch erfüllt, sie waren selbständig, aber den Preis dafür mußten sie freilich zahlen und den Hof abarbeiten. Die Böwes, das sprach sich rasch im Dorfe rum, das waren die ersten, die noch vor Morgengrauen mit ihren vier Kindern loszogen, in den Stall, aufs Feld.«

Kurt: »Ja, und einer der Söhne hieß auch wieder Hermann, unser späterer Papa, der war der Figelanteste unter den Geschwistern, der hatte als erster eine Freundin und gab damit auch ganz schön an.«

Bruno: »Dämlich war der nicht.«

Anita: »Dämlich waren die alle nicht! Die ackerten wahrscheinlich wahnsinnig, immer mit Kühen, von früh bis spät. Das

Mit Schwester Anita und deren Mann Bruno

verbraucht Kräfte, meistens, aber das bringt auch Kräfte. So war's doch immer bei den Böwes, oder? Alfred, der älteste Sohn von den Großeltern väterlicherseits, der erbte den Hof. Tante Else kriegte zwei Morgen Land und zwei Morgen Wiese, auch Sohn Hermann, unser Vater – und der kriegte sogar noch ein bißchen Wald dazu.«

Kurt: »Nicht so viele Personen und Namen, Anita. Also dann, eines Tages, da hatte auch Sohn Hermann, unser Vater, in Reetz ein Häuschen.«

Anita: »Ja, 'ne Kammer, 'ne Stube, und wieder 'ne Kammer.«

Kurt: »Wenig, wenig.«

Anita: »Na, aber was brauchten die Menschen früher? Mehr brauchten die nich.«

Bruno: »Ja, nicht mehr als 'ne Stube, 'ne Kammer und noch 'ne Stube. Und 'ne Kuh.«

Anita: »Und eine Küche.«

Bruno: »Ja.«

Kurt: »So wohnten die Bauern hier fast alle, eine kleine Buchte war das Leben, meist nicht mehr als 'ne kleine Buchte – mit Großeltern drin, den jungen Leuten und den anderen oock noch. Drei Parts in vier Räumen. So war das früher. Die arbeiteten sich hoch.«

Kurt: »Das war die Familie vom Großvater und der Großmutter väterlicherseits. So, ist sortiert.«

Anita: »Die Großmutter mütterlicherseits war Schneiderin. Und sie kriegte zwei Kinder.«

Bruno: »Nein, mehr waren das.«

Anita: »Naja, aber die meisten starben, das war doch früher so. Und da blieben zwei. Und eins von den zwei Kindern war die Frieda, und das Mädel wurde unsere Mutter.«

Kurt: »Meine geliebte Mutter wird älter, und im Jahre 1921 passiert etwas Schreckliches: die Liebe. Oder anders gefragt: Wie kommen, in jenem Jahr, Hermann und Frieda ins Bett oder auf die Wiese ...«

Anita: »Nee, nu hör mal zu. Inzwischen, hör zu, das geht weiter. Da haben ja noch drei Familien gewohnt in dem Haus, im Altenteil hat Richard Müller gewohnt, Mensch! Richard Müller, das mußt du doch wissen. Nu paß off, jetzt geht das noch weiter. Unser Großvater hat dann dieses Haus gekauft, das hat dann Mutter Saschens gekriegt, die wohnte doch bis dahin mit ihren fünf Kindern im Armenhaus, nun ja, und im Vorderhaus, da wohnten die Großeltern ...«

Kurt: »Wir wollen das kürzer fassen, Anita. Das wird mir zu kompliziert. Ich krieg das nicht zusammen und auch nicht auseinander.«

Anita: »Man muß das schon richtig erzählen. Sind doch alles Lüüt gewesen, die dazugehören.«

Bruno: »Ja, Kodi, da hat Anita recht, wo sie recht hat. Bloß du kennst die nich. Mußt dich aber interessieren für, dat mußt du schon. Bist ja leider beizeiten wech und hast alles vergessen. Oder wenigstens viel. Willst du's nun wissen oder nicht?«

Kurt: »Ich will wissen: Wie kommt es zu dem folgenschweren Wunder, daß der Hermann die Frieda, unsere gute Mutter, besteigt?«

Anita: »Kodi! Also du nun wedder. Naja, det weeß ick ja nun ooch nicht. Wie das damals so war halt. Oder heute noch. Die alten Böwes vom etwas größeren Bauernhof inzwischen waren auf jeden Fall nicht damit einverstanden, daß ihr Sohn Hermann der Frieda hinterherstieg. Tochter armer Leute!«

Kurt: »Sohn Hermann, unser späterer Papa, sollte sich also füglichst mit einem begüterten Mädel ins Bocknest legen, erstens, um den eigenen geringen Reichtum nicht zu gefährden, und zweitens, um das Wenige zu mehren. Immer vor Augen, welche lebenslange Mühsal die Eltern darauf verwandt hatten, sich eine kleine Existenz zu schaffen.«

Anita: »Wobei man sagen muß, es muß ja 'n büschen gerecht zugehen in deinem Buch, Kodi: Der Hermann hatte am Ende auch nur zwei Morgen geerbt, war selber ein armer Teufel, der Mann! So, nun wurde unsere Mutter von ihren Eltern schnell nach Potsdam hin verschickt, zu Onkel Richard, die hatten ihr schon einen Mann ausgesucht, ein ganz Netter soll das gewesen sein, hat mir Mutter später erzählt – aber der war kleiner als wie Hermann, und das gefiel ihr nicht, und Hermann, unser Vater, schrieb Briefe nach Potsdam und drohte, er würde, wenn sie nicht heimkommt, nach Potsdam fahren und sie erschießen.«

Kurt: »Wunderbar. So sehr war der hinter ihr her?«

Anita: »Nun ja, Kurt, da brauchst du nicht staunen und froh tun. Mit sowas macht man kein' Spaß, hier bei uns jedenfalls nicht. Dat is ja keine Theaterbühne hier. Nee, da brauchst du wirklich nicht staunen und froh tun. Der hatte ja nicht nur eine von den Frauen, unser Vater, der hatte mehrere. Unsere Mutter hatte Pech, daß er sie von den vielen eben am meisten liebte.«

Kurt: »Sowas kommt vor.«

Anita: »Ja, aber warum nur, denk doch an das Unglück, Kurt. Denk doch an die Mutter.«

Bruno: »Er war nunmal so, mach was gegen.«

Anita: »Nee, kannst du gar nich. So is er, der Mensch, also unser Vater.«

Bruno: »Und du, Kurt, du bist ja auch 'ner Freundin nachts nachgestiegen hier im Dorf und aus Versehen bei den Eltern gelandet, im Dunkeln. Wir wissen das. Das is schon in Ordnung, was die Anita sagt: Du brauchst da nich staunen spielen und froh tun.«

Kurt: »Was willst'n damit sagen, Bruno?«

Bruno: »Ich? Ich will gar nichts sagen.«

Kurt: »Mit der Freundin, das war so: Es handelte sich um die Tochter eines Tischlermeisters; irgendwie war ich nach dem Tanz in einer Scheune gelandet, eine leckende Kuh weckte mich auf. Ich bin ins Haus rein, wollte zu dem Mädel, in ihrem Zimmer hörte ich's schnarchen, Mensch, denk ich, so jung und schon so verschnarcht, aber das war der Vater. Der jagte mich mit einem Knüppel raus.«

Anita: »Hermann hatte die Frieda übrigens auch beim Tanz kennengelernt, Frieda Müller, Tochter eines versoffenen Zimmermanns – seine Frau, die Oma, die Schneiderin war, die hat das Geld im Strohsack versteckt, ihr Mann trank ja; Mann, trank der. Naja, der ist denn ja auch glatt an Magenkrebs gestorben, muß man ehrlich sagen. Man kann ja nicht so tun, als ob, und wenn's zur Sache geht, behaupten, keiner isses gewesen. Geht ja nicht.«

Kurt: »Anita, jetzt sind wir schon wieder zu weit abgewichen. Man verliert in dieser Familie derart schnell den Überblick, wer mit wem und wie und wo.«

Bruno: »Du. Du verlierst ihn. Wir nicht.«

Anita: »Gut, zu weit sind wir jetzt. Und wohin wollen wir?«

Kurt: »Wer hat denn unsere Mutter aus dieser Art Gefangenschaft in Potsdam befreit?«

Anita: »Sie selber! Sie liebte ihn eben doch, den Hermann, und nicht diesen kleinen Beamten. Hätte sie den behalten, Mensch, Kurt, da gäb's uns nicht. Aber vielleicht hättst du einen Beruf, Kodi, einen richtigen, mein ich. Unsere Mudder hat den Hermann geliebt, bis ihr das Herz brach.«

Kurt: »Auf seine Weise war der auch ein Künstler!«

Anita: »Jaja, Künstler! Das merkte man daran, daß wir sein Auto putzen mußten, oder was meinst du?«

Kurt: »Unser ältester Bruder Günther wird im August 1921 geboren, noch als uneheliches Kind. Erst ein Jahr später heiraten Hermann und Frieda. Mutter hat die Post ausgetragen, nachmittags mußte sie Oma beim Schneidern helfen. Mutter erzählte mir, am Anfang ging das alles ganz gut. Aber was bringt Mutter eigentlich ein in die Ehe? Wieviel Morgen denn? Keinen wahrscheinlich.«

Anita: »Vier Morgen, Kurt. Die Wiese. Hinten der Spargel, vergiß auch den nicht. Eigentlich, ja, das ist komisch, ich hab's ja schon vorhin gesagt, eigentlich brachte unsere Mutter plötzlich mehr ein als der Hermann.«

Kurt: »Von den paar Morgen konnte er nicht leben, also fing er an zu handeln. Womit fing denn unser Vater zu handeln an? Das wurde ja später sein Leben, das Handeln.«

Anita: »Mit Dünger, mit Kohlen und so. Mit Kartoffeln, aber das weiß ich nicht so genau. Dann gab es noch einen Kompagnon, den Rabe, so hieß der. Das störte Vater. So einen starken Einzelgänger stört das.«

Bruno: »Den Hermann, als der zu handeln anfing, den haben die Bauern erstmal rausgeschmissen, aber er kam zur Hintertür wieder herein.«

Kurt: »Da in jedem Kaufmann ein Komödiant steckt, kam er durch.«

Bruno: »Jaja, mit Bravheit kann man die Leute nicht anscheißen. Da mut schon mehr bei sin.«

Anita: »Ein gewiefter Kerl! Sein Bruder Alfred, 1897 geboren, war gerade jung genug, um in den ersten Weltkrieg zu kommen, in Frankreich zerschossen sie ihm ein Bein. Hermann aber, unser Vater, wurde 1900 geboren, kam also drumrum. 1918 wurde er doch noch zum Infanterieregiment nach Neuruppin einberufen, und da er ohnehin schlechte Zähne hatte, ließ er sich fast alle ziehen und war rasch wieder draußen aus der Armee. Ein gewiefter Kerl, ich sag's ja.«

Kurt: »Gehen wir weiter im Text, wir sind ja nun schon in den Zwanzigern. Du bist schon auf der Welt, Anita, 1926 wird Waltraud geboren, 1927 Henry, denn komm ich, Kodi, 1929, und den guckte er nun gar nicht mehr an, der Vater.«

Anita: »Ein Kind nach dem andern! Unsere Irma, das Mädchen, das Mutter dann hatte, fragte immer: Na, Frau Böw, het er denn schon rinkiekt? Nö, antwortete Mutter. Gemeint war die Wiege, in der du lagst, Kodi. Stimmt – da guckte Vadder nie rin, nie.«

Bruno: »Der hatte einen Instinkt: Aus Kodi wird nischt.«

Anita: »Schneider Hoppe erzählte immer, daß Vater in die Kneipe kam, und die Männer saßen um den Tisch rum, und Hermann Böwe hat den Schneider Hoppe angemacht vor allen Leuten: Mann, wie kann man nur so viele Kinder machen?! Schneider Hoppe hatte zwei! Später ist Hermann nicht mehr so oft in die Kneipe gegangen ...«

Bruno: »Du warst der Fünfte, Kodi.«

Kurt: »Mit mir hatte der nischt im Sinn, der Vater. Dem war ja schon egal, wie ich hieß. Was denn, einen Namen braucht das Balg auch? Da kam wohl gerade Onkel Kurt zu Besuch, jener kleine Postangestellte aus Perleberg, der die jüngste Schwester meines Vaters geheiratet hatte, diese marzipanige, lockige Lucie – nun ja, wie soll das Balg also heißen? Lucie geht nicht, ist ja ein Junge, heißt es eben Kurt, das Balg.«

Anita: »Du warst ja auch 'n komischer Kandidat! In einem Himmelbett schliefen Henry und du, Hintern an Hintern, ganz weit hinten im Anwesen. Und kaum wurde dir was erzählt vom kleinen Häwelmann, da bekamst du regelmäßig Angst.«

Kurt: »Als ich geboren wurde, hat die Hebamme einen großen Koffer Geld gekriegt, erzählte Mutter. Und am nächsten Tag kam sie heulend angerannt, weil nur noch der Koffer was wert war, und der gehörte unseren Eltern.«

Bruno: »Die Inflation.«

Kurt: »Wart mal mit der Inflation, Bruno. Du sprichst da was an, Anita, das mich beschäftigt: Es gibt eine grundsätzliche, naja, sagen wir Unwillkommenheit des Menschen auf dieser Erde, und dieses Gefühl sitzt auch mir, wenn ich an früher denke, wie eine Nadel im Herzen. Es kam auch schon mal vor, daß ich zwei verschiedene Schuhe anhatte, die kamen den Vater billiger. Ehrlich, das ist für einen selber nicht angenehm, was man nun wieder hochholt. Wer ist schon gern ein ungeliebtes Kind gewesen?

Aber was passiert? Man lebt trotzdem, o Wunder, man lebt immer weiter. Da haben wir schon einiges von dem, was zwar nicht weitergegeben werden muß – aber weitergegeben werden darf.«

Anita: »Ja, das mußt du nu wissen, Kurt, du mußt dat wissen.«

Bruno: »Schlimme Zeit, die Inflation.«

Anita: »Die zwanziger Jahre waren keine guten Jahre, ehrlich nicht. Unser Vater hatte ja noch ein Kind von Bauer Lüttge seiner Frau. Das ist weggebracht worden, und Mutter wollte sich das erste Mal scheiden lassen, jaja, Kodi, dann wärst du schon wieder nicht auf die Welt gekommen – wenn Mutter Charakter gezeigt hätte. Du bist gekommen, weil Mutter weich wurde. Erst wollte die Mutter nicht mehr, aber Großmutter sagte, wie die Alten so sind: Frieda, denk an deine Kinder. Also an die, die sowieso schon da waren. Und er, der Hermann, hat natürlich Abbitte getan; Mann, Kurt, das muß der gekonnt haben, der war vielleicht der bessere Schauspieler wie du, Kodi, ehrlich jetzt mal.«

Kurt: »Der bessere Kaufmann war er ohnehin.«

Anita: »Als Hitler kam, verdiente der Händler Böwe besonders. Das ist der Lauf der Geschichte: Politik interessierte ihn nicht, aber das Leben mußte seine Ordnung haben. Das Geld und die Weiber! Wenn er von der Arbeit heimkam, abends, nein, nein, er war kein aktiver Trinker, denn Bier kostete Geld, also wenn er heimkam, war Mutter meist beim Schweinefüttern, und wenn wir das Auto hörten, waren wir wie elektrisiert …«

Kurt: »Aha.«

Anita: »Na sag mal, kannst du dich nicht mehr erinnern, wir hatten doch hinten in der langen Stube so einen kleinen Spieltisch, da standen auch zwei kleine Betten, eins davon für dich, also wir fingen sofort wie wild an aufzuräumen und Spielzeug unter die Betten zu schmeißen, wenn Papa kam – denn es wiederholte sich fast jeden Abend das gleiche, da ging die Tür auf …«

Kurt: »Wie im Western, wenn der Revolverheld die Tür zum Saloon aufmacht und alle am Spieltisch den Atem anhalten.«

Anita: »Vater ging durch diese Stube, obwohl er auch durch ein anderes Zimmer hätte gehen können, ganz langsam ging er, Mann, kann man langsam durch ein Zimmer gehen, und jedes

Spielzeug, das ihm im Wege lag, und wir hatten viel Spielzeug aus Holz, das griff er, und es landete im Feuer. Er verbrannte alles, was nach Unordnung aussah. Zack! Ab in den eisernen Ofen! Mit seinem Bruder fuhr er in den Wald, Holz schlagen, und nun kamen sie mit dem Pferdewagen an eine Wegstelle, da verhinderte ein Baum das Weiterkommen, darüber bekam Bruder Alfred das große Grübeln, Hermann dagegen nahm die Axt vom Bock, schlug den Baum nieder, und weiter ging die Reise.«

Kurt: »Das ist eine Lebenshaltung: Was den ordentlichen raschen Schritt aufhält – weg damit! So, wir waren ja denn sieben Kinder ...«

Anita: »Na, nu paß uff! Annemarie wurde 1937 geboren, die jüngste, aber drei Jahre vorher kommt unser Hansi auf die Welt. Der war ja beliebt, der Hansi. Im November war es, und Hänschen Böwe wurde vom Lkw überfahren. Hermann wollte den Fahrer erschießen.«

Kurt: »Ich weiß.«

Bruno: »Mit der Pistole.«

Anita: »Nein, mit dem Gewehr. Der tote Hansi sah aus wie ein Engel. Der Pastor kam und sagte: Herr Böwe, wenn wir dieses Kind aufwecken könnten, würden alle Menschen hier im Dorf wieder glauben. Und der Vater sagte: Lieber Goot, ick folge dir. Das habe ich genau gehört. Es war ganz leise, Vater war mit einem Mal fromm geworden, von vorhin nach jetzt; dem konnte man plötzlich in die Seele gucken. Der Tod hatte ihm die geöffnet, die Seele. Aber Vater folgte Gott nicht sehr lange, das wollen wir auch mal festhalten. Der gute Mann hat schnell wieder zu seiner Natur zurückgefunden.«

Kurt: »Solange die Kinder quäkten, interessierten sie den Vater nicht; sie wurden für ihn erst dann zu einem Faktor, wenn sie in den Produktionsprozeß eingreifen konnten. Bauern sind Botschafter der Arbeit. Sie wissen es nur nicht.«

Anita: »Nu quaddel man nich so, Kurti. Mußt du hier nich machen in unserer Stube. Ist das Band in dem Gerät da denn noch nich zu Ende?«

Kurt: »Doch, doch, Botschafter. Sie wissen es nicht, weil die Umstände, in denen sie leben, für sie ganz selbstverständlich sind.

Ihr Lebensraum ist nunmal der Ort, an dem man um grundlegende Wahrheiten nicht herumkommt. Aber was soll man deshalb viel Aufhebens machen? Diese Wahrheiten nicht anzunehmen hieße, nicht länger als Bauer leben zu können. Was aber dann? Ja, so ist das Leben auf dem Lande, wie ich es kennenlernte, Herr Strittmatter, Erwin, da war kein Blick für Grashalme, die im Winde tänzelten. Elf Stunden in den Furchen, immer hin und her mit dem Pflug, da kommen nicht gerade große poetische Gefühle hoch.«

Bruno: »Strittmatter?«

Kurt: »Ich mein doch nur: Sehr bald wurden die Kinder zu den besten Arbeitstieren auf dem Hof, der Reichtum von Vaddern wuchs. Günther, der ein Zwölf-Ender werden wollte beim Militär, war schon halb im Krieg, er hatte sich zum Arbeitsdienst gemeldet.«

Anita: »Und Bruder Henry will Bäcker werden, aber da steht auch ihm eine asthmatische Veranlagung im Wege.«

Kurt: »Veranlagung? Also, Anita, ich muß doch bitten! Das ist ja wohl kaum das rechte Wort.«

Anita: »Du, der Johann hatte Asthma, und Tante Trudchen Thalmann in Potsdam auch.«

Kurt: »Trudchen? Wieder jemand, den ich nicht kenne.«

Anita: »Ich will ja nur sagen, das Asthma steckt in der Familie. – Kennst Trudchen nicht! Aus Potsdam die Tante?«

Kurt: »Ich weiß vieles nicht mehr. Aber ich weiß, wenn meine Schwester Waltraud mit dem Fahrrad hinfiel, weinte ich.«

Bruno: »Ja, also Hermann wurde reicher und reicher, die Weiber wurden auch immer mehr, und er ließ sie auf den Tischen tanzen.«

Anita: »Naja, seht ihr, so denkt jeder an was anderes. Ich zum Beispiel hatte beizeiten die Nase voll, das ist das, woran ich denke. Müllers Kinder von nebenan konnten draußen spielen – ging ich hinterher, wurde ich zurückgepfiffen wegen euch. Ich war euer Kindermädchen. Ningel-Henry vor allem, den hast du so veralbert, Kodi, und er weinte und weinte. Den Henry hat die Mutter geliebt, weil der so aussah wie olle Hermann Böwe. Den Henry, als der später Konsumchef wurde, den hat immer gekränkt, daß sein großer Bruder Günther in den Laden kam, sich über die ›Pißbude‹ lustig machte, aber im gleichen Moment ins Regal griff, sich eine Flasche Schnaps nahm und selbstverständlich nicht bezahlte. Henry war der beste Kaufmann der Westprignitz.«

Kurt: »Seine Mannschaft war superhöflich, als wenn man heute bei Karstadt einkauft.«

Bruno: »Oder bei Edeka.«

Anita: »Der hatte das Talent vom Vater geerbt, diesen Handelstrieb. Henry stand Vaddern am nächsten, und Vadder hoffte, Henry würde sein Nachfolger sein.«

Kurt: »Nochmal zurück: Jetzt kommt der zweite Weltkrieg, und Hermann, unser Vater, braucht nicht ins Feld. Die Bevölkerung mußte ja versorgt werden.«

Anita: »Hermann hatte mit Hitler nix zu tun. Außer ihm blieb kaum jemand im Dorf, irgendeiner hatte einen Herzfehler, und ein anderer von denen, die nicht weg mußten, war der alte Funk. Der war übrigens Kommunist, und ich weiß noch, Jahre vorher, bei irgendeinem Dorfvergnügen kurz vor 1933, kam SA-Mann Fatke, ihr wißt schon, von Fatkes der Sohn, also der kam rein in die Gaststätte, es war Tanzabend, baute sich vor dem Kommunisten Funk auf, knallte die Hacken zusammen und schrie: Heil Hitler! Onkel Willi ging dazwischen, kennst ja Onkel Willi, also wenn du ihn kennst, kennst den auch nicht?, is ja jetzt egal, also der Fatke hat immer weitergemacht mit seinem blöden: Heil Hitler!, und das drückte allen auf die Nerven. Nun muß man wissen: Zu der Zeit wählte das ganze Dorf Hitler. Nur zwei nicht: der Kommunist und unser Papa. Sie spielten an diesem Abend in der Kneipe Skat ...«

Kurt: »Ein Trinker war unser Vadder aber nicht.«

Anita: »Ein Trinker war er nicht, nee.«

Bruno: »Wer handeln will, muß nüchtern sein.«

Kurt: »Nur wenn er meinte, es nützt dem Geschäft, dann trank er, gemessen.«

Anita: »Nu aber weiter. Also jetzt baute sich dieser Fatke auch vor Vaddern auf, wieder Hackenknallen, wieder dieses dämliche: Heil Hitler! Hermann reagierte gar nicht, Fatke soff weiter und mußte denn mal raus. Unser Vater kriegte das spitz, stand auf, dem Nazi hinterher, und vor der Tür ist er auf den Kerl zugegangen und gab ihm eine derartige Ohrfeige, daß Fatke Otto sich eine Gehirnerschütterung mit nach Hause nehmen konnte.«

Bruno: »Der hat vielleicht ein paar Pfund Gewicht ins Gesicht gedrückt gekriegt, mein lieber Scholli!«

Anita: »Das war zu der Zeit, da war die Kneipe im Dorf noch voll, nich wie heute, wo alles tot ist.«

Kurt: »Weißt ja, Anita, wenn eine Kneipe voll ist, stellt der kluge Wirt immer noch ein' Stuhl rein – damit 'n Theater voll wird, nimmt man am besten immer ein paar Stühle raus.«

Anita: »Fatke ging vor Gericht wegen Körperverletzung, erst in Perleberg, dann die höhere Instanz, Neuruppin.«

Kurt: »Es erwuchs ja wohl nichts Furchtbares aus der Sache, denn vom ökonomischen Gewicht her wurde Böwe doch immer wichtiger für das Dorf.«

Anita: »Oberscharführer Wolf hat unseren Vater gleichsam gerettet, er hat vorm Amtsgericht in Wittenberge gesagt, wer als SA-Mann von der Backpfeife eines Bauern in die Knie ginge, der habe auch das Recht verwirkt, laut Heil Hitler! zu rufen. Das überzeugte den Richter, und so kam der Vater mit dreißig Mark Strafe und achthundert Mark Schmerzensgeld davon. Achthundert Mark Schmerzensgeld! Das war Papa immer noch zuviel. Und selbst in dieser Situation erwies sich der olle Böwe als cleverer Geschäftsmann, er fing nämlich sofort an, über seine vielen Kinder zu barmen, und so wurde ihm zwar das Geld nicht erlassen, aber wenigstens eine Rate von fünfzig Mark pro Monat zugestanden. Den Hitler hat er trotzdem nicht gewählt.«

Bruno: »Grade nich!«

Anita: »Papa hatte Charakter. Leider wollte er auch nicht, daß wir Mädchen in den BDM gingen, und Günthern hat er das Jungvolk verboten. Alle anderen Kinder vom Dorf waren drin, und wir waren traurig, weil wir dadurch keinen freien Schultag und keine Kletterwesten kriegten und keine Trommelschuhe. Erst auf Zureden von Bekannten ließ Vater locker, wir kriegten dann, wie die anderen, diese schicken Berchtesgadener Jacken. Vater jedenfalls ging nicht zu den Nazis, der war Geschäftsmann, vorsichtig und umsichtig genug.«

Kurt: »Vorsichtig? Es heißt, nach dem 20. Juli 1944, nach dem

Hitler-Attentat, schrie dieser Böwe abends laut vor der Kneipe: Ist das Schwein also immer noch nicht tot?! Das waren Momente, da stand das Familienherz für böse und ewige Sekunden still. Warnungen wegen solcher Reden schlug er unwirsch in den Wind: ›Ich habe meinen Dolch im Nachttisch, und jeden von diesen Halunken, der mir zu nahe kommt, den stech ich ab!‹«

Bruno: »Ja. Und nach dem Krieg, da war er SPD.«

Anita: »Ist ja interessant, Bruno, das weiß ich gar nicht.«

Bruno: »Natürlich, das weißt du doch, Anita.«

Kurt: »Nein, das wissen wir nicht.«

Anita: »Wir! Daß du dat nicht weißt, Kodi, dat is mir klar. So is dat, wenn man weg is. Manchmal denk ich, das war vielleicht gar nich notwendig, daß du weg bist. Man kann doch auch woanders ein guter Schauspieler werden, also nicht nur in der großen Stadt. Aber das mußt du selber wissen.«

Bruno: »Das muß jeder selber wissen.«

Anita: »Auch auf'm Dorf gibt es sehr gute Doktors, da muß einer nicht bis Berlin.«

Kurt: »Ein guter Arzt kann man in Reetz werden, ein guter Schauspieler nicht.«

Bruno: »Ich wollte nur sagen: Ich bin ja früh aus der französischen Gefangenschaft gekommen, sehr früh, im Januar 1946.«

Anita: »Utgerückt bist du! Du konntest ja immer schon rennen, Bruno.«

Bruno: »Ich kam nun ins Dorf zurück, und Hermann Böwe ging in die SPD, weil er wohl Sorge ums Geschäft hatte. Und ich, ich sollte ja sogar SPD-Chef vom Dorf werden.«

Kurt: »Nein.«

Bruno: »Doch. Als die Einheitspartei kam, ich weiß gar nicht, wann war denn das, so ziemlich schnell nach dem Krieg jedenfalls, da ist er wieder ausgetreten, der Hermann. Ich weiß noch, das war 'n Sonntag.«

Anita: »Und denn kam die Zeit mit die DDR, da dachten die Lüüt, es is immer nur Sonntag. Aber du weeßt ja: Sünndags geiht dat heidideldei – un mondags sin de Strümp entzwei!«

Der Schauspieler drückt auf die Stoptaste des Aufnahmegeräts.

EIN JAHR NACH KRIEGSENDE, die Schule in Kyritz hatte noch immer geschlossen, ging der Schauspieler für ein paar Monate nach Potsdam an die Einstein-Schule, seine Tante wohnte dort.

»Ich weiß nur noch«, sagt Böwe, wir verlassen gerade das Haus der Schwester Anita, gesättigt von hausgemachtem Pflaumenkuchen, angeregt von klarem kaltem Korn, »diese Tante kochte gern Zikoriensuppe. Wasser und Wald umgaben die Stadt, für mich als Asthmatiker eine entsetzliche Umgebung. Entsetzlich war auch die Schule, ich blieb fremd in dieser Penne, in der die obersten Klassen zum 1. Mai 1947 demonstrativ nicht rote, sondern weiße Nelken trugen. Ich war also froh, als die Schule in Kyritz wieder aufmachte und ich sogar mein altes Zimmer belegen durfte. Diese Nachkriegszeit war keine Zeit der Erwartungen, aber es war vor allem: keine Zeit schlimmer Erwartungen, das schien mir das Wichtigere. Ich entwickelte mich mehr und mehr zu einem Menschen, der nichts sein wollte und nichts haben wollte. Das ist ja eine ideale Voraussetzung, um Sozialist zu werden. Übrig blieb davon, daß ich über lange Jahre hinweg jederzeit mit Schulden lebte und gut damit leben konnte. Mit Streberei hatte ich wenig im Sinn, ohne Aufwand bewegte ich mich durch den Schulstoff, nach Mathematik stand mir der Sinn am wenigsten; dieses Manko war es vielleicht, das mir später fast die Enterbung gebracht hatte, da bei meinem Vater jegliches Geld in den Händen seines mißratenen Sohnes Kurt zu höchster Nervosität führte.

Im Internatsspeisesaal von Kyritz stand ein Klavier, da holperte ich ab und zu drüber; später übte ich wie ein Wahnsinniger, Boogy-Woogy zum Beispiel. Von meiner Mutter wünschte ich mir ein Akkordeon, kriegte es auch, wir fuhren klimpernd, klampfend über die Dörfer. Vielleicht wäre ich ein guter Jazzmusiker geworden, einen ausgezeichneten Lehrer vorausgesetzt. Eines Tages aber spielte ein Mädchen aus unserer Klasse auf dem Klavier, es klang wunderschön, da wußte ich, was musikalisches Talent ist und klappte den Deckel auf ewig zu. Das war, bevor Lehrer Schirrmann mich überredete, Schauspieler zu werden. Er hatte ja sogar ein Stück geschrieben – über Robespierre, und das in der Nazizeit. Dieser Hermann Schirrmann war unser Deutschlehrer, er brabbelte nicht irgendeinen Unterricht nach Lehrplan daher. Die vier Doppelstunden Literatur und Theater (Theater! in Kyritz an der Knatter!), die er pro Woche, wie soll ich sagen: veranstaltete – nur mit diesem feiertäglichen Wort schmeckt sich das heute noch richtig nach – waren wie ein Fest. Die Nur-Gesangbuch-Zeit lag hinter mir, das Pflicht-Schulbuch-Lesepensum auch.

Dieser Lehrer Schirrmann erhob Kyritz zur Theatermetropole; ich spielte in Schillers ›Kabale und Liebe‹ den alten Miller. Das glich dem Geist jener Nachkriegszeit: Man konnte sich in allem üben und alles mögliche probieren – wenn man, wie uns Schirrmann bewußt machte, nur ›Mumm‹ dazu aufbrachte. Der nichtbürgerliche Status, den ich nach dem des ewigen Krankseins heute in der Familie Böwe habe, lange begleitet von deren sorgenvollem Stirnrunzeln, wurde sicher auch verursacht durch meine bereits erwähnte Respektlosigkeit gegenüber Geld. Das mußte einer groben Verachtung gleichkommen – und zwar dieser unsäglichen Mühe gegenüber, die es kostete, eine Mark zu verdienen auf bäurischem Boden. Auch an dieser pekuniären Respektlosigkeit ist dieser Lehrer Schirrmann schuld, denn wenn ich fortan Geld ausgab, dann vorwiegend für Bücher.«

Und nicht nur, so zeigt später ein einziger Blick rundum in der Berliner Wohnung, als gedrucktes Papier in Regalwänden, sondern längst auch in zahlreichen Häuflein überall in der Wohnung.

IM JAHRE 1945 war der Schauspieler sechzehn Jahre alt. Da ist schon viel mit einem Menschen geschehen.

Wir setzen das Gespräch in der Küche von Böwes Berliner Wohnung fort. Die freien Tage in Krumbeck sind vorüber. Der Schauspieler kocht gerade, was er allzeit gern kocht: seine Prignitzer Suppe, in der so wundersam viele Dinge ihren Platz finden und auf gleichmäßigem Feuer stundenlang vor sich hin weichen. Wenn die Frau des Schauspielers zu Hause und nicht gerade in Leipzig bei ihrer dramaturgischen Hörspielarbeit oder in

Krumbeck auf der »Datsche« ist, um dort erfolgreiche Kleinkriege oder noch erfolgreichere Großsiege mit Handwerkern in die Wege zu leiten – wenn sie denn also zu Hause ist, geht der mitleidige bis verächtliche Blick oft in Richtung Küche, wo Paprika und anderes Grüne und Gemüsige überm Dauerfeuer ihren Saft und ihre Kraft verlieren. Doch der Schauspieler schaut zufrieden und läßt sich nicht beirren. Und die Suppe gart, als habe dieser Mann vom Lande nie ein Schlachtefest erlebt, das Aufziehen des Tierkörpers auf die Leiter, das erste Gehackte, die ersten gekochten Nieren und die erste Wurstbrühe, in der Schlieren von geplatzten Rotwürsten treiben; als habe er nie etwas von der Wurstbrühe gehört, die von den Kindern zu Verwandten und Bekannten getragen wird, mit einem Klecks Sülze oder Zwiebelleberwurst garniert, und noch bis tief in die Nacht muß das Eingemachte auf den Kellerregalen verstaut werden; als habe er vergessen, was doch unvergeßlicher als jede Theateraufführung ist: das erste frische Fleisch quillt in einem rosa, vielfach verschlungenen Strang aus dem Fleischwolf, ein paar Hände Salz, Pfeffer und Kümmel kommen unter die Masse, im Kessel werden die ersten Fettstücke abgekocht, um anschließend gewürfelt in die Blutwurst gedrückt zu werden, die Waschküche füllt sich mit dichtem Dunst, und die Gesichter glänzen, als wären sie mit Öl eingerieben; in der Küche brodelt bald das Wellfleisch auf dem Herd, die Blutwürste treiben im Kessel und werden mit dem Waschholz durcheinandergerührt, und die ersten Leberwürste hängen bald auf den Holzstangen in der Räucherkammer – das alles ist Leben dieses Dorfmenschen gewesen, der nun in einer Berliner Neubauküche steht, aus dem offenen Fenster nach Marzahn blickt und fade Suppe kocht.

Wir lachen, nach so viel Fett wäre eigentlich ein Doppelter nötig, aber wir wollten ja über Ernsthaftes reden.

»Wenn wir schon dabei sind«, der Schauspieler hebt die Suppenkelle, »die Prignitzer Speisekarte ist nicht sehr abwechslungsreich, auch wenn wir hier noch so blumig ein Schlachtefest beschreiben – vor dem ich übrigens immer wegrannte; ich fand die Schlächterei ekelhaft. Zur Speisekarte: Am Sonntag gab's freilich Braten, am Montag aber nur Suppe, am Dienstag vielleicht mal Spitzbein, Mittwoch und Donnerstag wieder Suppe, am Freitag möglicherweise Roulade, mein Lieblingsgericht damals, Fleesch mit'm Band, am Sonnabend erneut Suppe oder Kartoffeln mit Quark oder Hering. Quetschkartoffeln und vom Pökelfleisch die Soße – das gab es meistens, abends bruzzelte in der Bratpfanne ein Stück Speck! Ein Ei war eine Seltenheit. Jedoch wollen wir nicht verschweigen, daß unsere Mutter eine gute Köchin war. Wenn sie Roulade machte, roch es lockend bis zum Dorfeingang. Beigebracht hat es ihr die Tante Meta aus Berlin, eine sinnliche, schlagfertige Frau aus der Prenzlauer Allee, später, als Student, würde ich bei ihr wohnen, und ihr Mann hieß Fritz. Einen Onkel Fritz aus Berlin hatten viele auf den Dörfern. Meiner trug den stolzen Titel eines Regimentsmusikers, er blies die Zugposaune in Neuruppin, ein geborener Mann alles Preußischen, der mir jenes Buch mit Anekdoten über den Alten Fritz schenkte, das neben dem Gesangbuch einziger Bestand unserer Familienbibliothek wurde. Dem Posaunisten gelang eines Tages sogar das Kunststück, unseren Vater zu einer gemeinsamen Fahrt mit dem ›Adler‹ bis nach Süddeutschland zu bewegen. Mit Meta und Fritz kam ein Hauch des Städtischen ins Dorf, jene Ahnung von etwas Fremdem und Welthaltigem, für das wir Reetzer nur staunende Augen hatten. Die Tante Meta also brachte unserer Mutter das Kochen bei, und das auf eine Weise, daß sich unsere Küche durchaus vom üblichen Niveau unterschied. Denn sehen Sie: Fontane nahm Sandwege und Sumpfwiesen zwischen Elbe und Oder unter die Füße, er sammelte die Steine des Leisen und bewahrte sie geschliffen in einem literarischen Vierbänder auf. Aber wenig Kulinarisches findet sich in den Wandernotizen. Wenn's ans Essen dieser Region ging, roch sein Buch nach Sauerkraut und Rüben.«

Den Schlußstrich, den der Schauspieler selbst zieht, indem er entschlossen in der Suppe herumrührt, nutze ich für die Nachfrage zum eigentlichen Thema.

»Ja, das Jahr fünfundvierzig. Auch wenn mein Vater mit Hitler nichts am Hut hatte, rein gar nichts – wir Jungs auf dem Lande waren die treuesten Banditen des Führers. Keine Ideologen, aber noch fanatische, emotional frohgestimmte Mitmacher. Es hat wohl mit dieser Erfahrung zu tun, daß ich künftig eine Menge gegen fanatische Mit-Macher haben würde, die nicht auch Mit-Denker sind. Natürlich waren wir alle stramme Pimpfe. 1943, ich war Volksschüler, hatten sie mich nach Reichenau im Sudetengebiet verschickt, im Winter. An Gesundheit brachte mir die Reise wenig, allein dort spürte ich erstmals den Einfluß der Weltpolitik aufs Kleinhirn von Kurt Böwe: Stalingrad sei gefallen, hieß es eines Tages, wir mußten hinaus in den Schnee, es war bitterkalt, ein Auto fuhr vor, zwei SS-Offiziere hielten markige Reden, und danach sollten wir schwören, dem Führer auf ewig Folgschaft zu leisten und bereits jetzt unsere soldatische Zukunft beeiden – und schon traten wir im Block drei Schritte nach vorn, und wieder war ein falscher Schwur in der Welt.

Daß ich nicht dazu kam, Menschen umzubringen, ist wahrlich nicht mein Verdienst – ich muß auch da meine Krankheit anmerken. Ich war sozusagen zu schwach, um ein Verbrecher zu werden. Wir waren fast schon zum Ritter geschlagen, waren beinahe schon eine Gefahr, wurden fast schon, als kleine Nazis, auf die Menschheit losgelassen. Wir sind noch einmal davongekommen, wir und unsere potentiellen Opfer. Das war eine Chance: Befrei dich, aber vergiß nicht, wie die Befreiung geschah, unter welchen Begleitumständen. Das ist der Vorzug, das Glück, ach Quatsch, das war einfach die Realität unserer Generation. Wenn es um Antifaschismus ging, da hab ich also fortan hingehört, sehr genau sogar. Das hatte zunächst gar nichts mit Marx oder Engels zu tun, obschon ich mich später der Faszination des Marxismus nicht entziehen konnte, wir werden das Chapitre aufzuschlagen haben.«

Die Begleitumstände der Befreiung. Vieles fing mit Viktor Ganus an, dem fast Gleichaltrigen im Hause Böwe.

»Ja«, sagt der Schauspieler, wir sind hinübergegangen ins Arbeitszimmer, und seine Augen suchen die mit Fotos übersäten Regalwände ab, als fiele ihm in diesem Moment ein, daß ein Bild von Viktor, das es leider nicht gibt, dennoch unbedingt hierher gehöre – vielleicht dorthin, neben das Foto, das den Schauspieler mit dem Regisseur Konrad Wolf zeigt, oder direkt neben den Gubanow, den ungewöhnlichen sowjetischen Parteisekretär, der in Halle zu einem der größten Erfolge des Schauspielers wurde.

»Diesen Viktor Ganus aus Dnepropetrowsk, einen langen Bengel, hatte mein Vater aus einem benachbarten Internierungslager geholt. Dort waren junge Russen untergebracht, die bei den deutschen Bauern, so sie nicht vorher erschossen worden waren, arbeiten sollten. Vorwiegend griffen die Bauern nach den Ukrainern, die über spezielles Talent zur landwirtschaftlichen Arbeit verfügten. Viktor Ganus nun hatte im Altenteil, direkt neben dem Pferdestall, sein Stübchen. Er durfte nicht mit am Tisch essen, aber doch am Waschtisch. Auf dem Feld freilich hörte die Trennung auf, so kam ich oft mit ihm zusammen, wir tranken Kartoffel- und Runkelrübenschnaps. Stalin hatte nach dem Vertrag mit Hitler das Land geöffnet, so konnte Viktor, wie ich erfuhr, in Dnepropetrowsk ein wenig Deutsch lernen.

Bevor im Frühjahr 1945 die Russen kamen und sich eine Ahnung von Schrecklichem im Dorf verbreitete, packten auch wir, wie andere Familien, unser Hab und Gut auf einen Wagen und flohen in den Wald. Wir sahen deutsche Soldaten, die rannten an uns vorüber, sie schienen uns nicht zu sehen, die Gesichter waren schreckhaft verzerrt, einige weinten, die Männer rissen sich Schulterstücke von den Uniformen und warfen ihre Gewehre weg – Männer, die zurück mußten und doch auch weiter wollten, manchmal sind ja beide Gebote gleich stark und zerreißen den Menschen. Ein paar Werwölfe strichen durch die Gegend, wurden aber von den Bauern vertrieben. Ein Soldat rannte vorbei, keuchte, jetzt könne die Wunderwaffe des Führers nur noch beide vernichten, Deutsche und Feinde! Irgend jemand aus unserem Troß antwortete: Soll sie doch. Und ein anderer rief, der Führer sei tot, und es klang, als hätte er gesagt: Schönes Wetter heute! Die Tonart dieser Sätze verwunderte mich. Mein Vater schaute sich die geisterhafte Szenerie eine Weile an; man muß nicht Angst haben, wenn alle Angst haben, sagte er sich wohl, und ihm war schnell klar geworden, daß sich die Welt hartnäckig weigerte, unterzugehen. Plötzlich sagte er mit sehr entschlossener Stimme, wir sollten besser zurückkehren in unsere Häuser, wir hätten nichts zu verbergen und dürften nicht durch Flucht das Mißtrauen der heranrückenden Russen erregen. Und so taten wir es, und an einem sehr sonnenreichen Tag kamen die Freunde. Dieses Geräusch werde ich nie vergessen: Panzerketten fegten über die Landstraße. Eine asiatische Horde wie zu Zeiten Dschinghis Khans fiel ein. Wir saßen auf der Veranda, dicht aneinander gedrängt, die Soldaten stürmten mit vorgehaltener Waffe herein, schrien ›Faschistuj!‹, und die Entsicherungen der Maschinenpistolen knackten.

Panjewagen zogen durchs Dorf, darauf besoffene Jungs, alles rollte in Richtung Elbe. Die Soldaten sahen verwegen aus, blutbeschmiert und glatzköpfig, mit deutschen Fahrtenmessern bestückt bis an die Zähne. Es waren Überlebende der vielleicht unbeschreiblichsten Hölle – bis hierher waren sie gekommen, und diesen besonderen Ausweis eines unmenschlichen Sieges und Weges sah man ihnen an; in einer Mischung aus Schrecken und Bewunderung standen wir an den Zäunen. Die Bewunderung siegte über den Schrecken: Wann kommt schon einmal eine solche russische Armee nach Reetz! Das Geschrei der Soldaten machte uns das Einschlafen schwer. Aber es herrschte plötzlich Leben in diesem langweiligen, öden Dorf, später gingen wir tanzen, die Russen mittenmang, und ich wäre am liebsten aufgesprungen auf diese seltsamen Gefährte, die sich mit dumpfem Grollen näherten, die aufwuchsen zu dröhnenden Drachen und die sich so schnell, wie sie gekommen waren, in jenem trockenen Staub auflösten, der einst Straße war.

Ich merkte damals erstaunt, daß man sich von einer Sekunde zur anderen daran gewöhnen kann, außer Gefahr zu sein.

Bei uns auf dem Hof wohnte der Kommandant, überallhin streuten die Soldaten Heu, ein paar Speckschwarten flogen herum, zwischen den Stiefeln huschten bald Ratten. Wurde ein Hof zu klein für die ausladende Rast, hauten die Soldaten wieder ab und hinterließen ein heilloses Durcheinander aus Matratzen, Scherben, Drahtrollen und rostigem Kriegsgerät.

Im Stall, den die Russen natürlich auch eingenommen hatten, lag hinterm Schweinekoben ein verwundeter Sergeant, auf feuchtem Stroh, die Arme in blutdurchtränkte Lappen gewickelt, aber er konnte noch wundervoll trinken, an seiner Lagerstatt stand immer ein Kasten Wodka, weiß der Himmel oder besser der Teufel, wo der jedesmal hergeholt wurde. Im kleinen Nebenhaus wackelte er des öfteren die Treppe hinauf, kam in die Stube mit den fünf, sechs Stühlen und holte mich an seine Seite, denn ich konnte ja ein wenig russisch. Dieser bärtige Bursche befahl mir eines Tages, sämtliche greifbaren Deutschen vom Hof und den Nebengelassen herbeizuschaffen. Die kamen, standen angstschlotternd vor diesem Russen, der in seiner Verwilderung grausig aussah. Dann sprach er, mit grimmigem Blick, tabakbraune Zähne zeigend: Deutsche SS machen puk, puk. Ganz langsam fuhr er fort: Kinder – und auf die Umstehenden zielend, imitierte er wieder das Geräusch von Schüssen. Frauen – wieder zielte er, wieder das Geräusch dazu. Das gleiche hinter den Worten Alte und Männer. Dann drehte er sich zu mir um, gab mir Streichhölzer, und ich mußte eins anzünden – um anzudeuten, daß sie alle, von den Deutschen erschossen oder von ihnen in Scheunen gesperrt, in Flammen aufgegangen seien. *I patom wsjo garit.* Dann blies er das Streichholz aus und ging. Wortlos. Und das machte er an die zehnmal in ein paar Tagen. Wahrscheinlich hatte er eine Szene aus seinem Heimatdorf geschildert und hinterließ nun, was ihm ein wenig seelische Linderung gebracht haben mag: entsetzte, hilflose Deutsche, bis ins Mark von Angst und Schweigen erfaßt. Die Szene ging mir zu Herzen, und ich kann mich noch erinnern, wie meine Mutter mich händeringend bat, doch bitte nicht noch einmal zu diesem unheimlichen Russen zu gehen. Ich ließ mich jedoch wieder holen von ihm, und ich fühlte mich während seines grausigen Spiels auf seiner Seite, obwohl ich damals nicht vollends verstand, was er wollte. Aber irgendwie spürte ich, daß seine Inszenierung etwas von einem tragischen Gegengewicht zu meinem eigenen ›Faxenkram‹ während der Arbeitspausen am Feldrain darstellte; genau genommen, waren wir Kollegen.

Wie ging es weiter mit meinem Freund Viktor Ganus? Er mußte sich sehr vorsichtig verhalten, ich sah ihn jetzt seltener, ihm schien das nicht unlieb zu sein. Bei jeder nunmehr zufälligen Begegnung spürte ich seine Unsicherheit und hätte doch aber vermutet, er würde vor Freude über die Ankunft der Seinen jubeln. Aber er wußte wohl sehr genau, daß Unterkunft und Überleben bei Deutschen die Beschuldigung nach sich ziehen könnte, er sei ein Kollaborateur gewesen. Er wurde denn auch schnell abgezogen vom Hof, kam aber eines Tages in Sergeanten-Uniform wieder. Seine Aufgabe nunmehr: im gesamten Dorf das Geschirr zu konfiszieren, alle Löffel, alle Gabeln, alle Messer. Viktor kam mit einem Panjewagen, ging von Haus zu Haus, riß wie ein Oberbefehlshaber die Türen auf und kam zurück mit viel Silber. Das wurde in ein Riesencamp geschafft, ein paar Kilometer weiter im Wald, dort lagerten an die zehntausend Soldaten der Roten Armee. Auch uns nahm die Armee alles weg, die Traktoren, zwei Autos, unser Pferd, die Schafe haben sie gleich geschlachtet. Die Rinder von Reetz wurden bis nach Polen hinein getrieben, zunächst aber nur bis Pritzwalk, zu einem anderen Trupp russischer Soldaten.

Hütejungen waren gefragt, von zwei anderen Jungen ließ ich mich für das Abenteuer überreden, dank Viktor konnte ich ja ein wenig russisch, und so ging es nach Pritzwalk über Gülitz und Lockstädt, Namen ferner Länder waren das für mich. Unterwegs trafen wir auf Gulaschkanonen, fühlten uns ein paar Tage und Nächte wie in einem Roman, den Karl May und Alexandre Dumas gemeinsam geschrieben hatten, und dachten nicht daran, welche Sorgen man sich zuhause machen würde. Zumal der schnelle Aufbruch es nicht zugelassen hatte, eine Nachricht zu hinterlassen; außerdem bestand begründeter Verdacht, von den Eltern zurückgehalten zu werden. Also stahlen wir uns gleichsam davon; die Erwartung in den ungewöhnlichen Ausflug erwies sich allemal größer als die Angst vor möglicher Bestrafung im nachhinein. Zurück ging es entlang der Bahnschienen, in unmittelbarem Schutz der Waldränder, denn auf den Straßen irrten SS-Leute oder Werwölfe umher. Es war gefährlich, überall lauerten deutsche Soldaten, der Krieg blutete aus, Leichen und Gerät übersäten die Landschaft wie auf einem Gemälde von Dix. Vielleicht ist jene Zeit am besten auch dadurch charakterisiert, daß uns kein Erwachsener sagte, dies wäre kein Anblick für uns. Wir schliefen unter freiem Himmel, eingehüllt in Decken, die uns die Soldaten mitgegeben hatten, und die nach Pferden, Knoblauch und Tabak rochen. Nach vierzehn Tagen war ich wieder zu Hause, und die daheim wunderten sich nur, daß ich so gut russisch sprach.

Meinem Vater merkte man damals an, daß er vor den Russen durchaus Angst hatte. Aber Menschen, die gewohnt sind zu handeln, werden schnell fertig mit solcher Angst. Selbst die noch einigermaßen wehrkräftigen Männer wurden damals sofort mitgenommen, ins Sägewerk Pritzwalk gesteckt, und sie mußten ziemlich hart ran. Leute, die den Marsch nicht mitmachen wollten und sich auf den Boden fallen ließen, den Erschöpfungstod simulierend, wurden kurzerhand erschossen. Meinen Vater nahmen sie auch mit, aber er flüchtete, nach ein paar Tagen schon. Also war er plötzlich wieder da, und seltsamerweise: Kein Mensch behelligte ihn fortan, Nachforschungen wegen der begangenen Flucht fielen dem allgemeinen Chaos zum Opfer. Mein Vater verstieg sich nun sogar zu Kühnheiten, die an lebensgefährlichen Leichtsinn grenzten. Eines Tages zum Beispiel kamen polnische Soldaten ins Haus, klauten kurzerhand, heftige Flüche auf den Lippen, unsere Bettdecken samt Matratzen. Hermann Böwe stürmte, nachdem sich sein Entsetzen über diese Unverfrorenheit gelegt hatte, auf die Straße, riß einem der Polen das Bett aus der Hand und gab ihm eine schallende Ohrfeige. Beide Männer standen sich gegenüber, offenbar konnte keiner von ihnen das soeben Geschehene mit der gebotenen Geschwindigkeit in seinem Kopfe unterbringen; mein Vater gewann als erster seine Geistesgegenwart zurück – und flüchtete in die Spargellinien weit hinterm Haus. Er hatte Glück, daß bei den Polen die Unsicherheit größer war die Lust auf Vergeltung.

Emsig kümmerte er sich fortan um seine Geschäfte, kungelte mit Ost- und Westberliner Gaunern, schob mit Kartoffeln, und als die Währungsreform kam, hatte er den ganzen Schrank voller Geld. Die Bodenreform brachte ihm neue Kunden, viele Kleinbauern nämlich – als aber die VEAB gegründet wurde, die Vereinigte Arbeiter-und-Bauern-Hilfe, da mußte er sein Geschäft dichtmachen, und er übernahm später eine Kneipe. Auch mit Spargel wirtschaftete er – wie gesagt: Er war ein Mensch, der mit

Realität so umzugehen wußte, daß ihm ständig Geld in die Taschen sprang.«

Was ist aus Viktor Ganus geworden, frage ich den Schauspieler. Er steht auf, geht in die Küche, schaut nach der Suppe, kommt zurück und setzt sich wieder. »Ich weiß es nicht. Eines Tages zog mich Viktor in den Stall, wo immer die Kornsäcke gelegen hatten, schloß die knarrende Holztür hinter sich, lugte noch einmal durch einen Bretterspalt, als sei zu fürchten, wir würden belauscht, es war am hellerlichten Tag, aber jetzt umfing uns staubige Dunkelheit, und Viktor sagte ganz leise, mich fortwährend anstarrend: Kurti, Gitler nix gutt, aber Stalin auch nix gutt! Das kommt mir, so oft ich an diese Situation denke, wie ein Omen vor. Natürlich verstand ich damals nichts. Der junge Sergeant aus Dnepropetrowsk umarmte mich und verschwand. Ich habe Viktor Ganus nie wiedergesehen.«

DIE GRÜNDUNG DER DDR spielte in der Familie Böwe offenbar ein sehr untergeordnete Rolle. Der Schauspieler macht es jedenfalls ungewohnt kurz.

»Wenn ich in Bezug auf dieses Datum, sagen wir den 7. Oktober '49, etwas erfahren hatte, so dies: Das, was man nun die ›neue Zeit‹ nannte, fuhr wie ein hermetisch verschlossener Zug an mir vorbei, ohne Zielangabe. Eine meiner Schwestern hatte ein rotes Fahrrad geschenkt bekommen, sie sagte eines Tages nur, das müsse sie umtauschen oder einfärben, mit einem roten Rad führe sie nimmermehr durchs Dorf. Ideologiepunkte wurden kaum gesetzt, wo es darum ging, die Kühe früh hinauszutreiben und sie später wieder hereinzubringen. Im Märzen der Bauer die Rößlein anspannt, mehr war da nicht, und dies auch nicht im Oktober der Staatsgründung oder in der Zeit davor. Da ist mir höchstens noch ein Bürgermeister in Erinnerung, Walter Biermann, der verkörperte die neue Volksmacht in Reetz. Er kam vom Dorfe, auf dem Gut ›Waldhof‹ ganz in der Nähe war er Vorarbeiter gewesen und fuhr meist Traktor. Wir bugsierten oft die Milch nach Karstädt, der Walter und ich, auch Buttertröge waren aufgeladen, ich saß hinten, im nächsten Ort holten wir uns Brötchen, tauchten sie tief in die frische Butter, ließen es uns gutgehen. In der nächsten Kneipe dann tranken wir einen, gegen das Fett. Den Gutsbesitzer erschossen die Russen eines absehbaren Tages, und den Walter machten sie zum Bürgermeister. Ausgiebiges Nachdenken war seine Sache nicht, aber er zog sich seinen zweitneuesten Anzug an, eine grüne Joppe noch drüber, die machte ihn fülliger, setzte einen Hut mit Gamsbart auf, griff sich dazu einen Stock – das würde ihm, dessen war er sich gewiß, Respekt verschaffen im Dorfe. Er wußte nicht, wie man Macht ausübt, aber er wußte, wie man Macht zeigt. Des Schreibens und des Lesens war er kaum kundig, aber die Zigarre trug er auftrumpfend im Mund. Die Burschen in Reetz hänselten ihn.

Walter kam zum Beispiel in die Kneipe, die jungen Leute lungerten herum, einer meinte, in der Zeitung hätte er was von Okkupanten gelesen, was das denn sei. Kurze Bedenkzeit. Ganz klar, antwortete Walter schließlich, nicht ohne vorher einen Doppelten genommen zu haben, ganz klar, Okkupanten – das sind Spitzensportler. Oder: Da war eine Sekretärin im Amte, aber leider krank, deshalb mußte Walter Biermann selbst die Bekanntmachungen in die Maschine tippen. Und so hing ein Zettel im örtlichen Schaukasten, darauf stand: ›Morjen Erntebesatz, Trefbunkt linke Strassenseide.‹ Auf einen verschämten Hinweis, daß da einiges nicht den Regeln der Rechtschreibung entspräche, konterte Biermann: ›Weiß ich doch. Aber meine Maschine ist kaputt.‹

Ich selbst befand mich zur Zeit der DDR-Gründung ja bereits wieder auf der Schule in Kyritz. Auf dem Marktplatz, am Nachmittag des 7. Oktober, standen Lastkraftwagen, und meine damalige erste große Liebe forderte mich auf, aufzusteigen, es ginge zu einem Fackelzug nach Berlin. Ich blieb auf dem Trottoir stehen und ließ die Liebe ziehen; es hat ja alles seine Bemessungsgrenze – ich, der ich am eingeschnürten Atem litt, fürchtete wohl auch Einschnürungen anderer Art, das machte mich beizeiten vorsichtig, ohne daß ich etwa Freie Deutsche Jugend bewußt mit politischer Gleichschaltung und Linientreue assoziiert hätte. Erst später begriff ich das Phänomen, das Hans Mayer in seinem Buch ›Wendepunkte‹ im Zusammenhang mit der Freien Deutschen

Jugend beschrieb: Mitten in Deutschland und mitten unter einer nachgewachsenen Generation, die nichts mehr an großer eigener Erfahrung mit dem Dritten Reich und dem Zweiten Weltkrieg mitbrachte, gelang das starre, langweilige und gründlich verlogene Ritual einer gesinnungstreuen Staatsjugend. Mayer schreibt: ›Es gelang nach dem sowjetischen Muster. Die Rituale des Komsomol mußten nachgeahmt werden, in Budapest und Prag wie in Krakau oder Leipzig. Allein der Komsomol hatte eine Geschichte aufzuweisen, die bisweilen in der Tat erlaubte, sogar im Sinne der moralisierenden Ästhetik, von positiven Helden zu sprechen. Die jungen Kommunisten der Sowjetunion hatten mitgeholfen, den Fall von Leningrad oder Stalingrad zu verhindern, sie standen schließlich oben auf dem Brandenburger Tor und hißten die Fahne der Sowjetunion.‹

Aber ich will mich nicht zu weit von dem Mädchen entfernen, das mich auf eines der Autos in Richtung Berlin locken wollte. Wenig später erschrak ich über meine Schroffheit diesem Mädchen gegenüber, aber da waren die Lastkraftwagen schon abgefahren zum Fackelzug. Meine Abneigung gegen die bevorstehende FDJ-Festivität stand fortan zwischen der Freundin und mir und sorgte für ein Schweigen, das ich im stillen bedauerte, zunächst jedenfalls. Es war wohl die Zeit, da ich Gedichte schrieb, doch ich verbrannte sie alle, als die unsterbliche Geliebte der Pennälerzeit sich aus verständlichen Gründen von mir abkehrte. Andererseits hatte wieder mein Instinkt gesiegt, der mich an der politischen Reinheit dieser FDJ-Aktion zweifeln ließ. Als die Mädels und Jungen zurückkamen, erzählten die einen freudig, daß sie in Westberlin waren, und die anderen waren sauer, daß sie dort nicht hindurften. Es gibt da eine Beobachtung von Heiner Müller, die ich kürzlich zu diesem Thema gefunden habe, und freilich ist sie nur unter der Prämisse von Müllers Zuspitzungslust zu verstehen und einzuordnen. Müller liest mit Erstaunen die Beschreibung eines Deutschland-Treffens der FDJ durch den französischen Filmregisseur Jean-Luc Godard. Godard sieht die Bilder in einer Wochenschau und wird ganz hymnisch, er sieht lauter junge Siegfriede, schön durch die Kraft einer Propaganda. Müller nun erinnert sich, an diesem Treffen zufällig teilgenommen zu haben. Er meint, die Mitmarschierenden seien nur daran interessiert gewesen, ›schräge‹ Zigaretten zu ergattern, also Westzigaretten. Die konnte man in der Hauptstadt in bestimmten Bars kaufen. Man marschierte also durch Berlin und hielt nur nach Zigaretten Ausschau. Das ist der Unterschied, sagt Müller, denn so war es bei der Hitlerjugend nicht. Die hat auf der Basis der Einfühlung demonstriert. Bei uns war das verfremdet. Bei Hitler stimmten Programm und Realität überein, im Sozialismus nicht. Das sei, vergröbert, der Unterschied.«

AUF DER SUCHE nach dem Vater Hermann Böwe. Wir sitzen wieder in Berlin, in der Landsberger Allee, die früher Leninallee hieß, achtzehn Etagen über Lichtenberger Boden. Auf dem Tisch des Schauspielers steht das geliebte (verfluchte?) Pils, zur Besänftigung daneben Selterswasser. Auf dem Schreibtisch der Kalender, der heutige Tag bekam die handschriftliche Eintragung »Marika Stuttgart« verpaßt – was nichts anderes heißt: Heute abend Vorstellung im Deutschen Theater, Schillers »Maria Stuart«.

Hermann Böwe, der Vater, zeitlebens am Ort geblieben, geboren zu Beginn des Jahrhunderts in der Prignitz. Hat nicht eben erst der deutsche Kaiser eine Gruppe seiner Untertanen, die sozialistisch gesinnten, »eine Rotte ungehorsamster Menschen« genannt, die nicht wert sind, »den Namen Deutschland zu tragen«? Wird nicht demnächst in China der Boxeraufstand toben und Herzog Adolf Friedrich von Mecklenburg-Schwerin sich nach Genua begeben, um von dort eine Orientreise anzutreten? Thomas Mann schreibt seine »Buddenbrooks«, als Hermann Böwe geboren wird, und Gerhart Hauptmann beendet im Monat dieser Geburt ein Stück namens »Michael Kramer«, dessen Titelrolle fünfundsiebzig Jahre später Böwes Sohn Kurt am Deutschen Theater spielen wird. Es ist die Zeit, da man in flachländischen Dörfern vor einem Abend mit elektrischem Licht aus der Decke wohl noch mehr Angst hat als bei fremdem Fußtritt nachts im Wald. Es sind furchtsame Jahre für arme Leute in der Prignitz.

Aber es kommen die Jahre, da ist Hermann Böwe in der eigenen Familie Inbegriff aller Macht, allen Zwangs zu Gehorsam und Unterwerfung.

Der Schauspieler erzählt: »Hermann Böwe ließ alle in der Familie merken, und dies zu jeder Gelegenheit, daß die eigene Brut nicht an das Maß heranreicht, das er gesetzt hatte. Wenn wir aßen, nahmen Mutter und Vater an den Stirnseiten Platz – sich gegenüber also. Rechts neben Vater, auf dem Sofa›huckel‹, ich, dann Henry, Waltraud, Anita, Annemarie und Günther. Jeder auf seinem Platz. Lustiges Geschwätz wuselte, vor jedem Essen, wenn sich alles langsam am Tisch sammelte. Jedes Kind rumorte mit dem Löffel auf seinem Teller herum. Aber es genügte, daß Hermann Böwe das Zimmer betrat, und schon herrschte wahrlich Totenstille, und dies während der gesamten Mahlzeit. Höchstens, daß Mutter oder der Älteste mal etwas fragten, das mit bevorstehender Arbeit, mit der Wirtschaft zu tun hatte; aber das kam wohl einmal in der Woche vor und durfte auch nicht öfter passieren.

Wir jüngeren Geschwister fanden uns, auf der Suche nach ein bißchen Spaß und einer uns wohlgesonnenen Männlichkeit, oft beim Großvater ein, ein Lehnstuhl stand am Ofen seines Zimmers, ein Ofen, auf dem meine Großmutter kochte, um das Holz für die Küche zu sparen. In den Dämmerstunden, da wir aus den unterschiedlichsten Gründen kein Licht anzündeten, wurden aus diesem Lehnstuhl heraus wundersame Schnurren gegeben, merkwürdige Gedichte, die diesem großen starken Kerl einkamen. Er war ein guter Erzähler, ein intelligenter Mann, der einst Lehrer werden wollte, der sich einen Hof geradezu vom Munde abgespart hat und der am Ende des Lebens doch an der Armut scheitert. Großvater bekam Gicht, und er ließ sich aus seinem Stuhl oder vom Sofa oft herabrutschen auf den Fußboden, wir Kinder tobten auf ihm herum, auf den Armen und Beinen, der Alte machte lustige Bemerkungen, tief in seinem Schmerz, und wir waren gleichsam seine Physiotherapeuten, und wir wußten doch nicht, daß der Mann uns zu sich heraufgeholt hatte, damit wir auf ihm reiten und ihm helfen sollten gegen das Ende, das wohl schon seine Glieder erobert hatte.

Im Altenteil des Hofes befand sich eine Waschküche. Dort hing Großvater eines Tages am Fensterkreuz. Mit Gehrock, in Lackschuhen und weißem Hemd. Oma sagte, ich will ihn nicht mehr sehen, wer uns sowas antut, nein. Wir legten ihn aufs Bett. Nicht mal in den Sarg schaute sie mehr. Das war Anfang Mai 1941. Wir erfuhren nie, warum er seinem Leben auf diese Weise ein Ende setzte. Alles wurde untersucht: kein Abschiedsbrief, keine Erklärung. Ein Rätsel. Vielleicht nagte die Armut zu sehr an ihm.

Den Hof hatte ja der älteste Sohn Alfred bekommen, Großvater kriegte zweiunddreißig Mark Rente monatlich, Großmutter kriegte vom Hof nicht einen Pfennig. Keine Rente, nichts. Aus einem Leben für die Selbständigkeit war ein Leben am Existenzminimum geworden. Geduldete alte Leute, Wegwerfmenschen; in solchen Biographien wuchs das moderne Wort von den Unglücklichen, die man aufs Altenteil schickt. Am Tag kriegten sie einen Liter Milch, pro Woche ein Pfund Butter, ein bißchen Kohle und Holz, aber nie Bargeld. Brot mußte gekauft werden; das Rauchen war schwierig, das Heizen auch, die hatten mitunter kein Geld, um sich Streichhölzer zu besorgen. Wo man nichts besitzt, hat man nichts zu sagen. In der alemannischen Mundart ist ›Heimat‹ nicht eine Gegend, sondern das Haus, das den Eltern gehörte; das erbte dann einer, der zahlte die anderen aus, der blieb auf der ›Heimat‹, die anderen hatten nun keine mehr, es sei denn, sie gründeten selber eine, das würde dann eine Heimat nicht für sie, aber für ihre Kinder sein. So sind die Regeln, und sie sind wenig menschlich. Am Ende gar schlossen die den Stall zu, damit Großmutter kein Holz rausholen konnte. Alles um ihn herum hat dem Großvater den Stolz genommen und ihm die Seele gebrochen. Deswegen wird er sich umgebracht haben. Die alte Oma Böwe wäre fast auf dem eigenen Bauernhof verhungert. Wenn im Sommer die Pfifferlinge wuchsen, ist sie heimlich hinaus, suchte krumm am Boden nach den Pilzen, verkaufte sie heimlich, und im Strumpf unterm Kopfkissen verbarg sie die paar Groschen, immer in großer Angst, die eigene Sippe nähme ihr das Geld weg. Suppe bekam sie zu Weihnachten, mit dem Hinweis, das Ei an dieser Suppe müsse sie aber demnächst zurückgeben.

Unser Vater, auch das muß von ihm gesagt werden, hat seinen Bruder verklagt, dem als ältesten Sohn der Hof überschrieben worden war. Fortan mußte er monatlich hundert Mark fürs Altenteil zahlen.

Ansonsten machte das Herz des Vaters keine großen Sprünge, die mit dem Wort Herzlichkeit zu beschreiben wären. Das spürte am schmerzlichsten unsere Mutter. Ihr Schicksal war es, gut zu sein. Punkt. Mama war, was sie war: Mama. Frieda, schüttere Haare, hinten zusammengebunden, eine Frau mit Sackschürze für das Schweinefüttern, schwarzgold kariert. Immerfort schlurfend, in Holzpantinen, am Kochherd hin- und herhuschend, für den Vater eine Kindschleuder, mehr nicht. Dazu noch bittere Verhältnisse, wenig geliebt und doch selber diesen Mann liebend wie nichts anderes auf dieser kargen Welt in Reetz. Das Schlafzimmer: Überm Bett die Engel und die Wolken, hinter denen Gott zu vermuten war, unter den Engeln und den Wolken ein unglückliches Paar in traurigen Nächten. So sehr Mama Mama war, so wenig war Papa Papa – ein Mann mit starkem Geschlecht, weinende Kinder hinterlassend, die aber einen Ring schlossen um die gequälte Mutter. Er schrie auf, sie schrie auf. Wir Kinder hatten ständig auf die bloßliegenden Nerven dieser Beziehung Rücksicht zu nehmen. Du ziehst dich zurück als Kind, in eine Ecke, in die Zimmerfluchten. Bald darauf kommt die Mutter mit geröteten Augen, beharrlich schluchzend, aber doch glücklich lächelnd, und sie kocht.

Durch die Erlebnisse mit diesem Vater und seinem so erschreckenden Umgang mit Mutter, an deren Rocksaum wir doch hingen wie an ihrem Herz – durch all das hatte sich bei uns Kindern so ein besonderes Ehrgefühl entwickelt, was Partnerbeziehungen betraf. Meine Schwester Waltraud heiratete einen Jungen, der von Berlin herkam, in Spandau West nisteten sie sich ein, noch vor Gründung der DDR. Waltraud war empfindsam, leicht verletzbar, wie die nachgeborene Annemarie, sie hatte ein sehr sanftes Gemüt, immer nah am Wasser gebaut. Zudem nahm sie mich kränkelnden Burschen oft in die Arme, kurz: Wenn sie weinte, weinte ich mit, und das war schön. Waltraud litt unter den Verhältnissen zu Hause, vor allem, wenn Hermann die Mutter schlug. Und Annemarie ist nachts, wenn die Eltern sich stritten, durch Eis und Schnee über den Hof zu ihrem Bruder Günther gelaufen. Das Mädchen, das später so ein bißchen Sekretärin war bei der Fleischgenossenschaft, lebte immer zwischen Wachsein und Wahn. Sie hatte einen tüchtigen Mann, der kam aus entsetzlichen Verhältnissen, seine Mutter starb, der Vater, ein Kleinbauer, kujonierte den Jungen auf grausame Weise, da hatten sich nun zwei sehr wärmebedürftige Wesen an die Hand genommen, und was soll ich sagen: Vor einigen Jahren trägt Annemaries Mann einen Kohleneimer die Treppe hoch, stürzt nach hinten, kommt nicht mehr zur Besinnung und stirbt.

Was die Partnerbeziehungen betraf: Ich vor allem schwor bei Gott und allen anderen, die möglicherweise Verantwortung trugen für den Weltenlauf: Mir passiert sowas nicht, Treue sei auf ewig ein Grundwort meiner Moral. Und dann avancierte ausgerechnet ich zum ersten in der Geschwisterschaft, der sich scheiden ließ.

Als Mutter am Sterben war, sagte sie: Kurt, du hast eine Freundin neben deiner Frau – und was hast du mich mol secht? Willst immer treu sein! Da heulten wir beide, ich vor allem, weil ich wußte, dieses Problem würde ich nicht nach den landläufigen Vorstellungen der Familie lösen. Vielleicht war es einer der letzten Glücksmomente von Mutter, daß sie meine Scheidung nicht miterlebt hat.«

Der Schauspieler schweigt ein paar Sekunden, als fordere die Pietät der Mutter gegenüber eine solche Unterbrechung, ehe nun die Rede zum strengen Vater zurückkehren darf, der schillernden Gestalt in der Familie.

»Und dann kam ein Sohn auf die Welt, Hans, der blonde Hans, der sogenannte Nachzügler, das Nesthäkchen. Dieses ›freudige Ereignis‹ wurde im Dorf zunächst nur als Fortsetzung einer lieblos gezeugten Reihung von künftigen Arbeitshilfen auf dem Hofe der Böwes registriert. Aber es geschahen Zeichen und Wunder: Ihn liebte Hermann. Das zeigte sich freilich karg und bemessen, wie es Vaters Art war, aber es fiel doch auf im Vergleich zu den Liebenswürdigkeiten, die er uns anderen Kindern gegenüber vermissen ließ. So durfte der kleine Hans des öfteren mitfahren im

Automobil, als einziger von uns. Hermann Böwe hatte sich nämlich in den frühen dreißiger Jahren einen ›Adler‹ gekauft, ein Auto neuesten Modells. Wir Geschwister standen am Zaun und redeten uns trotzig ein, ohnehin zu erwachsen für derartige Kinderspielereien zu sein. Hans wurde auch fein angezogen und mit Vorliebe in diese blauen Marineanzüge gesteckt, deren Verbreitung noch von der Wahnsinnsidee Kaiser Wilhelms herrührte, wir Deutschen könnten eines nahen Tages maritime Weltmacht werden.

Den Hans, kaum daß er frühmorgens aus dem Hof rannte, sprachen alle Leute freundlich an, und sie luden ihn zu Spaziergängen ein. ›Hans, komm mit‹, hieß das gängige Wort draußen auf der Straße, wenn er spielte und Nachbarn gerade vorbeikamen. Jemand kam immer vorbei, und immer ging Hans mit, wie ein Engel schwebte er durch die Tristesse von Reetz, im Krämerladen regnete es Bonbons. Über sein Käthchen von Heilbronn schreibt Kleist: ›… als ob der Himmel sie erzeugt und, von seinem Kuß geschwängert, die Stadt, die unter ihm liegt, sie geboren hätte.‹ So, denke ich oft, ist das mit Hans gewesen. Ein Gotteszeichen gleichsam, mit all der Kitschigkeit, in der man sich das vorstellen mag, und Hermann Böwe verstand das Zeichen; dieses Kind rang ihm wohl ein Quentchen verschütteter, familiär gefesselter Liebesfähigkeit ab, und Hermann ließ es mit sich geschehen – freilich in der raumgreifenden Positur des Selbstgewissen, der niemandem Rechenschaft darüber schuldig ist, wem er Zuneigung schenkt und wem nicht.

Und ausgerechnet dieser Sohn, ausgerechnet dieser Hansi, noch im Stand der absoluten Unschuld, wird ihm genommen.

Es war November, ich war mit auf dem Feld. Unser Knecht machte die Saatfurche mit einem Einschart, ich mußte mit dem Eimer hinterhergehen, um die noch im Boden befindlichen Kartoffeln aufzusammeln. Bis zur letzten Furche wurde jede einzelne Kartoffel aufgelesen. Unbarmherzig wurde ich von vorn mit Blicken verfolgt, daß ich auch ja keine Knolle vergesse. Ab und zu traf mich ein ermahnender Ruf, doch bitte nicht einzuschlafen. Plötzlich, vom Waldrand her, wo der Weg verlief, näherte sich uns jemand auf dem Fahrrad und schrie. Die Schreie klangen unheilvoll wie ein langgezogener Sirenenton. ›Hans Böw is tot! Hans Böw ist tot!‹ Was war geschehen? Zwei freundliche Leute, wie so oft, hatten den Hans mitgenommen ins Dorf, es gab da so einen großen Pfuhl, von einem Eisengitter umrandet, und hinter dem Gitter standen wunderbar kräftige, ausladende Linden. Die beiden Erwachsenen gingen einkaufen, und Hans spielte am Teich. Eigentlich, wir schreiben das Jahr 1938, fuhren so viele Autos nicht durchs Dorf, aber in jenem Moment begegneten auf der Kreuzung zwei Laster einander; es drohte wohl eine Kollision, da fuhr der eine auf den Teich zu, rammte eine der Linden, just jene, hinter der Hansi hockte. Der Baum stürzt um, Hans liegt unter dem schweren Holz, seine Lunge ist zerquetscht. Das nun wird panisch durchs Dorf geschrien, dringt auch an unser Haus, Hermann Böwe ist nicht zu Hause, er wird aus Vahrnow gerufen, plötzlich rast sein Auto am Unglücksort vorbei, ein gespenstischer Moment, Hermann verschwindet im Haus, taucht mit Pistole wieder auf, keiner weiß, woher er die Waffe so plötzlich hat, er rennt auf die Straße, stürzt auf den Fahrer des Lkw zu und macht so heftige wie scheinbar unaufhaltsame Anstalten, ihn zu erschießen. Nur mit Mühe wird er zurückgehalten, inzwischen hat sich der Dorfplatz gefüllt, langsam legt sich ein schweres Schweigen über die eindeutige Szene. Hermann Böwe macht sich wieder frei und rennt weinend nach Hause. Er rettet sich schnell wieder in seine Strenge und befiehlt, daß dieser Sohn in einem weißen Eichensarg, in weißer Marinekleidung aufgebahrt wird, im schönsten Zimmer des Hauses. Und Hans wird einen marmornen Engel aufs auszementierte Grab bekommen.

Der Junge war fünf Jahre alt, als er starb. Der einzige Sohn, den Hermann Böwe wirklich liebte. Die Geschichte dieser im Hause Böwe seltenen Vaterliebe ist ungeschrieben, und ein Geheimnis bleibt, was sie möglicherweise bewirkt hätte. Unser Vater blieb der Mann, der so vieles in seinem Leben ausschloß und trotzdem meinte, glücklich sein zu können; vielleicht wuchs seine strenge Selbstgerechtigkeit auch aus dem Verdrängen einer Erfahrung, die er mit diesem blonden Sohn Hans gern versucht hätte.«

Der Schauspieler macht wieder eine kleine Pause, er scheint zu überlegen, wie er zu den Widersprüchlichkeiten dieses seltsamen Mannes ein positives Gegengewicht schafft, denn geliebt wurde er trotz allem, und die Erinnerung an ihn ist groß und stark. »Der Vater hatte zwar nur Volksschulbildung, aber er konnte wie ein echter Scribent rechnen und schreiben – und handeln. Ein Verbindungsglied war Hermann Böwe, zwischen Groß- und Einzelhändler. Von einem recht wohlhabenden Gaststättenbesitzer bekam er Kapital vorgeschossen, eines Tages kaufte er sich Waagen. Drei Loren, beladen mit Kartoffeln, brachten beim Wiegen einen Wert von sechs Loren – wenn einer sein Geschäft verstand, und Hermann Böwe verstand sein Geschäft. Mehr und mehr wurde Vater zu einer Art Urgewalt in der Umgebung, denn Geld, so wissen wir, macht mächtig. Seine Rechnungsbücher schrieb er selbst, bis in die Nächte hinein, sie glichen kalligraphischen Musterbögen.

So lebten wir auf dem Hof zwischen Strenge und noch mehr Strenge, und eines Tages traf ausgerechnet mich der endgültige Bannstrahl. Ich sollte Vaters Rad putzen, hinten im Altenteil, ich wußte inzwischen, wie er die Mutter hinterging, wir alle litten unter der Situation. Er rief, knallhart und kurz wie immer: ›Kurt!‹, da zuckte alles zusammen bei dieser Stimme. Also nun, eines Tages, sollte ich das Rad putzen. Ich schimpfte so für mich hin und sagte wohl etwas zu laut: ›Für den Idioten mut ick dat Rad putzen!‹ Das einzige, was mir noch in Erinnerung ist: Ich baute das Rad in der fast schon zerfallenen Großvaterstube auf, da öffnet sich die Tür, sehr leise, und die Füllung ist gleichsam schwarz, der Türrahmen ausgefüllt mit Kraft, und ich sehe noch, es ist der Vater, und ich höre noch, wie er ganz leise und ganz langsam fragt: ›Was hest du secht?‹ Und dann folgt ein Schlag, der mich an die Stubenwand wirft, über das Rad hinweg, und das letzte oder das erste, was ich mitbekomme, ist draußen sein unmißverständliches Gebrüll: ›Der Bengel kümmt mi von Hoff!‹ Nun war ich vogelfrei. Mit Gründlichkeit waren die Ängste anerzogen worden; nun wußte ich endgültig: Nichts war so sicher, daß es auch nicht unsicher sein konnte. Walter Benjamin hat in seinen Kindheitserinnerungen davon gesprochen, daß immer und überall ein ›bucklicht Männchen‹ stand, das auf Verderben sann. Das bucklicht Männchen bei mir war ziemlich groß und hieß in jenem Moment Hermann Böwe.

Als mein Bruder Günther nach dem zweiten Weltkrieg aus der Gefangenschaft heimkam, hatten wir in der Familie gedacht, nun käme jemand, der dem alten Böwe Paroli bieten könnte, jetzt würde seine gestrenge Allmacht gebrochen, seine Willkür kontrolliert, seine Härte gebändigt; und wir hofften dies vor allem unserer Mutter wegen. Aber nichts geschah; gegen diesen Mann war ein wie immer gearteter Widerstand nicht möglich.

Jene entscheidende Wendung in Vaters Leben, die unsere Familie in die Ungewißheit riß, vollzog er mit einer Schnelligkeit und Gelassenheit, als gehe es doch nur darum, eben noch einen Löffel Suppe aus der Terrine zu schöpfen. Eines Nachts lud er seine Geliebte, die im Hause gegenüber wohnte, aufs Motorrad und fuhr aus dem Dorf. Er hatte in Borstel bei Stendal ein Anwesen gekauft, eine Kneipe, und die möbelte er nun auf.

Der 15. Januar 1951 – das war dieser Tag, an dem Vater aus dem Haus ging. Er nahm seinen Sack Plünnen, und bei Nacht und Nebel, wie ein Spitzbube, stahl er sich davon. Einen Brief ließ er noch im Hause abgeben, von einem Faktotum, der immer um ihn war und – wir müssen den Zufall strapazieren! – der doch wirklich Schütt hieß, und diese wenigen Zeilen zeigen Hermanns Wesen: ohne Regung, knapp, zurechtweisend, Arbeit verteilend, stolz, hart; von einer fast tragischen wie herrischen Verdichtung ist das Papier, mit Bleistift geschrieben, akkurat, in klarer Zeilenführung. Fast wie ein Geschäftspapier. Die ›Zuckerbörse‹, eine Eckkneipe ganz in der Nähe der Zuckerfabrik Tangermünde, hatte er vorher schon gepachtet. Zudem begann er auch wieder mit Handel, brachte Dünger, Knochen- und anderes Mehl in Umlauf, denn ebenfalls in der Nähe befand sich eine Leimfabrik. Später ging er nach Borstel und wurde sogar LPG-Vorsitzender; auch die Eierannahmestelle hatte er unter sich. Eigentlich unvorstellbar: LPG Typ I, Vorsitzender Hermann Böwe!«

DIE FLUCHT DES VATERS mit der anderen Frau, fast fünfundvierzig Jahre später »rekonstruiert« in einem Gespräch zwischen dem Schauspieler und seiner Schwester Anita. Anwesend auch wieder Bruno, der Mann von Anita.

Kurt: »Aus dem Schlafstubenfenster ist der Hermann gesprungen, mitten in der Nacht.«

Anita: »Nur den ollen Sack mit seinen besten Plünnen drin, den schmiß er aus dem Fenster.«

Kurt: »Und dann sprang er.«

Bruno: »Ja.«

Anita: »Nee, nee. Er ist aus der Tür gegangen, Kurt.«

Bruno: »Kann auch sin, ja.«

Kurt: »Aus'm Fenster sprang er.«

Anita: »Nein, Kodi. Nur den Sack mit den Klamotten, den schmiß er raus aus der Schlafstube.«

Kurt: »Bei mir springt auch er raus, Anita, lassen wir's dabei. Diese Leidenschaft wollen wir ihm doch aber wirklich lassen.«

DER BRIEF Hermann Böwes an seine Frau, als er die Familie verläßt:

Liebe Frieda und Kinder,

ich fürchte und muß dir mitteilen, daß ich dich auf kurze Zeit verlassen muß. Kein anderer Weg ist zu finden als dieser, weder für dich noch für mich. Bleibe stark. Ich werde dich nicht auf ewig verlassen, vier bis acht Wochen. Dann hoffe ich, daß wir uns einander wiedersehen. Halte die Kinder und den Hof und alles in Ordnung, ohne großen Aufruhr zu machen.

Hermann.

ZWEIMAL, sagt der Schauspieler, habe er seinen Vater weinen sehen – »beim Tod seines jüngsten Sohnes Hans und später dann, nein, nicht bei der Beerdigung meiner Mutter, obwohl ganz Reetz darauf wartete, denn er lebte nun schon seit Jahren bei dieser anderen Frau, getrennt von uns. Nein, das zweite Mal weinte er, als er mir eines Tages vom Zusammenleben mit der Neuen erzählte. Er hatte wohl nicht das Glück gefunden, das er erwartete; aber er hatte sich eingelassen und trug geradezu bockig seinen Irrtum. Eigentlich war es bei uns nicht üblich, Gefühle zu zeigen. Aber jener Tag, an dem er sich zu Tränen hinreißen ließ, hat ihn offensichtlich überwältigt.

Die Zeit war vergangen, wir waren einander endgültig fremdgeworden, ich lebte längst in Halle, arbeitete am dortigen Theater. Irgendwann entschloß ich mich, ihn zu besuchen. Ich, ein Schauspieler! Als er von meinem Plan hörte, ich ihm meine Ankunft mitteilte, müssen furchtbare Ahnungen durch seinen Kopf gezogen sein. Nun fuhr ich also mit dem Zug nach Stendal, stieg dort aus, und am Rande des Bahnsteigs, in wohlüberlegter Distanz, stand ganz allein ein älterer Herr im Staubmantel. Ich ging auf ihn zu, mit zerwetzten und ausgebeutelten Beinkleidern, einen Beutel auch in der Hand, und über den Wanst gezogen so ein Nylonzeug von Kutte. Wir schauen uns an, und ich sehe, wie der Mann sich aus tiefstem Grunde schämt. Er, der noch im Auto die Schuh- und Kleiderbürste mit sich trug, und sich, ehe er ausstieg, stets feinmachte wie ein General vorm Abschreiten der Front.

Jung, wie siehst du denn ut? Das sagt er, und dann sagt er erst einmal eine Weile gar nichts.

Ich schlug vor, mit der Taxe zu seiner Kneipe zu fahren; er weigerte sich natürlich, für sowas habe er kein Geld. Ich würde das schon bezahlen, beruhigte ich ihn, worauf er mich ziemlich barsch anschaute, na, ich müßte es ja wohl haben, und er konnte es sich nicht verkneifen, zum Bekräftigen seiner deutlichen Verachtung noch einmal an mir herabzuschauen. Schließlich gingen wir den Weg zu Fuß, spazierten auf einer sich im Bau befindlichen Fernverkehrsstraße.

Ich wollte diesen kargen, verhärteten Mann aufweichen, wollte nun endlich so sein, wie normalerweise ein Sohn mit seinem Vater umgeht, zumal jetzt, da auch der Sohn erwachsen war. Ich umgarnte und umsprang und umarmte ihn an diesem Tag, als wolle ich alle Versäumnisse der Kindheit nachholen – die doch er begangen hatte –, ich benahm mich heiter wie nie, redete und redete, und ich merkte, ich hinterlasse einen verwirrten

Mann. Der Nachmittag in seiner Kneipe verging schnell, vom Leben mit der neuen Frau erzählte er, wurde traurig, am Abend fuhr ich wieder weg, und er sagte: Kurt, du bist wirklich ein verrückter Kerl …

Meinen sechzigsten Geburtstag, wieder Jahre später, feierten wir in meinem ausgebauten Haus in Krumbeck, Vater kam nicht, er war schon zu krank, aber er hatte seiner damaligen Lebensgefährtin einen Brief diktiert, den sollte ich vorlesen, und darin stand wieder so ein salomonisches Wort: Er hätte eingesehen, daß ich wohl mehr wert sei als gedacht; die Familie könne stolz auf mich sein. Dies mitten in einem Patriarchat reinsten, kalten Wassers. Der hätte doch früher eher alle Stifte zerbrochen, ehe ihm ein solcher Satz über mich aufs Papier gekommen wäre. Solches nun von einem Mann, der, wir wollen es nicht vergessen, mich kürzlich erst enterbt hatte.

In Putlitz hatte er gesessen und sein Testament gemacht, und er rief mich zu sich und sagte: Kurt, du erbst bi mi nix. Wenn ick di zehntausend Mark gev, hast du die in einem halben Jahr utgeben. Nein, erwiderte ich entschieden: in einem einzigen Monat. Er ging auf diese Provokation, die im Grunde genommen gar keine war, sondern die Wahrheit, überhaupt nicht ein. Das Geld, das mir zustünde, würde er meinem Sohn Christian aus erster Ehe geben. Ich war's zufrieden, er hatte gemäß meines und seines Wesens gehandelt, aber tief drinnen schmerzte der Stich der Kränkung doch. Mein Bruder Henry ging hin zu Hermann und sagte: Warum bist du so zu Kurt? Hat er nicht auch Papa zu dir gesagt? Was soll ich sagen: Da rannen dem Alten die Tränen runter, er gab fünftausend Mark mir und fünftausend meinem Sohn. Aber da war sie wieder, diese urkaufmännische Rechtsempfindung: Ich habe kein Geld zu verschenken, und schon gar nicht an Lumpen, selbst wenn die auf einer hauptstädtischen Bühne herumturnen.

Nun dieser unerwartete Geburtstagsgruß. Dem Vater kam wohl beim Verfassen des Briefes an mich sein familiär verkorkstes Leben, sein Umgang mit der Mutter in den Sinn, und mit dem absehbaren Ende wuchs der letzte Wunsch: ohne Schuld von dieser Welt zu scheiden. Er wollte mehr als sterben, er wollte wohl ruhen in der angenehmen Schwere des Glücks, sich versöhnt zu haben, und in der Größe des Wunders, sich überhaupt versöhnen zu können.

Vielleicht braucht Segen eben eine längere Zeit zur Erfüllung als der Fluch.

Sechsundachtzig ist Hermann Böwe geworden. Noch in diesem Alter, heißt es, hatte er zwei Frauen, die er mit ansehnlichen Kräften zu befriedigen schien. À la bonne heure! Die Mutter war inzwischen gestorben, an Unterleibskrebs, eine Scheidung hatte es ja nie gegeben, Gras wuchs mählich über all das Unbill, das unser Vater der Familie gebracht hatte. Er besuchte unsere Mutter noch einmal, irgendwann, und als sie starb, befahl er sofort, eine doppelte Grabstelle zu kaufen, auf jeden Fall wollte er neben seiner Ehefrau liegen, in Reetz. Als die Mutter bestattet wurde, kam er zur Beerdigung. Mein Bruder Henry mußte ihn zurückhalten, sonst wäre er ins Grab gestürzt, also ein Theatraliker ist er zum Schluß auch noch gewesen. ›Den Augen fern, jedoch dem Herzen immer nah‹ steht auf dem Stein. Etwas dahinter das Grab von Hansi, mit dem Engel auf dem Grabstein. Der Engel hat keine Beine mehr, die schossen später die Russen ab. Vaters zweite Frau Anni starb zwei Jahre später, da nahm er sich eine Wirtschafterin. In Stendal starb er dann, kam aber herüber auf den Friedhof von Reetz.

Ich hielt die letzte Rede für den Vater. Auf meiner selbstgezimmerten Bank in Krumbeck hatte ich gesessen, aus Furcht vor Tränen die Worte in sehr großen Buchstaben aufs Papier gebracht, immer wieder von der Gewißheit geknebelt, Sprache entzöge sich mir, und nichts an dem, was ich in ungelenken Buchstabenreihen hinsetzte, würde doch ausdrücken, was zu sagen wäre. Zittrig fühlte ich mich, denn das gesamte Dorf wußte ja um dieses Verhältnis zwischen Vater und Kindern, sonderlich zwischen Hermann Böwe und mir, und alle spannten nun, was der mißratene Poppenspäler sagen würde. Wie diesem Leben gerecht werden, ohne ausgerechnet an der Grabesstätte die alten Wunden aufzureißen?

Auch heute denke ich oft über diesen merkwürdigen Hermann Böwe nach. Er schien wenig Zeit zu haben und lauter dringliche

Ziele. Gewiß war sein Leben schwer, zuweilen sogar eine Plage. Gott hatte seinen Lenden Fruchtbarkeit, seinem Herzen Gleichmut und seinen Händen Kraft und große Innenflächen fürs Geldeinstreichen gegeben. Er wollte nicht, daß sein Leben dahinrinnt wie ein armseliger Bach zwischen kärglichen Ufern. Ich ahne nunmehr, daß es trotz großer Unterschiede zu meinem Vater zwischen uns beiden doch eine Grundähnlichkeit gibt: Einfühlungsvermögen in eine Situation und ein gewisses Vermögen an Phantasie, um trotz Aussätzigkeit, die bei ihm aus mangelnder Fähigkeit zur Familie bestand, ein wenig an der Stange des Lebens hinaufzuklettern, jedenfalls in bekömmliche Höhen hinauf. Hermann Böwe war das Resultat seiner eigenen Erfahrungen. Er blieb vorsichtig, was andere Erfahrungen betraf. Er besaß trotz allem eine Majestät, wie die meisten Menschen, denen es gut geht. Es war nicht die Majestät der Größe, sondern des verdienten Wohlergehens. Selbst wenn er sich freute, schlummerte doch Bitterkeit darin, denn immer wieder verhinderte die (verfluchte?) Vorsicht ungehemmte Heiterkeit. Ich wage die Behauptung: Er liebte seine Kinder, aber in einem durch und durch kaufmännischen Sinne – was er besaß, wollte er behalten und nutzbringend zu einer Anwendung bringen. Er fürchtete Verluste. Er mißtraute allem, was er nicht verstand. Vielleicht hätte ihm der Alkohol Freude gemacht, wenn er nicht fortwährend gefürchtet hätte, im Rausch Haltung und Geständnisse zu verlieren, wahrscheinlich auch Geld.

An Hermanns Grab war ich damals getreten und hatte gesagt: ›Lieber Vater, wir stehen hier heute letztmalig vor deinem nun leblosen Körper, wir, deine sehr große Familie. Du bist, so heißt es, heimgegangen. Du bist heimgekommen, nach deinem Wunsch, wo unser aller Ursprung war: Du bist im wahren Sinn des Wortes nach Hause gekommen. Als toter Vater. In diesem Ort sind wir geboren, auf diesem Fleckchen Muttererde hat unser Leben begonnen, hier nehmen wir Abschied. Wir senken dich in diese Erde, neben unsere innig geliebte Mutter. Der Tod ist ohne Sprache, der Tod ist Schweigen. Der Tod ist allmächtig und gegenwärtig und unbegreiflich. Der Tod ist die Wahrheit. Er ist aber auch die Frage nach dem Sinn des Lebens. Der Tod fordert

Besinnung, Ehrfurcht. Wir rufen dich in dieser Stunde in unsere Gegenwart. Es ist wahr: Du warst ein starker, umgreifender, gerechter und ungerechter, auffahrender, erfolgreicher, übermäßig fähiger Wegmacher und irrender Erdenwanderer. Nicht ist die einfache Frage zu stellen und gar zu beantworten nach Gut und Böse. Wahr ist, daß wir dich in uns tragen, bis an unser aller eigenes Ende. Du wirst wie ein Fels in unseren Erinnerungen bleiben. Hier wollen wir uns neigen vor dir, in Demut. Aus Erde bist du gemacht, zu Erde sollst du werden. Gott sei deiner Seele gnädig. Amen.‹

Kaum hatte ich geendigt, kam es zu einem derben Einbruch an Wirklichkeit in dieser denkwürdigen Stunde. Zu allem Überdruß war das Grab mehr schlecht als recht ausgehoben worden, der Sarg mußte arg angewinkelt werden, ehe er hineinpaßte ins Erdreich. Mein Bruder Günther, der Pragmatiker, gab den Friedhofsgehilfen ein paar handfeste Order, fast wäre es soweit gekommen, daß er sie beiseite gestoßen und selbst Hand angelegt hätte.

So zeigte Hermann Böwe noch in letzter Stunde seinen Unwillen an, so einfach in der Versenkung zu verschwinden und uns eine Gelegenheit zu Gefühlen zu geben – die doch jedem Geschäft – hatten wir es denn noch immer nicht begriffen! – nur schaden.«

Eine Geste am Anfang, eine Geste am Schluß. Und der Blick auf rote Lampen.

VON 1950 BIS 1954 studiert der spätere Schauspieler Germanistik und Theaterwissenschaft, sein Staatsexamen wird er mit »Sehr gut« ablegen. Von 1954 bis 1960 ist Böwe wissenschaftlicher Assistent mit Lehrauftrag am Theaterwissenschaftlichen Institut der Humboldt-Universität Berlin.

»In Kyritz, um 1948/49 herum, veranstalteten Lehrer bunte

Abende, luden dazu Schüler ein, man nannte sich stolz und bekennend ›Volksbühne‹ Deutschlehrer Schirrmann nahm im Abiturjahr jede Woche extra mehrmals ›Faust‹ durch oder ›Kabale und Liebe‹ Dieses Schiller-Stück inszenierte er auch, und ich spielte den Musikus Miller. Man sieht: Wo es um Hervorhebungen des eigenen Ichs ging, war ich dabei. Wir gastierten sogar, bis nach Pritzwalk ging die weite Reise – und dort besuchte zum ersten Mal meine gesamte Familie die Vorstellung. Alle kamen sie in einem Lastwagen mit Holzgaser. Dies wertete ich als ein leises Anzeichen, man sei doch ein wenig, ein wenig (!) stolz auf mich. Sogar der Vater kam mit. Die Böwes schauten und fuhren stumm wieder nach Reetz zurück.

Der Satz ist so lapidar gesprochen, und er hatte doch seltsamste Folgen: Mein Deutschlehrer bedrängte mich, ich solle mich an der Schauspielschule des Deutschen Theaters bewerben, Schauspieler sei doch ein wunderbarer Beruf.

So fuhr ich denn eines Tages zu meiner Tante Meta nach Berlin, Prenzlauer Allee, und deren Tochter brachte mich zum Deutschen Theater; allein hätte ich da nie hingefunden. Mein ländliches Outfit erinnerte an Achternbuschs Bayern in New York, ich sah zum Schießen aus. Meinem Herzen war ich kaum hierher gehorcht, eher wohl meinen Beinen und den freundlichen Wünschen meines Lehrers. So gelangte ich in die Schumannstraße ins Schauspielstudio. Eine große Treppe führte, an der Intendanz vorbei, auf die Probebühne. Dort standen schon viele Bewerber, ich sah mich einer absolut fremden Völkerschaft gegenüber. Zwischen den weltmännisch wirkenden, gewählt artikulierenden Damen und Herren Prüflingen aus Berlin-Charlottenburg oder Berlin-Zehlendorf sah ich aus wie dem letzten Schweinestall entsprungen. Mit anderen Worten: Sogleich kam die Wahrheit heraus. Vorspielen sollte ich den Miller, den Valentin aus dem ›Faust‹ sowie ein paar Gedichte aufsagen. Abends um sechs Uhr war Schluß, ich war der letzte. An einem großen runden Tisch saß eine große runde Frau mit einer, natürlich, großen runden Zigarre. Die ganze Bude verqualmt! das war Gift für mein Asthma, und es roch nach Schnaps – ein harter Tag muß das für diese Leute gewesen sein. Ich hoch auf die Bühne, mache meine Nummer und meine Lärmarien, ein wenig kess geworden durch diese einladend romantische Atmosphäre, und die dicke runde Zigarre sagt danach überraschend, ich solle am nächsten Morgen wiederkommen. Gesagt, getan. Unten im Zuschauerraum saßen, wie ich später erfuhr, die Weigel und Wolfgang Langhoff. Der geschäftsführende Herr der Prüfungen, Herr Otto Dierichs, nahm mich nach der nächsten Tortur zur Seite und deutete an, ich würde wohl angenommen.

Dann aber sagte er den in mir heftig nachschwingenden Satz: Und ich glaube, lieber Kurt, wir werden nicht verhungern, denn einer von uns beiden kommt ja schließlich vom Lande, dort, wo Milch und Honig blühen.

Aha, dachte ich blitzartig, die suchen hier einen Arbeiter-und Bauern-Kader. Das war so gegen halb vier nachmittags. Zehn Minuten später stand ich vor der Humboldt-Universität, wurde gefragt, was ich denn studieren wolle, und antwortete, kurzatmig, wie immer, aber auch dies gewiß im Sinne meines eifrigen Deutschlehrers: Ger-ma-nistik. Ich hatte zwar noch nicht das Abitur, war mir aber ziemlich sicher, daß ich genommen würde, denn bei mir handelte es sich ja, wie mir am Deutschen Theater auf sehr direkte Weise bedeutet worden war, um einen Arbeiter-und Bauern-Kader. Ich machte mein Abitur und studierte. Der Traum von der Schauspielerei war zu Ende, als Butter-und-Milch-Träger wollte ich mich nicht mißbrauchen lassen.

Die seltsame Frau mit der Zigarre war übrigens, wie ich später erfuhr, die berühmte und hochzuschätzende Schauspielerin Gerda Müller. Sie war Akademiemitglied und hatte unter Leopold Jessner, Jürgen Fehling und Erich Engel gespielt. Hinter ihr hockte, zur Mitprüfung der Bewerber, die gesamte aus Gründgens- und Hilpert-Zeiten am Leben gebliebene Elite der Berliner Schauspielkunst.

Aber was wußte ich trotz meiner Ausflüge in die Inszenierungen meines verdienstvollen Deutschlehrers Schirrmann in jener Zeit vom Theater? Nach dem Krieg gab es einen Clown, der -zig Wurstsorten aufzählte. Die Kinder johlten, weil sie die Wurstsorten nicht kannten. Das war der Auftrag der Kunst. Ich kannte die Wurstsorten, mir sagte die Kunst wenig.

Also: Im September 1950 begann ich das Studium der Germanistik. Bei meiner Tante wohnte ich, in der Prenzlauer Allee. Ich kam am ersten Studientag vor das Uni-Gebäude, die rechte Seite der Straße war zerschossen, auf der linken Seite hatte man das Verzeichnis der Vorlesungen und Lehrer angebracht. Auf einer riesengroßen schwarzen Tafel standen die Fächer, für die man sich eintragen konnte. Schon diese Tafel schien mir wie ein Universum, vor dem ich mich zunächst verlor. Ich schaute, schaute noch einmal, schaute mich vorsichtig um – und ging erst einmal leise wieder davon.

Aber langsam setzte ich meinen Kopf doch in Bewegung, an diesem universellen Treffpunkt der merkwürdigen Anreger Hamann, Klemperer, Simon, Wissmann, Magon, Mayer. Ohne die Universität, das weiß ich heute, wäre ich wohl der versoffenste DDR-Schauspieler in Stendal geworden. Jene Welt der Verstellungen – obwohl mir das Faxenmachen im Dorf die Kindheit gerettet hatte – war doch weltenfern von meiner Welt. Wie sollte einer wie ich, ohne sich modeln zu lassen zu irgendwas Fremdem, die Kluft überbrücken? An der Universität aber war alles anders. Da traf ich unter den Studenten sofort Leute meines Schlages, Arbeiter und Bauern. Und von den Professoren und Dozenten, dem verdienstreichen Professor Leopold Magon vornweg, ließen wir uns gern ein reiches Faktenpensum in die hörwilligen Ohren hineinträufeln.

Auf der Universität bekam ich die große Chance, auf Staatskosten jahrelang nachzudenken. Wir lebten gleichsam in einer uns geschenkten Unschuld, in einem merkwürdigen Zustand, neugierig und ängstlich, fleißig und hilflos zugleich.

Ich ahnte stets mehr, als ich wußte. Vielleicht ist das mein wunder Punkt, vielleicht ist diese Scheu des Dörflers aber auch sehr oft meine Rettung gewesen. In die Universität stolperte ich zwar auch nur aus Schreck vor dem Theater, aber ich wollte doch etwas vom Leben, ich guckte mit großen staunenden Augen. Einige kamen daher und meinten, ich solle erstmal Kafka lesen. Das war jedoch keinesfalls mein Thema – warum sollte ich in meiner damaligen Lage jemanden studieren, der mir warnend und wissend ans Herz legen würde, es habe doch eh keinen Sinn, was sich als Menschenwerk auf dieser Welt begibt. Ich fand die Welt ebenfalls nicht so besonders, aber meine Verwirrung und meine Lebenslust, beides zweifellos widerstreitend vorhanden, wollte ich doch nun gerade in eine bekömmliche Mischung bringen. Da fand ich Kafka – und später das absurde Theater – zunächst so hilfreich nicht.

Da die Wahl der Germanistik als Studienfach letztlich aber doch Zufall war, prallten Lockungen anderer Art nicht etwa ab, sondern machten mich neugierig. Vielleicht sollte ich zur Medizin überwechseln, dachte ich mir, gemäß des Wunsches, den meine Mutter gehegt und dem ich selbst in Erinnerung an Doktor Fischer aus Dallmin lange, allerdings ohne größere Überlegung, nachgehangen hatte. Ein Kommilitone nahm mich mit in die Anatomie der Charité, mehrere Studenten standen um einen leblosen Körper herum, am Fuße der Leiche stand der Professor, die Kälte des Zementbodens kroch in meinem Körper hoch. Es handelt sich um eine Wasserleiche, sagte der Professor, ich versuche einen Längsschnitt. Der Versuch gelang, und schon lag ich neben der Leiche und geriet in Gefahr, mit ihr verwechselt zu werden. So endete mein Ausflug in die Medizin.

Also, ich blieb bei den Germanisten. Es war eine beglückende Zeit bemerkenswerter Geister. Natürlich bin ich dabeigewesen, als Professor Hamann mit seinen Kunstgeschichtlern in die Ruine des Berliner Schlosses ging und erklärte, daß man das nicht abreißen dürfe. Oder Professor Simon, das Abziehbild eines Wissenschaftlers, Hochwasserhosen und immer einen Regenschirm dabei, mit Watschelgang und zu hoch geschnürten Hosen, korrektem weißen Hemd und unpassendem Schlips – Spitzweg gab Einführungen in die deutsche Literaturgeschichte; dieser hochgeistige Mann hat uns über das Gedicht ›Ich saz uf eime Steine‹ von Walther von der Vogelweide das Mittelhochdeutsche gelehrt. Und selbstverständlich hörten wir Hans Mayer. Der Professor galt als spöttisch-arrogant, war aber eher unsicher-freundlich, mit der Fähigkeit, dezent Distanz zu halten. Sein Leben wird ihm Grund dazu gegeben haben. Mit sarkastisch feinem Lächeln antwortete er auf ideologisches Selbstwertgefühl, das sich dann ausbreitete, wenn Unwissenheit und Ahungslosigkeit übertüncht werden mußten. Der Leipziger Dichter Horst Drescher schrieb dazu: ›Was mag dieser hochsensible hochintellektuelle Mann manchmal gedacht haben angesichts der entlaufen gemachten Autoschlosser, dieser ABF-Absolventen in seinen Oberseminaren; er hielt sich instinktiv an die paar Köpfe, Intellektuellenkinder oder Hochbegabte. So ein Werkzeugmacher mochte ja in seinem Berufe ein aufgeweckter, gescheiter Kopf gewesen sein, aber die Ungeistigkeit stand uns doch an der Stirn geschrieben, wie Intellektuellen das Unpraktische auf den Händen geschrieben stehen kann. Er war bereit, die simpelsten Zusammenhänge zu erläutern, aber er litt physisch unter sich intellektuell unbedarft hinquälenden Gedankengängen.‹

Auch Victor Klemperer bedeutete für mich höchste Respektabilität. Dieser kleine jüdische Gelehrte, der da vor uns stand, mit der rechten Hand kaum ans Podest langend: Aus seiner universellen Sicht auf Leben und Kunst heraus weihte er uns in die Geheimnisse der französischen Literatur des 18. und 19. Jahrhunderts ein. Bei Ernst Niekisch studierten wir, der fast blind war und nur lehren durfte auf Geheiß Grotewohls; er hatte im Konzentrationslager gesessen, ein geduldeter, aber mißtrauisch beäugter Anarchosyndikalist, er lehrte ›Soziale Probleme der Gegenwart.‹ Ja, und einer der Lehrer hieß Kurt Hager, er las historischen Materialismus; zweimal, glaube ich, ging ich hin, dann war die lähmende Sache für mich erledigt.

Also: Wir bekamen schon einiges mit an Bildung, so ganz verblödet waren wir nicht, wir ließen uns Vertrauen gefallen. Vertrauen verführt. Auch ich bin so einer, der sich dazu verführen ließ, sich fortan zuständiger zu fühlen. Wo immer mich diese Verführung traf, wurde ich heimisch. Die einzige Chance besteht doch ohnehin stets darin, von Menschen angenommen zu werden; inwieweit du du selber bleibst, das bestimmen immer die anderen.

Wenn ich nach Hause kam nach Reetz, fast nur noch zu Feier- und Festtagen, zeigte ich das Studienbuch herum, ein kleiner Abglanz des Berliner Lichts strahlte auch auf die Familie nieder. Ein Lob freilich, womöglich noch aus Hermann Böwes Mund, war nicht zu erwarten, schon gar nicht, da es mich betroffen hätte.

Natürlich benahmen wir uns an der Universität auch neunmalklug und wollten aus sozial bedingtem Impetus der Welt in Sekundenschnelle zeigen, was in uns steckt. Aber dann kam so einer wie unser Theaterwissenschaftler, Professor Leopold Magon, und verlangte nachdrücklich subtile Kenntnisse: Ad fontes, meine Herren, zu den Quellen! Es gab zum Beispiel einen kleinen Mann an der Theaterhochschule Leipzig, einen Lehrer, der hatte die ganze Antike studiert, sie sich gleichsam in die Jackentasche gesteckt, um sie zu benutzen wie ein Tempotaschentuch. Verwürzt mit Stalin'schen Denkweisheiten, hatte er Antike und Shakespeare in die Gegenwart hineingeworfen, als gelte es, daraus täglich einen Leitartikel zu basteln. Als er einen wissenschaftlichen Grad zu erwerben suchte, dieser spätere kleine fistelnde Professor K., kam er just zu Professor Magon. Der fragte ihn nur kurz, ob er die antiken Drama im Original lesen könne. Das mußte der kleine Theaterwissenschaftler mit geniertem Lächeln verneinen, und damit war das Gespräch beendet. Ad fontes!

Eine besondere Quelle sprudelte am Schiffbauerdamm. Oft ging ich zu Brecht, schlich mich gemeinsam mit anderen leise in die Proben. Nur zögernd begann ich zu begreifen, was Brecht für diese DDR bedeutete, wir hörten einen fremden Ton, ein Aufrührer war da am Werke. Von vielem verstand ich nur die Hälfte, auch vom Amüsement, das von diesen Proben ausging, doch wir fühlten uns schon deshalb zu Brecht hingezogen, weil seine Arbeit gegen die offizielle Stanislawski-Methode gesetzt war. Das Deutsche Theater kam uns Anfang der fünfziger Jahre noch etwas gläubig und bürgerlich vor; sicher verursacht auch durch diese Lichtgestalt Wolfgang Langhoff, die sich in Einheit verstand mit der SED, mit diesem Staat DDR; dessen komplizierte Verwicklung mit dieser Partei begriffen wir ebenso nicht, wie wir seine künstlerische und menschliche Größe nicht zu erfassen vermochten. Mit Langhoff interpretierte erstmalig ein Kommunist auf einer Bühne von Weltgeltung die Klassiker. Seine Tragik war wohl, und es ist zugleich ein Zeichen menschlicher Würde: Er hatte sich Brecht ans Haus geholt und lebte fortan in dessen Schatten. Ja, ausschließlich dieser Brecht war zunächst unser

Mann. Solch aufmüpfiger Geist schien uns dringlich nötig zu sein, da wir doch, so unser studentisches Empfinden, auf dem Wege und in Gefahr waren, aus braunen Schaumwellen flugs hineinzuschwimmen in rote Schaumwellen. Denn nicht zu vergessen: Auch im Studium umgaben uns Ultragenossen, die benutzten Marx und Engels wie eine Geige – huiiii! tanzten da die Melodien, und jede eine Hymne auf den großen Bruder Josef Wissarionowitsch.«

Der Schauspieler greift zu Hans Mayers Buch »Wendepunkte«, schlägt eine mit Lesezeichen versehene Seite auf und zitiert: »Daß die DDR ein Staat der Schriftsteller war, ist kein Schmuckblatt. Es ist auch eine Geschichte von Widersprüchen, die von Mut und Feigheit handelt, von Soldschreiberei, von Raubbau an eigenem Talent, vom Schaden an Körper und Geist. Kunst wurde ernstgenommen, weil man sie fürchten lernte.«

Er legt das Buch wieder zur Seite. »Wir haben das doch früh mitbekommen: Mal ging es gegen Barlach, mal gegen Kafka, der ›Faustus‹ von Eisler wurde attackiert, und nie kam Ruhe in die Dinge, denken wir nur an die späteren ›Sorgen und die Macht‹ von Hacks. Ulbricht hatte öffentlich gestöhnt, wer die Macht habe, der habe auch die Sorgen, daher der Titel bei Hacks. Hatte die Macht keine anderen Sorgen zwischen Ostsee und Rennsteig, als die Autoren und ihre Bücher? Sie hatte Grund zum Sorgen: Literatur war Freiheit und Wahrheit zugleich. Beides war sehr zu fürchten. Auf dem VI. Parteitag wurde Bredel als Akademiepräsident wegen liberalistischer Tendenzen heftig angegriffen, ausgerechnet von jenem Leipziger SED-Chef Paul Fröhlich, der dann auf dem 11. Plenum im Dezember 1965 eine üble Rolle spielen würde, und selbst in der Pause, erzählt Christa Wolf, habe Fröhlich Bredel beleidigt: Von ihm, der in sowjetischer Emigration gewesen sei, habe er ein parteilicheres Verhalten erwartet. Bredel hatte ihm mit Hamburger Schlagfertigkeit geantwortet: Ich kann mich freilich nicht rühmen, auf einem Nazi-Panzer bis Moskau gekommen zu sein. Was, wie man wußte, auf Fröhlich zutraf.

Andererseits erinnere ich mich an heftige, offene Diskussionen in der Zeitung, die es so später nie wieder gegeben hat. Professor Alfred Kantorowicz griff eines Tages in der ›Berliner Zeitung‹ den Dichter des zu jener Zeit vielfach gesungenen Thälmann-Liedes, KuBa, an. Im Lied heißt es: ›Deutsch unsre Fluren und Auen/ Bald strömt der Rhein wieder frei. /Brechen den Feinden die Klauen,/ Thälmann ist immer dabei.‹ Kantorowicz fragte: ›Wie? Thälmann immer dabei – beim Klauenbrechen? Und niemand scheint zu bemerken, welche Verunglimpfung diese rohe Reimerei ist. Das sind Verse, die wie Schwertgeklirr und Wogenprall rasseln und drohen: – *Heimatland reck deine Glieder – breit in den Schultern – Deutsch unsre Fluren und Auen – Der Rhein wieder frei – Brechen den Feinden die Klauen* – und am Ende *Stimme und Faust der Nation*: Nein, nein und nochmals nein! Stimme und Faust mögen ausreichen für Marktschreier, Demagogen, Schläger. Die Sache des Sozialismus bedarf nicht des Bombastes, Schwulstes, Gerassels, Gekreischs, Gedröhne des Superlativs und der schiefen Bilder. Es ist ein Grundirrtum, zu vermeinen, daß Kraftmeierei volkstümlich sei. Gerechtfertigtes Selbstbewußtsein tut sich nicht in lauten Worten kund; ebensowenig wie sich zuversichtliches Weltgefühl im Zahnpasta-Reklame-Lächeln oder in Spruchbändern ausdrückt. Die Verluderung unserer Sprache ist besorglich geblieben, und die Verirrungen des in Frage stehenden Gedichts sind nur ein Beispiel für zehntausend andere – darunter weit abscheulichere. Die Mahnung zur Selbstbesinnung ist hoch an der Zeit.‹

Doch bei allen Widersprüchen: Allein schon die Art, wie Intellektuelle nach dem Krieg in Westdeutschland behandelt wurden, war für uns Grund genug und blieb Grund genug, das eigene Land auszuhalten. Von Professor Hans Mayer war es beeindruckend zusammengefaßt worden: Thomas Mann kehrte nach Europa zurück, doch an den Zürichsee. Alfred Neumann, in den USA Schöpfer eines Geschwister-Scholl-Romans, starb in Lugano. Hermann Kesten blieb in New York oder Rom. Lion Feuchtwanger, streng ›observiert‹ wegen ›unamerikanischer Umtriebe‹, bekam nicht die begehrten Bürgerpapiere, er blieb im Exilland. Alfred Döblin kehrte nach Ablauf seiner Dienste als französischer Kulturoffizier wieder nach Paris zurück. Seine Krankheit freilich suchte er im Schwarzwald zu kurieren, in Frei-

Reetz, unweit der Elbe

Kurt Böwes Geburtshaus in Reetz

Die Großeltern: Johann Friedrich Hermann Böwe, geboren 1867 in Schönfeld, und Frau Anna. Er war ein Schöngeist, erzählte man sich – bei allen Kindern beliebt durch seine Geschichtenerzählerei. Er wollte gern Lehrer werden, das Leben wollte es anders: Hermann Böwe blieb Landmann.

Kurt Böwes Mutter Frieda und Vater Hermann, von links die Geschwister Günther, Annemarie und Anita.

»Kodi« 1944

… 1947

… 1949

Die Jahn-Schule in Kyritz »an der Knatter«

Die erste Theateraufführung – Gastspiel der Kyritzer Jahn-Schule in Pritzwalk, 1948. Kurt Böwe (vierter von links) als Miller in »Kabale und Liebe«. Regie: Lehrer Heinrich Schirrmann

Die Brüder Kurt, Günther und Henry, 1972

Mit Bruder Günther, 1994

Alle Böwe-Geschwister: Kurt, Anita, Waltraud, Günther, Annemarie, Henry (von links)

Kurt Böwe auf »seiner« selbstgezimmerten Bank in Krumbeck

burg starb er, doch sein Grab liegt in Frankreich. Leonhard Frank kehrte zwar nach München zurück, starb aber unbeachtet. Die materielle Ehrung durch einen Nationalpreis der DDR erhielt er 1955 aus der Hand von Wilhelm Pieck. Ehrendoktor wurde der Autor der ›Räuberbande‹ und der Meisternovelle ›Karl und Anna‹ an der Berliner Universität der Brüder Humboldt Unter den Linden. Heinrich Mann starb während der Reisevorbereitungen zur Rückkehr nach Ost-Berlin. In München im Rundfunk fertigte man sogar einen Karl Valentin kalt ab. Keine Verwendung. Später wurde Brecht im Bundestag mit Horst Wessel verglichen.

Nein, diese Bundesrepublik war keinesfalls ein Staat der Schriftsteller, und auf dem Gebiet des Theaters schien es nicht besser: Vergessen wir nicht, daß zum Beispiel die Gründung des Westberliner Schiller Theaters ein Akt des Kalten Krieges war. Bei der Eröffnung des Hauses mußte der Intendant Boleslaw Barlog auf Anordnung des Senators Tiburtius die an Ostberliner Intendanten ergangenen Einladungen wieder zurückziehen. Walter Felsenstein von der Komischen Oper erklärte hierzu, am Tage der Tell-Premiere habe ihm Barlog telefonisch mitgeteilt, er müsse aufgrund einer dienstlichen Anweisung die Einladung zur Eröffnungsvorstellung wieder zurückziehen. Barlog sprach sein Bedauern darüber aus, aber er sagte, Felsenstein müsse damit rechnen, falls er sich Karten privat kaufe, von Aufsichtsorganen aus dem Theater gewiesen zu werden. Barlog wurde zwei Monate später zu einer Aussprache ins Schöneberger Rathaus geladen. Man verlangte von ihm eine klare Stellungnahme zur Theatersituation in Berlin. Barlog wies darauf hin, daß er keine politische Funktion habe, sondern eine künstlerische. Man versuchte jedoch, ihn davon zu überzeugen, daß seine Funktion eine eminent politische sei: Abwehrkampf gegen den Osten, Abwerben der besten Schauspieler. Tiburtius gab bekannt, daß der Westberliner Senat zum Ost-West-Problem eine Ansicht habe, die Konsequenzen fordere: Von nun an dürfe kein an Westberliner Instituten beschäftigter Künstler mehr Engagements an Bühnen des demokratischen Sektors eingehen. Erlaubt seien nur noch kurze Aushilfsgastspiele in dringenden Fällen. Bestehende Verträge dürften zwar noch auslaufen, eine Erneuerung komme aber nicht mehr in Frage. Damit war die Spaltung endgültig vollzogen.«

Am 17. Juni 1953 kommt der Student Kurt Böwe in den Mittagsstunden aus dem Gebäude der Humboldt-Universität.

»Stalin war nicht lange zuvor gestorben, ich habe Aufatmen in Erinnerung. An diesem Tag nun plötzlich sowjetische Panzer, dazu Menschen, die ihnen nachlaufen, und Menschen, die sich ihnen entgegenstellen. Am Haus der Ministerien, in der Leipziger Straße, sah man noch den Tisch, auf den der Genosse Selbmann gestiegen war, um eine volksbesänftigende Rede zu halten. Der Versuch mißlang bekanntlich. Ich stand an diesem Tag zwischen Baum und Borke; einerseits verstand ich den Unmut und den Zorn der Arbeiter, andererseits fürchtete ich freilich, daß da ein Staat erschüttert wurde, der doch in seiner Grundsubstanz auch meiner war. Ich lief durch die Straßen, sah einen Befehl an den Bäumen und Hauswänden angeschlagen, riß einen der Zettel ab, nahm ihn mit nach Hause und besitze ihn heute noch als eine Art Menetekel dieses Grundkonflikts, den wir doch nie wieder loskriegen würden. Ein Begehren, das auf bessere Lebensbedingungen, eine vernünftigere Ordnung, eine funktionierende Planung und größere Hoffnung zielte, wurde von Panzern überrollt und mit administrativen Mitteln erstickt. Diesen sowjetischen Befehl in der Hand, lief ich durch die Stadt, bis nach Pankow. Es wurde Abend, Berlin zog sich langsam in sich selbst zurück. Die gegen Ulbricht gerichteten Rufe, der Spitzbart müsse weg, waren verklungen, aber überall sah man verstörte Leute, und mittenmang ich, der ich mich als den Verstörtesten wähnte. Ein paar Tage später veröffentlichte ›Neues Deutschland‹ einen der schlimmsten Artikel, der mir je untergekommen ist – ›Wie ich mich schäme‹ von KuBa, ein Dokument, vor dem mir noch heute graust. Ich habe auch diesen Zeitungsausschnitt behalten. Es ist jener Text, auf den Brecht sarkastisch mit seinem ›Vorschlag‹ reagierte, die Regierung möge sich doch am besten ein neues Volk wählen.«

BEFEHL des Militärkommandanten des sowjetischen Sektors von Berlin.

Betrifft: Erklärung des Ausnahmezustandes im sowjetischen Sektor von Berlin.

Für die Herbeiführung einer festen öffentlichen Ordnung im sowjetischen Sektor von Berlin wird befohlen:

1. Ab 13.00 Uhr des 17. Juni 1953 wird im sowjetischen Sektor von Berlin der Ausnahmezustand verhängt.

2. Alle Demonstrationen, Versammlungen, Kundgebungen und sonstige Menschenansammlungen über 3 Personen werden auf Straßen und Plätzen wie auch in öffentlichen Gebäuden verboten.

3. Jeglicher Verkehr von Fußgängern und der Verkehr von Kraftfahrzeugen wird von 9 Uhr abends bis 5 Uhr morgens verboten.

4. Diejenigen, die gegen diesen Befehl verstoßen, werden nach den Kriegsgesetzen bestraft.

Militärkommandant des sowjetischen Sektors von Berlin, Generalmajor Dibrowa. Berlin, den 17. Juni 1953

»WIE ICH MICH SCHÄME. Maurer – Maler – Zimmerleute.

Sonnengebräunte Gesichter unter weißleinenen Mützen, muskulöse Arme, Nacken – gut durchwachsen, nicht schlecht habt ihr euch in eurer Republik ernährt, man konnte es sehen.

Vierschrötig kamt ihr daher. Ihr setztet euch in Marsch, um dem Ministerium zu sagen, daß etwas nicht stimmt. Es stimmte etwas nicht, nämlich im Lohnbeutel; dagegen setzt man sich zur Wehr, das ist richtig. Dazu hattet ihr euer gutes, durch Gesetze festgelegtes Recht auf freie Meinungsäußerung.

Ein wenig wachsamer hättet ihr zwar sein können. Was hat schließlich ein amerikanisches Auto bei einer Demonstration Berliner Bauarbeiter zu suchen?

Aber sonst? Gut saht ihr aus, besser als die, welche sich unter euch mischten. Die freilich sahen nicht gut aus, reichlich bunt zwar, aber nicht gut!

Sie waren auch viel schlechter genährt als ihr. Halbstarke waren es, mit spitzigen Ellenbögchen, ein häßlicher Anblick – ihr mit denen!

Bis zum Alex waren es die Normen – richtig. Dann aber sagten die anderen einige Dinge, die hätten auch stutzig machen sollen.

Dumme gefährliche Dinge!

Die Volkspolizei aber ließ euch ziehen. Sicher hätte die Volkspolizei eingreifen können, schließlich hat sie Waffen! Sie schoß nicht! Warum wohl nicht? Die Volkspolizei, das sind Maurer, Maler, Zimmerleute; daß Kollegen auf Kollegen schießen, schlecht wäre das gewesen. Versetzt euch einmal in die Lage eurer Genossen Volkspolizisten: von Halbstarken angegeifert, zwischen solch einer Meute. Eine kleine Bewegung mit dem Zeigefinger hätte genügt, um dem ganzen Schwindel ein jähes Ende zu bereiten. Diese kleine Bewegung mit dem Zeigefinger unterblieb. Unterblieb, nicht weil die Volkspolizei Angst hatte, sondern weil sie sehr, sehr mutig war. Für diesen Mut wird man der Deutschen Volkspolizei künftig nicht nur in Deutschland, sondern überall, wo Menschen wohnen, die den Frieden lieben, sehr dankbar sein.

Denn ihr marschiertet, damit die Volkspolizei gerade diese kleine Bewegung mit dem Zeigefinger machen sollte. Ihr wußtet nicht, daß ihr dafür marschiertet, ihr hättet es aber wissen müssen. Hättet ihr nur gleich zu Beginn jenem stinkfeinen amerikanischen Omnibus mehr Beachtung geschenkt.

Bauarbeiter sind doch helle!

Ihr zogt in schlechter Gesellschaft durch die Stadt. Ihr zogt mit dem Gesindel, das, von den großen Weltbrandstiftern gedungen, schon die Benzinflaschen in der Tasche trug, mittels denen sie morgen eure Baugerüste anzünden würden.

Das wolltet ihr nicht.

Aber als es geschah, ließt ihr es zu.

Den zweiten Weltkrieg wolltet ihr auch nicht, und als er geschehen war, sagtet ihr, wir waren doch machtlos, wir konnten doch nichts dagegen tun!

Gegen die Bubis konntet ihr auch nichts tun? Bedenkt: Baugerüste, Häuser, Autos gingen in Flammen auf.

Große Kriege haben oft scheinbar kleine Ursachen. Freilich,

Ihr sagt, ihr hättet das nicht gewußt. Nach dem zweiten Weltkrieg sagten auch viele, sie hätten es nicht gewußt.

Aber diesmal hättet ihr es wissen können.

Zwischen euch standen tapfere Freunde der Freien Deutschen Jugend, Männer und Frauen eurer Partei, der Partei der Arbeiterklasse, die euch alles sagten. Wieso wollt ihr es nicht gewußt haben? Vielleicht habt ihr nur nicht hingehört? Vielleicht habt ihr zugelassen, daß eure einzigen und wahren Freunde an diesem Tag niedergeschrien wurden?

Es gibt keine Ausrede!

Und es gab keine Ursache dafür, daß ihr an jenem, für euch – euch am allermeisten – schändlichen Mittwoch nicht Häuser bautet.

Der Tischler Walter Ulbricht hatte alle berechtigten Ursachen zum Zorn am Abend vorher beseitigt. Ministerpräsident Grotewohl hatte vor der gesamten Nation offen Rechnung gelegt.

Nur einen Tag lang, nur so lange, wie ein Bierrausch währt, folgtet ihr einem anderen. Einem Zimmermann, einem von euch, wie ihr glaubtet.

Das war schon ein Zimmermann. Der Hut zünftig! Sammetweste und Jackett. Knöpfe – da war alles dran. Die Hose weit ausladend, wie es sich gehört.

Hättet ihr ihm nur unter den Hut geguckt, nur unter den Hut – an der Frisur hättet ihr erkannt, was das für ein Zimmermann war. Ein Sargmacher führte euch – ein Totengräber.

Als wenn man mit der flachen Hand ein wenig Staub vom Jackett putzt, fegte die Sowjetarmee die Stadt rein.

Zum Kämpfen hat man nur Lust, wenn man Ursache dazu hat, und solche Ursache hattet ihr nicht. Eure schlechten Freunde, das Gesindel von drüben, strich auf seinen silbernen Fahrrädern durch die Stadt wie Schwälbchen vor den Regen.

Dann wurden sie weggefangen.

Ihr aber dürft wie gute Kinder um neun Uhr abends schlafen gehen. Für euch und den Frieden der Welt wachen die Sowjetarmee und die Kameraden der Volkspolizei.

Schämt ihr euch auch so, wie ich mich schäme?

Da werdet ihr sehr viel und sehr gut mauern und künftig sehr klug handeln müssen, ehe euch diese Schmach vergessen wird.

Zerstörte Häuser reparieren, das ist leicht. Zerstörtes Vertrauen wieder aufrichten ist sehr, sehr schwer.«

AM GESUNDBRUNNEN, einem der Westberliner S-Bahnhöfe, kauft sich Kurt Böwe damals jeden Montag das »Neue Deutschland«.

»Ja«, erzählt der Schauspieler schmunzelnd, »aber nur, um den ›Spiegel‹ darin einzupacken. Herr Augstein informierte mich unter anderem sehr genau über Stalin. Das Bild eines neuen Führers stieß mich ab. Als Stalin gestorben war, betranken sich mein Studienfreund Erich Erhardt und ich, im Hinterzimmer einer Kneipe, bei herrlicher Berliner Bockwurst. Erich kam immer mit hochrotem Kopf von Parteiversammlungen, raufte sich die Haare über den Geist dieser Sitzungen und riet mir um Teufels willen ab, jemals in die SED zu gehen. Höchstens der Gewerkschaft könne ich beitreten. Wir wohnten in Mutter Rupnows Wohnung in Pankow, es gab immer Spitzbeene, auf NDR III hörten wir eines Tages einen Text von Thomas Mann, den zitierte mein Freund auf einer Parteiversammlung, und daraufhin wurde er derart malträtiert, daß er zur Ausrede griff, seine Sendereinstellung sei kaputt, er könne drehen, wie er wolle, die Skala verändere sich nicht. Es war die Zeit komischster Selbstkritik. Einer, der vierzehn Tage Zeit hatte, sich auf ein Referat vorzubereiten, stellte sich in der Stunde, da er dies Referat halten sollte, vor die Studentenschaft und sagte: Genossen, ich bekam vor vierzehn Tagen den Auftrag, dieses Referat vorzubereiten. Aber nicht vor vierzehn Tagen, nicht vor einer Woche begann ich mit der Arbeit, sondern vor drei Tagen. Ich übe hiermit Selbstkritik – was ich tat, ist blanker Sozialdemokratismus gewesen: Zurückweichen vor Schwierigkeiten. Marxismus betrieben wir, wie es Ernst Bloch ausdrückte, mit der Haltung einer Gouvernante, die sich ängstlich darum sorgt, daß sich das Kindchen Sozialismus nicht ein Schleifchen schmutzig macht.

Also: Ich trat der Partei zunächst nicht bei und konzentrierte mich auf mein Studium.«

Als Professor Magon, der die Germanistik leitete, für den Aufbau eines Theaterwissenschaftlichen Instituts sorgte, wurden zwei, der Arbeiterkader Rudi Münz und der Bauernkader Kurt Böwe, sofort aufs Katheder geworfen.

»Die Zeit machte uns zu Pionieren. Assistent wurde ich und fuhr in die Provinzen der Provinz, sah Theater und war entsetzt über das Unglück im Bühnenstaub. Solcherlei Schicksal kam für mich nicht in Frage, und einmal mehr war ich froh, der Schauspielschule einst durch untrüglichen Instinkt entronnen zu sein.

Ein Dozent erkrankte plötzlich, ich las Theatergeschichte des 18. und 19. Jahrhunderts. Daniel in der Grube mit den Berufslöwen. Was wird da kommen? dachten sich die Studenten, da wird einer angelesenen Stoff ablassen. Aber eines Tages röhrt es in der Löwengrube. Hat er abgelesen, der Böwe, oder hat er frei gesprochen? Wer wüßte das heute noch! Doch den möcht' ich sehen, der Böwe gehört hat und heute nicht von sich selber glaubt, er wäre dabeigewesen in jener finstern Nacht siebzehnhundertwerweißwieviel beim heimlichen Verscharren der Elisabeth Velten an der Friedhofsmauer, wo die Gebeine einer Komödiantin offiziell nicht geduldet wurden. Bis zum Herzog Georg, dem Meininger, bin ich vorgedrungen in meinen Lektionen, ein Parforce-Ritt ›mit heißem Bemühn‹. Wenn ich vor den Studenten stand, glich mir der Katheder einer Bühne, das will ich zugeben, und der Selbstdarstellungstrieb des ›verrückten Kodi‹ kam wieder durch und schuf sich seinen kleinen Raum. Das heißt also, ich schmückte gehörig aus, was auszuschmücken war, und die Vorlesungen gerieten mir bisweilen zur komödiantischen Schule. Man will doch das Zeug, das man sich bis spätabends zusammengesammelt hatte, gut verkäuflich unter die Leute bringen!«

Die gesellschaftliche Stellung des deutschen Berufsschauspielers im 17. Jahrhundert – von 1600 bis 1775, Philosophische Dissertation, 1. Versuch. So steht es auf dem Deckblatt der Klemmmappe, die der Schauspieler in einer der untersten Schubladen seiner Bücherschränke verstaut hat. Die Doktorarbeit. Auf Seite 141 bricht sie ab.

»Nach diesen knapp hundertfünfzig Seiten war ich bei der Neuberin angelangt, es waren weitere hundertfünfzig Seiten vorgesehen, bis Iffland wollte ich vorstoßen. Doch statt dem Doktorhut, wir können den Ereignissen unbesorgt vorgreifen, setzte ich die Narrenkappe auf.

Interessant übrigens, daß meine mühsamen historischen Studien genau die Bewertung zutage förderten, die mich Jahrhunderte später zunächst von diesem Schauspielerberuf abgehalten hatte und die dann, als ich doch in die Falle gegangen war, geradezu identisch blieb mit dem Urteil meiner Anverwandten in der Prignitz über diesen merkwürdig unbehausten Beruf. Hören Sie zu ! Im schwäbischen Landrecht heißt es: ›Spielleuten und allen denen, die Gut für ihre Ehre nehmen, denen gibt man eines Mannes Schatten von der Sonne, das heißt, wer ihnen Leides gethan hat und dieß büßen soll, der soll vor eine von der Sonne beschienene Wand treten, und der Spielmann soll herzugehen und dem Schatten an der Wand an den Hals schlagen. Mit dieser Rache soll ihm die Buße geleistet sein.‹ Da der Spielmann keine Ehre besaß, konnte sie ihm auch nicht genommen werden. Diese ›spilleut‹ waren also seit ihrem Auftreten in den Augen der Bürger, der Plebejer, der Fürsten und natürlich vor allem in den Augen der Kirche minderwertige und durchaus verdammenswürdige Menschen. Solange die Laien ihr Theaterspiel aus Freude am Spiel, in didaktischer oder agitatorischer Tendenz vor ihren Freunden und Bekannten in den Dörfern und Städten betrieben, war da nichts Unehrenhaftes; Spieler und Zuschauer kannten sich und waren überzeugt von der ehrsamen Nützlichkeit dieses theatralischen Tuns. Wer aber daraus einen Beruf machte, sich mit den Fahrenden liierte, der war gesellschaftlich ein Aussätziger.«

Der Schauspieler wirft die Unvollendete wieder in die Schublade und stößt diese achtlos zu.

»Übrigens bin ich wohl dennoch so etwas wie ein Doktor der Theaterwissenschaft, wenn auch nur incognito. Eines Tages nämlich kam ein sehr merkwürdiger Herr zu mir, sagte, er sei Däne, Sohn einer Antiquitätenhändlerin in Kopenhagen und Student in Westberlin bei einem gewissen Professor Knudsen – von dem damals nur bekannt war, daß er einst sehr eng mit dem Herrn Hitler zusammengearbeitet hatte. Dieser Däne nun trug mir an, ich möge ihm doch eine theaterwissenschaftliche Doktorarbeit schreiben über einen dänischen Theatermann des 18. Jahrhunderts namens Holberg. So fertigte ich ihm heimlich ein Amalgam von etwa fünfzig Seiten an, und wer fragt, warum ich das tat, dem sage ich gern, ich bekam fünfhundert Westmark dafür – sicherlich elendig wenig, aber doch umgerechnet fast fünftausend Mark der DDR. So schrieb ich zwar meine eigene Doktorarbeit nicht zu Ende, bin aber gleichsam ein heimlicher Doktor, den Titel trägt freilich der träge Däne. Ich weiß sogar, daß die Arbeit angenommen wurde. Man sieht, irgendwie war der schräge Otto doch in mir und brauchte von Zeit zu Zeit seine scharlatanenen Siege.«

Eines Tages wird Kurt Böwe Leiter der Studentenbühne am Theaterwissenschaftlichen Institut der Humboldt-Universität, und ein gewisser Dieter Sturm – später einer der führenden dramaturgischen Köpfe an der Westberliner Schaubühne – ist Chef der Studentenbühne des gleichen Instituts an der Freien Universität in Westberlin. Die Westberliner eröffnen die Internationale Theaterwoche der Studentenbühnen in Erlangen 1960 mit »Hinkemann« von Toller, Böwes Ensemble eröffnet das Erlanger Festival ein Jahr später, auf Vorschlag Sturms, mit Tollers »Entfesseltem Wotan«.

Die Süddeutsche Zeitung schreibt über das Gastspiel: »Die Zonenspieler, durch satirische Film- und Kabarettübungen einschlägig trainiert, beherrschen solche schweflige, mit Hohngelächter und Wetterleuchten durchsetzte Historienentrümpelung aus dem ff. Kalter Haß beherrscht die Szene. Eine furiose Kasperliade. Erstaunlich, mit welch professioneller Sicherheit diese grimmig humoristischen Nicht-Schauspieler die Hauptrollen meistern, über welche Typenfülle diese Studentenbühne verfügt.«

In einem politisch treuherzigen wie forschen Bericht der DDR-Studenten über das Festival, unterzeichnet vom Leiter der Bühne, Böwe, heißt es zu jener Zeit: »Der anwesende Günter Grass, Autor des Romans ›Die Blechtrommel‹, zeigte sich in Erlangen als der exponierte Vertreter eines ›absurden Theaters‹, das keinerlei gesellschaftliche Funktionen habe und haben dürfe. Er ist, seinem ganzen Auftreten nach zu urteilen, ein militanter Gegner des realistischen Theaters – übrigens war er der einzige, der in den öffentlichen Debatten einen Ausfall gegen die DDR machte. Durch die Diskussionsleitung, die sich zuerst nur aus Anhängern des l'art pour l'art-Theaters zusammensetzte, und durch die massive Unterstützung durch die Vertreter des l'art pour l'art-Theaters und des absurden Theaters bekam Grass zunächst viel Beifall. Besonders unterstützten ihn auch die Schriftsteller Enzensberger und Hildesheimer. Ergebnis der Diskussionen war schließlich der Durchfall der Stücke von Hildesheimer und Grass, die demonstrativ ausgepfiffen und in den Debatten eindeutig abgelehnt wurden. Ein Arzt kam zu uns und sagte: Gott sei Dank, daß es euch aus der DDR gibt, Leute mit normalem Verstand. Aber trotz positiver Stimmen ist nicht zu übersehen, daß sich in der westdeutschen Studentenschaft eine relativ große Unsicherheit in den Anschauungen über die ideologisch-gesellschaftliche Rolle und Aufgabe des Theaters zeigt und daß sie sich sehr schnell und gewissermaßen bereitwillig von Leuten wie Grass beeinflussen läßt. Es ist schon merkwürdig, wenn Studententheater Stücke aus reiner Spielfreude wählen und nicht wegen etwaiger bürgerkritischer Tendenzen.«

DIETER B. HERRMANN, Chef der Archenhold-Sternwarte und des Zeiss-Großplantariums in Berlin-Treptow, erzählt:

»Über Böwes schauspielerische Anfänge und meinen frühen Karriere-Höhepunkt auf der Bühne kann ich nur sagen: Chruschtschow verhinderte unseren Weg in die Ewigkeit …

Ich lernte Kurt Böwe 1958 kennen; er war damals Assistent am Theaterwissenschaftlichen Institut der Humboldt-Universität und Leiter der Studentenbühne. Ich war Student der Physik im ersten Studienjahr und einigen Theaterleuten wohl als Kabarettist in der Physiker-Studententruppe ›Die Massenpunkte‹ aufgefallen. Die Studentenbühne wollte Ernst Tollers ›Der entfesselte Wotan‹ aufführen, für den Joachim Knauth eine spezielle Bühnenfassung vorgelegt hatte.

Man suchte einen Darsteller der Titelrolle dieser politischen Satire über den kleinen Friseur als Diktator und bestellte mich zum Vorsprechen zu Böwe, heute würde man wohl ›casting‹ dazu sagen. Obwohl: So sittsam, wie sich das jetzt anhören mag, vollzog sich das gar nicht.

Während ich mit Essenmarke und Hunger die Mensa betrat, raste ein Mensch mit großer Geschwindigkeit auf mich zu, den vorher schon gesehen zu haben ich mich nicht erinnern konnte; ein massiger Mensch war das, und mich beeindruckte die Geschwindigkeit, mit der er sich bewegte. Kaum daß er zum Stillstand gekommen war, setzte er sich erneut in Bewegung, nicht ohne mich heftig gestikulierend mit sich zu zerren. Wenig später fand ich mich bei den Theaterwissenschaftlern wieder. Der Mensch schmiß sich auf einen Stuhl und schrie mir ins Gesicht: ›Rasieren!‹ Ehe er schließlich handgreiflich wird, dachte ich, rasierst du ihn lieber. Wo war ich denn hier hingeraten?! Doch er war nicht zufrieden, denn er blökte: ›Taxe! Ham Se keen Telefon?‹ Als ich ihn daraufhin anschwieg (diesen Idioten!), erhob er sich, klopfte mir auf die Schulter und sagte lässig: ›Wird schon werden.‹

Mit Dieter B. Herrmann im Studententheater der Humboldt-Uni, 1959: »Der entfesselte Wotan« von Ernst Toller

Später erfuhr ich, daß ich das herbe Vergnügen hatte, mit Herrn Böwe, dem Leiter der Studentenbühne, eine Etüde zu spielen. Auf diese Art hatte man meine Eignung für die Rolle des Wotan unter-

suchen wollen. Das Stegreif-Gespräch endete mit dem Ergebnis, ich solle der Wotan-Darsteller sein. Mir kam das Ganze ziemlich verrückt vor.

Böwe gab den stellungslosen Kaufmann Schleim, der den Friseur überhaupt erst zum Diktator werden läßt, indem er ihn wie eine Marionette lenkt, unter geschickter Ausnutzung der größenwahnsinnigen Ambitionen des kleinen Spießers. Glaubt man den zahlreichen Kritiken, die nach den Aufführungen erschienen, müssen wir eine höchst amüsante Paarung abgegeben haben.

Schon bei den Proben lernte ich Böwe als einen Vollblutkomödianten kennen. Nach kurzen Anweisungen des Regisseurs Carl M. Weber vom Berliner Ensemble entwickelte Böwe einen Managertyp, der – satirisch überhöht – das politische Geschäft eines skrupellosen Drahtziehers besorgt. Für mich als Wotan war es leicht, seinen Einflüsterungen zu folgen. Intellektuelle Diskussionen über unsere Konstellation im Stück gab es nach grundsätzlicher Klarheit über das Regiekonzept kaum.

Wir spielten das Stück nicht nur in Berlin (Volksbühne, Maxim-Gorki-Theater, Theaterclub), sondern auch bei einem Internationalen Festival der Studententheater in Erlangen. Für Böwe ergab sich – sicher sowohl aus dem Vergnügen am Spiel als auch aus dem von der Kritik bescheinigten Erfolg – aus dem ›Wotan‹ die Schauspielerlaufbahn. Auch mir hat man sie angeboten; doch ich war in einer anderen Lage: gäbe ich mitten im Physikstudium auf, wäre später beim möglichen Scheitern im künstlerischen Beruf eine Rückkehr ins ›bürgerliche Leben‹ schwer möglich gewesen. Böwe hätte jederzeit wieder als Theaterwissenschaftler arbeiten können. Daß er darauf nie zurückkam, ist angesichts seiner Theatererfolge und seines Talents völlig selbstverständlich.

Einige Jahre nach unserer Theaterzusammenarbeit half mir Böwe uneigennützig bei der Verwirklichung einiger Verrücktheiten. Ich produzierte zum Vergnügen Ton-Bildserien nach literarischen Vorlagen; Böwe las die Texte für mich auf Band.

Leider ist der ›Entfesselte Wotan‹ nicht für die Ewigkeit festgehalten worden. Nächtelange Fernsehproben hatten wir in Adlershof schon absolviert. Doch am Tag der geplanten Aufzeichnung verhinderte ein spektakuläres Politereignis die Fernsehdokumentation: wegen der U-

2-Spionageaffäre hatte Chruschtschow das Pariser Gipfeltreffen der Großmächte abgebrochen und seine Zwischenlandung in Schönefeld angekündigt. Der Fernsehfunk der DDR verfügte damals nur über so wenige Kameras, daß die gesamte Technik zum Flughafen beordert wurde. Dann begannen die Semesterferien, und die Theatertruppe verstreute sich in alle Winde ...«

SEINE PREMIERE hatte »Der entfesselte Wotan« im Juli 1959 im Club der Kulturschaffenden Berlin erlebt. Es folgen Vorstellungen im 3. Stock der Volksbühne, in Leipzig (wo Thomas Langhoff diesen Böwe sah), auch im Maxim Gorki Theater. Die »National-Zeitung« schreibt: »Kurt Böwe spielt den biederen, geriebenen Geschäftsmann Schleim. Wie Böwe die Rolle erfüllte, das ließ eine Befürchtung durch die Reihen schleichen: Wenn jetzt der richtige Theatermann kommt, geht der ideale Dozent verloren.«

Der richtige Theatermann kommt. Er heißt Horst Schönemann.

Im Deutschen Theater, unter Wolfgang Langhoff, lag zwischen 1948 und 1954 dessen künstlerischer Start, zunächst als Schauspieler. Schönemann über Langhoff: »Auf einer Dampferfahrt, die damals am DT sehr beliebt waren, sagte er zu mir: Schönemann, guck nicht immer in den Mond, guck dir lieber den Anteil der Arbeit an der Menschwerdung des Affen an. Das war Verführung zur Politik. Freude machte ich ihm mit meinem Vorschlag, dem kleinen Theater in Senftenberg zu helfen. Ich gestehe gern ein, daß ich damals gerade den Briefwechsel zwischen van Gogh und seinem Bruder gelesen hatte, die Briefe aus der Borinage, und Senftenberg wurde für mich so etwas wie die Borinage. Langhoff kümmerte sich darum, daß wir jungen Assistenten dort sofort inszenieren konnten.« Und so geht Schönemann ans Stadttheater im Braunkohlenrevier, bleibt bis 1959 in Senftenberg. Dann folgen bis 1965 erste Meisterjahre am Berliner Maxim Gorki Theater, ab 1966 werden er und sein Freund Gerhard Wolfram am Landestheater Halle arbeiten.

Der Schauspieler erzählt: »Schönemann hatte in Senftenberg

den ›Puntila‹ inszeniert, ich war zu der Zeit gerade dort, um Studenten zu betreuen, von daher kannte er mich. Im Oktober 1959 gab er mit einer Inszenierung von Valentin Katajews ›Zeit voraus‹ sein Debüt am Maxim Gorki Theater, ich das meinige in den ›Räubern‹ am 29. April 1960. Schönemann hatte mich im ›Entfesselten Wotan‹ gesehen, das war mein Unglück. Er sagte zu mir: Du siehst wirklich aus wie alle auf der Straße. Ich sag, das habe ich auch schon bemerkt, aber warum muß ich dann Schauspieler werden? Da sagte er: Weil du Talent hast und weil du so aussiehst. Ich aber spürte fortan, bei allem was ich auf der Bühne tat, jenes bittere Manko in mir, nichts Wesentliches beitragen zu können. Ein Reiter des Mittelmaßes war ich, jedoch hatte ich den Gaul Theater freiwillig bestiegen und ich wußte, ich hätte kein Recht zu wehleidigem Moralisieren, wenn sich eines sicheren Tages – oder wahrscheinlicher: während einer Vorstellung – unter mir der Boden auftun würde.

Ein Hintertürchen ließ ich mir offen: Am Maxim Gorki Theater spielte ich zunächst nur als Gast und schrieb weiter an meiner Doktorarbeit, ich würde nebenher weiter meine Vorlesungen halten und nach gewisser Zeit endgültig wieder zur Wissenschaft zurückkehren.

Meine erste Begegnung im Maxim Gorki Theater werde ich nie vergessen. Eigentlich wollte ich zum Regisseur Horst Schönemann, aber die suchten für eine ›Räuber‹-Inszenierung gerade einen Schufterle. Regie führte Maxim Vallentin, auch so ein spinöser Mensch, in Kopf und Herzen angetan mit einem etwas triefigen Stalinschen Marxismus, seine Psychologie war rechtschaffen pausbäckig. Wir arbeiteten auf der Probebühne, eine Schräge deutete eine Scheune an, in der die Jungs im zweiten Bild herumlungern. Ein Faß stand herum und eine Art Doppelstockbett. Intendant Vallentin meinte nun, jeder solle sich einen Platz suchen. Walter Jupé, dieser süffisante Plauderer, der mir ohnehin gefiel, spielte den Spiegelberg, Jochen Thomas den Schweizer. Alfred Müller gab den Roller, und die beiden anderen Figuren wurden dargestellt von Uwe-Detlef Jessen und Horst Weinheimer.

Also: Plätze suchen! Walter Jupé setzt sich oben aufs Doppelbett, um gesehen zu werden – ebenso wie Jochen Thomas, der sofort auf die Tonne hüpft. Alfred Müller, etwas schüchtern, geht schnurstracks auf den Hintergrund zu; auch die anderen suchen sich Plätze, die ihnen Sicht und Bewegungsfreiraum an der Rampe geben. Und Böwe? Legt sich auf die unteren Bretter des Doppelstockbetts, dorthin, wo er die gesamte Szene über nicht eine Handbreit zu erblicken ist! Etwa sechs Wochen wurde probiert und dann mit unerwarteter Entschiedenheit festgestellt, daß das Arrangement vielleicht doch nicht glücklich zu nennen sei. Das muß wirklich so schlecht ausgesehen haben, sonst hätte ich mir das kaum gemerkt. Derlei Produktionsklatsch schleppte ich natürlich sofort ins Institut, wo ich ja noch Vorlesungen hielt. Eines Tages übernahm Hans Dieter Mäde die Proben, klein, aber eine Art Maschinengewehr der Partei; der agitierte uns zur Winzigkeit herab. Bei dieser ›Räuber‹-Inszenierung übte der mit mir auf eine Art und Weise, bei der zum Schluß eine zentimeterdicke Plastikhaut um mein Wesen gezogen war – so daß im Prinzip nichts mehr von mir übrigblieb. Damit wackelte ich, schlotternden Knies, auf die Bühne, immer nah am Versprecher, total blockiert, ich kriegte das Gefühl nicht los: Ein Regisseur hatte mich stranguliert.

Gleich mein erster großer Versprecher passierte denn auch bei den ›Räubern‹: Von ›Patienten, die nach dem Doktor winselten‹ ist da die Rede – ich machte daraus ›Patienten, die nach dem Wodka winselten‹, versetzte damit den gesamten Räuber-Haufen in helles Entzücken und hatte einmal mehr signalisiert, was ich doch im Grunde war: ein einziger großer fleischgewordener Krampf.

Als man mir den Schufterle am Gorki-Theater angeboten hatte, sagte ich zu, weil für mich wahrlich nichts dranhing an solch theatralischer Existenz. Neugierig war ich, nicht mehr, aber auch nicht weniger. Auf der Bühne, das stellte sich rasch heraus, gelang mir Überzeugung so recht nicht, in der Kantine dagegen bestach ich durch manch wohlgesetzte Rede. Dies reichte für mein seelisches Wohlbefinden. Kein Drang plagte mich, nebenan lag die Universität, wo ich noch immer hingehörte. Und nicht zu vergessen: Man zeigte dennoch das nötige Quentchen Respekt vor mir, der ich doch von den Höhen der Wissenschaft herabgestiegen war, die Wissenschaft vom Theater galt damals viel, und so saß ich mit Schauspielerkollegen oft in gemütlich-redseliger Dreierrunde, mit dem scharfzüngigen, leider diesem Stanislawski dogmatisch verfallenen Walter Jupé und dem belesenen, in seinem Herzen sozialdemokratischen Heinz Scholz, der zudem an Asthma litt wie ich. Es verrannen glückliche Stunden, und die Gläser klirrten gleichsam den Beifall zu unseren klugen Gedanken. Wir stritten über Gott und die Welt. Der Kapitalismus, daraus machte ich keinen Hehl, war nicht meine Denkungsart, seine Effektivität machte mich schon damals frösteln. Der Sozialismus mit seiner freilich tödlichen Schlamperei, deren Teil ich doch war, bekam so immerhin einen tüchtigen Zug Gemütlichkeit – deren Teil ich ebenfalls war. Was sollte ich mich verleugnen! Überall mochte der Putz fallen, böse, böse – aber Hauptsache, er fiel nicht in die Gläser!

Heinz Scholz sagte eines Tages zu mir, als ich erwähnte, Becketts ›Warten auf Godot‹ zu besitzen: Kurt, wenn du mir das Stück schenkst, bekommst du von mir alle Bände Stalin. Ist das nicht ein wunderbarer Tausch! Ein Büchlein gegen elf dicke Bände. Fast bekam ich ein schlechtes Gewissen, und deshalb schrieb ich dem liebenswerten Heinz Scholz wenigstens noch eine Widmung in den dünnen Beckett. Und so stehen heute in Krumbeck die Werke des grausigen Grusiniers, eine Gabe aus den Händen des sozialdemokratisch infiltrierten Kollegen Scholz.

Als Schauspieler sah ich wohl so aus, wie die sich in den dramaturgischen Büros ausgetüftelt hatten, daß einer auf der Bühne auszusehen hätte, der geradewegs aus einer LPG in die Gegenwartsdramatik geraten war. Und so schickten die mich eines Tages in den Ring, einen gewissen Paul in Helmut Sakowskis Dorfstück ›Steine im Weg‹ zu spielen. Wenn ich mich überhaupt an dieses theatralische Ereignis erinnere, dann deshalb, weil wir in einer Halle am noch zerstörten Alexanderplatz probierten und ich mich umgehend in eine Actrice aus dem Sächsischen verliebte. Nach der Probe saß ich bei ihr im Automobil, später lagen wir woanders, und ich dachte: Na, wenn das so ist – Theater ist wunderbar! Was wollte man denn mehr: Als Redner war ich anerkannt, und einen auf Liebe machen – das konnte ich ebenfalls ein wenig. Weit entfernt lebte ich ich von der Fähigkeit, mich durch Hüllen und Kostümierungen des Berufs etwa an den Kern des Theaters zu tasten: bis an jene so selten zu erfassende Grenze, wo das Spiel mit dem schönen Schein gar zur Existenzprobe gerät. Oder das Komplizierte einfacher gesagt: Wo aus dem Handwerk plötzlich Kunst wird. Nein, nein, ich hatte ja schon mit dem Handwerk meine redlichen Schwierigkeiten.

Der Student Volker Trauth schrieb bei einem theaterwissenschaftlichen Seminar über ›Steine im Weg‹, was treffender nie wieder jemand erfaßt hat: ›Da gibt es den Schauspieler Kurt Böwe, und der hielt für die Rolle des Paul für die Zuschauer zwei Gesten parat – eine am Anfang und, überraschenderweise, eine zum Schluß.‹

Manchmal hat das Leben keine guten Alternativen, aber schon die Art, wie die Wahrheit gesagt wird, kann eine Rettung, zumindest ein Trost sein. Volker Trauth hatte recht, mir gefällt dieser Satz noch heute in seiner grausamen Pointiertheit. Er ist fast so gut wie Alfred Kerrs Kritik zu ›Don Carlos‹, die, hätte ich gespielt, für mich ebenso gegolten hätte: ›In der Ecke stand ein alter Eisenofen. Bei näherem Hinsehen entdeckte ich, es war Don Philipp.‹

Theater ist in seinen besten Momenten immer auch nötige Leere zwischen großen Einfällen. Ich aber war Leere, die keinesfalls nötig war, und die Einfälle an diesem Theater waren so groß auch nicht. Ständig fürchtete ich, es würde nach Beendigung einer Vorstellung, an der ich beteiligt war, regnen und das Publikum beim Hinausgehen sagen: ›Auch das noch.‹

Wenn ich nun gerade mal keinen angucke auf der Bühne, wo soll ich denn dann hingucken? hatte ich den Regisseur Professor Ottofritz Gaillard gefragt. Ach, sagte der, schauen Sie in den Zuschauerraum, ganz nach hinten, wo die roten Lampen hängen. Naja, guckte ich eben dorthin.

So leicht war also der Schauspieler Kurt Böwe zu beschreiben: Am Anfang eine Geste, eine zum Schluß, und zwischendurch schaute ich auf die roten Lampen. Ansonsten aber: Was soll man reden, wenn man schweigen kann. Nichts da vom auffälligen äffischen Urgrund der Kunst, der gauklerischen Lust und Gabe, zu amüsieren und zugleich sich mit Geistigem zu verbinden, so daß alles Äffische moralische Veredelung erführe und aus dem Ergötzlichen gar Erschütterndes aufsteigt. Ein herrlicher Beruf? Der einzige Mensch, der mich darin bestärkte, war so ein kleiner gewiefter Zyniker mit gefährlich spitzem Gesicht, der gerade mal wieder bei uns im Theater herumlungerte, ein Mann namens Heiner Müller, der sieht diesen hiflosen Klotz Böwe auf der Bühne und bringt den gar dazu, über diesen theatralischen Standfußball da oben in ›Theater der Zeit‹ zu meditieren – und die drucken das auch noch. Du machst das richtig, hatte Müller zu mir gesagt, du machst nichts, du kannst nichts, aus dir wird nichts, jetzt mußt du nur noch klug drüber schreiben. Heiner Müller lobte mich, weil er mich mitunter brauchte – um sich zehn Mark von mir zu pumpen. Ich sagte ihm stets, ich hätte zwanzig, aber die werden wir gemeinsam versaufen.

Es war die Zeit, da im ›Neuen Deutschland‹ hämisch geschrieben werden konnte: ›Kürzlich hörten wir, Erwin Strittmatter habe das Manuskript zum ›Ole Bienkopp‹ siebzehnmal umgeschrieben. Vielleicht (hoffentlich) nicht zum letzten Male!‹ Ausgerechnet ›Steine im Weg‹ wurde in jenen Jahren zu einem Beispiel erhoben gegen ein Stück, mit dem einer der bösesten kulturpolitischen Skandale der DDR verbunden ist. In der Zeitschrift des Kulturbundes, ›Sonntag‹, war Anfang 1962 zu lesen: ›Durch die um vier Jahre verspätete Aufführung des Schauspiels *Die Sorgen und die Macht* von Peter Hacks wird besonders deutlich, daß es dem didaktischen Theaterstück trotz poetischen Aufputzes ganz einfach an Lebenssubstanz mangelt. Vor Jahr und Tag, während der Errichtung der Grundlagen der sozialistischen Gesellschaft, als das Neue überall erst keimte, mochte eine didaktische Vereinfachung beziehungsweise Vergröberung noch verständlich scheinen. Aber heute bedeutet Didaktik Verarmung. Deshalb ist dem Maxim Gorki Theater besonders zu danken, Sakowskis *Steine im Weg* der Bühne erschlossen zu haben. Das Stück stößt weit zu den Möglichkeiten sozialistischer Dramatik vor.‹

O Gott.

Wir wurstelten im Kastanienwäldchen vor uns hin, und am

Deutschen Theater entschied sich das Schicksal des Intendanten Wolfgang Langhoff in bekannt böser, menschlich erniedrigender Weise. Langhoff hatte den ›Wilhelm Tell‹ inszeniert, das Stück mochte Ulbricht nicht, Geßler hatte auch noch einen Spitzbart, und im Zusammenhang mit Hacks' ›Sorgen und die Macht‹ konnte man bald drohende, bezeichnende Worte Ulbrichts im ›Neuen Deutschland‹ lesen: ›Liebe Genossen vom Deutschen Theater: Das Deutsche Theater wurde restauriert, ich weiß nicht, wie viele Millionen das gekostet hat, und es hat lange gedauert. Als es wiedereröffnet wurde, kamen Sie mit ›Wilhelm Tell‹ heraus, und alle, vom Theaterintendanten bis zum Ministerium für Kultur, waren begeistert, daß als neueste Errungenschaft im Deutschen Theater der ›Wilhelm Tell‹ aufgeführt wurde. Als wir das hörten, haben wir uns gesagt, vielleicht hat es nur bis zum ›Wilhelm Tell‹ gereicht; denn zu dieser Inszenierung gehört keine besondere Leistung. Davon sind schon viele, viele verschiedene Inszenierungen bekannt. Vielleicht schätze ich das falsch ein. Ich habe selbst ›Wilhelm Tell‹ etwa fünfzehnmal gesehen, darunter auch in der Schweiz. Man kann mir nicht nachsagen, daß ich gegen ›Wilhelm Tell‹ bin. Nicht einmal die Schweizer sagen mir das nach. Es muß im Deutschen Theater also irgendwelche Hemmnisse geben. Danach kam Hacks' *Die Sorgen und die Macht*. Ich sage Hacks' *Sorgen und die Macht*, nicht unsere Sorgen um die Macht ... Ein Schriftsteller, der aus Westdeutschland, von der bürgerlichen Ideologie herkommt, versucht in der DDR, Probleme des sozialistischen Aufbaus zu meistern. Das ist hochinteressant. Wir werden es bald mit Hunderten solcher Menschen zu tun haben, die auch mit dieser Ideologie kommen. Schließlich müssen wir sie doch überzeugen, müssen mit ihnen zusammenarbeiten, müssen ihnen helfen, vorwärtszukommen. Das Experiment mit Hacks ist an sich nichts Besonderes. Hacks soll nicht denken, daß irgend jemand böse auf ihn war oder ist. Wir haben wissenschaftlich analysiert, wie sich das auswirkt, wenn jemand aus Westdeutschland kommt und versucht, den sozialistischen Aufbau künstlerisch zu gestalten ... Aber die Arbeiter in der Kohleindustrie wurden im Stück von Hacks beleidigt, denn der Unsinn, den Hacks sie sagen läßt, steht doch im krassen Gegensatz zu den Taten der Kohlearbeiter, die im verflossenen Winter mit dazu beitrugen, daß unsere Wirtschaft fast ohne Erschütterung den schweren Ansturm von Eis und Schnee überwand. Wenn Hacks die Arbeiter in der DDR kennen würde, hätte er diese Helden der Frostperiode nicht in solcher Weise dargestellt.‹

Dem Deutschen Theater verdanke ich die künstlerisch ausgefülltesten Jahre meines Lebens. Die Erinnerung daran, was sich dort zutrug, während ich unter zynischer Anstachelung Heiner Müllers sozialistische Leitartikel in geradliniges szenisches Spiel umsetzte, die Erinnerung daran, wie man mit künstlerischen Produkten umging, die nicht zur offiziellen Linie paßten, wie man die Treue des Parteimitglieds Wolfgang Langhoff in unwürdige Selbstkasteiung umfunktionierte – diese Erinnerung eröffnet gewißlich kein Ruhmesblatt. Gerade deshalb bleibt mir ihre Dokumentierung dringlich. Liest man diese ›Selbstkritik‹, bleiben nur immer wieder Zorn, Scham und Trauer.«

WOLFGANG LANGHOFF in seiner erzwungenen, öffentlich vor SED-Mitgliedern vorgetragenen Selbstkritik zu der Inszenierung des Stücks »Die Sorgen und die Macht« von Peter Hacks, das im Oktober 1962 Berliner Premiere hatte und nach 22 Vorstellungen, infolge einer infamen politischen Kampagne gegen Langhoff, abgesetzt wurde.

»Die Aufführung von Peter Hacks' ›Die Sorgen und die Macht‹ und meine Inszenierung sind nicht ein einmaliger Fehltritt, der auf der Basis einer richtigen Kulturpolitik des Deutschen Theaters unter meiner Leitung geschehen ist, sondern das Ergebnis falscher Auffassungen von mir und vieler meiner Mitarbeiter über das Wesen unserer Kulturpolitik, unserer Politik und das Ergebnis eines falschen Qualitätsmaßstabes bei Gegenwartsstücken, den ich bis heute hatte und den ich, ich muß das hier offen bekennen, vermutlich auch noch in einigen anderen Fragen habe. Ich brauche euch nicht zu schildern, wie sehr ich unter diesem Zustand leide, denn mein ganzes Sinnen und Trachten, seitdem ich ein bewußtes Leben lebe, war meiner Partei, ihrer

Einheit und Geschlossenheit, der Stärkung ihrer Kampfkraft gewidmet. Was nützt aber ein solches Sinnen und Trachten, wenn es nicht auf dem Boden ideologischer Klarheit wirksam wird? ›Die Sorgen und die Macht‹ hat nicht zur Stärkung der Kampfkraft der Partei beigetragen, es hat sie im Gegenteil geschwächt, es hat die allerwichtigste Frage, die Frage des Vertrauens des Volkes, der Arbeiterklasse zu ihrer Partei, entstellt und so den Gegnern der Partei in die Hände gearbeitet.

Für diesen schweren Fehler trage ich die Verantwortung und muß mich dafür vor der Partei, vor jedem einzelnen Genossen, vor allen denen, die Tag und Nacht beim Aufbau des Sozialismus arbeiten, entschuldigen. Die Genossin Mathilde Danegger hat im Auftrag der Parteileitung unserer Betriebsparteiorganisation gesagt, daß sich die Parteigruppe schuldig fühlt, weil sie mich in der Leitung des Deutschen Theaters nicht genügend unterstützt und gefördert habe. Das mag stimmen, aber der Hauptverantwortliche bin trotzdem ich. Ich habe in meiner blinden Verliebtheit in ein Talent den klaren Blick verloren für das, was ein wirkliches Talent ausmacht, nämlich aus der Fülle der Erscheinungen unseres Lebens diejenigen auszusuchen, die für unsere Entwicklung zum Sozialismus typisch und entscheidend sind.

Von dem Wunsch beseelt, die Ausdrucksmittel des sozialistischen Realismus zu erweitern, habe ich in Wirklichkeit nicht die Mittel erweitert, sondern unsere Auffassungen über Weg und Ziel, über die Hauptkraft, die Partei – die auf diesem Weg, der über Triumphe und Niederlagen geht, organisiert und führt – aufgeweicht und mit kleinbürgerlichen Ansichten verwässert und verzehrt. Trotz ehrlicher subjektiver Meinung, gegen jede Form ideologischer Koexistenz zu kämpfen, habe ich in Wirklichkeit ideologische Koexistenz praktiziert.

Mit großer Geduld und Freundschaft hat sich die Parteiführung bemüht, mich auf diesen Fehler hinzuweisen. Es hat lange gedauert, bis ich von der Schädlichkeit dieser meiner politischen Fehleinschätzung überzeugt wurde. Als Künstler stand ich eben in jener unbequemen Position auf der Leiter unseres Fortschritts – mit einem Bein auf der Sprosse der Erkenntnisse und Maßstäbe, die ich vom spätbürgerlichen Erbe übernommen hatte und die für uns nicht mehr brauchbar sind, mit dem anderen Bein auf der richtigen Sprosse, der des Bitterfelder Weges.

Mit eurer Hilfe, Genossen, davon bin ich überzeugt, wird es mir gelingen, mit beiden Beinen auf der einzig richtigen Sprosse zu stehen. (Beifall)«

THOMAS LANGHOFF 1990 in einem Interview mit dem Dramaturgen Alexander Weigel, veröffentlicht in den »Blättern des Deutschen Theaters« (15/90), über die damaligen Vorgänge um seinen Vater Wolfgang Langhoff.

»Ich kann mich an den Tag erinnern, als der Vater nach Niederschönhausen, wo wir wohnten, nach Hause kam und sagte, daß man ihm im ZK angeraten habe, auf die Tätigkeit als Intendant des Deutschen Theaters zu verzichten. Das ist ihm enorm schwer gefallen, weil, er fühlte sich noch absolut potent und damals auch gesundheitlich noch stark, weiterzumachen. Die Art und Weise, wie er von seinem Genossen Hager die Mitteilung bekam, war für ihn ernüchternd und erschütternd, und das aschgraue Gesicht dieses Mannes, der da im Garten saß, das werde ich nicht vergessen. Es ist dann für ihn im Moment auch mal eine Lebensentlastung gewesen, aber da war dieses grauenhafte Spiel, er als guter Genosse und als guter Theaterleiter, daß man das dann weitergemacht hat, das habe ich nicht verstanden, und warum er sich das gefallen ließ. Wenn ich sagte, gut, wenn das gemacht wird, da kann man nichts machen, das sind ja die Dienstherren, aber man muß doch ihr Affentheater nicht mitmachen, hat er das nur bedingt eingesehen. Nach seinem Tode wurde es ja noch grotesker, da war er dann ja nur noch der gute Kommunist. In Wirklichkeit war er ein Mann, der permanent mit seiner Partei im Streit lag und trickreich und mit vielen Mitteln seine Theaterpolitik gegen Feinde von außen und innen durchgesetzt hat, immer seinem künstlerischen Gewissen verpflichtet ...

Es ist sehr interessant, wer seine letzten Gesprächspartner waren: Konrad Wolf und Heinar Kipphardt. Das waren seine Vertrauten oder seine Schüler oder Freunde, mit denen er seine Fragen besprochen hat, Fragen an die permanente Richtigkeit des Weges der Partei. Ich glaube schon, daß er als überzeugter Kommunist gestorben ist, aber es gibt da so einen komischen Schlenker in der letzten Rede, die er hier im Deutschen Theater hielt, anläßlich der Verleihung der Ehrenmitgliedschaft, mit einer schon schwerkranken Stimme. Da hat er, aber mit einem Abstand, mit einer deutlichen Zäsur, man merkte die Gedankenpause, ob er das sagen soll oder nicht, er hat also zum Schluß gesagt, ich danke diesem Theater, ich danke diesem Ensemble – dann kommt diese Gedankenpause – und ich danke meiner Partei. Da stand dieser ganze Mann vor mir. Diese soldatische Pflicht hatte gesiegt, obwohl er das wider besseres Wissen gesagt hat; aber dieser Konflikt war für ihn nicht mehr lösbar. Er wäre es gewesen, wenn ihm der liebe Gott noch ein paar Jahre gegeben hätte.«

Spiegelberg und keine anderen. Trullesand als Professor Faust.

AUF ZWEI FENSTERBRETTERN des Arbeitszimmers tummelt sich Erinnerung. Mich interessiert, was der Schauspieler da so alles gesammelt und kunstvoll gestapelt hat. Die Dinge werden für Sekunden von ihrem angestammten Platz genommen; Böwe nimmt gern in die Hand, was da liegt und steht und von guten Momenten erzählt.

»Dies hier sind zwei zusammengehörige Steinhälften, Heide hat sie an der Ostsee gefunden, ein wunderschöner Zufall, für uns beide ein kleines steinernes Spiel mit der Glückseligkeit. Dort hängt eine Uhr aus dem Zille-Film; bei allen Dreharbeiten, ich geb' die Sünde zu, lasse ich eine kleine Requisite mitgehen. Der tongebrannte Hahn stammt von meiner Tochter Winnie. Dieser Stein da sieht aus wie ein Seehund, ein zweiter Stein, ebenfalls am Strand gefunden, ist gleichsam das Nest für ihn. Der geschnitzte Elefant daneben stammt aus Kenia: Ich saß im Zug nach Krumbeck, ein Matrose der Seereederei stieg ein, setzte sich mir gegenüber, kramte in seinem Seemannsgepäck herum, holte den Elefanten hervor und sagte nur: Er käme gerade von den Küsten Afrikas herübergeflogen, habe Urlaub, und er freute sich sehr, wenn ich, der Herr Böwe, den er gern in Filmen sähe, dieses Geschenk annehmen würde. So, was haben wir noch – da, einen versteinerten Seeigel, den schenkte mir bei Dreharbeiten ein Fischer von Kap Arkona. Der kleine, dicke, unförmige Kerl, aus Ton modelliert, der da im Sessel sitzt – das bin ich selbst, auf dem Boden Bücher, ein paar Flaschen rundum, sehr realistisch die Details, das Werk stammt von meinem Schauspielerkollegen Peter Reusse. Eine Warnung zum 60. Geburtstag. Hier: Hinterm Glas das gepreßte Blatt soll an den Tod erinnern. Memento mori. Und den runden Handstein, den schenkte mir Schauspielerkollege Günther Sonnenberg, als er im Sterben lag. Dies ist der Hammer, mit dem ich als Dorfrichter Adam bei den Festspielen in Bad Hersfeld hantierte. Da rechts stehen noch zwei Gestalten: Eine davon ist der angebliche ›Glöckner von Rotterdam‹, den Gerhard Bienert als Amateurkünstler dem Bildhauer Kemmel überreicht, im ›Nackten Mann auf dem Sportplatz‹. Auf den vorsichtigen Einwurf Kemmels hin, das hieße doch ›Glöckner von Notre Dame‹, schüttelte Bienert den Kopf und sagte: ›Nö, glaube ich nicht, dann hätte ich auch schon davon gehört, wenn's so wäre.‹ So, zurück zum Fensterbrett: Dort hängt ein preußischer Hosenbandanhänger vom Friedrich Wilhelm, eine Erinnerung an die Inszenierung von Alexander Lang im Deutschen Theater. Und nicht zuletzt liegen hier säuberlich gestapelt alte skurrile Postkarten, die mir der Schauspieler Ignaz Kirchner geschickt hat, jedesmal mit Unterschrift ›Dein verrückter Ignaz‹.«

Der Schauspieler legt alles wieder an seinen jeweiligen Platz. Staub läßt er Staub sein, wissend und einsehend, daß der sich schnell als Herr über alle Dinge erhebt, da kann einer noch so beflissen wischen und putzen. Aber plötzlich beginnt Böwe unvermittelt zu erzählen, als habe ihn just dieser Staub, der sich um jeden Krimskram legt, an längst vergangene Zeiten erinnert.

»Natürlich müssen wir jetzt über Halle reden. Vielleicht waren es die schönsten Jahre; es lebt sich nämlich gefährlich gut im

Brei des eigenen Talents. Ich war ja Schauspieler nicht aus dringlicher innerer Mission geworden, sondern in jenem Moment auf eine Bühne gegangen, als es über mich kam in einem merkwürdigen Zusammenspiel von Zufall, freundlich gemäßigter Lust, förderlicher Rückversicherung und fremdem Drängen. Unmerklich tanzte gleichsam die Zeit. Noch war ich in Berlin. Das Fernsehen bot mir erste Rollen an, die Arbeit bei Schönemann machte durchaus Spaß. Wobei freilich die seelischen Schwankungen nie ganz aufhörten und sich besonders verstärkten, wenn der eigene Name auf einem Besetzungszettel mal wieder arg nach unten rutschte. Aber wie das so ist: Man merkt dennoch nicht, wie man unrettbar hineinrutscht in die Routine. Bißchen Synchron, bißchen dies und das, nicht mehr ganz so viele Schulden, ich miefte mich langsam ein, vertrug ein gerüttelt Maß Gleichmut. Ein schönes beschissenes Leben.

Eines Tages wurde aus dem Zwei- ein Dreijahresvertrag, es folgte eine Fusion von Maxim Gorki Theater und Volksbühne, Intendant Maxim Vallentin übernahm damit nicht nur beide Häuser, sondern zuvörderst sich selbst. Das Deutsche Theater war kritisiert worden, die trauten sich vorläufig wenig. Und so wurde das Beiläufige zur Hauptsache heraufgelobt – die Liaison Volksbühne und Maxim Gorki Theater bekam ideologischen Aufwind; Ernst Kahler prägte damals das Wort von der ›kleinen politischen Bedürfnisanstalt Unter den Linden‹. Und auch ich stand wieder ein wenig herum auf offener Bühne.

Es mußte, zog man künstlerische Kriterien heran, freilich sehr rasch wieder zum Abbruch dieser seltsamen Konföderation beider Theater kommen. Aber bevor dies geschah, rief mich Maxim Vallentin in sein Büro, nunmehr in der Volksbühne gelegen, bestellte mich vor seinen riesengroßen Schreibtisch und sagte den berüchtigten Einführungssatz: ›Kurt, wir wollen doch mal offen miteinander reden.‹ Nach vier Jahren Arbeit miteinander! Was nun in gequältem Ernst folgte, war ein geradezu unverschämtes Lob meiner Intelligenz und Belesenheit. In mir schepperten sämtliche Alarmglocken. Die Quintessenz des Gesprächs: Die Theaterlandschaft zwischen Putbus und Annaberg brauche unbedingt Intendanten, und dies sei doch eine Chance, die gerade ich unbedingt ergreifen solle. Nun mußte ich dem Manne ja insgeheim recht geben, auch meine eigene Überzeugung von irgendwo vorhandenen schauspielerischen Qualitäten oberhalb des Mittelmaßes hielt sich bekanntlich in Grenzen. Aber dieser Komplott, an dem ja offenbar meine heimtückischen Freunde Wolfram und Schönemann mitgeschmiedet haben mußten, ermunterte mich zu entschiedener Entgegnung: Ihr wollt mich also abschieben! Daraus wird nichts, sagte mein Trotz. Zum anderen entgegnete ich Vallentin, der Beruf des Intendanten, den du mir da anbietest, ist einer der schamlosesten, verlogensten Berufe am Theater. Ein Selbstmörderposten! Und an deiner Stelle, lieber Maxim, hätte ich immer zwei geladene Pistolen im Schubfach – falls eine mal nicht losgeht. Nun lachte Vallentin wieder, meinte aber, ich solle mir die Sache nochmal überlegen. Ich ging hinaus aus dieser Schreibtischfestung, und draußen sehe ich meine beiden windigen Kameraden Wolfram und Schönemann, diese feigen Burschen, die nun wahrscheinlich dachten, sie seien einen untalentierten Schauspieler los, ohne sich selber einmischen zu müssen.

Wiederum eines anderen Tages trafen sich in einem kleinen Café hinter dem Hotel ›Berolina‹ die Regisseure Horst Schönemann und Christoph Schroth sowie der Dramaturg Gerhard Wolfram; hinzugeladen waren die schauspielernden Herren Roman Silberstein und Kurt Böwe. Die Offerte Halle kam auf den Tisch: Schönemann, Wolfram und auch der Dramaturg Armin Stolper hatten von Anfang an befürchtet, die Liaison mit der Volksbühne würde sich negativ auf die Qualität des Maxim Gorki Theaters auswirken. Sie waren in Verdacht geraten, das Maxim Gorki Theater an sich reißen zu wollen, gegen Vallentin, gegen die Partei. Also wurden sie abgeschoben und meinten nun, auch wir zwei Schauspieler kämen doch in Berlin nicht so recht zum Zuge; wenn wir aber in die Provinz mitgingen, sollte schon ein gehöriges Feuerwerk hochgehen am Himmel der Kunst. Silberstein, mein unbedenklicher Freund, sagte sofort zu, ich blieb abwartend, ließ mich aber immerhin so weit auf das Unternehmen ein, als ich einwilligte, mir Theater und Stadt mal näher anzusehen.

Es war neblig, als ich in dieser Industrieregion rund um Leuna und Bitterfeld ankam, ich rief sofort meine Frau in Berlin an und sagte definitiv: Niemals hierher, hier ist Kafka! Nur weg! Leicht gesagt, schwerer getan, denn ich muß nun zur Erklärung hinzufügen, was die Sache verdammt komplizierte: Natürlich hatte ich vorher einen Vertrag abgeschlossen, ich Idiot. Selber Kafka – ich würde im Hallenser Theater des Friedens am Universitätsring zu arbeiten beginnen, zum Glück zunächst nur als Gast.

Am ersten Tag, an dem mir gleichsam die Rückkehr abgeschnitten war, hatte Horst Schönemanns Inszenierung von Shakespeares ›Der Widerspenstigen Zähmung‹ Premiere, wir gingen an einem naßkalten Tag durch dieses graue, geduckte, gesichtslose Halle. Im Interhotel saß der alte Kern der bisherigen Schauspielertruppe, genauso grau und geduckt wie die Stadt, manche auch so gesichtslos, und die schauten uns sehr mißtrauisch und finster entgegen. Günter Hauk, der mitgereiste Musikchef vom Maxim Gorki Theater, fuhr am anderen Tag wieder nach Hause, ich aber mußte wegen erster Proben in dieser Einöde bleiben. Leben und Theater in der Einbahnstraße. Mein Schauspielerfreund Dieter Franke war es, der mich am Bahnhof verabschiedet hatte, als meine Züge abfuhren ins Nichts, also nach Halle. Gemeinsam suchten wir sehr vergeblich nach dem Beispiel auch nur eines einzigen Schauspielers, der freiwillig aus Berlin in die Provinz gezogen und von dort vielleicht eines Tages wieder in die Hauptstadt gelangt wäre. Kurt, dachte ich, wenn dieses Boot hier umkippt, holt dich keiner aus dem tiefen trüben kalten Wasser. Ich sah noch, wie Hauk mir aus dem Auto zuwinkte, als er vom Interhotel abfuhr, ich winkte zurück, aber mein Arm wurde immer kürzer. Endstation Sehnsucht. Das Klima an der Spree bekam dem Asthmatiker gut, wie würde es ihm an der Saale verdrecktem Strande ergehen, im Chemiebezirk? Der Arzt hatte gesagt: Versuchen Sie's, Herr Böwe.

Denen, die da traurig im Interhotel saßen, als warteten sie auf Tschechow oder Gorki, um in einem ihrer trostlosen Stücke als Chargen untergebracht zu werden, sah man nur einen einzigen kleinen Funken Aufgebrachtheit an, genährt aus Gewißheit: Wer immer da kommt, von Berlin oder sonstwoher – in ein paar Tagen wird er neben uns sitzen, mit dem gleichen Blick, mit dem gleichen Wissen um ein Theater, an dem alles eindeutig ist und eindeutig bleibt: die Nöte des Anfängers und das Ende des Verkommenen, die Hoffnung und die Gleichgültigkeit, die kleine Gage und die große Anstrengung. Und weil von niemandem mehr als der Text verlangt wird und diesen der Souffleur kostenlos spendet, spielt jeder der Akteure sich selbst zu fremden Worten und ist also ein schlechter Schauspieler, wenn man ihn hört, ein glänzender, wenn man ihn sieht. Er ist echt, denn er hat es nicht nötig, sich zu verstellen. Er ist nur verkleidet. Und das Publikum? Unberührt von Kennerschaft, und es nimmt das Theater nicht wichtiger, als es ist. Die Leute riechen sauber nach Seife, nicht nach Literatur, denn täglich gilt, sich Leuna und Buna von der Haut zu waschen, zur Theaterzeit sind sie durchsichtig wie blankgeputzte Fensterscheiben, was eine Seltenheit ist in dieser Gegend, und tief sieht man auf die Gründe ihres Wohlgefallens: Sie begeistern sich nicht, wie es Joseph Roth einmal über Menschen im Theater schrieb, sondern: ›Wenn sie, die wenigen, klatschen, ist es wie ein kleiner lustiger Wellensturm eines kleinen provinziellen Sees voll geographischer Bescheidenheit. Dann geht man nach Hause, wir schlafen alle ruhig, kein Schauspieler empfindet Angst vor den Morgenblättern, und es gibt keinen Kritiker, der vor lauter witzigen Bemerkungen keinen Schlaf gefunden hätte. Die Damoklesschwerter, die Spannung ins Leben brächten, hängen in der Requisitenkammer und sind aus Pappe.‹«

Aber was wunder, 1967 wurde zum Jahr, in dem ein Knoten platzte. Christoph Schroth begann die Proben zu George Farquahrs »Pauken und Trompeten«; Böwe versucht sich am Sergeanten Kite, der mit komödiantisch-demagogischem Schwung, verkleidet als Pfarrer, am Sonntag zu den Bauern und Bürgern zieht – weil das Werbungsgeschäft für den Krieg fürs »gute alte England« nicht vorangeht.

»In Erinnerung ist mir eine elendige Probebühne, wieder alles rundum grau. Wir lasen das Stück, und bei konzeptionellen Zwischenschüben, in denen sich alle anderen gegenseitig übertrafen, hielt ich lieber den Mund. Ich beließ es dabei, mich auf den Text zu konzentrieren. Und siehe da: Einige lachten überrascht, wenn ich dran war. Später saß ich in der Kantine und äußerte lauter als gewollt, das Stück sei so schlecht nicht, und die Arbeit habe doch durchaus ihren Reiz. Nach der Probenpause fiel mir dann sogar etwas ein auf der Bühne, wahrscheinlich spürte ich, daß das Schicksal irgendwie leise gelächelt hatte. Denn was soll ich sagen, dies ist das ganze Geheimnis, das du als Bruder Schauspieler entdecken möchtest: daß dir jemand zuhört! Du möchtest ein wenig Aufmerksamkeit erlangen, möchtest vielleicht sogar, im Übermaß des Anspruchs, ein wenig geliebt werden.

Zudem fiel mir plötzlich auf: Das Theater ist bevölkert von einer Truppe junger Leute, die den gesamten Rucksack voller Hoffnung haben. Der Kite geriet zum respektablen Erfolg, und aufgrund einer notwendigen Umbesetzung übernahm ich die Rolle des Kirchensängers Teterew in Gorkis ›Kleinbürgern‹. Mit diesem Stück, geschrieben 1901/02, vom Moskauer Künstlertheater unter Stanislawski uraufgeführt, debütierte Gorki als Dramatiker. Eine unserer Aufführungen war gleichsam voll bestückt mit Abgesandten des Theaterverbandes. Eine sehenswerte Inszenierung legte Schönemann vor, meine Rolle hatte am Deutschen Theater in Berlin Wolfgang Heinz gespielt, und ich spürte an jenem Abend erneut, was ich so oft bisher nicht erfahren hatte: Die Menschen unten hörten mir zu. Das ist er also, der Moment, da sich der Schauspieler seiner Verführungskraft bewußt wird, der bösen Tatsache, daß in ihm ein Rattenfänger von Hameln steckt. Ich weiß noch, der Applaus kam, und er kam nicht gering, ich ging hinter die Bühne und machte so etwas wie einen Freudensprung. Diese Bewegung glich einem Dehnen – ja! die Haut war weg, jene Haut aus Plaste, die mir der Genosse Mäde am Gorki-Theater einst verpaßt hatte.«

Nachdem im Januar 1967 »Pauken und Trompeten« Premiere hatte und auch »Die Kleinbürger« erfolgreich über die Bühne gingen, schreibt Oberspielleiter Horst Schönemann einen Brief an den Noch-Gast Böwe. Darin klingt geradezu pathetisch die Gewißheit an, wie wichtig dieser Schauspieler für ein Theater der neuen sozialistischen Art sein könnte. Mit dieser Wuchtigkeit namens Böwe, das ahnt Schönemann beizeiten – und die möglicherweise aufgekommenen Zweifel an dessen Talent sind wohl verflogen –, könnte sich Halle wesentlich zum Modell einer Kunst-Stadt entwickeln, in der Spieler und Publikum, nach dem Willen eines sozialistischen Programms, begeistert eins sind. Schönemann in seinem Brief an Böwe: »Diese Arbeit an ›Pauken und Trompeten‹ hast du dir abgerungen, so empfindlich wie konsequent, so arbeitswütig wie lebensdurstig. Meine Herren, Sie kennen den Kleinau, aber kennen Sie den Böwe!! Geb Gott und die Regierung mir das, was ich brauche, um die Arbeitsvoraussetzungen zu verbessern, damit du gern und länger mit uns arbeitest! Der Teterew ist dein bisher bestes, größtes Figurenergebnis geworden. Frei von körperlicher Strapaze entfaltet sich der ganze Böwe, und wir genießen deine Klugheit ungetrübt. Das regt mich an, mehr auf dem Gebiet zu wagen. Faxenmacher haben wir genug, aber wie selten sind die klugen Schauspieler geworden. Das bist du, und so sollte dein Zentrum genutzt werden.«

Ende August 1967 erlebt der Schauspieler seine erste Premiere als vollwertiges Mitglied des Hallenser Theaters: Er spielt faunenhaft, knollennasig, breit, geduckt, vorsichtig und doch pfiffig, mit bedächtiger Schwere und geschickt verborgener Schläue den Sosias in Armin Stolpers »Amphitryon« – und wird schon bald reich belohnt: »In Anerkennung Ihrer hervorragenden künstlerischen Leistung als Darsteller des Sosias in ›Amphitryon‹ sowie des Teterew in ›Die Kleinbürger‹ werden Sie anläßlich des 18. Jahrestages der Gründung der Deutschen Demokratischen Republik mit einer Geldprämie in Höhe von 150,– MDN ausgezeichnet (für beide Inszenierungen). Wir beglückwünschen Sie auf das Herzlichste und bitten um umgehende Quittierung des erhaltenen Geldbeitrages. Intendanz, BGL-Leitung, 7. Oktober 1967.«

An die Rolle des Sosias verbindet der Schauspieler besondere Erinnerungen.

»Ja, Schönemann inszenierte ›Amphitryon‹ von Armin Stolper, einem Dramaturgen bester Art, aber fast zu gut für die Welt und unglücklich vernarrt in seine Dichterträume. Es begab sich zu jener Zeit, da ich noch hin- und herpendelte zwischen Berlin und Halle. Ab und zu, wenn ich in der mitteldeutschen Tristesse gelandet war, schaute ich bei gerade laufenden Proben zum

Stolper-Stück zu, und ich tat dies sehr unbelastet, denn ich war nicht besetzt, und das fand ich angesichts des Stückes – lieber Armin, vergib mir! – nicht die übelste Ausgangslage. Auf einer dieser Proben arbeitete Schönemann mit zwei Damen, Sigrid Göhler, der Frau des Schauspielers Peter Reusse, die später im ›Polizeiruf 110‹ zu ihrem Ruhm kam, und einer gewissen Heide Schönknecht – meiner späteren zweiten Frau! Vielleicht war der Satz, den mir Schönemann an irgendeinem jener Abende sagte, der wichtigste überhaupt: ›Kurt, du kannst in deinem Leben jetzt nur noch einen einzigen Fehler machen – diese Frau nicht nehmen.‹ Heide wohnte in einem Hotel in Halle, ich in einem anderen. ›Pilsner Urquell‹ hieß das Ding, aber Pilsner Urquell gab es freilich nicht. Ich traute mich nicht mal, als wir einander schon etwas näherstanden, sie nach Hause zu bringen, obwohl es draußen in Bächen goß und sämtliche Straßen eine einzige glitschige Rutschbahn waren. Am nächsten Tag simulierte Frau Schönknecht einen lädierten Arm, in der Hoffnung, ich käme endlich darauf, durch abendliche Begleitung auf dem Heimweg weitere gefährliche Stürze vermeiden zu helfen. Heide erzählte mir später, wie sie übrigens anfänglich von meiner Arroganz genervt gewesen sei: Dieser Fettsack aus Berlin! Wurde nichts in der Hauptstadt und spielt sich nun groß auf in der Provinz! Meine erste Frau, medizinische Assistentin in der Krebsforschung der Charité, hatte nie gewollt, daß ich Schauspieler werde. Zum Theater hatte sie, mein Gott, heute verstehe ich's ja, nie eine richtige Beziehung, und sie sagte immer ahnungsvoll, sie bekäme in den Stücken, die ich für mein Leben hielte, ohnehin keine Rolle. Wenn du ein paar Stufen höher geklettert bist, meinte sie, wirst du dich nicht mehr umdrehen.

Aber wir waren bei ›Amphitryon‹. Den Text von Stolpers Werk hatte ich an einem Tage kennengelernt, den ich in seiner Qual so rasch nicht vergessen werde und der sehr nachteilig auf mein Beurteilungsvermögen drückte. Roman Silberstein, der im Stück mitspielen sollte, und ich hatten bis frühmorgens um vier wieder einmal, nun, wie soll ich sagen, einige alkoholische Proben genommen, und ausgerechnet an diesem Tag, bereits um zehn Uhr, also gleichsam mitten in der Nacht, waren wir eingeladen zu etwas, das ich hasse wie die Pest: zu einer Dichterlesung! Beim Dichter handelte es sich um Armin Stolper, und er hatte den frommen Wunsch, sein jüngstes Werk ›Amphitryon‹ der lieben Familie, denn mehr waren nicht erschienen, und zwei betrunkenen Schauspielern vorzutragen, und dies Wort für Wort, ein Komödchen, in ausladenden Versen zu Papier gebracht. Roman Silberstein, wie immer der Klügere, stellte sich an eine Anrichte, damit er nicht hinstürzte, falls er während des zu erwartenden Lese-Marathons einschlief. Ich aber setzte mich dem Dichter und Vorleser direkt gegenüber, das Dümmste, was mir und dem guten Armin passieren konnte – denn so hatte er ständig mein mir mehr und mehr entgleitendes Gesicht vor Augen. Allein das schon mußte einen Freund der Kunst grausam entmotivieren, zumal Armin, denn jeder Dichter braucht auch hin und wieder ein interessiertes Auge, auf dem sein eigener Blick ruhen kann. Meine Augen waren dies an jenem Morgen nicht. Zudem mußte der arme Stolper auch noch meine Fahne inhalieren. Die Tortur dauerte über zwei Stunden, Stolpers Frau lachte ab und zu, ein Schwiegervater mümmelte da noch vor sich hin, und als die Qual ihr Ende hatte, lobten wir das arge Stück über Maßen; die Euphorie war echt, sie entsprang der Freude, den echauffierten Vortrag unseres lieben Armin überstanden zu haben. Welch herrliche Rollen! jubilierten wir; ich bedauerte zutiefst, aus Termingründen nicht besetzt werden zu können, und so gelangten wir ins Freie, um möglichst schnell die nächste Kneipe aufzusuchen. Zwölf Kreuze schlug ich, daß das Thema ›Amphitryon‹ erledigt war.

Weit gefehlt, auch bescheidene moderne Kunst hat ihre Racheengel. Bei der Besetzung des Sosias hatte Schönemann plötzlich Bauchschmerzen bekommen, aber er beruhigte sich selbst und alle anderen schnell: Er habe da noch seinen Freund Böwe in Berlin, den würde er bitten einzuspringen. Erst kürzlich habe dieser Schauspieler dem Autor Stolper gesagt, wie interessant er das Stück fände. Da hatten sie mich gepackt! Mit großem Widerwillen ging ich an die Arbeit, aber da war ja noch jene Frau Schönknecht, die mir gleichsam hinterm Rücken schon den Vogel gezeigt hatte, und dieses geheimnisvolle Wesen interessierte mich plötzlich sehr. Daß ich so asthmatisch daherkam, war mir gerade ihr gegenüber ziemlich peinlich, aber siehe da! der Sosias und die Inszenierung begannen Spaß zu machen. Dadurch wurde zwar das Stück nicht besser, da hatten Roman und ich durchaus den richtigen Eindruck gehabt in unserer blauen Stunde bei der Dichterlesung, aber Schönemann richtete das Ganze recht artig an. Wobei wir nicht unterschlagen wollen, daß mir die Kritik vorwarf, nicht besonders deutlich zu sprechen. Ich glaube, wenn ich spielte, konnte man der Poesie beim Schwitzen zusehen.«

HEIDE BÖWE, die Frau des Schauspielers, zündet sich eine Zigarette an, Böwe selbst verabschiedet sich in die Kaufhalle. Das jüngste, das dritte Kind ist nun auch ausgezogen; das leere Zimmer, in dem wir sitzen, trägt noch die Spuren der Bewohntheit.

»Als es noch Kinderzimmer war, lange her, las Kurt der Winnie manchmal was vor, aber sie kam nach fünf Minuten zu mir gerannt und teilte mit, Papa schliefe. Da saß er, die Brille noch auf der Nase, den Kopf tief auf der Brust. Ganz Schauspieler, der auf diese Weise seine berufsbedingte Grundauffassung offenbarte: Vorlesen, schön und gut – aber nur ein Zuhörer, was soll's?«

Nun wird sich die Hörspiel-Dramaturgin Heide Böwe hier ihr Arbeitszimmer einrichten; man spürt, wie überall in der Wohnung: Der wichtigste Konfort ist der Raum, der freie Blick, der schnelle Zugriff zu dem, was man braucht: Bücher. Statt Protz Zweckmäßigkeit, die es einem Gast leicht macht, sich wohlzufühlen. Hier betritt man die Wohnung nicht mit dem Zwangsgefühl, wegen des Teppichs und der allgemeinen Pflicht zur Sauberkeit die Schuhe ausziehen zu müssen.

Im Zimmer Kurt Böwes, nebenan, hängt am Fenster ein schönes Schwarzweiß-Foto: Heide, als sie noch Schönknecht hieß, umarmt den Schauspieler. Das Bild zeigt einen Szenenausschnitt aus »Amphitryon« am Landestheater Halle; Erinnerung an einen gemeinsamen Auftritt. Halle, die Station, an der Böwe aufstieg, wurde für seine spätere Frau Heide zum Abschied von der Schauspielerei.

»In Halle ist mir klar geworden, daß ich diesen Beruf nicht durchstehen werde und daß sich die Schauspielerin Heide S. leicht ersetzen läßt. Frauen haben es am Theater ohnehin schwerer als Männer, schon allein deshalb, weil es viel mehr Männer- als Frauenrollen gibt. Darum auch wäre mancher Mann, der in Berlin Theater spielt, trüge er einen Rock, in Eisenach.

Ob einer Schauspieler ist, erweist sich auf den Proben. Und neben mir probierten solche wie Uschi Werner und Kurt Böwe. Wo ich endete mit meinen drei Einfällen, da fingen die erst an. Das kann ich heute lachend sagen, damals aber hat es mich schier zerfetzt vor Leid. Trotzdem hatte ich den großen Mund oder vielleicht gerade deshalb: Zu den anderen wußte ich stets mehr zu sagen als zu der Figur, die ich selber spielen sollte. Um mir den Mund zu stopfen, schickte mich die Leitung in einen Kulturkurs an die Uni. Daraus wurde ein Fernstudium – dies nun gegen den Willen der Leitung, denn ich war ja in den Spielplan eingebunden, ein sogenannter Entwicklungskader freilich war ich nicht. Was ich später mit dem Studium anfangen würde, war mir noch schleierhaft; ich hatte nur das vage Gefühl, wenn es schon auf der Bühne nichts würde, müßte doch wenigstens was in meinen Kopf hinein. Andererseits wollte ich mich nicht von den Leuten am Theater trennen, von diesen bösen, lustigen Komödianten. Das Theaterspielen habe ich eine Zeitlang gebraucht, aber ich war keine Komödiantin, denn eine Komödiantin spielt auch in Döbeln mit Leidenschaft und Hingabe, und zwar noch die siebzigste Wiederholung der schlechtesten Aufführung. Ich aber stand meist neben mir und beobachtete mich. Eisenach und Eisleben – zwei Höllen hatte ich hinter mir, warum sollte ich weiter schier besinnungslos herumtaumeln? Halle war ein Theater des selbstbewußten Schauspielers; mir gab es das Quentchen Klugheit, mich aus diesem Beruf zu verabschieden, denn der ständige Kampf um Anerkennung begann mich böse und immer kleiner zu machen.

Vielleicht bleibt mir gerade wegen dieses Schrittes Halle in so guter Erinnerung. Schönemann machte gemeinsam mit Wolfram ein Spitzentheater aus diesem Haus. Er war nicht nur ein lockerer, genauer und geistreicher Regisseur, er öffnete das Theater der Wirklichkeit in diesem Chemiebezirk. Das Ergebnis mag zuweilen platt ausgefallen sein, aber er holte im wahrsten Sinne des Wortes die Leute von der Straße ins Theater. Berlin blickte neidvoll auf die Provinz. Auch Häme gab es: Die ›Roten Brüder aus Halle‹ wurden wir zuweilen genannt. Die Reaktion im Ensemble war ambivalent. Nein, wir fanden uns schon ganz prima. Das heißt, meine Begeisterung hielt sich bald in Grenzen, ich rutschte ja so langsam, aber unaufhaltsam die Erfolgsleiter nach unten, das schärfte den Blick für die Realität. Unsere Übungsversuche in Demokratie innerhalb des Ensembles nehmen sich aus meiner heutigen Sicht, gelinde gesagt, rührend aus. Demokratie am Theater! Wie soll das gehen?!

Aber es war eine gute Zeit, weil sie so lebendig war. Wir alle hatten gräßliche Behausungen und wenig Geld. Alles spielte sich im Theater ab. Es herrschte das Prinzip: Der eine gibt so viel, der andere so viel. Wir verreisten sogar im Sommer miteinander. Man konnte nachts bei jemandem klingeln, wenn es einem schlecht ging, man wurde nichts gefragt und nie weggeschickt. Als ich endlich eine kleine Wohnung bekam, da hat Roman Silberstein während der Puntila-Proben – er spielte neben Böwe den Matti – die Wände gestrichen; nachts um zwölf stand der in der Kneipe auf, sagte, gib mal deine Schlüssel her, ich malere jetzt bei dir, ich kann ja dabei meinen Text lernen.

Wir sind sehr bald unterschiedlicher Meinung gewesen, wie Theater zu sein hat. Es gab Kräche und Verletzungen. Aber es waren gute Menschen dort, Silberstein und Böwe etwa: zwei Felsen in der Mitte. Immer, wenn wir uns wiedertreffen, die Erfolglosen und die Erfolgreichen – ich denke, alle können einander in die Augen sehen.

Den Kurt sah ich auf der Bühne erstmalig als Barras Kite in ›Pauken und Trompeten‹ Wir kamen ja alle aus den Provinzen, zweie kamen aus Berlin, Silberstein und Böwe, so fett wie überheblich. Aber der Barras, das war eine merkwürdige Figur, die unvermittelt das Interesse auf sich und den Kerl zog, der dahintersteckte.

Böwe hatte eine große Inständigkeit auf der Probe. Man liefert ja keine Sache ab, sondern sich selbst. Ständig wird der Schauspieler verletzt, weil auch sein Körper kritisiert wird: ›Jetzt trägst du deinen ganzen Charme auf den Vorderzähnen!‹, ›Zieh mal deinen Arsch ein!‹ – Solche Sätze muß einer erstmal verkraften. Böwe ließ sich da wenig beirren. Er ließ alles verrauchen, modifizierte mit Beharrlichkeit seine Vorschläge – und kam meistens durch. Immer war er das schwere Kind, ließ sich Zeit für Regungen.

Wobei ich sagen muß: ›Die Aula‹, seinen größten Erfolg, mochte ich nicht. Außer der Bischofsszene nur Agitation, ein ziemlich grobes Stück! Böwe hatte zwar die einzig spielbare Rolle, den Trullesand, aber er badete sich in den Sympathiewellen, daß es mir ein Graus war.

Eines Tages hatte Kurt in den Leinenklamotten des Sosias, wir probten gerade Stolpers ›Amphitryon‹, im häßlichen, verrauchten Konferenzzimmer gelegen, neben sich Roman Silberstein. Kurt fing plötzlich an, sich derart über sich selbst lustig zu machen – das hatte ich noch nie erlebt. Daß sich einer, zumal als Schauspieler, so souverän neben sich selber stellte! Das gefiel mir, das war der Kick zwischen uns beiden.

Kurts Vater lernte ich an seinem achtzigsten Geburtstag kennen. Da durfte ich schon mit zur Familie, und in einem Dorfsaal tanzte Hermann Böwe mit mir. Mit was für einer Würde! Er war ein schöner alter Mann. Mit allen Schwiegertöchtern tanzte er an diesem Tag, deren Verhältnis zu den Söhnen prüfend. Er fragte auch danach, wie es im Bett funktioniere, aber er fragte so, daß man als Frau ohne peinliche Berührtheit antworten konnte. Ja, dieser Tanz glich einer Prüfung – ob man sie bestanden hatte, erfuhr man nicht.

Als ersten von der Familie Böwe hatte ich Günther kennengelernt, Kurts ältesten Bruder. Der trägt eine Grundgüte im Gesicht, die kann sich keiner anschaffen, so wird man geboren. Diese Güte haben alle Böwes in ihrem Wesen. Nun wollte ich mich überhaupt nicht reinhängen in die Familie, zudem kannte ich die Dinge, die mit Kurst Vater zu tun hatten, und ausgerechnet Kurt schien auf diesem Felde den Spruch zu bestätigen, der Apfel falle nicht weit vom Stamm. Doch eines Tages klingelt es an meiner Zwei-Zimmer-Neubauwohnung, und Bruder

Günther steht vor der Tür. Er wollte sehen, mit wem es sein Bruder in Halle wohl triebe. Da stand ich nun mit meinen beiden kleinen Kindern vor diesem schweren Manne und war so erschrocken, daß mir nicht mal ein Kaffee gelingen wollte. Doch in der gleichen Stunde zeigte er mir ein Bild von seiner Frau Lodi. Die hat mir später mal ganz aufgebracht berichtet, daß der ›verrückte Kerl‹ fast die Möbel demoliert hätte, weil sie nach einem Streit nicht bereit war, neben ihm zu schlafen. ›Ich schlafe eben schlecht, wenn die nicht meine Hand hält.‹

Einmal saß Hermann Böwe in Krumbeck auf dem Sofa und erzählte aus seinem Leben. Das war ein seltsamer Vorgang, denn er tat das sonst nie. Auch lachen habe ich ihn nie gesehen. Ich erinnere mich, daß ich ganz gebannt war von seiner rhetorischen Kraft. Das Verhältnis zu den Frauen blieb ebenfalls ein Geheimnis. Er hat es mit ins Grab genommen. Aber das Grübeln darüber hört nicht auf: man sucht einander aus, man findet sich, man wird von Fügungen in eine Beziehung hineingebracht. Nun leb. Der Strahl, der dich trifft, ist es der Licht- oder der Bannstrahl … Wer weiß das …

Hermann führte ein sehr verschlossenes Leben, in das er niemanden blicken ließ. Aber er übte eine starke suggestive Wirkung aus und brachte Menschen dazu, sich da, wo er auftauchte, und sei es nur in der Erinnerung, mit ihm zu beschäftigen. Er hatte stets ein Faktotum, wie alle Böwe-Bengels auch: merkwürdige, lustige, verschrobene Kerle, die Bierkästen hereinschleppten. Eine seltsame Erdenschwere strahlte dieser Hermann aus – die Schwere der Endgültigkeit in Blick und Gang und Schweigen.

Seine Standardfrage beim Abschied war: Habt ihr auch euer Portemonnaie? Sein kaufmännischer Geist setzte sich in der Familie fort: Als wir in Krumbeck ein leeres Haus entdeckten und es unbedingt kaufen wollten, weil wir im Sommer nicht mit drei Kindern immer rumziehen wollten, ging Henry, Kurts anderer Bruder, zum Bürgermeister und warnte: Laß meinen Bruder nicht ins Dorf, dat is 'n Poppenspäler! Henry hatte einen Ruf zu verlieren als Konsumdirektor. Kurt kam ja meist auch wenig vertrauenerweckend nach Reetz: in alten Jeans und einem schon geklebten Nylon-Anorak, der ihm einfach nicht auszureden war – bis das Ding endlich an einem Kulissennagel an der Seitenbühne hängenblieb.

In der Familie Böwe gibt es unerschütterliche Rituale, eine sehr aufwendige Grabpflege zum Beispiel, die ich als Umsiedlerin nicht kannte. Erst habe ich das als traditionellen Spleen empfunden, heute denke ich anders darüber. Inzwischen flößt mir überhaupt vieles Respekt ein, die Familienfeiern etwa. Da gelten Gesetze, da lebt etwas Archaisches auf. Bei Geburtstagen sitzen da die Frauen, dort die Männer. Auch Fremde, die man mitbringt, sind willkommen. Willkommensein heißt, viel und gut essen. Ist einer zu lange still, wird er ins Gespräch gezogen. Auch böse, ungerechte Worte fallen manchmal. Keiner verstellt sich. Sympathiebekundungen sind die Sache der Böwes nicht, aber Zuwendung erfährt man. Mitunter holt Günther seine alte Geige aus dem Schrank und spielt.

Nun kann ich den Mann sehr gut verstehen, der all die Jahre mindestens dreimal zu seinen Geschwistern fahren mußte …

Freilich: Was Kurt macht, interessiert eigentlich so recht niemanden. Als der Mann einer seiner jüngeren Schwestern gestorben war, konnte er aufgrund einer Vorstellung im Deutschen Theater nicht zur Beerdigung kommen. Das galt als ein Verstoß an den Grundfesten der Familienehre, kein Erklärungsversuch milderte das Unverständnis. Als der Sänger Kurt Böhm im Radio zu hören war, rief mich Anita an, Kurts Schwester in Reetz, und sie meinte: Wat denn, nu singt der Kodi auch noch Opern?!«

TRULLESAND. 1968 spielt der Schauspieler diese Rolle in einer Bearbeitung von Hermann Kants Roman »Die Aula«. Die Aufführung gerät zum DDR-weiten Erfolg. Böwe, so beschreibt ihn Armin Stolper, schlüpft in eine Zimmermannshose, setzt sich die Mütze schief auf den Kopf, klemmt sich die Aktentasche untern Arm und bezieht als Trullesand die Arbeiter-und-Bauern-Fakultät. Er spielt die Figur fest in sich ruhend, voller Kraft, Humor und praktisch veranlagter Klugheit, mit weit schwingenden Bewegungen, raumfüllend – von einer Fröhlichkeit, die auch dröhnend sein konnte. Dem Trullesand verleiht er in Gesicht, Gestalt und Gesinnung ein so einmaliges Profil, daß sich mindestens zwanzig Schauspielerkollegen des Landes bemühen, ihn in dieser Volksfigur neuen Typs zu erreichen oder gar zu übertreffen. Darunter auch, in den Kammerspielen des Deutschen Theaters, der Freund Dieter Franke.

Horst Schönemann sagte damals über die Besetzung: »Viele Zuschauer werden durch die Kenntnis des Romans persönliche Vorstellungen von den Figuren haben, und zweitens sind es entweder sie selber oder viele unserer Zeitgenossen, die da auf der Bühne erscheinen werden. Deshalb müssen wir Besetzungsvarianten auf den Proben praktisch ausprobieren, weil erst die Praxis bindende Antworten gibt, die in der Theorie nur auf Grund von Erfahrungen vorausberechnet werden könnten. Diese Methode ist gegenüber den alten Praktiken des Theaterbetriebs neu und verlangt eine außerordentlich verantwortungsbewußte Mitarbeit des gesamten Ensembles.«

Bei der Inszenierung der »Aula« entwickelt sich eine Kollektivität, wie sie bis dahin im Ensemble unbekannt war. Für die Diskussion der Bühnenfassung wird eine kleine Gruppe aus verschiedensten Bereichen des Theaters gebildet, die unabhängig von Autor, Regisseur, Dramaturg und Bühnenbildner sogar eine eigene Stückfassung vorlegt.

Die DDR-Presse schwelgt, ich lese dem Schauspieler jedoch eine Kritik aus dem »Münchner Merkur« vor: »Die einst niedere Klasse erobert die Universitäten. Alles ist enorm aufbauend, aber leider auch enorm versimpelt bei Kant: Welchen Lustgewinn bringt doch so ein probates Volks-Studium, dazu natürlich noch die Befriedigung, eine patriotische Leistung vollbracht zu haben. Halles Theater bietet Agitation und Propaganda, freilich inspiriert von Milieu und Einfällen.«

Der Schauspieler bleibt ruhig. »Ich stehe auch heute noch zu dieser Rolle, obwohl ich weiß, daß es inzwischen sehr geteilte Meinungen zu Kants Buch gibt. Für mich war die ›Aula‹ damals die Zurückeroberung der Ironie für das DDR-Theater. Heute ist fast völlig vergessen, daß schon das Buch enorme Schwierigkeiten hatte, ehe es auf den Markt kam. Die Dramatisierung in Halle löste hochkarätige Wetten aus, ob sie überhaupt herauskommen würde. Schönemann sagte mehrmals zu mir, du, Kurt, hoffentlich geht das gut. In die Generalprobe wurden Mitarbeiter des Rates der Stadt Halle eingeladen. Es war verteufelt still, wir schwitzten. Plötzlich applaudierten sie, schrien schließlich vor Begeisterung, trampelten. Damit hatte sich die Inszenierung durchgesetzt! Zum anderen: Ich glaube, daß ein Schauspieler sich wenigstens einmal beglaubigen muß. Einmal muß er das tiefe Gefühl haben, eine Partie völlig auszufüllen, indem er einzig sich selbst in die Waagschale warf. Der zweifelnde Zimmermann Trullesand auf der Arbeiter-und-Bauern-Fakultät und ich, der Bauernlümmel aus der Prignitz, der inzwischen fast Doktor der Theaterwissenschaft geworden wäre – das war eins. Insofern stellte die Arbeit an dieser Inszenierung so etwas wie meine Menschwerdung auf dem Theater dar. Wir spielten die ›Aula‹ achtzigmal vor insgesamt über fünfzigtausend Zuschauern, gastierten in Berlin, Leipzig, Weimar, Buna, Leuna, Bitterfeld und in mehreren westdeutschen Städten. Freilich: Ich löste etwas aus, auch im Publikum, gegen das ich sehr bald zu kämpfen haben würde. Wir werden darüber reden.«

Ebenfalls 1968 spielt Böwe in Schillers »Räubern« den Spiegelberg, das Fachblatt »Theater der Zeit« resümiert: »Nach der Premiere, in der die einzelnen schauspielerischen Leistungen noch nicht die Ausgeglichenheit, der Stückablauf noch nicht den gegliederten Rhythmus späterer Vorstellungen hatte, lag die Versuchung nahe, das Stück ›Spiegelberg und die anderen‹ zu nennen … Böwes Figur ist ein Kerl von elementarer Vitalität und uneingeschränkter Begabung. Ein ›Universalgenie‹, voller Geist, Wissen, Erfahrung, Zähigkeit – das doch auf dem Schindanger verfaulen muß. Nicht nur, weil die Gesellschaft dem Genie keinen Raum bietet – auch und vor allem, weil er selber, kaum zu Besitz und Wohlstand gelangt, sich in eben dieser Ordnung etabliert, sich arrangiert mit dem ›Spitzbubenklima‹«.

Von Inszenierung zu Inszenierung spielt sich Böwe in die erste Reihe der DDR-Schauspieler, wird selbstbewußt. »1950 hatte ich Brechts ›Puntila‹ am Berliner Ensemble gesehen. Den spielte der Leonhard Steckel. Ich war begeistert. Als ich in Halle selber den

Puntila spielte, hab' ich ihn auf meine Art geehrt. Es gibt da eine Stelle, an der der besoffne Puntila, sein gutes Herz lobend, erzählt, er habe einmal einen Hirschkäfer von der Straße in den Wald getragen, damit der nicht überfahren würde. ›Ich hab' ihn auf den Stecken aufkriechen lassen‹, geht der Text. Ich sagte: ›Ich hab' ihn auf einen Steckel aufkriechen lassen.‹«

Den nächsten Erfolg hat er als Gubanow in Armin Stolpers Bearbeitung von Gabrilowitschs Stück »Zeitgenossen« – allein vierzig Vorhänge gibt es in der Berliner Volksbühne nach einem Gastspiel der Hallenser.

Zwei Männer kommen nach Moskau, sie tragen eine »Bombe« im Gepäck. Der eine von ihnen, Wissenschaftler Nitotschkin (gespielt von Martin Trettau), hat herausgefunden, daß Kaäthan, auf Erdölbasis hergestellt, eine weitaus größere Qualiät aufweisen wird als das auf Kohlebasis projektierte. Und Gubanow, der Leiter des Millionenprojekts Beresowka, der Kaäthan auf Kohlebasis produzieren soll, hat den Weiterbau von Beresowka eigenmächtig gestoppt, ist mit Nitotschkin nach Moskau gefahren, um mit ihm die Aufhebung des Ministerratsbeschlusses – Kaäthan auf Kohlebasis – durchzusetzen. Beresowka als Modell für Entscheidungen in einem Konflikt, der nicht zwischen Wissen und Ignoranz besteht, sondern zwischen Wissen und besserem Wissen.

Regisseur Christoph Schroth damals in einem Interview: »Bei Menschen, die in einer sozialistischen Gesellschaft leben und deren Veränderung praktisch betreiben, beobachten wir eine Zunahme von Verantwortungsfreudigkeit. Dieses Wachstum kann als Kennzeichen von menschlicher Emanzipation betrachtet werden. Verantwortung wird immer mehr aus einer unfrei übernommenen Last zu einer vom Einzelnen geforderten, lebensnotwendigen, persönlichkeitsbildenden Lust. Wobei die Zunahme von Bereitschaft, Verantwortung zu tragen, neue Probleme aufwirft. In diesen Kämpfen geht es nicht mehr darum, daß einer den anderen bekämpft, zum Zwecke der personellen Vernichtung; es sollte immer gezeigt werden, daß das Unproduktive, Einseitige, die zu enge Sicht am Gegner bekämpft wird, nicht der Gegner schlechthin. Alle Kämpfe stehen eigentlich unter dem

Motto, die Variante Mensch so vollkommen, wie es der Stand der Produktivkräfte ermöglicht, zu realisieren. Gubanow sagt: ›Hast du etwas geschaffen, kritisiere es. Hast du ein Argument, suche nach dem Dagegen. Bist du dein eigener Freund, sei dein erbitterter Feind. Wer es nicht fertigbringt, zum Frühstück eigene liebgewordene Arbeitshypothesen zu verspeisen, der sollte den Sport eigenwüchsigen Denkens aufgeben. Hat ein deutscher Gelehrter gesagt.‹«

Während der Proben sind alle Ensemblemitglieder aufgefordert, ihre Eindrücke zu formulieren. Heide Schönknecht schreibt an Schroth: »Ich glaube, wir werden Schwierigkeiten mit dem Stück bekommen. Wie du weißt, sind Film, Funk und Fernsehen bemüht, unser Leben so leicht wie möglich und ›unsere Menschen‹ so glücklich als machbar zu zeigen – und dann so eine Geschichte! In der Sowjetunion spielend! Deshalb, meine ich, setzt ihr zu Recht in hohem Maße die Verantwortung des Schauspielers ein. Noch nie ist mir das so klar geworden wie in den jetzigen Proben. Ich habe gesehen, daß Kurt sich bemüht, eine Figur wirklich zu spielen; am besten gefällt er mir, wenn er sehr wenig mit dem Körper und der Brille und den Augen macht. Er wird, glücklicherweise, kein Held. Er macht so viel falsch, der Gubanow, und er ist schuldig, aber er kämpft gegen die Folgen seiner Fehler – das macht ihn für mich groß.

Übrigens habe ich mit Kurt nicht (!) über meine Beobachtungen gesprochen. (24.9.1969)«

Mit dieser Inszenierung, genährt vom festen Glauben an den Sozialismus, wird erneut die Diskussion um einen Theaterbegriff verbunden, der dem eines Volksfestes sehr nahekam: Schaubude, Bänkelsänger-Auftritte, Gartentheater mit Bierausschank. Sogar Brechts streitbarste Idee steht kurz vor ihrer DDR-Premiere: das Rauchertheater. Vorstellungen am Wochenende sollten als Familien-Vorstellung ablaufen, mit einem Theater-Kindergarten. Pro Erwachsener war ein Eintrittspreis von drei Mark vorgesehen, jeder Jugendliche würde eine Mark fünfundsiebzig, zwei oder mehr Jugendliche je eine Mark fünfzig zahlen.

Der Schauspieler entwirft im Gespräch noch einmal das Hallenser Utopissimum. Es klingt wie Erinnerung an eine Zukunft, die viele der heute etwa Fünfzigjährigen noch aus dem Ulbrichtschen Jugendweihebuch »Weltall, Erde, Mensch« kennen: Gesellschaftliches Leben als gemeinschaftsstiftende Qualität; auch das Theater als festliche sozialistische Gemeinschaft – und in der kollektiven Erfahrung des Spiels würden alle Differenzen glücklich aufgehoben zwischen »Volk und Gebildeten«; Spieler und Zuschauern sollten vereint sein in einem Erlebnis, das weder volkstümlich noch kunsthaft, sondern beides in einem war.

»Das Foyer war als ein Vergnügungspark gedacht. Die kostbaren Teppiche, kristallisch funkelnde Leuchtkörper und bequeme hochmoderne Drehsessel im Restaurant standen dem zwar im Wege, sollten aber nicht als unüberbrückbare Schwierigkeiten angesehen werden. Lustige, schmissige, auch sentimentale Schlager- und Volksmusik würde erklingen – unterbrochen von dem sonoren Organ eines Sprechers, der die Besucher willkommen heißt, Witze erzählt, die Einfallslosigkeiten eines zeitgenössischen Spielplanes kritisiert. Für die Pause war selbstverständlich eine Konferenzschaltung mit dem Theater-Kindergarten vorgesehen, ein Schauspieler würde einige der Knirpse vorstellen, sie interviewen und nach dem befragen, was ihnen gut oder gar nicht gefällt. Zu diesem Teil des Projekts hatte der verantwortliche Dramaturg noch die Lehrformel ausgegeben: ›Wer von Schauspielern, künstlerischen Leitern, überhaupt von Mitarbeitern des Theaters nicht in der Lage ist, Kinder für zweieinhalb Stunden mit den Möglichkeiten der Theaterwelt zu unterhalten, der muß sich die Frage stellen, ob er den richtigen Beruf ergriffen hat.‹«

CHRISTOPH SCHROTH, heute Chef des Staatstheaters Cottbus, erzählt:

»Zu den Jahren in Halle habe ich ein sehr gespaltenes Verhältnis; es unterscheidet sich gewiß von einigen Empfindungen Kurt Böwes. Aber als ich engagiert wurde, war anderes vorgesehen, als sich dann realisieren ließ. Mit *Wolfram und Schönemann ging ich erwartungsvoll von Berlin in diese Industriestadt, unser Programm, in zwei polaren Stücken umrissen, hieß ›Die Aula‹ von Hermann Kant und ›Der Bau‹ von Heiner Müller. Das erste Stück sollte Schönemann insze-*

nieren, das zweite ich. Aber es kam nur zur Aufführung des dramatisierten Romans von Kant. Diese Entscheidung, Spannung aus dem Spielplan zu nehmen, wurde zum Ausgangspunkt einer wachsenden Kluft zwischen meinen Theaterauffassungen und denen der Leitung. Nach fünf Jahren verließ ich Halle. Dazwischen lagen die politischen Ereignisse in Prag, an denen sich im Ensemble insbesondere die Geister schieden. Ich erinnere mich an heftige Auseinandersetzungen und das erdrückende Gefühl, eine Schlacht verloren zu haben. Meine Inszenierung der ›Landshuter Erzählungen‹ von Sperr wurde abgesetzt, Lorcas ›Yerma‹ bereits während der Proben beargwöhnt, behindert, abgewürgt. Ich mache mir heute den Vorwurf, nicht konsequent gegen die herrschende Parteilinie aufgetreten zu sein.

Ironie des Geschehens: Kurt Böwe, der mich bei ›Yerma‹ mit in die Pfanne gehauen hat, wurde in den ›Landshuter Erzählungen‹, die aus dem Spielplan flogen, selber ein Betroffener: Er war einer der prägenden Darsteller dieser Inszenierung.

Was ich zu Halle sage, ist im übrigen keine nachträgliche Haltungskorrektur: Die ›Aula‹ von Kant fand ich bereits damals verlogen, ebenso die Schauspieler-Revue ›Anregung‹, von der sich Margot Honecker ganz entzückt zeigte. Mit diesem Potpourri aus Liedern, Songs, Agitprop- und Kabarettszenen, filmischen Einblendungen, Ausschnitten aus laufenden Inszenierungen, Reportage- und Interview-Elementen wurde ja 1969 der Versuch gemacht, schriftstellerische Leerstellen in der Gegenwartsdramatik gleichsam improvisierend auszufüllen. Aber alles sehr liebedienerisch. In der ›Aula‹ wurden Härten der DDR-Realität weggelacht, mit hemmungsloser Plaudertechnik und kurzatmiger Anekdotik. Ob es nun der Umgang mit der Kirche war oder etwa die Tatsache, wie ein Mädchen nach China delegiert wird. Aber es wird ja nicht schlechthin delegiert, es wird gleichsam vergewaltigt. Ich mochte diese Dramatik nicht, die stets mit dem richtigen, leicht hingeworfenen Wort zur Stelle war. Die Wirkung gerade der ›Aula‹ entstand aus der raffiniert sympathischen Art, in der es einem leichtgemacht wurde, Verlogenheit zu bejahen, ohne ein schlechtes Gewissen zu bekommen. Ich weiß, daß Kurt Böwe anders darüber denkt. Und es stimmt sicher, daß vieles, was gerade in der ›Aula‹ verhandelt wurde, die Authentizität einer ganzen Generation traf. Es ist die Authentizität einer ABF-Generation, der ich nicht angehöre;

vielleicht liegt da eine Ursache für ein distanziertes, somit härteres Urteil. Aber Authentizität allein ist ein ärmlicher Maßstab zur Beurteilung einer Idee, eines Kunstwerks, einer Politik. Authentizität ist ein Maßstab für Herkunft, aber Herkunft verbürgt noch nicht Gehalt. Eine Idee mag von uns stammen und kann trotzdem falsch sein. Ein Kunstwerk mag von uns stammen und kann trotzdem häßlich sein. Eine Politik mag von uns stammen und kann trotzdem schlecht sein. Wir wissen es, wir bekamen die Beweise dafür auf den Tisch. Authentizität ist ein reaktionäres Ideal, streng genommen sogar ein Anti-Ideal. Es besagt: Was gewesen ist, muß sein. Das ist Götzendienst an den Ursprüngen.

Nun hätte ich nichts gegen die ›Aula‹ gehabt, wenn die andere Seite miterzählt worden, wenn die Spielplanlinie Brecht, Müller, Sperr, Lorca wirklich gewollt und möglich gewesen wäre. Aber selbst fremdes Poetisches paßte nicht zum Bitterfelder Weg, denn ›Yerma‹, noch vor der Premiere abgesetzt, war ja nun wahrlich kein aggressiv-vordergründiges Stück gegen eine politische Linie. So wurden Widersprüche mehr und mehr aus unserer Arbeit verdrängt. Böwe spielte dann einen Anti-Faust, scharf gegen Dresens und Heinz‹ Interpretation des Goethe-Stücks am Deutschen Theater gesetzt; der Hallenser Faust zeigte den Zimmermann Trullesand als Professor, gestärkt durch die Weihen der sozialistischen Bildungsrevolution. Wahrscheinlich hatte sich Regisseur Horst Schönemann für einen weiteren verlogenen Versuch mißbrauchen lassen, sehr direkt wieder auf den Maßstab offizieller Kulturpolitik zu verweisen.

Ich bin zutiefst davon überzeugt, daß Bestätigung nicht Sinn des Theaters sein kann. Kurt Böwe indessen verfocht eine Zeitlang leidenschaftlich diese Funktion des Bestätigungstheaters. Er setzte sie geradezu kongenial um und gehörte zu denen, die in die Kantine kamen, mir lachend, aber mit einem Unterton der Warnung die Hand auf die Schultern legten und sagten: Wir machen die Politik, ihr macht die Kunst – und die Art, wie das gesagt wurde, ließ keinen Zweifel zu, wer da am längeren Hebel säße.

Also: Halle beflügelte mich nicht, Halle lähmte mich. In den ästhetischen und politischen Auseinandersetzungen spürte ich schon sehr früh, daß ich den Argumenten Schönemanns oder Wolframs nicht gewachsen war. Sie kamen mir mit Marx und Hegel, ich kam ihnen mit mir selber, das war zu wenig, und oft genug blieb ich am Ende sprachlos. Das Gefühl, Ansichten anderer hilflos ausgeliefert zu sein, war ein Grund, im Fernstudium Philosophie zu studieren. Lange glaubte ich an eine Möglichkeit, den Widerspruch im Ensemble auszuhalten und ihn für mich und andere produktiv machen zu können. Meine Arbeit freilich konnte ich tun, aber die sie begleitenden und beeinflussenden Vergröberungen nahmen zu. Shakespeares ›Sommernachtstraum‹ wollte ich inszenieren, gemeinsam mit dem Dramaturgen Hans-Jürgen Bloch hatte ich vor, Titania und Hippolita, Oberon und Theseus jeweils mit einem einzigen Schauspieler bzw. einer einzigen Schauspielerin zu besetzen, um so das Geschehen als Traum bzw. Alptraum von Menschen zu verdeutlichen. Im nachhinein erfuhren wir, daß dies auch die Konzeption Peter Brooks gewesen war, zudem zogen wir zur Vorarbeit Shakespeare-Interpretationen Jan Kotts hinzu. Die Doppelbesetzung wurde nicht gestattet, da uns westliche Einflüsse und Einflüsterungen unterstellt wurden.

Oft ist im Zusammenhang mit Halle von den diplomatischen Eigenschaften, der vermittelnden Sanftheit und der menschlichen Größe Gerhard Wolframs die Rede. Ich habe ihm viel zu verdanken. Aber später, als Intendant in Dresden, war er sicher ein ganz anderer Mensch und in einer anderen biographischen Phase. In Halle, beim Aufstieg, wirkte er lavierend, ja, doch dahinter blieb verborgen, daß er Durchsetzer und also auch Verhinderer war. Denn nicht die Partei als anonyme Macht setzte durch und verhinderte – die Macht hatte Namen; Künstler selbst profilierten sich als ästhetische Realisatoren einer politischen Linie. Und wenn also ich befragt werde, kann ich nur sagen: Gerhard Wolfram war es, der Arbeiten von mir absetzte und verhinderte, daß ich zum Beispiel Heiner Müller und Volker Braun inszenierte.

Politik mitzutragen, birgt immer Lüge in sich, man nimmt Schaden an seiner Seele. Weil man vorbeigeht am Widerspruch.

Eines Tages blieb mir als Rettung nur die Trennung von der verratenen Chance Halle.

Nun mag verwundern, daß ich mit den ›Zeitgenossen‹ immerhin einen der größten Erfolge dieser Hallenser Ära verbuchen konnte. Aber daß das Stück überhaupt zur Aufführung kam, verdankten wir einem Zufall. Wolfram und Schönemann hatten es abgelehnt; glück-

licherweise lag SED-Bezirkschef Horst Sindermann im Krankenhaus, er hatte Zeit, las das Stück und meinte, genau das sei es, was wir bräuchten. Und so konnte ich inszenieren. Mit Kurt Böwe und Martin Trettau hatte ich zudem eine hervorragende Besetzung.

Geblieben von der damaligen Zeit in Halle ist, was mich als Hoffnung hingetrieben hatte: der Glaube an ein Theater, das in umfassendem Sinne Öffentlichkeit herstellt. Um es an große Namen zu binden: Ich mag die ästhetische Kraft des Politischen bei Ljubimow, die Poesie, Genauigkeit und Sparsamkeit der Mittel bei Brook, die Luftigkeit und Durchlässigkeit bei Strehler. Und bei der Mnouchkine fasziniert mich die Kraft des Schauspiels, die akrobatische Körperlichkeit. Ich glaube, die Mnouchkine hat recht, wenn sie sagt, die Pflicht des Schauspielers sei die Gläubigkeit – an den Teufel, an Gott, an das Verbrechen, an die Barmherzigkeit, an die Liebe, an den Haß, den Schmerz, die Freude. Der Schauspieler muß glauben, es liegt Brot auf dem Tisch, obwohl dort keines liegt; er muß glauben, daß auf der anderen Seite der Pappkulisse der Krieg tobt. Theater ist Glauben. Jemand, der nicht den Eindruck erweckt zu glauben, kann nicht Schauspieler sein.

Böwe übrigens kann diesen Glauben erwecken, es ist zudem der wertvollste Glaube: der an alles Irdische. Wolfram und Schönemann, die ihn ans Gorki-Theater geholt hatten, versuchten eines Tages in Berlin, ihn wieder wegzuloben. Den Eindruck hatte ich jedenfalls. Vielleicht waren sie doch etwas enttäuscht von ihrer Entdeckung, ich weiß es nicht. Mich aber interessierte dieser Mann, sinnlich war er, aber nicht tumb, kräftig, aber nicht grob, der verbohrte Blick auf sich selbst fehlte ihm völlig. Sein Talent konnte man übrigens auch während der Vorlesungen studieren, die er an der Universität hielt. Diese Lektionen, die oft einen Anstrich von Spiel hatten, gaben den Studenten andeutungsweise das Gefühl, als Publikum im Theater zu sitzen – für das arge Trockentraining Theaterwissenschaft gewiß nicht das schlechteste Gefühl. Kurz vor unserem Weggang in Berlin hatte ich im 3. Stock der Volksbühne Martin Walsers ›Abstecher‹ inszeniert, das war in der Angelegenheit Böwe wie ein Versprechen oder auch ein Signal in Richtung Schönemann und Wolfram. Es wurde wohl auch verstanden: Der Mann taugte für mehr als für dickbäuchige Chargen. Vom deutschen Schauspieler wird ja gern gesagt, ihm sei es keinesfalls eine Selbstverständlichkeit, auf die Bühne zu gehen, er frage gern danach, wie hoch sie sei, welchen Grund es dafür gebe, er sei voller Skrupel und in der Tat in vieler Hinsicht behindert: Die größte Geste ist ihm rasch äußerlich, jede Rhetorik hohl, das Gefühl verlogen. Seltsamerweise gelangen Böwe genau aus diesem Wissen um das Skrupulöse des Berufs heraus die größten Leistungen. Variation ist damals nicht sein Fall gewesen; er schien unendlich viel Zeit zu haben. Er ist intelligent, aber kein intellektueller Schauspieler, das heißt: Er spielt nicht mit dramaturgischem Bewußtsein, aber doch mit Verantwortungsgefühl fürs Ganze.«

DER FAUST. Kurt Böwe ist die leise Traurigkeit anzusehen, nicht mit ungetrübtem Stolz gerade über diese Arbeit, einen Traum von Schauspielerei, sprechen zu können. Andererseits ist da wieder diese sympathische Gelassenheit, mit Fehlern und Irrtümern umzugehen.

Horst Schönemanns »Faust I« kommt Anfang Oktober 1970 in Halle heraus. An jüngsten Erfahrungen mit Goethes Stück liegen damals vor: eine Inszenierung in Leipzig 1965, eine in Weimar 1966 und jene spektakuläre Interpretation 1968 im Deutschen Theater Berlin, Regie: Adolf Dresen und Wolfgang Heinz; den Faust spielte Fred Düren, den Mephisto Dieter Franke.

Der Schauspieler weiß, daß man nicht über seinen Faust reden kann, ohne vorher über den am Deutschen Theater zu sprechen.

»Unter Adolf Dresens Regie war schon 1964 in Greifswald ein sonderbares Gauklerspiel über die Bühne gegangen. Ein paar zornige junge Männer zeigten die Zähne wider die Shakespeare-Tradition und versuchten sich an einem ›Hamlet‹, den sie selbst in ein nicht ganz astreines Deutsch übertragen hatten. Es sollte alles ein wenig anders sein als alles bisherige. Dresen wurde zum Brausewind, der es den Klassikern schon zeigen wird. Auch dem Weimarer Goethe wurde der Zopf abgeschnitten – ›Faust‹ am Deutschen Theater war nicht so sehr ein philosophisches Stück, sondern als Mittelding gedacht zwischen Kabarett, Volksstück und Leistungsschau magischer Zirkel. Ein so reiches Arsenal an zauberischer Bühnenmaschinerie gab's in der Schumannstraße wohl nicht einmal beim ›Drachen‹. Da rauchte es, klabasterte es, spektakelte und mirakelte es in der Hexenküche, da wurde Eduard Fischers Pudel zum elefantengroßen Ungetüm. Das vermaledeite Vorurteil vom faustischen Menschen wurde radikal beiseite geräumt. Der Faust von Fred Düren war erst so etwas wie der greinende Opa jenes Dresen-Hamlets aus Greifswald, und der junge Faust glich einem unfrohen Playboy im Wertherrock. Grausam und hastig zermalmte er die deutsche Sprache zwischen den Kiefern. Dieter Franke bereicherte uns um die Einsicht, daß der Teufel auch nur ein Mensch ist, ein ziemlich geplagter dazu.«

Kaum kommt dieser »Faust« an die Öffentlichkeit, bricht die Debatte los. Am 14. Oktober 1968 äußert eine Romanistikstudentin Elisabeth H. im »Neuen Deutschland«, die Berliner Inszenierung überlasse das Stück »zu sehr der eigenen Vorstellung des Zuschauers«. Damit ist wieder eine einengende ideologische Gedankenrichtung vorgegeben, der sich bald sämtliche kulturpolitischen Gralshüter anschließen.

Klaus Höpcke, später stellvertretender Kulturminister der DDR, schreibt am 16. Oktober 1968 im ND, was zwei Jahre später geistiger Ausgangspunkt der Hallenser »Faust«-Inszenierung sein und die Schönemann-Deutung zum politisch-ideologischen Korrektiv der Berliner Unternehmung machen wird: »Genosse Walter Ulbricht hat vor mehr als sechs Jahren (im Schlußkapitel einer Rede vor dem Nationalrat der Nationalen Front im März 1962) sehr eindrucksvoll die in unserer Republik geleistete und noch zu leistende Arbeit für den Sozialismus als Weiterführung von Goethes ›Faust‹ gewertet. Er wies darauf hin, daß Goethe den alten Faust am Ende seiner Tage in der schöpferischen, gemeinschaftlichen Arbeit des befreiten Volkes die alleinige Grundlage höchsten Glücks erkennen ließ. Was aus dem gemeinschaftlichen Werk des befreiten Volks auf freiem Grund wird, lasse Goethe offen, fügte er hinzu und meinte gleichnishaft, eigentlich fehle hier noch ein dritter Teil des ›Faust‹, der im Kapitalismus, einer Ordnung der Ausbeutung, Unterdrückung und Kriege, nicht geschrieben werden konnte. ›Erst weit über hundert Jahre, nachdem Goethe die Feder für immer aus der Hand legen mußte, haben die Arbeiter und Bauern, die Angestellten und Handwerker, die Wissenschaftler, haben alle Werktätigen der Deutschen Demokratischen Republik begonnen, diesen dritten Teil des ›Faust‹ mit ihrer Arbeit, mit ihrem Kampf für Frieden und Sozialismus zu schreiben‹, sagt Genosse Ulbricht ... In dem Zusammenhang ist es kein Zufall, in welchem Verhältnis sich der bekannteste Repräsentant des westdeutschen Imperialismus nach 1945, Konrad Adenauer, zu Goethes großer Dichtung befand. Von einem seiner Biographen (Robert Strobel, der im Oktober 1965 den Bildband ›Adenauer – und der Weg Deutschlands‹ herausbrachte) wird mitgeteilt, Adenauer habe einmal gefragt: ›Wissen Sie, welches Buch ich als Nummer eins auf den Index setzen würde?‹ und geantwortet: ›Faust!‹! Der Wunschtraum ist die konsequente Zu-Ende-Führung der generellen Zurücknahme des Faust-Erbes in der spätbürgerlichen Ideologie. Dem verkrüppelten Weltbild und Literaturbewußtsein Adenauers zufolge wurzelte in des deutschen Volkes grenzenlosem Begehren, das zum faustischen Menschen gehöre, der Faschismus(!). Mit dieser ungeheuerlichen Fälschung von Geschichte und Geistesgeschichte enthüllte der reaktionäre imperialistische Politiker einmal mehr: Die herrschenden Kreise des staatsmonopolistischen Kapitalismus in Westdeutschland sind unfähig, die Schöpferkraft des Volkes zu erkennen, zu entwickeln und auf menschenwürdige Ziele zu richten. Das Faustische ist ihnen unheimlich, weil sie fürchten, daß es sich gegen sie wendet.«

Am 22. Februar 1969 äußern sich die Regisseure Wolfgang Heinz und Adolf Dresen sowie die Dramaturgen Alexander Weigel und Klaus Wischnewski im Neuen Deutschland über »Probleme unserer Faust-Inszenierung«. Das folgende Zitat belegt in seiner sprachlichen Formelhaftigkeit den Druck, unter den die Künstler mit ihrer Inszenierung geraten waren. Wenn auch nicht in den unmittelbaren Folgen, so ist der Vorgang doch in der Methode durchaus vergleichbar mit jener Pression zur Selbstkritik, wie sie am Deutschen Theater einst Wolfgang Langhoff ertragen mußte.

»Wenn der Gegner glaubt, auch an dieser Diskussion seine Suppe kochen zu können, so setzt er hier wie auch sonst auf das falsche Feuer. Er kann und will nicht begreifen, daß diese Diskussion ein natürliches Element des kulturellen Lebens in der sozialistischen Gesellschaft ist, in der es um die geglückte oder mißlungene Verwirklichung und Weiterführung unserer gemeinsamen Grundlinie geht. Den Nutzen der durch unsere Aufführung hervorgerufenen Diskussion sehen wir darin, daß sie notwendige Fragen nach Wirkungsmöglichkeiten und -weisen sozialistischer Klassikerrezeption aufwirft, daß sie dem Regiekollektiv hilft, Absichten und Aufführung kritisch zu vergleichen, den Grad der Verwirklichung seiner Konzeption im Ganzen und in Details zu überprüfen und genauer herauszuarbeiten. Prinzipielle und konkrete Kritik durch sachlich begründete Einwände, Fragen und Zustimmungen konnte in der weiteren Arbeit produktiv gemacht werden.«

Die eigentliche Antwort auf diesen »Faust« aber kommt aus Halle. Das dortige Theater wird seinem Ruf als einem Hort ungebrochener optimistischer Weltsicht gerecht, der Kunst streckenweise als ideologisches Transportmittel handhabt.

»Lieber Kurt«, schreibt im August 1970 Horst Schönemann an Kurt Böwe, es ist die Zeit der Endproben: »Wolfram ist sehr glücklich über Deinen Faust – was er schon ist und was er zu werden verspricht. Ich aber sehe etwas mehr als er und weiß, was noch fehlt. Ich sehe ein Problem der Charakterisierung: Man kann als Schauspieler Typen gestalten, indem man beobachtete Eigenarten von Mitmenschen benutzt – oder von anderen Schauspielern! Achtung! Ich meine bei Dir Kleinau oder George. Diese Chargenschicht verdeckt streckenweise die größere Einmaligkeit Böwes! Verstehst Du, Du bist dann weg – und etwas Bekanntes, Gehabtes, wie man sich Faust vorstellt (große Darstelleraugen) kommt über die Rampe. Werde nicht unsicher, zweifle nicht an Dir, Du bist das beste Material für unsere, für Deine Faust-Auffassung, mache keine Anleihen, bekenn Dich einzig zu Dir selbst, und: Vertraue mir, ich schäl Dich raus aus Dir.

Beim jungen Faust sieht man, wie Du Dich schämst. Nicht nötig, Kurt! Laß uns weiter in Richtung Übermut, Ausgelassenheit, Lebensentdeckerfreude, Wunder erleben und Erlebnisse suchen, die man noch nie hatte. Stell Dir vor, wir würden bei jetzt vorhandenem Bewußtsein nochmal verjüngt und ins Unabhängige hinein verzaubert. Wie wären wir dann? In diesem Sinn freu Dich auf den Faust, in jeder Szene! Dein Horst.«

Der Kritiker Christoph Funke in der Zeitung »Der Morgen« über diese Aufführung: »Wenn der Vorhang sich nach dem Vorspiel auf dem Theater hebt, steht in der Mitte der Bühne, vor halbdunklem Rundhorizont, das Studierzimmer – hoch, eng, mit reliefartig ausgearbeiteten Wänden, flachem Dach; beherrscht von einem schweren Tisch, einem Lehnstuhl, der kargen Schlafgelegenheit und dem Kamin im Hintergrund. Der Tür gegenüber liegt an der linken Seite das kleine Spitzbogenfenster, zu

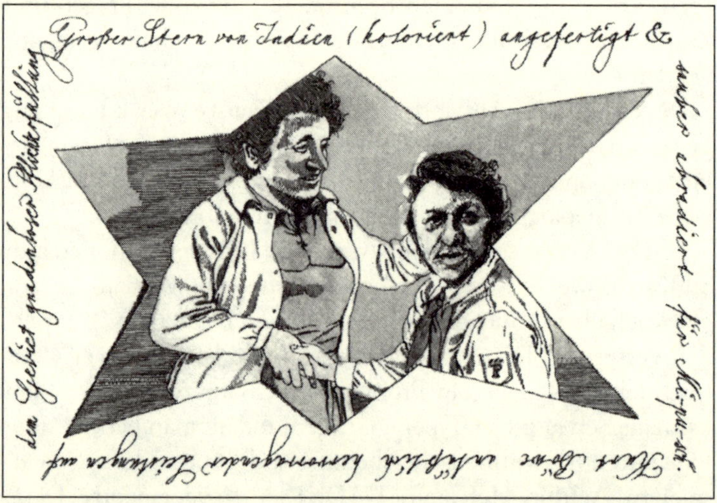

Grafik von Klaus Ensikat – ein Geschenk an Böwe nach einer 1. Mai-Feier, umrahmt mit einem Text, der zur Hallenser Theaterzeit paßt: »Großer Stern von Indien (koloriert) angefertigt & sauber abradiert für Mipusch Kurt Böwe anläßlich hervorragender Leistungen auf dem Gebiet gnadenloser Pflichterfüllung« (Mipusch = Mittelpunkt-Spieler)

erreichen über eine kleine, zu einem Podest mit Stehpult führenden Treppe. Das Studierzimmer ist leer – Faust kommt von rechts, vorsichtig mit einem in schwarzes Tuch eingehüllten Buch. Sorgfältig beschließt er die Tür, räumt Bücher vom Tisch, wischt die Platte mit dem Ärmel blank, beginnt mit dem Monolog. So wird ein Faust eingeführt, der auch in der Bitternis seines wissenschaftlichen Scheiterns ein Handelnder bleibt, ja der seine Bitternis gewissermaßen selbst überlistet. Gealtert, aber kraftvoll, verzweifelt und doch an die Möglichkeit nicht glaubend, diese Verzweiflung könne ein Ende sein, stürzt er sich in die magischen Abenteuer mit dem geheimnisvoll-gefährlichen Buch.«

Böwe wird bescheinigt, da sei ironisch gefärbter Grimm im Spiel und heftiger Anspruch; das Abgeklärt-Weise weicht Plebejisch-Volkstümlichem; der Gelehrte ist auch zaubernder Scharlatan, das Denken bleibt gebunden an eine pralle, raunzende Sinnlichkeit (und Faust rückt in die Nähe des Lessingschen Nathan, wie ihn Wolfgang Heinz am Deutschen Theater spielt).

Funke weiter: »In dieser Sicht auf die Figur, in dieser Betonung stets rüstiger Tätigkeit gelingen Kurt Böwe beglückende Momente. So viel in seiner Darstellung zum Ausbruch drängt, zur hitzigen, totalen Forderung an die Welt, so viel gesammelte Stille wird auch spürbar, eine mühsam errungene kritische Haltung zu sich selbst und eine feine, fast aus naiver Kindlichkeit gespeiste Ironie. Der Osterspaziergang ist nicht Bericht, sondern mitreißendes, sinnliches Erlebnis; die Begegnung mit ›des Dorfs Getümmel‹, getragen von einer verschämt-gutherzigen Sympathie – so im zarten, aber gar nicht altväterlichen Kuß für die Braut –, das Gespräch mit Wagner innig gefärbt, ruhig, die Begegnung mit dem Pudel von spöttischer Heiterkeit. Böwes Faust, auf den derben Stock gestützt, mit der Gelehrtenbrille auf der Nase, erscheint hier als liebenswerter Kauz – er nimmt Erlebnisse auf, ist Beobachtender und Denkender in schöner Harmonie. Und Spaß bestimmt auch den Triumph über den entpudelten Mephisto – Böwe spielt den Faust ganz sicher, mit Lachfältchen in den Augen und genußvoller Überlegenheit, breit und behaglich in den Lehnstuhl gepflanzt. Der Wettabschluß mit Mephisto in der nächsten Szene wächst aus einer kraftgeladen-ungläubigen, höhnisch gefärbten Impulsivität, der jungenhaften Gewißheit, daß der Partner trotz allen Mühens und Strampelns sein Ziel nie erreichen wird – aber auch aus der neugierigen Erwartung darauf, was Junker Satan nun in Angriff nimmt.«

Freilich, der Schauspieler macht einen sehr menschlichen Doktor aus diesem Faust. Das bleibt als Leistung. Er ist ein bißchen kauzig, ist bitter und enttäuscht, auch schadenfroh und in Maßen hämisch, er hat etwas von der List Galileis und im komödiantischen Gestus etwas von dessen erstem Interpreten Charles Laughton. Er meistert den Sprung vom alten zum jungen Faust zwar vorzüglich – sein kraftgeladener, triebhafter Anspruch auf Gretchen wird unumwunden und hinreißend direkt formuliert –, aber dann, darin ist die Kritik sich einig, wandelt sich der zum Liebhaber geläuterte, kaufmannsartig kostümierte, immer ein wenig fremd und verhemmt wirkende, auf gar zu durchschnittliche Freundlichkeit gelegte Faust nicht mehr, und die Dynamik der Szenen, die innere Spannung der Aufführung geht verloren. Breit Ausgespieltes stehe neben Überhastetem.

Der Schauspieler blättert in seinen gesammelten Zeitungskritiken zum »Faust«.

»Wir wollten den bildungsträchtigen Block schwerer und nüchterner Klassizität aufsprengen und in ein ursprüngliches Erleben zwingen, wollten eine fast fröhliche Souveränität behaupten im Streit ums Menschenbild. Aber hier«, der Schauspieler nimmt eine alte Zeitschrift aus dem Stapel, eine »Neue Berliner Illustrierte« vom Oktober 1970, »hier kann man nachlesen, in welch platte politische Wertungen wir uns zugleich hatten hineinziehen lassen. Hier steht über meinen Faust geschrieben: ›Seht sein Gesicht! Kann er nicht auch ein Wissenschaftler sein, der sich schon des Elektronenrechners versichert hat, ein Schrittmacher, der neue Wege sucht?‹ Und zum Mephisto schreibt das Blatt in Anlehnung an US-Soldaten, die in Vietnam gefangengenommen und in einem Dokumentarfilm von Heynowski & Scheumann gezeigt worden waren: ›Erinnert dieser Mephisto Peter Schroths nicht an die Maschinisten des Todes, gebildete, gewandte Mörder, an jene entschärften Piloten, die wir nur im Pyjama kennenzulernen brauchten?‹«

Böwe schüttelt den Kopf, als sei der Ärger noch frisch. »Wir wollten den sozialistischen ›Faust‹ erfinden, aber da gab's nüscht zu erfinden. Wir gingen, um es milde zu sagen, gar zu straff ans inkommensurable Werk, an diesen Entwurf von Welt, der doch seinesgleichen sucht. Staatlicherseits erfuhr ja Goethes Werk in der DDR mehr Zuwendung als in der Bundesrepublik; diese durchaus deutschnationale Lesart, die Faust unbedingt als positiven Helden sah, konnten wir leicht mit einem entsprechenden politischen Vorzeichen versehen. Und in Halle schien es, mit Kutte Böwe an der Spitze (und als Faust) wird's schon klappen. Vorwärts immer, rückwärts nimmer. Leichtsinnig-marxistische Ranschmeißerei! Willi Sitte hatte dazu noch einen unerträglich optimistischen Bühnenvorhang entworfen, der glücklicherweise rechtzeitig wieder abmontiert wurde. Mit diesem ›Faust‹, das weiß ich heute, haben wir uns geschadet, wir drängten das Stück in eine arg morgenfrohe Richtung, und so würde ich über diese Arbeit höchstens noch sagen, daß ich im schwarzen Mantel des alten Faust ein paar Sätze nicht allzu schlecht gesprochen habe. Von dieser Inszenierung blieb mir als schönste Erinnerung der Faust-Stuhl, der nun in meinem Haus in Krumbeck steht.

Zu dieser Aufführung gab es Kolloquien und sonstige halbwissenschaftliche Erkundungen, ich aber hatte ganz eigene ›Erkundungen‹ erlebt, und zwar im Sargdeckel. Das war die Kneipe hinterm Theater, gleichsam unser Werk zwei, eine einmalige Institution, in der es nur Bockwurst und Bier und Schnaps, aber immer ein gutes Gespräch und nie eine richtige Polizeistunde gab. Im ewigen Dämmerlicht hockte ein sehr gemischtes Publikum. Ich sitze da, plötzlich sagt einer zu mir: Was hab' ich jehört, Gurt, du spielst'n Faust? Laß es sin, hast doch jar keen Gobb dazu – spiel lieber de Proleten! Ich frage den Arbeiter, ob er sich die Aufführung mal ansehen wolle. Er nickt, ich besorge Karten. An einem der folgenden Abende sitzt er wieder im Sargdeckel, ich war gespannt auf seine Reaktion. Natürlich erkundigte ich mich nicht direkt, ein Schauspieler darf nie fragen: Wie war ich? Mit den Augen kann er das tun, nicht mit dem Wort. Der Mann kommt langsam herüber, guckt mich lange an und sagt: Also, Böwe, hab'n jesehn, den Faust. Gurt, jetzt mal ganz offen: Hast du denn das selber verstanden? Ehrlich jesagt, ich habe nüscht begriffen. Aber eins muß ich dich sagen: Toll, einfach toll, wie du die Dexte behältst!

Und er gab mir einen aus.«

»DIE WETTE BIET' ICH – die Wette gilt« – unter diesem Titel veröffentlicht die Hallenser Tageszeitung »Freiheit« am 20. Januar 1970 Meinungen von Leunawerkern der Betriebsdirektion Methanol-Paraffinerie. Sie hatten im Landestheater »Faust I« gesehen.

Auch Kunstdiskussion kann erzählen, was das war: DDR.

Willi Teuscher, BGL-Vorsitzender: »Offen gesagt, wir hatten ein wenig Angst. Die Vorstellung, so hieß es, dauert vier Stunden.«

Werner Angermann, Laborant: »Ich hatte aber gar nicht den Eindruck, daß es vier Stunden waren. Ich fand, alle waren gefesselt. Vor allem, so glaube ich, hat das Bühenenbild dazu beigetragen. Die Handlung wurde nicht durch eine vollgestopfte Bühne abgelenkt.«

Fritz Erfurth, Finanzökonom: »Ich kannte ›Faust‹ von der Schule her und habe noch einmal im Schauspielführer nachgeschlagen. Und jetzt habe ich einige Fragen an die Kollegen vom Theater: Vor allem, und das wurde ich bereits einmal im Betrieb gefragt, was kann uns der Stoff für die heutige Zeit geben?«

Ulrich Steinke, Chemiker: »Die Kernfrage ist doch wohl die nach Gut und Böse.«

Willi Teuscher: »Faust versucht, die Dinge zu verändern. Wie wir, kann man sagen. Genau wie wir. Faust ist einer von uns. Diesen Sinn hat Kurt Böwe überzeugend erfaßt. Danke, Genossen!«

Katharina Ullrich, Ingenieurin: »Es kommt die positive Unzufriedenheit Fausts sehr gut zum Ausdruck, das Mehr-lernen-Wollen, mehr Begreifen, Erkennen. Das ist beispielhaft auch für uns.«

Mitglieder der Brigade Luna 9 des Betriebes Elaste im VEB Chemische Werke Buna: »Was hat uns Faust heute zu sagen? Und bevor wir eine Antwort fanden, mußten wir das Werk lesen. Einmal, zweimal, dreimal ... Kann man ihn überhaupt lesen, den ›Faust‹? Lesen? Muß man sich das Werk nicht eher erarbeiten? Und das nach des Tages Arbeit! Da gab es schon Probleme. Doch wir packten die Aufgabe, gingen ins Theater und wußten: Jene Mitglieder unserer Brigade, die sich täglich um höhere Produktivität bemühen, sich in Fach- und Fernstudium qualifizieren, diese unsere Aktivisten sind lebendiger Beweis dafür, daß Goethe sein großes Werk nicht umsonst geschrieben hat, denn sie sind der Beweis dafür, daß wir nicht stehenbleiben, sondern weiterforschen, täglich, zum Nutzen aller.«

Mitglieder der Brigade im Meisterbereich M 158 der Produktionsabteilung 2 des RAW Ernst Thälmann, Halle: »Hast du was, so bist du was – so hieß es früher. Lerne was, dann kannst du was, und kannst du was, dann bist du was, so sagen wir heute. Das haben wir uns zu Herzen genommen. Und darum lernen wir: aus dem Leben Michelangelos ebenso wie aus der Malerei der Gegenwart, von Balzac und Goethe gleichermaßen wie von den Gegenwartsschriftstellern Dieter Noll und Erik Neutsch, aus der Geschichte der deutschen Arbeiterklasse ebenso wie in utopischen Romanen.«

IMMERHIN, von dieser »Faust«-Inszenierung ist auch eine Episode geblieben, die der Schauspieler erzählt, wo immer die Weihen des Berufs gar zu feierlich beschworen werden.

Auf einer Parkbank in der Nähe des Landestheaters sitzt der Faust-Darsteller auf einer Bank im Grünen. Sofern man im Zentrum dieser Stadt überhaupt von dieser Farbe reden kann. Durch ein paar Bäume schimmert das Säulenportal des Theaters. Es liegt auf einer kleinen Anhöhe, davor ein Springbrunnen.

Es ist die morgendliche Zigarettenlänge vor der Zehn-Uhr-Probe. Ein Mann setzt sich neben ihn, dem Äußeren nach zu urteilen ein Arbeiter, vielleicht aber auch schon Rentner. Er sitzt am anderen Ende der Bank, schaut herüber. Der Schauspieler liest im »Faust«, der Titel steht in Goldlettern auf dem Buchumschlag aus dunkelrotem Safianleder. Insel-Verlag. Dünndruck. Nach einer Weile eröffnet der Fremde einen Wortwechsel, der von beträchtlichen Pausen durchsetzt ist.

»Heiß heute.«

Der Schauspieler blickt nicht auf. »Ganz schön, ja.«

Der Arbeiter ungerührt, sehr monoton: »Stinkt wieder mächtig. Scheiß Leuna.«

»Es geht«, erwidert der Schauspieler, geistesabwesend.

Wieder längere Pause, dann die Frage des Arbeiters: »Haste mal 'ne Zigarette?«

Die Schachtel wird hinübergereicht. »Hab ich, klar.«

Jetzt möchte der Beschenkte natürlich wissen, wessen Zigaretten man raucht. Er taxiert Böwe, kommt aber offenbar auf nichts Gescheites und Einleuchtendes. Er sieht das Buch und murmelt vor sich hin: »Faust.« Noch einmal: »Faust.« Dann fragt er Böwe direkt: »Zwee Teele?«

»Nein, nur den ersten.«

Wieder Pause. »Was bist'n?«

»Schauspieler.«

Sehr lange Pause. »Schauspieler?« Und nach noch längerer Pause: »Was spielst'n so?«

Böwe hebt sein Buch hoch. »Faust.«

»Zwee Teele?«

Der Schauspieler, nicht ohne leises Erstaunen über das Wissen seines Gegenübers: »Nein, nur den ersten …«

Der Arbeiter weist mit einer Kopfbewegung in die Richtung hinter dem Park. »Bist wohl vom Stadttheater. Hamse umgebaut. War früher scheener.«

Wieder Pause. Dann sagt der Mann auf der Bank wie zu sich selbst, fast grübelnd, denn manche Sachen kann man halt einfach nicht glauben: »Schauspieler also.«

Jetzt sogar eine ganze Ewigkeit Pause.

»Schauspieler biste. Kennste Luis Trenker?«

Faust fühlt sich nicht sehr geschmeichelt. »Kenn ich«, knurrt er.

Der Arbeiter erhebt die Morgenunterhaltung zum Fachgespräch:

»Luis Trenker – weeßt doch: Der Berch ruft. Guhder Schauspieler!« Er macht eine weitere Pause, als wolle er Böwe eine Chance geben, über das Gesagte nachzudenken. Dann fährt er fort: »Vom Stadttheater biste also. War früher scheener. Hamse jetzt umjebaut. Was verdienste denn?«

Es nuschelt nebenan. »Ach, naja … es geht.«

Der Arbeiter ahnt die Wahrheit: »Nich viel, wa?«

Dann steht er auf, drückt die Kippe in den Sand, sieht seinen schauspielenden, faustlesenden Banknachbarn noch einmal sehr mitleidig an und sagt beim Weggehen jene zwei Worte, die ihm aus tiefster Seele kommen, zwei Worte, die der Schauspieler nie vergessen und im Landestheater Halle fortan bei jeder Gelegenheit zum Sinnbild des Berufs erheben wird: »Armes Schwein!«

Als diese Hallenser Episode später in einem Anekdotenbuch erscheint, wird sie von einem Kollegen des Schauspielers kopiert und hängt eine Zeitlang in dessen Arbeitszimmer. Mit den Jahren existieren sogar mehrere Fassungen dieser kleinen Geschichte, und der Mann, der eine Version unter Glas hat, sagt: »Nach einem wunderbar einfachen Satz von Thomas Mann heißt Phantasie haben nicht, sich zu einer Sache etwas ausdenken, sondern sich aus einer Sache etwas machen: Manchmal glaube ich, daß sich zwei Menschen in der Erklärung dessen, was Schauspielerei ist, nie näher und zugleich fremder waren als diese beiden auf der Bank.«

Der Mann, der das sagt, ist Gerhard Wolfram.

GERHARD WOLFRAM war von 1953 bis 1961 Chefdramaturg am Maxim Gorki Theater, dann stellvertretender Intendant der Liaison mit der Volksbühne. Von 1966 bis 1972 leitete er das Landestheater Halle. 1972 bis 1982 war Wolfram Intendant des Deutschen Theaters Berlin, ging danach in gleicher Funktion nach Dresden.

Der Schauspieler sah in Wolfram stets einen großen menschlichen Freund.

»Anfang der fünfziger Jahre hatte Wolfram beim Rundfunk gearbeitet. Dort war sein Chef der Journalist Maximilian Scheer. Der kannte Brecht aus der Emigration, und an der Staatsoper wurde die Urfassung der Oper ›Das Verhör des Lukullus‹ geprobt. Der Dirigent, Scherchen, wollte gern die Schlußproben auf Band haben, wegen der Probenkontrolle, und Scheer vom Rundfunk bekam den Auftrag, das zu organisieren. Wolfram war der auserwählte Mitarbeiter, der die Proben also für den Berliner Rundfunk mitschnitt.

Eines Tages rief der Intendant an, und der hätte diesen kleinen Angestellten Wolfram eigentlich gar nicht kennen dürfen, in diesem gigantischen Apparat. Und der Mann war so freundlich, erzählte Wolfram immer, daß es ihm unheimlich wurde. Der

Intendant sagte, hör mal, ich habe hier ein paar sowjetische Freunde, denen möchte ich gern das ›Lukullus‹-Band vorführen, bring das doch mal rüber. Wolfram wußte, die heftige, bösartige Formalismus-Debatte kam aus der Sowjetunion, die Inszenierung stand kurz vor der Premiere – und nun dieser konspirative Ton? Er rief Scheer an, der rief den Dessau an, der den Brecht, und Brecht telefonierte mit Max Schröder vom Aufbau-Verlag. Alle einigten sich, die Bänder nicht rauszurücken. Daraufhin erschienen drei Leute vom Betriebsschutz bei Wolfram, er wurde entlassen und aus dem Hause geführt. Brecht hat sich dann sehr für ihn eingesetzt, wollte ihn sogar engagieren. Aber Wolfram kam wohl nicht klar mit dessen Theater. Irgendein Funktionär hat danach vorwurfsvoll zu ihm gesagt, du hast dich für den Formalismus, für ›Lukullus‹ eingesetzt, irgendein anderer lobte genau diesen Einsatz, und wenn Wolfram in Hallenser Nächten über diese Episode sprach, meinte er immer, eigentlich habe er sich weder für ›Lukullus‹ noch gegen den Formalismus eingesetzt, sondern nur versucht, sich für anständiges Verhalten einzusetzen.

Als Wolfram mit Schönemann nach Halle ging, sprach man in Berlin von Vertreibung. Er hatte sich für Hacks' ›Moritz Tassow‹ an der Volksbühne stark gemacht, nach dem berüchtigten 11. Plenum 1965 blieb ihm nur die Provinz. Er war auch für eine Wahlperiode Kandidat des Zentralkomitees geworden, sollte möglicherweise Kulturminister unter Sindermann werden. Ausgerechnet am Abend, als jenes 11. Plenum beendet wurde, auf dem die Partei DEFA-Filme gleichsam am Fließband verboten hatte, sprach Sindermann mit Wolfram, ob er nicht nach Halle kommen wolle. Auf diesem Plenum standen ja derartig große Wirtschaftsprobleme an, daß man offenbar keinen anderen Ausweg wußte, als ausgerechnet die Kultur niederzukartätschen.

Sindermann schwebte in Halle ein Theater ähnlich dem Gorki-Theater vor. Und er zahlte übrigens, wenn ich meinen kleinen Egoismus hier einflechten darf, als einziger Gagen, wie sie in Berlin üblich waren. Als Student bekam ich zweihundertzwanzig Mark Stipendium. Fünfhundertzwanzig Mark kriegte ich als Assistent, achthundert Mark wurden es am Gorki-Theater. An der Volksbühne steckte ich monatlich tausendzweihundert Mark ein.

Kite in »Pauken und Trompeten« von Farquahr, Regie: Christoph Schroth, 1967

Puntila in »Herr Puntila und sein Knecht Matti« von Brecht, mit Roman Silberstein als Matti, Regie: Christoph Schroth, 1967

Spiegelberg in »Die Räuber« von Schiller, mit Jürgen Reuter, Regie: Horst Schönemann, 1968

»Die rundeste Leistung gelingt zweifellos Kurt Böwe, der einen kräftigen, überlegenen Kerl auf die Bühne stellt, mit einer großen, hinreißenden Szene in den ›böhmischen Wäldern‹ des zweiten Aktes, wo er mit Vehemenz, Listigkeit, Delikatesse und dem Gehabe eines regierenden Fürsten seine Abenteuer berichtet – interessant ist, wie viel Heiterkeit der Regisseur hier entdeckte und welche Spielmöglichkeiten er sich durch die auf die Bühne gebrachte erbeutete Kutsche des Reichsgrafen schuf.«

Christoph Funke

Trullesand in der Bühnenfassung von Hermann Kants »Aula«, Regie: Horst Schönemann, 1968

Kurt Böwe, Wolfgang Winkler und Ursula Werner in »Anregung«, Regie: Horst Schönemann, 1969

Kurt Böwe als Faust und Roman Silberstein als Wagner in Goethes »Faust I«, Regie: Horst Schönemann, 1970

Kurt Böwe (mit Marie-Anne Fliegel und Gerd Grasse) in »Himmelfahrt zur Erde« von Armin Stolper, Regie: Horst Schönemann, 1971

»Und so kommt er uns denn entgegen: breit, ein wenig geduckt, die alten Militärhosen in verbrauchte Stiefel gezwängt, über rotem, verschwitztem Arbeitshemd eine zerknautschte Lederjacke, die ihm viel besser zu Gesicht steht als der feierliche schwarze Anzug zum Kolchosgeburtstag, in dem er sich nicht sonderlich wohl zu fühlen scheint. Da sitzt er hinterm Schreibtisch, schwerfällig und mit meist barschem Ton, etwas kurzatmig, doch immer wach und auf dem Sprung, stets aktiv, aufgescheucht von den neun Ideen des jungen Moskauers, zu denen er sich erst widerwillig, dann immer deutlicher zu bekennen bereit ist.«

Ernst Schumacher

Hallenser Abschluß mit Lebensrolle: Hochzeit mit Heide Schönknecht, 1973

Als Kemmel im DEFA-Film »Der nackte Mann auf dem Sportplatz«

Kurt Böwe als Dr. Stockmann in »Ein Volksfeind« von Ibsen, mit Otto Mellies, Regie; Erforth/Stillmark, 1975

»Dr. Stockmann ist ein kindlicher Berserker, ein naiv fröhlicher, weltvergessener Tor, der wie ein Heiliger den Kampf mit der korrupten Verwaltung und dem Kleinbürgertum seiner Heimatstadt aufnimmt. Kurt Böwe spielt das in der schnellen, hurtigen Aufführung mit hinreißendem Feuer, einer nie versiegenden Kraft, einem Ungestüm, das Größe behält, gerade weil es so hinreißend töricht, so verstiegen maßlos, so mitreißend fröhlich ist und aus einer durch nichts und niemand beeinflußbaren, großartigen Selbstachtung hervorgeht.
Ein Kerl voller Leben steht da auf der Bühne, der mit rücksichtsloser Kraft alles an sich heranreißt – oder von sich fortstößt. Der leicht gebeugte Rücken, die hinten verschränkten oder nervös arbeitenden Hände, der ungeduldig ruckende Kopf, die ganze schöpferische Nervosität von einer prall heiteren, innerlich vergnügten Art kommen einzigartig zu Wirkung. Wie dieser Dr. Stockmann auf dem Redaktionstisch steht, in saftiger Vitalität über die Dunkelmänner triumphierend, wie er sich den Wogen der aufgeputschten Volksmenge entgegenwirft als Rammbock aus Fleisch und Blut, wie er in cholerischen Zorn gerät, wild gestikulierend, oder sich zur Ruhe zwingt, langsam, ruckweise auf einen Sessel klemmend, prägt sich tief ins Gedächtnis, und der Jubel, die Bravo-Rufe des Publikums für diese außerordentliche Leistung waren nur allzu verdient.«

Christoph Funke

Als Michael Kohlhaas, Deutsches Theater Berlin

In Halle bekam ich ebenfalls tausendzweihundert Mark als Schauspieler, und dazu noch dreihundert Mark für meine Bildung, die ich mitschleppte. Diese dreihundert Mark hatte ich mir gleichsam angelesen.

Wahrscheinlich war Sindermann damals der einzige SED-Bezirkssekretär, der eine Kulturkonzeption hatte. Der konnten wir folgen. Sie ging davon aus, daß der Mensch ein anderes Verhältnis zu sich selbst bekommen möge, auch zur Kunst. Und das ausgerechnet in einer Industrielandschaft, die zu den ödesten des Landes gehörte. Was sollte schlecht sein an diesem Versuch? Wir gingen nach Halle, um dort Theater zu machen – unsere Vorgänger dagegen probierten in Halle Brechtsche Haltungen, mehr und mehr ohne Publikum, um möglichst schnell nach Berlin zu kommen, sonderlich ans Berliner Ensemble.

Gerhard Wolfram gab Ende August 1966 seine Antritts-Pressekonferenz, im Interhotel ›Stadt Halle‹, und nebenan fand sinnigerweise eine Hochzeitsfeier statt. Später sagte er in einem Interview: ›Das Theater wurde von unseren Führungskräften unterschätzt. Es wurde für nicht so wichtig gehalten. Es ist ja auch keine originäre Kunst, wenn Sie so wollen. Der Schriftsteller, der Komponist, der Maler, das ist eine Person, mit der man sich streiten kann. Aber andererseits hatte das Theater als öffentliche Einrichtung, als Institution natürlich eine andere Macht als individuelle Künstler, es war nicht so leicht anzugehen. Der Zugriff der Macht auf das Theater war immer intrigant, aber nicht total.‹

Ich glaube, Wolfram und Schönemann fühlten sich bei aller Aufgeschlossenheit bald beengt, weil Sindermann sehr borniert auf die Gegenwart fixiert war. Für Satire hatte er schon gar keinen Sinn. Martin Sperrs ›Landshuter Erzählungen‹, von Christoph Schroth inszeniert, hielt er für ein unproduktives Weststück, Lorcas ›Yerma‹ verbot er gar vor der Premiere.

Wolfram hat unter Druck gelitten. Er war kein Durchpeitscher, aber freilich ein Mensch, der, gebeugt von Erfahrung, nach Kompromissen suchte. Ich weiß, daß es andere Kollegen gibt, die ein distanzierteres Verhältnis zu ihm hatten. Der Regisseur Adolf Dresen schrieb einmal: ›Es war am Deutschen Theater Wolframs

Ära, daß ich zu der Meinung kam, mit der DDR, das würde nicht mehr gut gehen können. Mit ihm selbst hatte das nichts zu tun, oder doch nur soviel, daß auch er diese Meinung, die ich in der Betriebsversammlung ja offen sagte, tolerierte. Ich wurde aber in seiner Ära aus der Partei ausgeschlossen und stimmte selbst für meinen Ausschluß.‹ Wolfram hat dem Adolf Dresen dann insofern geholfen, als er dessen Ausreise legalisierte.

Natürlich muß gesagt werden, um auf Halle zurückzukommen, daß meine Rolle und mein Einfluß dort nicht nur an die großen Theatererfolge zu binden ist. Halle war auch Irrtum, vielleicht nicht trotz, sondern wegen dieser Erfolge. Aber den Irrtum werde ich dennoch nie bereuen, weil er redlich war – wohl eingedenk der bitteren Wahrheit, daß das Gegenteil von gut nicht schlecht ist, sondern gutgemeint.

Aus der bewußten Verknüpfung von Kunstproduktion und Politik erwuchsen damals Gefahren, mit denen wir uns klein machten: Bei Schroths ›Yerma‹-Inszenierung schwang auch ich eine arg große Lippe und half tüchtig mit, das Projekt zu Fall zu bringen. Zu viel Düsternis prangerte ich an und polemisierte herum, es fehle nur noch, daß überall schwarze Vorhänge heruntergelassen würden. Bei Bill-Bjelozerkowskis ›Sturm‹ gab es Diskussionen darüber, ob Martin Trettau, als Nichtgenosse und Christenmensch, überhaupt den Parteisekretär spielen könne! Auch ich hatte da meine Zweifel – woran Sie erkennen, in welcher Weise ich dem geistigen Verderben entgegenhastete. Jede Epoche des Aufbruchs steht ja in der Gefahr, ihre Scholastik zu entwickeln, wenn der Konnex zwischen Realität und überstrapazierter gesellschaftlicher Zuversicht sich überdehnt. Nein, was dieser geduldige, freundliche, meist stille Gerhard Wolfram zu verantworten hatte – er tat es wesentlich aus dem Wissen heraus, um sich herum Gleichgesinnte zu haben, und einer davon hieß Kurt Böwe.«

PARTEIGRUPPE SCHAUSPIEL am Landestheater Halle zur Berichtsperiode März 1968 bis März 1969: »Wir nehmen zur Kenntnis: Die Bezirksleitung hält das Spielplanprojekt ›Yerma‹

von Garcia Lorca in der momentanen politischen Situation des verschärften Klassenkampfes für ungeeignet, notwendige Spielplanaufgaben zu erfüllen. In diesem Zusammenhang übte die Bezirksleitung der Partei Kritik an der politischen Arbeit des Theaters, und wir teilen selbstkritisch dieses Position. Das Theater erkannte nicht, daß die Aufgaben, die der Genosse Christoph Schroth im Spielplan übernahm, eine Linie bildeten, die weder für Schroth und seine politische Entwicklung noch für das Theater und sein Publikum richtig und wichtig war. Es wurde kritisiert, daß theaterpraktische und ästhetische Fragen den Vorrang vor den politischen erhielten. Der politische Standpunkt der Autoren Sperr und Lorca bleibt auf der Stufe der Verneinung der bürgerlichen Gesellschaft stehen. Beide Autoren können nicht vordringen zum Standpunkt der Arbeiterklasse und in ihren Werken die Vertreter dieser Klasse und des Volkes als führende bewußte Kraft und einzige Möglichkeit der Zerstörung der Ausbeutergesellschaft gestalten.«

ZUM TODE Gerhard Wolframs (15. Juni 1922 bis 20. Januar 1991), auf der Trauerfeier des Deutschen Theaters am 11. Februar 1991, also über zwanzig Jahre nach Halle, wird auch der Schauspieler Kurt Böwe sprechen.

»Ich zitiere Thomas Bernhards ›Der Theatermacher‹: ›Wenn wir ehrlich sind / ist das Theater an sich eine Absurdität / aber wenn wir ehrlich sind / können wir kein Theater machen / weder können wir wenn wir ehrlich sind / ein Theaterstück schreiben/ noch ein Theaterstück spielen / wenn wir ehrlich sind / können wir überhaupt nichts mehr tun / außer uns umbringen / da wir uns aber nicht umbringen / weil wir uns nicht umbringen wollen / wenigstens bis heute und bis jetzt nicht / da wir uns also bis heute und bis jetzt nicht umgebracht haben / versuchen wir es immer wieder mit dem Theater / ... / Narreteibesessene / in gewisser Weise schamlos / über Leichen gegangen selbstverständlich / nichtsnutzig in gewisser Weise unbelehrbar / so entkommen wir / der Verkommenheit / der Staatstheater / nie mehr auf ein Staatstheater.‹

Das Staatstheater – dem Hoftheater entsprungen – ist eine aus feudal-barocken Strukturen entstammende Institution sehr deutscher Art, ›flächendeckend‹ bis in die hintersten Winkel, eine gelobte, gehätschelte und geschmähte deutsche Repräsentanz, ein deutsches Kultursyndrom. In Zeiten wie der jetzt vergangenen, der unsrigen, sonderlich von feudalsozialistischen Machtträgern okkupiert und traktiert.

Das Staatstheater – in Berlin und Dresden – war in seinen entscheidenden Lebensphasen das letzte Wirkungsfeld von Gerhard Wolfram in seiner Funktion als staatlicher Chefdirigent, eine lebensgefährdende Profession. Ich kenne Gerhard Wolfram aus seiner Zeit als Chefdramaturg des Maxim Gorki Theaters. Auch er hat mich vom Universitätskatheder zum Berufstheater gelockt, und ich blieb ihm – trotz alledem – zeitlebens verbunden. Als er 1966 nach Halle auswandern mußte und wollte, nun als Intendant eines fünfspartigen Theater-Unikums oder -Universums, befragte ich ihn nach Art nach Chance dieses deutschen Berufsrisikos. Wolfram verstand sich als Diplomat zwischen Theatermachern und Machthabern, zwischen Kunst und Politik und berief sich dabei auf Beispiele preußisch-deutscher Intendantur des 19. Jahrhunderts, wo in seltenem bestem Fall an der Spitze solcherart Vermittler standen, Köpfe von hoher geistiger und politischer Natur, subtile Kenntnisse beider Unvereinbarkeiten in sich vereinend und divergierend und zugleich dirigierend. Die materiell-künstlerische Existenz des Theaters ist immer besonders bedroht, weil – wie Thomas Mann es formulierte – das Theater in weit handgreiflicherem Sinne als die übrigen Kunstarten eine gesellschaftliche Angelegenheit ist. Wolfram wollte dieses schwankende Gefährt Theater zwischen Scylla und Charybdis hindurchgeleiten, mit spürbaren beidseitigen Verletzungen – selbstverständlich –, aber möglichst ohne Tote, bei Gefahr auch des eigenen Scheiterns als Kapitän. Wolfram wollte nicht, als Simplex, ein Theater der Herrschenden, er wollte Theater als künstlerisches Medium zur Mündigmachung der Volksmeinung. Seine unterschiedlich geglückten Vor- und Rückgänge, auch Zögerlichkeiten, fanden in Berlin bald Grenzen im real existierenden feudalsozialistischen Machtapparat, und so wurde er an einem schmerzlichen Punkt, vor Eröffnung dieses ehrwürdigen Hauses zum hundertjährigen Bestehen, vor seinem eigenen sechzigsten Geburtstag, aus seinem Amte vertrieben. Dieser Akt wurde natürlich von hauseigenen Kollaborateuren aus höchst edlen persönlichen Beweggründen befördert. Vor ihm wurde an dieser gleichen Stelle der höchstverdiente Wolfgang Langhoff auf dem Intendanten-Stuhl öffentlich hingerichtet, ein unvergessenes kulturpolitisches Verbrechen.

Gerhard Wolfram darf nun als Sprachloser, im Geiste, in dieses Haus zurückkehren, ein Haus, dem seine Liebe galt.

Er starb, als die ersten Bomben fielen, die auf den letzten großen Krieg dieses Jahrhundert (den Golfkrieg – H.-D. S.) zu deuten schienen; er starb, in Dresden geehrt und verabschiedet; er starb mit wenig Hoffnung für die Welt, die Welt, für die er als Utopist und Realist so viel Hoffnung in sich trug und verbreiten wollte. Er starb als der fähigste Intendant seiner Generation.

1978 wurde auf dieser Bühne ›Michael Kramer‹ von Gerhart Hauptmann gezeigt. Mit wenig Erfolg. Am Ende des Stückes fragt Michael Kramer: ›Wo sollen wir landen, wo treiben wir hin? Warum jauchzen wir manchmal ins Ungewisse? … Als wenn wir wüßten, wohin es geht! Von irdischen Festen ist es nichts! Der Himmel der Pfaffen ist es nicht! Da ist es nicht und jen's ist es nicht. Aber was, was wird es wohl sein, am Ende?‹«

DER SCHAUSPIELER 1971 in einem Interview: »Wenn ich jetzt mal von meinem Image an diesem Hallenser Theater ausgehe, von meiner Biographie, die diesem Image gleichsam zuarbeitet, dann resultiert die Wirkung unserer Arbeit hier auch aus der Tatsache, daß realistisches Material offenbar auf unseren Bühnen etwas Rares, sehr Auffälliges geworden ist. Ich bin sozusagen eine Marktlücke ausgerechnet dort, wo es um Hauptwerte geht. Das mag sehr arrogant klingen, aber ich versuche nur, einen Zustand zu beschreiben. Es ist der Zustand vieler Klischees und großer Leblosigkeit in der theatralischen Darstellung unseres Alltags. Wir wollen doch das Volk als Schöpfer aller Werte auf die Bühne bringen, Menschen, die nach dem suchen, was wir pauschal Glück nennen, und es spricht für unsere Arbeit, daß Figuren wie der Trullesand, wie der Iwan Stepanowitsch (in »Himmelfahrt zur Erde« von Stolper nach Antonow – H.-D. S.) in Westdeutschland zum Beispiel nicht verstanden würden.«

Die Kritik schreibt in jener Zeit über Böwe: »In seiner Arbeitsweise ist nichts Genialisches. Es fällt ihm nach wie vor nichts zu. Die Rollen aber erhalten ihr Gesicht mehr und mehr aus scharfer Analyse, aus unermüdlichem Erproben von Varianten, die sich immer näher an die Wirklichkeit, an die Wahrheit der künstlerischen Gestalt herankämpfen. Der fertigen Figur ist nichts mehr anzumerken von der Unrast formender Hände. Am Ziel erscheint die angestaute Energie gemessen, beherrscht. Zur Präzision kommt Eleganz, zur Sachlichkeit impulsive Emotion. Seine Figuren haben trotz ihrer Bodenständigkeit alle etwas vom intelligenten Witz des Arlecchino und vom plebejischen Triumph des Hanswurst. Da ist auch noch etwas vom Clown, von der ursprünglichen Hingabe an die elementare Kraft des Komödiantischen.«

Vater Böwe, Tochter Winnie, 1973 – im Paddlerheim in Halle, wo das Ensemble oft gemeinsame freie Stunden verbrachte

Eine der schönsten Darstellungen gelingt Böwe als Luka in Schönemanns »Nachtasyl«-Deutung 1971. Das Gorki-Stück als helles szenisches Philosophieren. »Luka belügt die Leute, er malt Schimären, anstatt den von Gott verlassenen Asylbewohnern die Unmöglichkeit einer Lebensverlängerung zu verdeutlichen. Er lügt aus Schmerz, und diesen Schmerz versuchte ich zu spielen. Warum bist du so weich? wird Luka gefragt. Weil sie mich tüchtig geprügelt haben, antwortet er. Weißgott, die Geschichte ist nicht lustig. Gorki entschuldigte sich später bei Stalin, daß er mit Luka so einen verlogenen Schurken geschrieben habe. Noch Wolfgang Heinz kam nach einem Hallenser Gastspiel am Deutschen Theater kopfschüttelnd auf mich zu und fragte verwirrt und nahezu enttäuscht, wie ich den Luka denn so positiv spielen könne.«

1972, gleichsam zum Ende von Böwes Hallenser Zeit, wird »Fehldiagnose« von Jerzy Stefan Stawinski aufgeführt. Böwe spielt den Krysztof Maximowicz, der, gestern noch in Saft und Kraft, plötzlich unter Krebsverdacht steht, sein Ende gekommen sieht und nach einer Seele sucht, die ihn beweint. Sozialist nach der Laufbahn, Kleinbürger nach der Gesinnung. Er will sein Verhältnis zur Mitwelt klären und empfängt, was er bisher gab: Kälte, Berechnung, Egoismus. Am Schluß erweist sich das ärztliche Urteil als Fehldiagnose, der Mann wird weiterleben, aber der Amoklauf, diese ungesunde Jagd nach verspäteter Liebe, hat Amt und Auto gekostet, alles beginnt noch einmal – von unten.

Der Schauspieler schwebt im Krankenbett herab, entdeckt plötzlich den Zuschauerraum. Angenehm überrascht von der »Öffentlichkeit« seines Falls, entspringt er federnd den Kissen, schwenkt die Arme, kreuzt die Beine, wirft Blicke ins Auditorium, beginnt trotz des vermeintlichen Leidens eitel und affektiert seine Geschichte. Auch im bescheidenen Pyjama ein Geck vom Scheitel bis zur Sohle, exaltiert und aufgeblasen. Das ganze Stück hindurch spielt Böwe intensiv und vital. Der Todeskandidat steigert sich euphorisch, er hätschelt in das eigene Unglück hinein, tänzelt, springt auf und nieder, weint, lacht, flüstert, schreit und beherrscht die Szene. Momente der Selbstkritik wirken abgrundtief lächerlich.

In »Theater der Zeit« entfacht das Inszenierungskollektiv eine zornige Diskussion, weil sich einige Rezensenten sehr bemühten, Stück und Aufführung in eine unverbindliche Vergangenheit zu treiben, ihm gegenwärtige Brisanz zu nehmen.

Der Schauspieler aber steht an einem Scheideweg.

Seine Arbeit ist fast identisch mit der jüngeren Geschichte dieses Hallenser Theaters. Wieviel Unzugängliches jedoch, wieviel Unerklärliches, wieviel Radikalität wagt noch jemand, der zum verläßlichen Prototyp der Identifikation geworden ist?

Der nackte Mann vor der Kamera

ES WAR 1970, bei den Dreharbeiten zu Konrad Wolfs DEFA-Film »Goya«. Die Schauspieler aus sieben Ländern agierten jeweils in ihrer Muttersprache, bis auf den Hauptdarsteller Donatas Banionis, einen Litauer, der russisch sprach, seine zweite Muttersprache. An den Drehorten, so die Journalistin Rosemarie Rehahn, herrschte babylonisches Sprachgewirr. Nur mit dem Unterschied, daß im biblischen Babel hinterher niemand eine einheitliche Sprachfassung der Turmbauerdialoge anforderte. Hier aber, wir reden von der Synchronisation, waren gleich zwei zu liefern: russisch und deutsch.

Die deutsche Regie führte Johannes Knittel, ein routinierter Synchron-Handwerker, dem freilich »Goya«-Regisseur Konrad Wolf so hilfreich wie hartnäckig zur Seite stand – nach dem Sommer von zweihundertelf Drehtagen in Varna, Sofia, Sotschi, Jalta, nach Licht und Sonne im Übermaß dann vierzehn Tage Dunkelhaft im Johannisthaler Synchronatelier.

Kurt Böwe gab Banionis seine Stimme. Ich drücke wieder die Taste des Aufnahmegerätes, auf dem kleinen Sofa hinter uns liegen Mappen, Hefter und Unmengen von Fotos, das Thema betreffend, über das wir heute reden wollen.

»Privat kannte ich diesen Schauspieler überhaupt nicht, aber ich beoachtete ihn fasziniert, mir gefiel seine rationelle Draufsicht, seine gedankliche Beweglichkeit. Auch wenn der Film nicht der Erfolg wurde, den sich Wolf versprach, weil wohl Monumentalität, Farbigkeit und Historizität eine angestrebte heutige Bezüglichkeit des Stoffs auslöschten – in diesem Goya steckte für mich eine verführerische plebejische Neugierde. Die Dinge um sich herum zu gestalten, sie neu zu fassen, das treibt den Mann und bringt ihn natürlich auch in Gefahr. Ein Mensch, der in einer Welt des Verfalls lebt, der diese Welt malt und dabei angezogen wird von ihrem merkwürdigen tödlichen Fluidum. Hervorragend schien mir das gezeichnet in Goyas Beziehungen zu Alba, dieser außergewöhnlichen, widerspruchsvollen Frau, zu der er sagt: Ich liebe dich, aber du wirst mich zerstören. Er sieht das Ende, aber da ist der Reiz der Schönheit. Es ist Neugierde, die ihn herübertreibt. Ein arger Weg der Erkenntnis, den er gehen muß, bis er begreift, daß diese Welt nicht nur nicht seine Welt ist, sondern daß sie zerstört werden muß, um eine andere aufzubauen …

Wieso ausgerechnet ich für die Synchronrolle ausgewählt wurde, weiß ich nicht; jedenfalls bat mich Konrad Wolf, mir den Part anzusehen – und da ich von diesem Regisseur eine hohe Meinung hatte, war es für mich eine so überraschende wie ehrenvolle Aufgabe. Wolf ist schwer zugänglich gewesen, er war kein freimütiger Selbstbehaupter, sondern ein eher quälend grüblerischer Mensch. Seine Freundlichkeit hatte etwas sehr Distanziertes. Er schwieg sich hinein in ein Gespräch. Es schien mir kompliziert zu werden, einander zu verständigen. Furcht hatte ich, und aus Respekt wurde ich wohl etwas kleiner, wenn ich ihm gegenüberstand. Er freilich wußte, was er wollte, er hatte die bessere Position und tat auch während der Synchronisation, was er wohl am meisten tat: Er beobachtete. Das Glückliche an der Situation war, daß wir uns Zeit nehmen konnten. Synchronisation ist eben ›nur‹ Synchronisation, nicht zu vergleichen mit Dreharbeiten. Die Annäherung zwischen uns vollzog sich gleichsam im Dunkel des Studios, mit großer Behutsamkeit. Am Ende der Synchronarbeiten sagte Wolf lächelnd: ›Wenn du etwas älter gewesen wärest, hätte man den *Goya* ja gleich mit dir machen können.‹ Der Satz machte mich leichtfüßig. Für einen schönen kurzen Moment jedenfalls.

Später tauchte dieser merkwürdige schwarzbärtige Mann in Halle auf, wo ich damals am Theater mein Unwesen trieb. Er hatte in der Stadt irgendein Gespräch zu führen und fragte an, ob ich bei dieser Gelegenheit nicht eine halbe Stunde Zeit hätte. Er sprach von einem Projekt, und er suche nach einem geeigneten Schauspieler. Es handelte sich um den Film ›Der nackte Mann auf dem Sportplatz‹, Episoden aus dem Alltag eines Bildhauers, der es schwer hat mit seiner Kunst.

Wieder ging in dieser Begegnung mit Konrad Wolf alles sehr vorsichtig vonstatten, unser Gespräch war von Bedenklichkeit geprägt, zudem er mir fast nur die Rolle des Zuhörers zugedacht hatte. Nach unserem Treffen verging einige Zeit, und eines Tages bekam ich ein Szenarium geschickt. Ich las das, fand es interessant – und wurde nach Berlin zitiert. Aber davor traf ich Konrad Wolf nochmal in Wiepersdorf.«

Der Schauspieler sieht meinen fragenden Blick. »Das ist dieses Bettina-von-Arnim-Heim, in dem Künstler sich sonnen durften, mit Frau und Kindern, es war unsere Urlaubs-Oase. Also wie gesagt: Konrad Wolf hatte sich eines Tages angemeldet, es war Januar, wir saßen im Biedermeier-Salon. Wieder redete Wolf mit dieser betroffenmachenden Bedächtigkeit; er war ein Mensch, der mit seinen Worten Stille hervorrief und Stille vergrößerte. Das Gespräch glich einer Befragung, aber ich begriff ziemlich rasch, daß es Wolf nicht darum ging, daß er mich befragt, sondern er fühlte vor, ob ich die Courage zu einer rigorosen Selbstbefragung aufbrächte. In Halle war ich sehr erfolgreich, sehr siegesbewußt – so nach dem Prinzip: gewußt wie, gewußt was. Das alles fand er, wie sich nämlich nun herausstellte, so gut nicht. Er sah Gefahren einer leichtsinnigen Selbstbehauptung, bemerkte an mir die Unsitte einer übermäßig kraftvollen Darbietung, die nichts mehr an tieferen Dimensionen zuließe. Die Figur aber, die ich in seinem Film darzustellen hätte, brauche Ruhe, genaue Beobachtung, Wachheit und Skepsis. Mit dieser Offenbarung ließ mich Wolf allein. Später lud er mich nach Berlin ein, und da traf ich auch Wolfgang Kohlhaase, den Drehbuchautor. Wir saßen in der Rathauspassage, in Wolfs Wohnung, er war noch mit der Schauspielerin Christel Bodenstein verheiratet, ich erinnere mich an Plastestühle von ausgesuchter Häßlichkeit. Beide Herren brachten mir noch einmal ins Bewußtsein, daß es sich bei dieser Rolle um etwas sehr Schwieriges handele, bei dem der Schauspieler mehr durch Schweigen überzeugen müsse denn durch Worte. Ich wußte sehr wohl, daß dies nicht nur mit Werner Stötzer zu tun hatte, dem Bildhauer, dem Urbild der filmischen Hauptgestalt, sondern vor allem mit Wolf selbst. Kohlhaase schenkte mir dann, das war so eine Art Wink mit dem Zaunpfahl, ein Büchlein von Bertolt Brecht über die Schauspielkunst. Das heißt also, ich wurde so gezielt wie sanft in die Krise befördert. Anfängerkurs, zweite Stunde, höchstens zweite. Man machte mir ein Angebot, aber zugleich ließ man unmißverständlich durchblicken, daß ich keineswegs der Top-Favorit sei. Wahrscheinlich dachten Wolf und Kohlhaase bei dieser Rolle mehr an einen wie Hilmar Thate als an mich.

Später lud mich Konrad Wolf ein weiteres Mal zu sich nach Hause ein, er erzählte mir von einem künstlerischen Lebenstraum, dies hätte der ›Goya‹-Film sein können, aber er müsse sich einen Mißerfolg eingestehen, der ihn sehr schmerze. Es sei ihm um das Problem des Künstlers mit der Gesellschaft gegangen, er habe es aber nicht vermocht, dieses Thema so assoziativ in Szene zu setzen, wie erwartet und ersehnt. Dann brach es heraus aus ihm, das heißt, er sprach nur ein klein wenig lauter: ›Und deshalb will ich mich deutlicher aussprechen, deshalb will ich diese vergleichsweise kleine, undramatische Geschichte um diesen Bildhauer Kemmel machen. Mit einer Intimität und Genauigkeit, die nur solchem Stoff eigen ist!‹ Mich beeindruckte, wie Wolf über eine Niederlage redete; noch der ärgste künstlerische Schmerz schien überlagert von einer großen Fähigkeit, sich trotzdem wieder vorurteilslos einzulassen auf Leute und deren Leben. Er suchte gewiß nicht Realität, um bestätigt zu bekommen, was er schon wußte. Lange schaute er mich an, mit diesem Blick wurde ich entlassen, damit war ich wohl für die Rolle besetzt, und das Chaos konnte seinen Gang gehen.

Ich dachte nur: Berufsrisiko! Es bestand darin, daß diese Rolle so verdammt alltäglich war. Nichts Wildes, nichts Aufbegehrendes, nichts von jener Vitalität, von der ich bisher lebte. Wolf hatte sich, bevor er ging, noch einmal vor mir aufgebaut, dieser Berg aus Ruhe und russischer Tiefe, und nur gesagt: ›Naja, vielleicht nimmst du ein bißchen ab. Ich empfehle dir Fallschirmjägerdiät.‹ Wie bitte? Das fragte ich nicht, aber mein Gesicht muß so blöde ausgesehen haben, daß Wolf kurz erläuterte: Du ißt von jetzt an nur Fette, und du wirst sehen, du nimmst sehr schnell ab. Aha, brummte ich merklich verwirrt, sicher auch etwas beschämt. Tat aber, wie geheißen – und nahm ab.

Saukunst! Falls ich jemals einen Leberschaden bekomme – dann rührt er vom ›Nackten Mann auf dem Sportplatz‹!«

Der Schauspieler vergißt nicht mitzuteilen, daß er an dieser Stelle darauf verzichtet, sich in nachträglichem Trotz aus dem Kühlschrank ein Bier zu holen.

»Ich fuhr nach Halle zurück, ans Theater, freute mich, kriegte aber auch die Bedrückungen nicht los. Ich mußte mich konzentrieren, was war eigentlich geschehen? Eigentlich nur dies: Ich hatte den Auftrag bekommen, sehr rückhaltlos meinen eigenen Zustand zu bedenken.«

Der Schauspieler kommt einer Frage zuvor. »So, und nun werden Sie fragen, wie man das macht. Ganz einfach: Indem man sich ein kleines Notizbuch kauft und einen Kugelschreiber, und wenn man Zeit hat, notiert man etwas über sich, bringt sich gewissermaßen mit sich selber ins Gespräch. Voraussetzung ist freilich, einigermaßen ehrlich zu sein. Ich muß heute sagen: Diese Selbstbefragung war für mich existenzfördernd. Ich war in Halle ›kenntlich‹ geworden, hatte Kunstpreis und Nationalpreis erhalten – und mußte nun begreifen, daß dies alles überhaupt nichts über die Qualität eines Schauspielers aussagt; man weiß doch, wie Preise verteilt werden. Das ist seit Urzeiten die gleiche Methode. Und seit Urzeiten gleich ist jene tödlich gefährliche Beruhigung. Jeder Orden eine örtliche Betäubung: da, wo das Herz sitzt. Das Problem ist immer, mit der Arbeit fertigzuwerden in dem Gedanken, nie und mit nichts fertigzuwerden. Es ist die Frage: weiter, rücksichtslos weiter, oder aufhören, Schluß machen. Es ist die Frage des Zweifels, des Mißtrauens und der Ungeduld. Zeit mußt du haben, Geduld mußt du haben, nichts gegen deine Haut darfst du tun. Leicht gesagt. Sensibilität brauchst du, ja. Du brauchst jedoch auch Selbstbehauptung. Aber frißt die Selbstbehauptung nicht die Sensibilität auf? Bist du noch bereit zuzuhören? Siehst du noch genug? Oder hast du dich nicht schon so weit in dich selbst eingeigelt, daß du meinst, der liebe Gott hätte nur dich geschaffen?

Wolf hatte eine Lawine an Fragen in mir ausgelöst. Auf das Tagebuch, mit dem ich versucht habe, sie zu beantworten, werden wir noch zu sprechen kommen.

Zunächst bin ich, allen Wirrwarr im Kopf, zu Werner Stötzer gefahren und habe mit ihm gearbeitet – was heißt gearbeitet, geguckt habe ich, wie dieser Bildhauer lebt. Nun ist er ein sehr eigenartiger, humoriger, hintergründiger Typ, der es haßt, über Kunst zu quasseln. Der raucht lieber Zigarren und trinkt leichtes Bier. Eine Woche lang wohnte ich bei ihm, eigentlich lungerte ich nur herum, und mit einem Glas in der Hand schaute ich dem Wunder Bildhauerei zu; mit viel Amüsement spielte ich den lästigen Begleiter. Wahrhaftig, ein seltsamer Mensch, dieser Stötzer, vom Äußeren her sehr wenig das, was man sich unter einem Künstler vorstellt, schlichtweg ein anständiger Kerl, der mit seinen Händen die Seele von Steinen und Holz freilegen kann. Ein waffenloser Held. Es hatte wenig Sinn, ihn nach dem Grunde dessen zu fragen, was er da tat. Er meinte immer, das wisse er nicht. Natürlich stapelte er gigantisch tief, aber seine Worte erinnerten mich an Barlach, der sagte: ›Wenn ich mir etwas dabei gedacht hätte, hätte ich es nicht zu machen brauchen.‹«

Werner Stötzer, der heute im Oderbruch lebt, ist einer der bedeutenden Bildhauer in Deutschland. Er arbeitete mit am Mahnmal für die von den Faschisten Erschossenen in Baby Jar, er schuf die Skulptur der Toleranz in Potsdam, entwarf Denkmale für die Dichter Paul Eluard und Johannes Bobrowski, er goß die Gruppe »Zigeuner von Marzahn« in Bronze, und von ihm stammen Reliefs für die Bronzetür im Magdeburger Kloster Unser lieber Frauen sowie für das Marx-Engels-Forum in Berlin.

»In die Kapelle, in der Stötzer einst als Toter aufbewahrt wird, für kurze Zeit, will er, so hat er es gern erzählt, ein kleines Relief hinhängen. Damit man sagen kann: Das hat er gemacht, der Stötzer, ja er, der da im Sarg liegt. Noch bei der Beerdigung will er die Blicke auf Zeichen von etwas Lebendigem lenken. Diese kleine Spur wenigstens wünscht er sich, und er will sie sich selbst schaffen, und die Leute sollen nicht auf den Sarg, sondern auf die Skulptur gucken, und so plant also einer, am Ende zurückzukehren zur ganz kleinen Form im ganz kleinen Raum, und Stötzer setzt sein berühmtes schelmisches Lächeln auf, die großen offenen Augen drüber, und sagt: Das ist doch nicht schlecht, oder?

Wir lachten und tranken viel damals, aber eines freilich sah ich: Dieser Künstler-Mensch hat Ausdauer, er ist fleißig, er ist einsam, in dem, was er tut, und die Zweifel zwicken seine Seele. Er lebt in jenem Gefühl, das so schön wie entsetzlich sein kann: Es ist niemals aller Tage Abend. Der Stein zwingt dem Menschen eine andere Geduld auf, ein anderes Zeitgefühl; es ist nicht jenes von uns Schauspielern, das von Vorhang zu Vorhang, von Szene zu Szene, von Abend zu Abend reicht, und dazwischen reichlich viel Applaus. Der Bildhauer muß mit steinhartem Material umgehen; da ist nichts mit rasch hingesprochenem Wort und einer Übergeste drüber. Ein falscher Schlag, und der Stein verweigert sich weiterer Formung. So entsteht Bedachtsamkeit, ein tiefes Empfinden von Arbeit, ganz aus dieser Welt, ohne Höhenflüge aus Leichtfertigkeit und lügnerischem Beifall.

Ich füge dem Stein etwas hinzu, sagte Werner Stötzer, indem ich etwas wegnehme von ihm.

In der Vorbereitungsphase für den Film war mir übrigens durch den äußerst umsichtigen und sensiblen Produktionsleiter Herbert Ehlert die Chance gegeben worden, mich für drei Tage nach Güstrow zu verfrachten und Ernst Barlach für mich zu entdecken. Auch das sollte Folgen haben: Ich wurde ein bißchen still in dieser Zeit. Grundelement meiner schauspielerischen Tätigkeit bleibt ja die Gefahr, daß Leib und Seele so ganz anders vor die Leute getragen werden: Ein Maler hängt ein Bild auf und ist nicht anwesend, wenn das Publikum kommt. Du aber, als Schauspieler, du bist das Bild selbst, und die Leute nehmen dich als das Bild. Und eines Tages machst auch du dir nur noch Bilder von dir selbst, wirst gottstreitig, denn du tust, was vielhundertfach angefeindet ist als Teufelswerk: Du sollst dir kein Bildnis machen von dir selbst – und so applaudieren sie dich ins Verhängnis, und du bildest dich ins Verhängnis. Alle werden wir untergehen, wie Bosch uns malte: Einer macht Faxen, und seine Kumpane klauen den Leuten das Geld. Das sind die Komödianten.

Gedreht wurde ›Der nackte Mann auf dem Sportplatz‹ übrigens in Stötzers Gegend, sein Atelier entstand quasi noch einmal als Kulissenort in Berlin-Altglienicke. Der Bildhauer kam oft zu den Dreharbeiten, mit dieser ewig brennenden Zigarre, er spielte sogar mit, schlüpfte in die kleine Rolle des Bürgermeisters; aber hauptsächlich schaute er gleichsam sich selber bei der Arbeit zu; das leibhaftige Modell begegnete seinem Talmi in Gestalt des Schauspielers Böwe. So direkt hatte ich bis dahin noch nie zum Vergleich gestanden. Ein qualvolles Verwirrspiel. Nähe und Distanz. Kopieren ging nicht – ich mußte mich schon selbst ins Bild bringen. Nur ab und zu, bei der Arbeit am Stein, wurden statt meiner die Hände Stötzers gefilmt. Und dann noch dieser Wolf, der auch hinter der Kamera nicht gerade ein beredter Inszenator war, sondern jemand, der meistens in der Pause und mit Schweigen zum Ausdruck brachte, was er wollte. Knapp, sachlich, genau. Alles ging so unmerklich einher. Immer umgab er sich mit einem Schutz, nichts betrachtete er als gesichert, alles unterwarf er dem Prozeß eines ständigen Werdens – was für einen vitalen Menschen wie mich keinesfalls einfach war. Manchmal dachte ich: Jetzt möchte ich die Hosen herunterlassen und den Typen hier vor die Kamera scheißen, nur damit endlich mal was passiert, nur damit diese elendige Starre und Stille, diese Betulichkeit und Ängstlichkeit, diese dauernde Qual sich etwas verwischt und auflöst. Aber ich wußte ja, Wolf hat recht, so wie Stötzer recht hat: Nur langsam wird die Angst aus den Räumen zwischen uns und dem Stoff weichen.

Fast nicht zu glauben: Es kam dennoch der Punkt bei den Dreharbeiten, da kehrte eine fast besänftigende Ruhe ein, denn nun würde nichts mehr auswechselbar sein, auch ich als Kemmel-Stötzer war nicht mehr auswechselbar, es würde gehen müssen mit mir, diese Erkenntnis galt selbst für den Regisseur, das dachte ich mitunter regelrecht schadenfroh – doch vielleicht würde er so schlecht gar nicht, der Film. Wenn Wolf mich allerdings fragte, ob ich Muster sehen wolle, lehnte ich vehement ab.«

Der Schauspieler freut sich, daß ich Werner Stötzer aufsuchen werde. Er soll für dieses Buch von sich erzählen. Der Thüringer aus Steinach, der lange Zeit in Berlin lebte, nahm sich eines Tages mit seiner zweiten Frau ein geborgtes Auto, sie fuhren ins Oderbruch und suchten sich eine neue Behausung – weil sie Berlin störte. Und so leben die Stötzers seitdem in Alt-Langsow.

»Es gibt Freundschaften, die währen über Jahre, und ihr Bestand ist nicht abhängig davon, wie oft man einander begegnet.« Sagt der Schauspieler. Freilich spricht auch er diesen Gedanken wie eine Entschuldigung dafür aus, daß man nach erledigter Arbeit so wenig tut, um miteinander im Gespräch zu bleiben. Darin klingt ein wenig Wehmut und Schuldbewußtsein mit, besonders aber die Furcht, schon morgen könne es für alles zu spät sein.

Wir vertagen uns. »Der nackte Mann auf dem Sportplatz« ist noch nicht zu den Akten gelegt.

WERNER STÖTZER ist ein beobachtungssicherer, gewissenhafter und neugieriger Notizen-Mensch. In diesen kleinen Blättern spiegelt sich die Welt-Anschauung eines Künstlers, dessen Lebenssichten nun, beim Film von Konrad Wolf, in entscheidender Weise auch in die des Schauspielers eingreifen. Böwe und Stötzer. Ein Zeit-Vergleich. Und im Erlebten so manches Gleichheitszeichen. Auch Werner Stötzer ist einer, der auf Spurensuche geht, um sich selber besser zu verstehen.

Wir sitzen in Berlin-Nordend, weithin hallen die Meißelschläge. Auf dem Hof des Freundes Karlo Wloch arbeitet der Bildhauer an einer Figurengruppe: Zwei Menschen gehen aneinander vorbei, jeder in eine andere Richtung; Stötzer erfaßt den Moment, da beide einander treffen: »Die Begegnung«.

Ringsum unbehauener Stein. Jeder hatte seinen Ort, den Stötzer genau kennt. Sogar aus Italien hat er schon mal Stein geholt, gleichsam an den Ursprüngen. Alle, die da ehrfürchtig schauen, beruhigt Stötzer lapidar: »Wenn man Landräte aus dem Westen hierher in den Osten bringt, dann kann man auch Stein aus Italien holen. Das ist nichts Besonderes, beides Abfälle.« Er grinst.

Schichtschluß. Werner Stötzer sieht aus wie ein Bauarbeiter, belegt von Steinmehl. Er wischt sich den Schweiß von der Stirn, wäscht sich, geht an einen Spind, zieht sich um. Die einzige Frage, die ich habe: Behält er die Zigarre auch unter der Dusche im Mund?

Kurze Zeit später: Wir werden Zanderfilet essen, Werner Stötzer hat den Fisch gekauft, ihn schon in die Pfanne gelegt, Speck dazu gebraten, ganz unaufwendig und ganz selbstverständlich, er schmort jetzt noch Tomaten, die Zigarre natürlich im Mund, der weiße Wein steht bereits auf dem Tisch. Ich lese eines seiner Notizblätter.

»*Wenn ich behutsam versuche, die verschütteten Eingänge in die Höhlen der Kindheit freizulegen, sind es oft Bilder, die Kubin gezeichnet haben könnte. Dann wieder sind es Bilder, die mit dem Gold gemacht sind, das man zum Malen von Ikonen nimmt. Dazu kommen Gerüche und Geräusche, die zu bestimmten Zeiten etwas Verschollenes wachrufen. Gespenstiges und Schönes nebeneinander. Der alte Menschenaugenmacher in dem steinernen Haus in Steinach, der sich nach der Erzählung meiner Tante Frieda in einen kleinen schwarzen Hund verwandeln konnte und den wir Kinder immer mieden. Der arme alte Mann, der so viel Geld hatte und keine Freunde. Die schönen Pfingstfeste mit den Eltern und dem Bruder, sie wurden auf den Triften und Lichtungen des Tierbergs oder des Fellbergs gefeiert, mit Singen und Trinken – und die wenigsten Erwachsenen wußten, in welch schlimmer Zeit sie lebten, die starken, zähen Holzfäller und die lustigen Glasbläser, die Spielzeugmacher und die armen Griffelmacher. Die wenigsten kamen aus dem Krieg zurück, in den ersten Kriegsjahren zeigten sich die Frauen noch in Parfüm aus Paris, und wir Kinder aßen Schokolade aus Amsterdam, unser Gesang wurde nun wilder, und die größeren von uns Kindern wurden Soldaten. Auch von ihnen kamen nur einige wieder nach Hause, darunter mein Bruder Walter. Mein Vater aber, der so sehr fehlte, kam nun nur in meinen Träumen zu mir, Jahrzehnte lang. Der Traum läßt nach, aber sein Bild bleibt, der ›Originaleindruck‹ Die Mutter, die immer gute, vererbte mir den Instinkt für bestimmte Situationen. Zu der Zeit, als sie stirbt, lese ich in einem Buch, das ein guter Dichter nach dem Krieg schrieb, den Satz: ›Der Mensch kommt aus den Frauen, geht ein wenig aufrecht, und dann in den Acker.‹«*

Der Instinkt für bestimmte Situationen. Auch Stötzer war zunächst, wie der Schauspieler, gegen Ende des Krieges fanatischer Mitmacher. Offenbar bewahrte beide eine bestimmte Art von Schwäche vor dem überall lauernden Heldischen.

»Eines Tages sah ich«, erzählt Stötzer, »wie Leute durch unser Dorf getrieben wurden, Buchenwald-Häftlinge. Wer hinfiel, kriegte einen Kolbenhieb von den SS-Männern. Ich stand neben heulenden Frauen und meiner erschütterten Mutter. Plötzlich hatte ich ein einschneidendes Gefühl von Schuld in mir: In diesem Moment spürte ich, ich würde nicht die Kraft haben, so etwas zu tun, was ich da sah; aber das war doch das, was der Staat zu recht erwartete. Mir wurde klar, ich würde den großen Anforderungen Hitlers an Härte und Unerbittlichkeit nicht gerecht werden; ich lief weg, ins Waffenlose.«

Ich finde ein Blatt, das dieses Motiv des Weglaufens – als Gegenteil von Feigheit – in freilich ganz anderer Situation wieder aufnimmt.

»Als die Abschlußveranstaltung der Weltfestspiele 1951 im demokratischen Sektor in Berlin begann, trafen sich an einer Sammelstelle in der Münzstraße die Studenten der Bauhochschule Weimar.

Die älteren waren in Westberlin gewesen, in Dahlem. Dort befanden sich in einem Kloster viele Bilder und Skulpturen, die wir auch gern gesehen hätten. Wir waren aber ängstlich, denn es war uns verboten worden, ohne eigenen Auftrag der FDJ in die westlichen Sektoren zu gehen.

Nach dem Sammeln ordneten wir uns zu einem großen Zug, der an der Tribüne, auf der die Staatsmänner standen, vorbeiführen sollte. In den ersten Querstraßen liefen wir so, wie ich es mit großer Freude nach dem Krieg bei den Maifeiern erlebt hatte. Wir liefen schlendernd, singend oder erzählend, manchmal kam der Zug zum Stehen, und es tanzten welche. Die Augustsonne schien, und wir waren vergnügt, manche aßen etwas, es hatte Apfelsinen gegeben und Wurstbrote.

Aber plötzlich befahl einer der Älteren unter uns. Es ging ganz schnell, man war verdutzt, aber wir formierten uns vor der großen breiten Straße zu einer Art Kompanie. Die Fahnenträger schulterten die Fahnen derart, daß ich dachte, sie hätten das in den letzten fünf Jahren heimlich geübt, und der Troß begann vom Schlendern über das Gehen fast geheimnisvoll festen Tritt zu bekommen.

Zu spät merkte ich, daß marschiert wurde, und man machte ›Die Augen links!‹ Die gestreckten Beine hinter mir trafen mich in den Hintern, ich wurde unsicher, stolperte, rechts und links zischelten vertraute Gesichter ›Flasche!‹ und ›Pfeife!‹ und ›nasser Sack!‹.

Gruppenfoto mit guter Laune: Wolfgang Kohlhaase, Werner Stötzer, Dieter Franke, Kurt Böwe

Und so kam es, daß ich kurz vor der Tribüne ausgestoßen wurde aus dem Zug und mir sehr elend war und ich zum S-Bahnhof Friedrichstraße lief, dort auf der Toilette das Blauhemd auszog, dieses in den Brotbeutel steckte und ohne Fahrkarte in den Westen fuhr.

In meinem Brotbeutel hatte ich eine sehr schöne Ausgabe des Buches ›Die sieben Säulen der Weisheit‹ von T. E. Lawrence, und es gelang mir dort in Charlottenburg, dieses Buch, das eigentlich meiner Tante Gerti gehörte, gegen ein Paar amerikanische Schuhe mit starker Gummisohle einzutauschen.

Später, wieder in Weimar, galt ich als unsicherer Kantonist.«

Während des Studiums sitzt Stötzer, wie der Schauspieler damals auch, oft bei den Proben im Berliner Ensemble.

»Brecht arbeitete dort. Seine Art, Theater zu machen, schien so einfach, daß man glauben konnte, es noch besser machen zu können. Mit etwas Geduld wäre es nicht schwer gewesen, bei denen Anschluß zu finden. Ich saß allein, in der Tiefe des Zuschauerraumes, konnte zuhören und zusehen und war für mich so eine Art Schiedsrichter zwischen Brecht und den Schauspielern. Es gab einige kämpferische Typen, diese hatten meine Sympathie. Und wenn sie eine eigene Idee gegen Brecht verteidigten, so nahm ich es wie einen eigenen Sieg auf. Ich träumte die Gespräche auf der Straße weiter, erfocht mit einem eigenen gedanklichen Seitenhieb gegen die Regie Triumphe und stolperte fast über meinen Lehrer Seitz, dessen Meisterschüler ich war und der mir nun wie ein gemeiner Arbeitgeber vorkam.

Aber er, Süddeutscher, ironisch, mit nüchternem Humor, sprach von den kleinen Genies, die sich in den Ateliers der Akademie aufhielten, er fragte, warum ich mir keinen Bart wachsen ließe, und dann fragte er sehr ernst, ob ich kein Interesse mehr an meiner Tonfigur hätte.

Sie war trocken geworden und stand nun wie eine Anklage zwischen uns.

Seitz kannte meinen Zustand, er erzählte mir von sich, wie er aus der Gefangenschaft zurückgekommen war, wie erschöpft und hungrig in den Frieden er kam und seine zerstörten Plastiken unter den Trümmern ahnte. Wie er darüber gar nicht so traurig war, als er zunächst gedacht hatte.

Er hatte wieder angefangen zu arbeiten, aber mit einem neuen, anderen Elan, denn er kam aus dem Krieg. Er freute sich, daß es keine verdunkelten Fenster gab und keine Siegermeldungen.

Seine Idee war einfach, er wollte wieder Bildhauer sein. Und das war er. Das könnte ich auch werden, sagte er zu mir, und ich müsse jetzt gleich meine Figur feucht machen und etwas sorgsamer mit ihr umgehen, denn so schlecht wäre sie nicht.«

Werner Stötzer ist Bildhauer geworden, und eines Tages kamen Leute vom Film.

»So also sah er uns? könnte ich Kohlhaase fragen, jetzt nach vielen Jahren. Kohle aber würde zu Recht sagen, so sahen WIR uns, nur, er hatte seine Idee davon, und wir haben gerne mitgemacht. Die Rede ist von Konrad Wolf, und ich spreche von dem Film ›Der nackte Mann auf dem Sportplatz‹.

›Es war eine Lieb zwischen Füchsin und Hahn‹, heißt es im Gedicht, und so wurde es von den beiden gemacht. Kohlhaase und Wolf schlachteten mich gewissermaßen aus. Und ich ließ mich gerne ausschlachten.

Dabei gab es aber die großen Sorgen von Freunden. ›Es gibt Parfüme, die durch alle Stoffe dringen,‹ hörte ich und stellte mich schutzlos dem Stoff.

So wurde ein Film gemacht, ich hatte die Freude, Freunde spielen zu sehen, ihre Einfälle überraschten mich und machten mich sprachlos.

Ich mag das Professionelle im Beruf, und so wie die Arbeit an diesem Film gemacht wurde, meinte ich, kann man getrost mitmachen. Sicher, das gute Wort kann verletzen, aber ich fühlte mich nicht wie ein Werkzeug des Appius Claudius, des Blinden, sondern des Sorglosen, der keinen Frisörkopf hat und der in seiner Eigenart eigentlich gar nicht unterzubringen ist. Ich habe mich getäuscht, die beiden brachten mich unter. Als Bürgermeister mit Parteiabzeichen! Und wieder einmal zuckten die Freunde und wußten nicht genau, ist er das oder nur ein unsicherer Kantonist.«

Aus den Notizen Werner Stötzers wähle ich noch drei heraus, die zu tun haben mit einem Verständnis der Dinge, das Kurt Böwe zutiefst mit diesem freundlichen, mutmachenden Thüringer verbindet.

»Brief an einen Kunsthistoriker.

Mir, Bildhauer, dreiundfünfzig Jahre alt, sagst Du, ich wäre begabt. Du sagtest es aufdringlich. Für einen Menschen Deiner Bildung ist so ein Satz nicht zu entschuldigen. Du könntest es einem vierzehnjährigen Fußballspieler sagen, dem würde der Gedanke vielleicht gefallen, wäre er aber intelligent, würde er achtgeben, wer ihm das sagt.

Du bist noch immer in dem träumerischen Irrtum befangen, daß ein Talent etwas für meinen Beruf sehr Wichtiges sei, und ich arg-

wöhne, Du denkst vielleicht, das sei eigentlich kein Beruf, vielmehr eine Tätigkeit, die mit Talent zu machen sei.

Mehr als dreißig Jahre habe ich erlebt, wie Talente gemacht wurden, wie sie aufstiegen, über Nacht stürzten oder langsam wie ein bengalisches Feuer erloschen. Die sie als Begabungen aufgebaut hatten, kennst Du noch, die meisten traten ab, zum Glück, aber immer wieder gibt es sie, sie bauen schlecht, und den Sturz des Begabten beachten sie kaum. Der Begabte (welch fürchterliches Wort!), der Instinkt und Phantasie besitzt, wird rechtzeitig feststellen, wie unnütz der Hinweis auf seine Begabung ist. Er wird seiner Phantasie folgen und damit sein Tagwerk beginnen. Das wird sein tägliches Brot und die Quelle seiner Arbeit. Er wird merken, daß er gegen die Begabung angehen muß; er muß sie in seine eigene Zucht nehmen und der Arbeit zuträglich machen. Später wird er mit einer gewissen heiteren Wehmut an sie denken – etwa wie an die erste Freundin, der er später aus dem Wege ging, weil alles zu schön war, aber keine Belastung vertrug. Denn die Belastung kommt, er sucht sie mit Instinkt und muß sich ihr stellen. Den Niederlagen folgen Erfahrungen, den Erfahrungen folgt eine Sicherung des Erlernten und läßt eine trockene Erwartung aufkommen; aber schrecklich kommt der Tag, an dem er erkennen wird, wie weit entfernt er von dem ist, was ihm möglich erscheint.

Der ehemals Begabte wird nun zum Arbeiter. Dadurch wird er unabhängig, das kann ihn gelegentlich fröhlich machen, denn die Arbeit führt zu Entdeckungen, und Entdeckungen führen bekanntlich auf neue Wege. Die Wege haben Abzweige und Lichtungen, auf einmal eine Blöße, dann wieder ein Dickicht. Und manchesmal wird der Blick frei auf etwas Neues. Mir ist also Dein Testat unwichtig, Deine Wanderung als Fortbewegung hat nicht stattgefunden; sie trippelt mit Aufsätzen und mit unsicheren Bemerkungen über das Unfertige in unserer Kunst über selbstgebaute Treppen. Mir scheint, es wird das für Euch Verwertbare gesucht, dem halte ich entgegen: Wir stellen uns ständig mit dem, was wir machen, stehen immer in der Blöße, die zu jeder Zeit verwundbar macht. Eine Blöße brauchtest Du Dir nicht zu geben, Du armer Hund.

...

Mir aber waren in der Woche, wir schreiben das Jahr 1988, bei der Arbeit an der Skulptur am Wannsee die Knie weich geworden, das macht zum einen das Wetter, aber zum meisten Teil der Zustand, in dem sich der Mensch befindet, damit meine ich mich.

Es ist ein schönes Stück Land, eine Landschaft, die mir bekannt ist, die meisten Leute waren bisher gut zu mir, nur man ist eben sehr allein.

Hier aber, im Oderbruch, waren im Haus wieder Menschen, die über Kunst reden wollten und darüber redeten, und da kam mir der Gedanke, daß die Kunst doch nun nicht alles ist, und daß daneben Menschen leben und die Lerche sich kaputt singt und der Igel unsere Petersilie in der Nacht frißt, die Katze gejungt hat und mein Junge Fragen hat.

Da bin ich wieder einmal in die Kneipe gegangen und hab andere Gespräche gehört, über die Wintergerste, die zu früh gelb wird, über den Zustand der Straße zwischen unseren Dörfern, über das schöne Heu in diesem Jahr, und war auf einmal wieder zuhause.

...

Die Nachrichten bleiben, Sommer 1990, ich kann das Radio nicht abstellen, die Geschichte holt uns ein, und nun muß ich das ertragen. In Prag und in Ungarn sind sehr viele Menschen aus unserem Land unterwegs, mit Kindern, sie wollen weg von ihrem Land. Das ist ein großer Schmerz für mich. Ich kenne ihre Gründe, und ich kann nichts gegen ihr Vorhaben erwidern, aber ich darf zumindest traurig darüber sein. Aber, sagt der Nachbar, aber, sagt er, wir mußten schon einmal weg vom Acker, er spricht ostpreußisch, noch einmal gehe ich nicht vom Acker, nun bleib ich, und wir werden sehen, was wird. Erich muß nun sehen, wie das weitergeht, sagt er, wir werden trotz der Dürre eine gute Ernte haben!

Und ich habe meine Arbeit, ich mache gerade den Stein mit den zwei Figuren, die Sonne scheint, und es könnte wunderbar sein. Es ist aber nur gutes Wetter, und wir wollen uns nicht täuschen, in den Städten gehen die Menschen auf die Straßen, hier draußen wird alles ein wenig später gedacht, aber gründlich.

In der Nacht werden heute viele Sterne zu sehen sein, keiner von ihnen kann uns helfen, wir sind sehr allein.«

Wir trinken den Rest Wein. Heute nacht, wenn er nicht schlafen kann, wird Werner Stötzer noch an einem kleinen Relief arbeiten. Und ein Zeitungstext muß bis morgen früh auch fertig sein. Christo und der Reichstag. Werner Stötzer wird etwas über jene Technik und jene Tradition schreiben, bildhauerische Arbeiten nach getanem Tagwerk zu verhüllen. Das kann konturieren und verschönen.

»Aber wenn in so kurzer Zeit in Deutschland so viele Menschen freiwillig auf einem Platz zusammenkommen, kann es auf gar keinen Fall Kunst sein, was sie hintreibt.«

DAS TAGEBUCH, das der Schauspieler damals über die Arbeit am Film »Der nackte Mann auf dem Sportplatz« geschrieben hat, liegt aufgeschlagen auf dem Tisch. Wir haben verabredet, heute kein großes Interview zu machen. Vor der Tür der Böwes stehen mehrere Kartons; es sieht häufig nach Umzug aus, wenn eine Fahrt für ein paar Tage nach Krumbeck bevorsteht. Der Schauspieler öffnet, bittet mich herein, er macht es sich unverzüglich bequem und setzt die Halbrandbrille auf. Leise liest er, tastend, als betrete er nach über zwanzig Jahren noch einmal neues Land.

»1973 also. Ich will versuchen, meine Arbeit an der Rolle des Kemmel durch schriftliche Selbstverständigung zu begleiten. Es sollen alle Schwierigkeiten, Erfolge und Rückschläge skizziert werden, um den Weg der nächsten vier Monate Filmarbeit stets als Rückbesinnung auf meine Aufgabenstellung als Schauspieler zu begreifen.

Meine Zeit am Theater Halle ist abgelaufen, und es wird nötig sein, sich freiwillig in den Beichtstuhl zu begeben.

...

Es ist zu fragen, Böwe, ob das hier in Halle in dir selber Gefundene ausreicht, um weiter in die Mitte und Tiefe der Kunst-Wirklichkeit zu gelangen, oder ob mit diesen sechs Jahren der frühe Gipfelpunkt eines mittleren Talents erreicht und der Gang in die große Prüfung in Berlin ans Deutsche Theater höchstens noch ein Gang in die Selbstbeschränkung ist, das heißt moralisch: in die Selbstaufgabe. Böwe, so werde ich vielleicht eines Tages sagen müssen, ich wäre ohne diesen Konrad Wolf nach meinen ureigenen Mitteln nie so bewußt gefragt, noch in ihnen herausgefordert worden, es ging eigentlich immer auch so ganz gut, mit dem so sympathischen Impetus des intelligenten ›Bauernbengels aus dem Norden‹. Ich habe diesen Slogan ungern gehört (also habe ich ihn für mich oft nur ironisierend gebraucht), um nicht als Darsteller von Arbeiter- und Bauerntypen in den theatralischen, sozialistischen Geschäften dummbatzig, vehikulär, vollends verarscht auf den kurzlebigen Kunst-Markt geworfen zu sein. Aber da stand ich eben trotzdem, wie Schönemann und viele meiner ›Freunde‹ meinten, mit dem Antlitz des neuen sieghaften Menschen – ›der wird es schon schaffen!‹ sollte er ausstrahlen. Und: Alle an einem Strang! Dieser Optimistschenko vorne voran! Und dann holen wir den Kapitalismus ein, kein Zweifel, mit diesem da – ein Führer! Hier ist mit der gewollten Übertreibung des Problems doch der eigentliche kranke Nerv im Gehirn zu sehen – es fängt eben alles im Gehirn an –, so ist das, denn da ist Unwissenheit im Spiel, Unkenntnis über das komplizierte Wesen der heutigen, der modernen Epoche. Mechanik ist da im Denken, nicht Dialektik; Pappkulissentheater ist das, was du machst, Böwe – und nicht durch Wissen und Ästhetik verarbeitete Wirklichkeit. Diesen wundesten Punkt gilt es anzugehen, die Gefahr der Versimpelung. Böwe, der Lorbeerkränzer der Wirklichkeit – da lag die Gefahr, da liegt sie. Nun nutze die dir aufgezwungene Chance, Kerl, such nach der tiefversteckten inneren Wahrheit. Halte dich nicht an überholte Lehrsätze, gewinne wieder dein kritisches Verhältnis zu dir und zu deiner dich umgebenden Welt.

…

Ich meine, wir bringen in jede Rolle unser Subjekt ein, und je stärker es geprägt ist von den Zügen der Zeit, umso besser sind die Voraussetzungen zu einer Verlautbarung über unsere Zeit – in Figuren, die nicht du selber bist, in denen du aber immer selber wiederkommst – im Trullesand, im Iwan Stepanowitsch, im Faust, im Gubanow und in all den anderen Figuren, die ich gespielt habe. Aber ich glaube, daß die Erweiterung des Subjektvermögens, von der die Kunst im entscheidendem Maße lebt, meine eigentliche Aufgabe als Schauspieler ist, daß man an sich selbst in diesem Prozeß immer wieder neue Anforderungen stellen muß. In dem Moment, da du sagst, jetzt habe ich mich voll ausgeprägt, bist du eigentlich weder für die Wirtschaft noch für die Schauspielerei mehr tauglich.

Ich nehme noch einmal her, was ich zwei Jahre zuvor, während der ›Faust‹-Proben geschrieben habe, und mir wird bewußt, wie ich mich verirrte:

›Ich bin zweiundvierzig Jahre alt, habe eine konturierte Biographie, bin aufgewachsen in diesem Land, unter ganz bestimmten Erlebnissen, die mich geformt und geprägt haben. Nun bin ich aufgefordert, mit dem Faust eine Rolle zu figurieren, in der eine Menschheitsproblematik steckt. Wer kann das, wer will sich dazu freiwillig hergeben? Man kann freilich einiges zur Verfügung stellen – sein geistiges Potential, sein biographisches, sein emotionales, also sich selber und die Erfahrung der um einen Versammelten, die dieses große Werk mit interpretieren wollen. Ich habe zum Beispiel lange darüber nachgedacht, wie man diesen Menschen Faust darstellen kann, der ja zu einem Heiligen eingefrostet war über lange Zeit. Ich weiß aus der Theatergeschichte, daß die vielen Versuche, die mit dem Faust seit seiner Entstehung gemacht wurden, vor allem dazu gedient haben, ein Postament, ein Monument zu errichten, weil Ideal und Wirklichkeit in einem unlösbaren Widerspruch standen. Aber in unserer Zeit, wo wir an die Verwirklichung der Ideale herangehen, ist es notwendig, diesen Mann Faust sinnlich erlebbar in die Wirklichkeit herunterzuholen, in unsere Wirklichkeit, in die Assoziationsfähigkeit des heutigen Zuschauers, es gilt, diese große Problematik in den zentralen Zusammenhang unserer Auseinandersetzungen zu stellen. Wie aber macht man das?‹

O Gott!

(Wie aber macht man das, fragte ich im Tagebuch von 1971. Aber wenn ich ehrlich bin: Fragte ich nicht mit dem Ton dessen, der's im Grunde doch weiß, weil er das richtige Parteiabzeichen trägt?

Da ist wieder die Versimpelung, die mir nun Sorgen macht.)

…

Probeaufnahmen vom 22. bis zum 24. Januar:

Ich fühlte mich unvorbereitet, spielte den Kemmel wohl glatt und ungenau, sah dann die Aufnahmen und war erschüttert über mich. Fett, bieder, phantasielos. So beschissen – das soll ich sein?

Die folgenden Tage werfen mich in tiefe Zweifel, ich sollte Konrad Wolf den Bettel doch besser vor die Füße werfen. Aber das hätte sicher auch ein vorzeitiges Fiasko meiner noch gar nicht richtig begonnenen Berliner Laufbahn bedeutet; Synchron- und Funksprecher hätte ich dann noch werden können. Ist es also Eitelkeit, die mich weitermachen läßt? Mit gemischten Gefühlen, mit einer Ängstlichkeit, die in mich dringt wie Novembernässe durch ein Campinghemd, fuhr ich nach Judenbach, um bei meinem alten Kumpel Erich ›Thüringisch‹ zu lernen. Für den Film, für diesen Kemmel.

Ende Februar, Anfang März:

Konrad Wolf und ich sprechen über diesen Bildhauer, der unsichtbar neben mir sitzt, aber eben noch nicht in mir drin ist. Es ist dies ein Vierzigjähriger, der ohne Ideale nicht leben kann, mit sich aber die Geschichte einer Generation schleppend, der ja auch ich angehöre, auch eine Frau wie Christa Wolf. Eine oft betrogene, gedemütigte Generation. Auch deren Leitbilder brechen weg; diese Generation besteht nicht mehr nur aus dem öffentlichen Bild dieser stolzen Unerfahrenheit, mit der man nach dem Krieg an den deutschen Sozialismus ging. Diese Generation, meine Generation – wir sind mit schuld an den Verödungen, gegen die auch ein Konrad Wolf seine Filme dreht.

...

Die Diät, die mir Wolf anempfahl, wirkt tatsächlich: Ich habe vier Pfund abgenommen, fühle mich tatsächlich wohler. Bei der ›Faust‹-Vorstellung in Halle schwitzte ich halb so viel wie sonst.

Ich las Christa Wolfs ›Lesen und Schreiben‹, Babel, Brecht.

20. März 1973:

Das Filmatelier ist im Aufbau, es wird Zeit, daß Stötzer und Kemmel darin arbeiten können. Sitze im abgewirtschafteten DEFA-Hotel und lese bei Brecht übers Schauspielergewerbe: ›Gleichgültig nämlich, was du dort anstellen wolltest – du mußt wissen, was dort mit dir angestellt werden wird!‹

Bedenke, Kurt Böwe, auch diesen Gedanken: ›Es ist dem Schauspieler erlaubt, die Haltung des Staunens einzunehmen gegenüber dem Getriebe des Stücks, aber auch gegenüber seiner Figur (die er zu spielen hat), ja sogar gegenüber den Wörtern, die er zu sprechen bekommen hat. Staunend zeigt er das ihm Anvertraute. Gleichsam selber widersprechend, spricht er … Es wird das gesellschaftliche Zusammenleben der Menschen gezeigt. Um nun dieses zu zeigen, ist aber mehr nötig, als in einem Schauspielertalent steckt, mehr als einem angeboren sein kann. Hier taucht Lernbares auf.‹

Es ist sicher wahr, daß die Kunst über das schicksalhaft Einzelne ihre historisch-soziale Wertung vornimmt – aber interessiert allein soziale Determinanz den Menschen heute noch? Ist das nicht genau das, was unsere Kunst oft so eng, so glatt, so streng, so propagandistisch, so unangenehm nutzanwenderisch macht? Der Mensch hat die Leitsätze seit dem Kindergarten im Kopf, er liest in schlechten, grobgestrickten Lehr- und Lesebüchern und rapportiert vor opportunistischen, phantasielosen Pädagogen, die ihren elend eintönigen Lehrpfad entlangkriechen. Überall, selbst in Theatersälen, wo unter anderem ein gewisser Böwe auftritt, hört der Mensch vom planmäßigen, vermeintlich wissenschaftlichen Fortgang seines Seins und Werdens; alles ist klar, geordnet, gleichsam todsicher futurisiert. Brecht: ›Mach dir einen Plan, / sei nur ein großes Licht. / Und mach dir einen zweiten Plan – / gehn tun sie beide nicht.‹ Diese Skepsis müssen wir diskutieren, aber überall sehe ich diese dumpfe ›So ist es, so bleibt es‹-Haltung. Sie ist wohl ein Reflex auf viele negative Erfahrungen mit diesem Sozialismus. Aber die Augen zu verschließen, ist keine sehr erfolgreiche Methode, eine Sache aus der Welt zu bringen. Es bleibt für uns Theater- und Filmemacher die erste Aufgabe, uns mit der WAHRHEIT unserer eigenen Welt auseinanderzusetzen. Zu erzählen ist immer wieder von zweifelnden, weinenden, egoistischen, liebenden und wieder verzweifelten Menschen als dem Wertvollsten, dem sich eine Gesellschaft widmen, zuwenden kann. Es geht um Zuwendung, nicht um Vereinnahmung! Es hat keinen Zuruf gegeben, der je einen Menschen auf die Welt brachte. Hineingeworfen werden wir, ungerufen, ungefragt – nichts Besseres müßte der Sozialismus erbringen als die Geste, daß jeder Mensch recht hat in seiner Individualität.

Aber statt dessen: immer drohende Gefahr von Dogmatismus, Spießertum; Revolution von oben, die uns nicht voranbringt, so sehr wir auch ökonomisch voranschreiten mögen (was ich freilich auch bezweifle). Idylle und Katastrophe – das sind die Spannungspole, in die diese DDR eingelagert scheint, und unser Film betrachtet dieses Thema aus der Sicht eines sonderbaren Menschen namens Kemmel.

Vielleicht gerät der Film für dieses Thema viel zu leise. Wer hört die Hilferufe, wenn sie geflüstert werden?

…

Ich habe den Eindruck, daß wir Schauspieler das Staunen ein wenig verlernt haben; klugscheißerisches Denken benutzt dichterische Produkte allein zur Bestätigung dieser Klugscheißerei. Wir wagen uns nicht auf die Pfade, die in den Texten der Dichter darauf warten, erkundet zu werden.

21. März, 0.30 Uhr:

Ich finde in Paul Schusters Buch über Ernst Barlach folgende Äußerung des Bildhauers gegenüber der Zeitschrift ›Stahlhelm‹, die sein Gefallenen-Mal ablehnte:

›Wie heute mir, so kann es morgen anderen ergehen, denn das Schlagwort hat einen furchtbaren Schwanz, und seine Schwünge treffen nicht nur die Nachbarstädte. Der Vollzugswille der kameradschaftlich organisierten Artgenossen mag einmal, wie im Kleinen gegen den Kurs meines Schiffleins, machtfreudig gegen die nicht passende Richtung strömen. Ihr, die ihr die Dinge auspolstert, wißt nichts von dem Adel der Einfachheit, ihr setzt der Wirklichkeit so lange zu, bis sie die Backen aufbläst und in Trompetenstößen Laut gibt, und wißt doch nichts von dem Ewigkeitswort, dessen Raunen nur aus der Stille vernehmbar wird. Donnergefühle müssen sein, und in Knallworten müssen sie sich entladen, nichts liegt bei euch zwischen den Zeilen als das Pfeifen eurer Blasebälge … Kann man riskieren, von der Tragik des Seins überhaupt zu sprechen? Nichts da in eurem Wissen von Segen und Flug, wie der Flug den auftrumpfenden Erfolg infiziert, wie der Segen den Erliegenden mit Stolz beschenkt. Es gibt, wenn auch nicht in eurer Vorstellung, einen Ruhm der Einfachheit, aber nebenan prunkt zufrieden eine stampfende und weithin anrüchige Aufgewichstheit in augenrollender Verbiesterung … O nein, nur nichts Trauriges, beileibe kein anderes Gefühl, als die hackenklappende Gesinnungsorder vorschreibt. Nicht viel anders geworden im geistigen Reglement, der weite Wald, der zu Kreuzen geworden, ist umsonst gefallen …‹

Warum sieht er mich so an, dieser Barlach!

25. März 1973, ein Sonntag:

In meinem Spiel immer noch Zeichen von Grobheit, die diese doch eher zarte Kemmel-Figur beeinträchtigen. Es muß mir gelingen, meine Seele weich zu machen. Ich werde mir Ralf Kirstens Barlach-Film mit Fred Düren anschauen, und ich muß einen Tag lang nach Güstrow fahren, um die Welt dieses Bildkünstlers zu sehen.

27. März 1973:

Barlach-Film gesehen, allerdings in einer zerstückelten Fassung, da er im Ganzen des ›Pazifismus‹ bezichtigt wird. Nun macht der Streifen einen recht konturenlosen Eindruck. Eine wirklich künstlerische Sicht auf Barlach ist zu erkennen, ›temporäre‹ Akzentuierung konnte vermieden werden. Die Erzählung Fühmanns hatte mich neugierig gemacht, dennoch enttäuscht der Film, er wirkt über weite Strecken sentimental.«

Der Schauspieler legt das Tagebuch zur Seite.

»Ich denke trotz der Einwände, die ich damals aufgeschrieben habe, oft an diesen Film. ›Der verlorene Engel‹ von Ralf Kirsten entstand ja nach Franz Fühmanns Erzählung ›Barlach in Güstrow‹; ein kleiner Film über das schlimme Jahr 1935, darüber, wie das Mahnmal für die Gefallenen des ersten Weltkrieges, dieser inzwischen weltbekannte schwebende Bronze-Engel mit den Gesichtszügen der Kollwitz, von den Nazis aus dem Güstrower Dom gerissen wird. Es ist der Versuch, Reflexionen eines einsamen Mannes in karger Landschaft in Bilder zu fassen. Oft sprach ich mit Düren, der die Titelrolle spielte, über diese Arbeit. Auch er war unzufrieden; die Naturaufnahmen, gerichtet auf diese herbe, weite norddeutsche Wasserwiesenland-Komposition, schwelgten auch für ihn zu sehr in Ansichtsfotographie. Die Kamera ästhetisierte, aber sie erzählte nicht. Sicher haben die Filmemacher ihrem Versuch ein warnendes ›Wehret den Anfängen‹ unterlegt und ihren Kampfeswillen gegen dogmatische Kunststrangulierungen im Sozialismus andeuten wollen, der Film kam freilich über einen tragisch-sentimentalen Ansatz nicht hinaus.

Aber: Das Schicksal dieser Arbeit, sein Los, Fragment bleiben zu müssen, sprach für die Aktualität des Themas. Der Film mit Fred Düren wurde 1966 gedreht, 1970 nach heftigen Einwänden der offiziellen Kulturpolitik bearbeitet, 1971 in aller Stille in die Filmkunsttheater gebracht. Erschreckend unwirklich, wenn man heute liest, wie die Hauptverwaltung Film 1966 über diesen Versuch urteilte.«

Böwe nimmt einen Hefter aus den Regalen.

»Diese Urteile wurden von Leuten gefällt, denen man hin und wieder begegnete; neben der geistigen Ödnis, die von solchen Funktionären ausging, schreckt die eigene Blindheit, dem nicht entschiedener entgegengetreten zu sein. Der Schreck wächst mit wachsender Distanz, weil der Sinn für die groteske Unsinnigkeit und anmaßende Menschenfeindlichkeit dieser Kulturpolitik (gegenüber Barlach!) ebenso wächst. Hier, im September 1966, heißt es in einer internen Einschätzung der Hauptverwaltung: ›Der Film klagt ganz allgemein den Gegensatz zwischen Kunst und Diktatur (Totalitarismus) an. Er kann demzufolge auch als Anklage gegen die staatliche Macht allgemein (also auch gegen die sozialistische Staatsmacht) aufgefaßt werden. Der Film irritiert, statt zur klaren antifaschistischen Parteinahme im Sinne der historischen Gesetzmäßigkeit zu erziehen. Mit dieser Position hätte dieser Film ebensogut in einem beliebigen imperialistischen Staat produziert werden können. Selbstverständlich ist Barlach in seinem Leben nur zu begrenzten, klassenindifferenten Erkenntnissen gekommen. Das berechtigt jedoch sozialistische Filmkünstler nicht, sich selbst in diesen Grenzen zu bewegen.‹«

Der Schauspieler greift wieder zum Tagebuch, das hier nahtlos anzuschließen scheint:

»8. März:

Fuhr mit dem DEFA-Wagen von Potsdam nach Güstrow, in die Welt Barlachs. Herbe mecklenburgische Landschaft ab Kyritz. Suchte in K. meine Schule auf, wo ich drei Jahre verbrachte. Das ist nun schon 23 Jahre her, ich schlich über alte Treppen und Korridore. Seltsam, wie wenig die Zeit doch verändert, wie mählich sie die Welt formt. Junge Menschen laufen mir entgegen, die damals, als ich hier lebte, noch nicht auf der Welt waren. Plötzlich komme ich mir vor wie jene Leute auf uralten Postkarten, die der Fotograf in einem Moment Leben erfaßt hat, das alle Zeit überdauert, aber diejenigen, die da innehalten auf dem Bild, sind doch längst tot, vergraben, vergessen; nur diese eine Postkarte bewahrt ihr Leben auf wie ein Stück gerettete, aber unwirkliche Unschuld.

Aber ich sehe die jungen Menschen in dieser alten Schule, schaue an mir herab, und ich würde mit Galilei sagen, ich bin vierundvierzig Jahre alt und habe noch nichts geleistet, was mich wirklich befriedigt. Werde ich nun Chance und Kraft haben, bis zum 50. Lebensjahr voranzukommen in der Kunst-Welt von heute? Das Leben fragt, was hast du angestellt? Weiter – zu Barlach. Seine Mensch-Künstler-Einigkeit scheint mir die Größe vieler Holzfiguren zu durchatmen. Hier ist alles durchlebt, gedacht – nichts Zufälliges, Gängiges, Flüchtiges; das Werk ist ganz Bekenntnis zum Menschen, der an der Welt leidet, weil er die Hoffnung nicht aufgeben kann. Doch ist nicht Barlach auch der Heilige, der bärtige Stellvertreter Christi, wenn man auf die Vitalität, den Humor schaut, der in den Plastiken sichtbar wird? Er wird mich weiter beschäftigen – Gestalter einer norddeutschen Bauernwelt. Irdisch!

Barlach erzählte einmal, wie er dazu kam, in Stein zu arbeiten. Seine Mutter hatte die frühen Versuche ihres Sohnes, mit Pinsel und Leinwand umzugehen, kritisch betrachtet und gesagt: Du hast kein Farbensinn! Barlach: ›So wurde ich Bildhauer.‹

…

Barlach am 27. September 1914 über norddeutsche Kopfeichen:

›Rauher Tag am Parumer See. Am Nachmittag hatte ich die Äpfel vom Baum genommen und mit Lust den Oktoberwind an den Rippen und Schultern gefühlt. Klaus (gemeint ist der einzige Sohn Nikolaus) und ich ließen ihn blasen, Schaum schlagen und die alten Weiden mit Armenhausfrostigkeit angrauen. Sie könnten einen jammern, die alten, uralten kontrakten und spaltleibigen, dürren Onkels, aber mich erfreuen sie mit ihrem Hohn auf alle Glücksmoral. Diese Reste leben das Dasein von Gespenstern …, im Sturz gekrümmt, ausgeweidet die Knochen geborsten, von Wurm und Wettern zerklüftet, das Fleisch faul zum Zerbröckeln, mürbgereift in Widerstandsunfähigkeit gegen geheimsten Mord –, aber sie leben, erhalten ihre Krone und denken so wenig an Verzichten wie der Beglückteste …‹

8. April:

Sonntag. Ich sitze im Appartement Unter den Linden 143 und warte auf den Drehbeginn. Morgen zehn Uhr fängt die Arbeit an. Endlich! Eine Fessel zieht sich noch einmal an – morgen wird sie reißen. Wird sie das wirklich? Zufällig lief jetzt der idyllisch-verlogene Fernsehfilm ›Den Wolken ein Stück näher‹ über den Bildschirm. Der gute Lehrer Magnus (Kurt Böwe) und die folgsame Klasse. Wer Kinder hat und mit Schuldingen konfrontiert ist, weiß um die Notwendigkeit von Veränderungen gerade auf diesem Gebiet. Den so bedrohlichen wie verflucht natürlichen Gegensatz zwischen den Generationen verleugneten wir. Wieder eine Lüge! Ich habe mich mit diesem Lehrer Magnus an eine schlechte Aufgabe vertan, obwohl wir doch ernsthaft arbeiteten. Ich bin ein Schein- und Halbwelt-Schauspieler!

…

Gespräch mit dem Dramatiker R. K., der den einen nicht wehtun, die anderen nicht brüskieren will. Diese Generation, der auch ich angehöre, will ihr Bekenntnis zum Sozialismus nicht zurücknehmen, will das Ganze nicht gefährden, sieht aber, wie dieses Ganze zerbröselt – und hat doch nicht die Courage, nach den Wurzeln zu graben und herauszureißen, was den Wuchs verunkrautet.

Wir müssen, uns zu retten in uns selbst, wieder auf uns selber hören!

...

Ich lese im Nachrichtenblatt des Deutschen Theaters Berlin Sätze von Adolf Dresen, die meine gegenwärtige Arbeit sehr betreffen: ›Mir scheint die Auseinandersetzung mit O'Casey in der Zeit nach Brecht wichtig, denn er ist mit den Methoden, die man bei Brecht lernen konnte, nicht zu bewältigen, man muß sich also umsehen. Vielleicht kommen wir über O'Casey auch zu neuen Stücken. Mir scheint der Satz richtig, den Goethe einmal gesagt hat: *Gehe vom Häuslichen aus und verbreite dich, wenn du kannst, über die ganze Welt*. Unsere Autoren fangen meist nicht bei sich selbst an ... Im Grunde ist O'Casey einfach – jedenfalls für wirklich Gebildete oder ganz Naive. Nur Halbbildung, die ist hier, wie immer, der Rest – der aber leider nicht schweigt.‹

8. Mai:

Hotel Unter den Linden. Ich habe lange nichts mehr in mein Büchlein hineingeschrieben. Geht es mir denn gut? Zu gut gar? Während des Drehens begreife ich mehr und mehr, daß es bei diesem Kemmel um Selbstinterpretationen vor allem Konrad Wolfs geht. Verstricke ich mich zu tief in die Regiefesseln Wolfs? Ich sehe mir nun doch Muster an, Wolf findet mich in manchen Szenen noch zu behäbig, dick, bäuerisch. Kemmel als Baubudenrülps. Mut zu spielerischer Leichtigkeit fehle; wir meinen aber, da mir dies bewußt ist, kann ich es abstellen. Daß wir chronologisch drehen, ist ein Glück: So entblättere ich mich mit der Rolle, wie es Kemmel selbst ja auch tut.

...

Ich traf meinen alten Studiengenossen R. M., der Shiguli fährt, seine Zigarren raucht, sich ›eingerichtet‹ hat in der Wissenschaft. Eingerichtet! Er lacht selber über dieses Wort. Aus Anhänglichkeit, auch ihm gegenüber, besuchte ich mein altes theaterwissenschaftliches Institut. Deprimierend, wie die Leutchen da noch immer sitzen, über den Dächern der Stadt, in gut bezahlten, ruhigen Positionen, selbst nicht genau wissend, wem sie da nachforschen und zu welchem Sinn das alles. Ich bin froh, vor zwölf Jahren dieser Ideologiemühle entflohen zu sein. Wahrscheinlich hat mich meine bäuerische Natur, mein unstetes Wesen vor diesen schrecklichen Laufbahnen bewahrt, vor diesem Schlips- und Kragen-Leben, vor diesem analytischen Geblabber, ungeliebt, ungewollt, von Zweifeln zwar zernagt, aber ohne Kraft und Perspektive, sich da herauszuwinden. Ein Dogmatiker bin ich nicht, sagt R., aber das eben ist das Gefährliche: Wer kein Dogmatiker ist, aber dennoch dabeibleibt, endet als Zyniker.

Immer mehr schreckt mich die Roheit dieser Arbeiter-und-Bauern-Kader ab, die dort DDR-Intelligenz repräsentieren, wo es um Funktionen, Posten, also ums Tonangeben geht. Mit dem Erschrecken über andere schleicht sich der schlimmere Schreck ein: Wie weit bin ich selbst infiziert?

Sei wachsam! schreie ich mir nachts zu.

...

Tage später: Herbert Kemmel, die erste Rolle Film.

Erneut Muster! Und leider bin ich an einem Punkt, wo ich sie mal wieder nicht ersehen kann! Was soll ein Schauspieler sich Bildausschnitte angucken! Er sieht doch stets nur sich selbst, das ist alles, und er sieht so blöd aus, wie er nun mal aussieht. Ich finde das anmaßend, wenn ein Schauspieler dauernd Muster studiert und womöglich meint, eingreifen zu können. Nein, du stehst vor der Kamera, andere stehen dahinter, die haben dir ihr Vertrauen gegeben, und nun müssen sie dich ertragen, wie du bist. Sollen sie was draus machen, Punkt.«

DER SCHAUSPIELER läßt das Tagebuch wieder sinken, er steht auf, reckt sich, geht, die Hände in den Hosentaschen, in seinem kleinen Arbeitszimmer auf und ab. Noch heute hat er offenbar das Gefühl, damals, vor nun über zwanzig Jahren, ein beträchtliches Abenteuer bestanden zu haben.

»Das taucht jetzt alles wieder auf vor mir, und es hat eben wesentlich mit diesem merkwürdigen Konrad Wolf zu tun. Ich fühlte mich Situationen ausgeliefert, die ihm, dem Regisseur gehörten, deren Folgen aber ich, der Schauspieler würde ausbaden müssen: Maler können schlechte Bilder malen, Bildhauer verunglückte Statuen aus einem Stein hauen, schlimm dies alles«, der Schauspieler hebt ironisierend die Arme, als stünde er deklamierend auf einer Bühne, »garstig dies alles, jawohl – aber ein Schauspieler, mein Herr, ein Schauspieler läuft Gefahr, von Hunderten von Menschen ausgepfiffen zu werden. Das ist doch weit schlimmer, oder?!«

»Der nackte Mann auf dem Sportplatz«, 1973: Probe mit Regisseur Konrad Wolf

Wir lachen, er setzt sich wieder, und ich zitiere, was mir Werner Stötzer zu diesem Thema gesagt hat: »Jeder von uns beschwört, in seiner Art, sich und sein Material. Wenn es stimmt, daß ein Schriftsteller Furcht hat vor einem leeren Blatt Papier, das er jedoch jederzeit wegwerfen und ein neues nehmen kann – ich habe nur den einen Stein und Ehrfurcht vor ihm. Zwischen dem ersten und den folgenden Schlägen lebe ich zwischen Glaube und Aberglaube. Er greift zu einem anderen Blatt Papier, während ich wegräume. Und zwischen dem Fluchen und der

Freude hockt die Angst. Ich spreche wirklich mit dem Stein, leise und bittend oder sehr laut. Was weg ist, liegt als Bruch neben mir. Kein neues Blatt Papier. Die Überzeugung, daß etwas verändert werden muß, und die Ausführung der Idee entschädigen wie Regen zur rechten Zeit.«

Böwe hört aufmerksam zu, dann sagt er nickend: »Leben zwischen Glaube und Aberglaube. Was von Wolf herüberkam, war eine dauernd präsente Ahnung von hohem Anspruch. Er versuchte, aus seiner grüblerischen Schwere eine Tugend zu machen, insofern, als er die Schauspieler in die Erkenntnis trieb, sie müßten auf Gedeih und Verderb die Figur, die sie zu verkörpern hätten, selbst gestalten. Seine Arbeit mit Schauspielern bestand wohl weitgehend darin, sie auszuwählen. Vielleicht war an ihm das, was so unsicher machte, mitunter so unwillig und zornig, nichts anderes als Achtung vor dem Schauspieler – als der entscheidenden Kraft, die den Willen des Autors zum Ausdruck bringt. Später fragte ich mich, ob Wolf wirklich mit meiner Leistung als Kemmel zufrieden gewesen war. Zweifel überkamen mich insofern, als er mich nie wieder für eine Rolle holte. Aber ich beruhigte mich schließlich damit, daß dies anderen Schauspielern ebenso ging. Konrad Wolf brauchte ein festes Team für seine Arbeiten, aber Schauspielerbesetzungen wiederholten sich selten. Dieser Regisseur war wohl mehr dem Stoff als dessen Darstellern verpflichtet.«

WOLFGANG KOHLHAASE, der Autor, über seinen Kemmel: »Die Szenen für Böwe waren so geschrieben, daß sie kein forciertes Spiel vertrugen und dafür auch keinen Raum boten: Sie verlangten eigentlich nur seine Anwesenheit, aber natürlich eine intensive und sensible Anwesenheit, die aus einer Vielzahl kleiner Vorgänge bestand. Wir wollten auch der Spontaneität der Vorgänge vertrauen, so daß Böwe keine Zeit hatte, sich groß einzurichten, weil wir meist nur einmal gedreht haben. Wir wollten eher eine relative Unfertigkeit in Kauf nehmen als Routine in der Darstellung. Für den Schauspieler kann das bedeuten, daß er oft nicht genau weiß, woran er ist. In vielen Fällen ist in zwei

Richtungen gedreht worden, aber – wie gesagt – oft nur ein einziges Mal. So hatte man den gleichen Vorgang in verschiedenen Versionen. Das erlaubte, manche Entscheidung auf den Schnitt zu vertagen. Aber der Schauspieler kann das im Moment nicht durchschauen. Es ist ohnehin schwerer, darstellerische Phantasie an alltäglichen unauffälligen Situationen zu entwickeln als an Vorgängen, die große Aktion anbieten …«

DER SCHAUSPIELER bleibt in Fahrt, er liebt diesen Film nach wie vor, und wir geraten nun doch ins Interview, über die generelle Schwierigkeit, Kunst zu erklären und mit leisen Tönen etwas auszurichten. In einem der Materialien zum Film Konrad Wolfs habe ich einen Satz gefunden, hingekritzelt vom Schauspieler selbst: »Artaud meinte, jeder Pinselstrich van Goghs auf der Leinwand sei ›schlimmer als jedes Ereignis‹«. Weiß er noch, warum er den Satz in sein Tagebuch schrieb?

»Ja. Eine kürzere und bessere Formulierung, um zu sagen, daß Kunst eine eigene Wirklichkeit ausdrückt, gibt es doch kaum. Kunst verhindert, einzufrieren und erdrückt zu werden von einem Panzer des Vertrauten, Normalen, Zweckvollen, Gewöhnlichen, Gesetzmäßigen. Ich weiß nicht, ob sie es ermöglicht, das Unbegreifliche, Unendliche und Unbekannte zu veranschaulichen. Aber indem sie sich der Herrschaft von Begriffen, Endlichkeiten und Bekanntem nicht unterordnet, ist sie vielleicht die höchste Form der Hoffnung. Das Ereignis im Gemälde von van Gogh ist ja zum Beispiel nicht die glühend heiße Sonne. Das Ereignis in der ›Matthäus-Passion‹ ist nicht der Tod Jesu, und das Ereignis in ›Krieg und Frieden‹ ist keinesfalls der Feldzug Napoleons gegen Rußland. Unser Gefühl gilt der armen Anna Karenina, die sich vor den Zug geworfen hat, in Wirklichkeit jedoch heulen wir über etwas ganz anderes.

Das sind die Dinge, über die wir beim ›Nackten Mann‹ nachdachten. Beim Publikum ist der Film wegen seiner dramatischen Unaufwendigkeit gescheitert. Er hatte keinen sehr spektakulären Erfolg. Mit sowas war vielleicht auch gar nicht zu rechnen. Aber ich glaube, es wurde doch irgendwie verstanden, daß da ein großes

Thema angesprochen worden war, die Autonomie des Künstlers und die Gefahren seiner Beschädigung durch verinnerlichte Ideologie, durch gesellschaftliche Langeweile. An Wolfs Film gefiel mir letztlich die bescheidene Art der Kundgebung; diese Freundlichkeit trotz aller Bitterkeiten. Das bunte Spektrum des ›Goya‹ war eingetauscht für eine schöne, beredte Kargheit. Am besten gefiel mir der Film, als er im Fernsehen lief, da wirkte er auf mich wie ein Kammerspiel. Da schaute er mich gleichsam an, hatte eine ganz nahe, menschliche Wirkung. Manchmal dachte ich, es wäre besser gewesen, ich hätte die Rolle zu einem späteren Zeitpunkt meines Lebens übernehmen sollen. Aber was sollten diese Grübeleien – ich mußte durch, und ich wollte da durch!

Ich denke, heute wäre der Film noch weniger denkbar. Auch das Kino ist mit in einen Sog hineingerissen worden, der traurig macht. Die Reizüberflutung ist eine große Gefahr. Der polnische Regisseur Kieslowski hat gesagt: ›Wenn ich an das gegenwärtige Kino denke, habe ich immer häufiger das Bild eines Friedhofs vor Augen. Ich sehe Gräber und einige an die Grabkreuze gelehnte, aber unsicher gewordene Herren mit vorsichtigen Bewegungen, und nebenan verläuft eine Autobahn, voll von schnellen, technisch perfekten Autos, die aber alle einander ähneln wie zwei Wassertropfen.‹«

Scherzhaft werfe ich dem Schauspieler vor, altmodisch zu sein.

»Ich bitte darum«, erwidert der und zeigt auf den kleinen, etwas verstaubten Fernsehapparat, der auf einer Ecke seines Schreibtisches steht, wie so vieles in dieser Wohnung eingepackt in Bücher und Hefter. »Sehen Sie sich an, was da täglich rauskommt. Statt Bilder nur noch Flimmern, Zeit- und Farbblitze. Was wir an Inhalten verlieren: Wir bekommen es an Geschwindigkeit dazu. Das Leben äfft die Träume nach in absurden Sprüngen, im Zeitraffer. Es speist uns ab mit Bruchstücken, es verkauft uns die Leerstellen dazwischen als Spannung, es hetzt uns durch Licht und Lärm. Fernsehmenschen, habe ich irgendwo gelesen, sind Kaskadenmenschen: ständig überschüttet. Eine Gameshow nach der anderen! Nun sehen Sie mal, im Fernsehen ist schon der nächste Kandidat aufgetreten, vielleicht soll er bellen wie ein Hund oder einen Handstand zeigen oder als Schnellster von drei

Studiogästen sieben Wörter sagen, die mit ›o‹ beginnen (er kann nur zwei, ›oben ohne‹, aber da hat er wenigstens die Lacher auf seiner Seite), das wollen Sie doch noch gesehen haben! Tatsächlich ist jetzt Zeit vergangen, eigentlich ist der Abend schon herum; prüfen Sie sich selbst: empfinden Sie das als Gewinn oder als Verlust?

Ach, als gar nichts. Na, noch besser!

Wenn Sie die Gegenwart empfindungslos quittieren, dann haben Sie die Prüfung bestanden.«

Der Schauspieler hat sich ein wenig in Wallung geredet, nun schaut er auf die Uhr. Es ist später Nachmittag. Für heute machen wir Schluß. Ein paar Tage fährt er mit seiner Frau in die Prignitz. Er gibt mir Fotos mit, auf denen Kemmel mit Konrad Wolf zu sehen ist, und dem Böwe der siebziger Jahre sieht man an, wie seine Statur ihm in jener Zeit als schwerer Stein im Wege gelegen haben muß.

»Der nackte Mann auf dem Sportplatz« als Zwischenbilanz einer Schauspielerkarriere: Angefangen hatte alles damit, daß einer auffiel, der doch nichts Auffälliges bot. Es kam der Tag, da er sich und seine Figuren zu bewahren hatte vor unkritischer Sympathie des Publikums. Böwe schulte sich darin, Energie nach innen zu treiben, und eines der Ergebnisse ist Kemmel, der Mann mit Schiebermütze und legerem Pullover. Wenn er ein Stück Fleisch in die Pfanne haut oder den Stein betrachtet – in beidem unterscheidet er sich kaum, was Blick und Bewegungen und Anteilnahme betrifft. Es ist da jene Einheit des Genusses, die Menschen liebenswert macht.

Paris und Moskau im blauen Schutzumschlag

EINE KLEINE ZEITUNGSNOTIZ hält der Schauspieler in der Hand. »Neues Deutschland« vermeldet am 27. Juli 1974: »Moskau (ADN). Die Dreharbeiten zu dem neuen farbigen

DEFA-Spielfilm ›Zwischen Tag und Nacht‹ begannen am Freitag in Moskau. Regie führt Horst E. Brandt, der nach einem Filmszenarium von Wera und Claus Küchenmeister auch das Drehbuch schrieb. Als literarische Vorlagen dienen Tagebuchnotizen und Gedichte Erich Weinerts. Die Hauptrollen haben Kurt Böwe und Katja Paryla übernommen, an der Kamera: Günter Haubold. Gedreht wird unter Mitarbeit des Gorki-Filmstudios Moskau und Bosna-Film Sarajewo an Originalschauplätzen in der sowjetischen Hauptstadt, in Paris und Jugoslawien sowie in den Babelsberger Ateliers. Anläßlich des 30. Jahrestages der Befreiung vom Hitlerfaschismus im Mai 1975 soll der Film seine Premiere erleben.« Diese Ankündigung hatte die Zeitung auf Seite eins plaziert; auch in der »Aktuellen Kamera« war der Text einen Tag zuvor im Wortlaut verlesen worden, bereits kurz nach Beginn der Sendung, neunzehn Uhr siebenunddreißig.

Ein ungewöhnlicher Vorgang, wo doch auch in DDR-Nachrichtensendungen Kultur gewöhnlich erst zum Schluß, unmittelbar vor dem Wetterbericht stattfand.

Der Schauspieler nickt. »Ja, aber so wußte man wenigstens gleich, woher im Lande der Wind weht. Wissen Sie übrigens, warum man in der Propaganda generell mehr Sorgfalt auf Wetterberichte legen sollte? Wer das Wetter richtig vorhersagt, stärkt bei den Leuten die Überzeugung, daß er auch in anderen Dingen recht hat.«

Er narrt herum, der Schauspieler, er möchte offenbar nicht allzu gern an den Weinert-Film erinnert werden. Nachdem der Bildhauer Kemmel eine geistige Wegscheide in seinem Leben markiert hatte, Konrad Wolfs »Nackter Mann auf dem Sportplatz« somit wie eine Rückkehr zu künstlerischer Erdenschwere und Wahrhaftigkeit war – nun plötzlich ein Film, der wie ein Rückfall in abgestreifte Heldenklischees erscheinen mußte, ein Streifen, den die Kritik, kaum daß er in den Kinos auftauchte, gnadenlos vom angepeilten Platz in der DEFA-Geschichte verjagte. Der Film selbst tat sein Übriges: Er verjagte seine willigsten Zuschauer, und das schon bei der Uraufführung zu den Filmfestspielen in Moskau. Der Schauspieler hatte sich mit Notlügen aus der internationalen Premiere herausgemogelt.

»Nein, nein, ich war wirklich krank. Wie in Reetz, wenn's an die Feldarbeit ging.« Er lacht.

»Aber mit der Zeit des Weinert-Films sind für mich dennoch einige wichtige Erlebnisse verbunden. Inzwischen hatten Heide und ich geheiratet, unsere kleine Winnie wurde geboren, und Heides beide Kinder aus erster Ehe, Sebastian und Susanne, hatte ich adoptiert – nicht ohne den entsprechenden Kommentar aus Reetz zu hören: Mensch, Kurt, sagte mein Schwager Bruno vorwurfsvoll, daß du die Kinder adoptierst, war denn dat nötig? Nu hast du doch glatt zwei Wartburgs verschenkt!

Heide und ich waren nach Berlin umgezogen, mein Engagement am Deutschen Theater hatte begonnen. Naja, was heißt begonnen. Erste Momente einer befürchteten, offenkundig bitteren hauptstädtischen Bestimmung lagen bereits hinter mir: Ich saß nämlich arbeitslos herum. Auf den berühmten Brettern in der Schumannstraße spielte sich im wahrsten Sinne des Wortes das meiste ohne mich ab. Da deutete sich wenig Erbauliches an: Ich würde verflucht viel Zeit haben. Ich mußte also etwas tun, mußte Bewegung in die Stille bringen, in dieses Nichtstun.«

Er schaut aus dem Fenster seines Arbeitszimmers, deutet mit dem Arm hinüber auf die Hügel vom Friedrichshain. Ein paar spielende Mädchen und Jungen verlieren sich zwischen hageren Bäumchen.

»Mit dem Kinderwagen, meine kleine Winnie drin, bin ich da drüben stundenlang herumgelaufen. Dies war die einzige Bewegung, die ich in die Stille brachte. Die bewachsene Kippe hoch, die Kippe wieder runter. Gegrübelt und gegrübelt hab ich, und oft war ich nahe dran, entschlossen nach Hause zu gehen, die Koffer zu packen, und ab. Nur wohin? Kurz bevor wir hier hergezogen waren, wir wohnten noch in der Mollstraße, gleich hinter dem Alex, war mir plötzlich die Hauptrolle für den Film ›Zwischen Nacht und Tag‹ angeboten worden. Trotz der mir aufgezwungenen Langeweile lehnte ich ab. Weinert interessierte mich kaum, und das Drehbuch schien auch nur mäßig zu sein. Dieter Franke, der nicht nur ein begnadeter Schauspieler, sondern in bestimmten Situationen zudem ein begnadeter Praktiker war, nahm mich daraufhin kräftig Maß, assistiert von Eberhard Esche.

Kurt, sagte Franke, bist du blöd! Weißt du eigentlich, wo dieser Weinert überall war? Nö, brummelte ich. Typisch Prignitz! erwiderte Franke frech, und sowas nennt sich nun Germanist. Wir blätterten das Drehbuch durch, sortierten die Drehorte: Moskau! Dubrovnik! Paris! Franke jubelte geradezu: Das ist eine Welteroberung, die dir bevorsteht! Na gut, polterte der Kerl drauflos, Rußland ist zwar auch dabei, aber Opfer muß der Mensch halt bringen! So also mein schlitzohriger Freund, dieser gottverdammte Opportunist. Ich schüttelte den Kopf über diese denkerische schauspielerische Niedrigkeit – aber ich mußte ihm wohl recht geben.«

Der Schauspieler steht auf, holt nach suchendem Gang entlang der Bücherregale aus dem literarischen Wirrwarr ein dickes Schreibheft mit blauem, abwaschbarem Schutzumschlag. Er schlägt es auf. Große, mit Schwung hingeschriebene Buchstaben füllen den Innendeckel.

»26. April 1974: Die Nachricht vom unausweichlichen Tod.

6. Mai 1974: Leberuntersuchung.

Das war mein wichtigstes JA zum Leben.«

Pathetische Notizen eines Hypochonders? Wir wollten doch über den Weinert-Film reden.

Der Schauspieler sieht mich kurz an, ein Blick mit Prüfungsabsicht, ob ich jetzt ernst genug und doch hoffentlich auch wieder nicht zu ernst sei, eine kleine wohlgesetzte Pause, und er liest aus dem Schreibheft vor:

»Freitag, 26. April 1974, 17.35 Uhr, Berlin, Mollstraße 4. Ich wollte immer mein Tagebuch wieder hernehmen und anfangen, täglich zu berichten – aber da fand sich Zeit so selten, und sie verging (schnellebig nennt man das wohl), und alles, was darin beschlossen liegt, verrinnt unangemerkt. Nun aber werde ich in drei Tagen fünfundvierzig Jahre alt, und ich werde wohl Mühe haben, das sechsundvierzigste Jahr meiner Erdenfahrt zu beschreiben. Denn der tödliche Zerstörungsherd ist mir nun mit ärztlicher Akribie angezeigt. Es gibt da keine Hoffnung, so sagen es mir auch die Schmerzen unter dem sechsten Rippenbogen. Illusionen wagen nicht mal mehr die Träume mehr, die immer schwerer werden. Also werde ich nunmehr mit der traurigsten aller Gewißheiten, bei lebendigem Geist immerhin, nun ja – leben.«

Er blickt auf, registriert meine Unsicherheit, wie man auf so eine Passage zu reagieren habe, und packt das blaue Buch zurück ins Regal; vorhin stand es zwischen »Hundert Jahre Deutsches Theater« und »Wolfgang Heinz inszeniert Gorki«, nun liegt es auf Jürgen Thorwalds Sauerbruch-Biografie.

»So, und morgen oder übermorgen werde ich es wieder ganz woanders suchen. Denn es kommt immer öfter vor, daß ich darin herumblättere. Nostalgie? Sentimentalität? Ich weiß es nicht. Wir werden sehen, ob uns das Tagebuch noch etwas zu sagen hat. Was ich eben vorgelesen habe, gehört jedenfalls zur Vorgeschichte meiner Arbeit am Weinert. Die Ärzte hatten mir in jenem April eine böse Krankheit attestiert. Diesmal nicht das Asthma, diesmal die Leber. Sehen Sie, auch die Todesangst liebt Abwechslung. Anfang Mai dann eine weitere Leberuntersuchung. Mir war elend zumute. Irgendwann rief ich von einer Telefonzelle vorm Haus noch einmal meinen Arzt an, ich wollte wissen, was nun wirklich diagnostiziert wurde. Die Hoffnung läßt einen ja nicht los. Da sagt doch dieser Mensch am anderen Ende der Leitung, er wisse gar nicht, was da geschehen sei, und ich müsse unbedingt ins Krankenhaus kommen, denn: Die jüngste Untersuchung zeige eine völlig normale Leber. In diesem Moment kam es mir vor, als sei ich urplötzlich aus aller meßbaren Zeit ausgebrochen. Seelenruhig, mir selber fremd, ging ich, wie in Zeitlupe, in den Konsum. Meine Frau wartete oben, äußerst nervös, weil das Telefonat so lange dauerte, und zurück kam ich mit einigen Bieren und einer Flasche Kognak. Ich stellte das Zeug wortlos auf den Tisch, Heide schaute mich ebenso wortlos an, ihr erschien das bedrohlich reichhaltige Sortiment auf dem Tisch als ein untrügliches Zeichen dafür, daß ich fix und fertig und mein Schicksal demnach besiegelt sei. Das stimmte zweifellos, positive Nachrichten können schließlich den gleichen Schock auslösen wie die schlimmste Mitteilung. Nach den ersten ›Sto Gramm‹ erzählte ich ihr von dem unglaublichen Anruf, wahrscheinlich redete ich in Zeitlupe, genau so erdenfern langsam, wie ich in den Konsum gegangen war. Wir beide betranken uns daraufhin äußerst fröhlich, dabei nahm das Zeitlupengefühl selbstredend ab, und siehe da: Hei lewet immer noch! Das war am 6. Mai 1974, ich werde diesen Tag nie vergessen, und ein paar Wochen später flog ich nach Paris. Danke, Erich Weinert, danke, Dieter Franke.«

Der Schauspieler hat während der Dreharbeiten sein Tagebuch wieder hervorgeholt und geschrieben.

AUS DEM PARIS-TAGEBUCH

»9. Juni, 18.06 Uhr. Ein Sonntag.

Da sitze ich nun – Gott weiß, wieso – in der TU 134 A, an einem Fensterplatz, hinten über den Tragflächen, und fliege – nach Paris. Es ist wahr: Ich fliege nach Paris! Neuneinhalb lange Stunden habe ich im Transitraum von Praha auf diese Luftpost gewartet, die mich nun in die gelobte Stadt düst. Und ich weiß noch immer nicht, wie mir geschieht. Die Langeweile des Unwirklichen. Leben zwischen allen Zuständen. Unendliche Minuten des Gaffens aus den Glasfenstern des Prager Flugrestaurants. Ich konnte mich nicht entschließen zu denken, zu lesen; ich glotzte auf die regnerische Wiese dieses Provinzflugplatzes, ahnte den Duft der plötzlich möglich gewordenen Weite, hockte aber noch wie ein Stück Verklemmtheit auf diesem oder jenem modernen Drehsessel, trank, aß, döste, döste, aß, trank. Kein Gedanke war möglich. Ich sah den Regen und hatte plötzlich Angst, der Flug könnte ausfallen. Schlimm wäre das, aber immerhin der Nachweis, daß der Mensch nicht nur von seinem hochentwickelten Verstand abhängt (und von DDR-Ausreisebehörden!), sondern mehr vielleicht noch vom Wetter …

Etwas verspätet stand ich dann doch an der Flugtreppe via Paris, und mit einem Mal war alles leichter, beschwingter.

Jetzt die Gunst der Stunde nutzen: sich ausbreiten! Es gibt eine wunderbare Möglichkeit, die Heimat in die Fremde zu verlegen: Reisen! Jetzt lernen, jede Sekunde festzuhalten.

Anflug zur Landung, 19 Uhr 06. Paris? Ich sehe zunächst nur merkwürdig dörfliche Landschaften. Die Maschine dröhnt, scheint sogar stillzustehen, mein Kopf droht zu bersten – es ist, als wolle mich doch noch jemand zurückziehen aus diesem Traum. Wo eigentlich ist dieses Paris, ich sehe nichts mehr, höre nichts mehr, die Maschine stuckert, es pfeift und saust; ich glaube, ich sitze auf der falschen Seite …

Nun sehe ich Datschen unter mir. Ausfahrt der Räder 19 Uhr 17. Glücklicherweise doch noch die Landung! Ich erinnere mich plötzlich an Johannes Bobrowskis erhellenden Satz, in der Stadt habe der Mensch fünf, auf dem Lande sieben Sinne. Ja, man ist für das Leben nie richtig eingerichtet! Denn wie vieler Sinne bedürfe man wohl hier, um endlich doch zu glauben, man sei in Paris und um zu begreifen, wie das nun wahr würde …

Flugplatz Orly. Seltsamer Vergleich, der mir in den Kopf kommt: Ich erinnere mich an ein erlesenes Fischfilet auf Hiddensee, gemeinsam mit Heide – und so ungefähr schmeckt mir jetzt dieser Flugplatz. Ich betrete einen neuen Boden Welt. Glanz, Sauberkeit, Geschmack, Großzügigkeit. Polizei und Zoll: gastfreundlich, leger, modische Uniformen, wenig Militärisches. Alles ohne Aufwand, ohne demütigende Gesten. Weltoffenheit.

Fahrt in die Stadt. Böwe sieht vor lauter Schnelligkeit nichts und sieht doch alles. Und dieses alles ist anders als gedacht. Der Traum enthüllt eine Wirklichkeit, hinter der die Vorstellung zurückbleibt – das ist das Schreckliche des Lebens, das Erschütternde wohl auch der Kunst. Paris! Das Überwinden aller Zweifel, angekommen zu sein, ist doch ein gar langsamer Vorgang. Akklimatisierung der Sinne, des Körpers, gehindert von einem Aufgeregtsein, das die Lust erregt, möglichst alles zu sehen, was die Netzhaut erfaßt, und das tatsächlich die Erlebnisfähigkeit derart steigert, daß Einzelheiten, oft die nebensächlichsten, überscharf ins Bewußtsein treten und dort wahrscheinlich auch ein lebenslängliches Gewahrsam finden – ein Aufgeregtsein aber auch, welches das Spektrum der Farben so ineinanderfließen läßt, als führe man auf einem Karussell …

Im Hotel: der erste Blick aus dem Fenster, unter mir der Friedhof Montmartre. Heine liegt dort, wir werden da drehen. Blick über das, was Paris berühmt gemacht hat, die Dächer. Mein Herz rast, das Hirn auch – was tun? Waschen, ja, nicht aber umziehen, das kostet zuviel Zeit. Mit schmerzenden Plattfüßen hinein in die Stadt! Über die Brücke, links Leuchtreklamen, ansonsten Menschen, Menschen, Menschen. Ich denke an die DDR: eine ins Zimmer eingesperrte Episode Weltgeschichte. Und Paris? Konstantin Paustowski hat recht: Fast jedem gebildeten Menschen, der auch nur über ein wenig Vorstellungsgabe verfügt, hält das Leben eine Begegnung mit dieser Stadt offen. Nur eben: Für den einen wird sie Wirklichkeit, für den anderen nicht. Je nachdem, wie ihm das Glück gewogen ist. Aber selbst, wenn eine solche Begegnung nicht zustande kommt und der Mensch stirbt, ohne Paris gesehen zu haben, so hat er die Stadt sicherlich doch wenigstens in seinen Gedanken oder in seinen Träumen mehrmals besucht …

11. Juni, 23.00 Uhr. Im Hotel.
›Report‹ über den ersten Drehtag, mit Regisseur, Kameramann und dem Franzosenteam. Ich denke zurück: Am Morgen hüpfte mein Herz, aber ich wurde traurig, wenn ich an den zu drehenden Film dachte und an uns – deutsche Kommunisten-Nachtmützen. Hier ist Paris, und unten beim Frühstück wartet die DDR. Eine großmäulige Familie aus Dortmund neben uns. Ich fühlte mich peinlich berührt, aber mir fällt schwer abzuwägen, ob mehr von DDR-Klemmigkeit oder von BRD-Angeberei …

Rasch wieder hinauf auf mein Zimmer – an den Schminktisch, der ans Fenster gerückt wird. So habe ich das einzigartige Vergnügen, beim Schminken erneut auf Paris zu sehen. Das Haarteil des Monsieur Weinert liegt in einem armseligen Pappkarton aus Babelsberg. Wir warten. Dolmetscherin Vera kommt etwas später, sie übersetzt Monsieur Serge, unserem französischen ›Betreuer‹, die mitgebrachten Anweisungen meines Leibmaskenchefs Tauchmann, der aus Geldmangel nicht mitdurfte; so sparen wir wieder mal ganz korrekt an der falschen Stelle. Nun ja, Serge hakt mir den Weinert auf den fehlenden Hinterkopf.

Ach, wie traurig auch das, immer wieder: Böwes Kopf kann mit wenig Mühe in ein Nichts verändert werden, lästig klebt mir da ein fauler Zauber, mit Silber getüncht, am Schädel; ich schaue in den Spiegel, ›tres bien?‹ fragt Serge, ich unterdrücke ein ›Merde!‹, das Spiel kann beginnen.

Wir sind in Paris, da fällt das Urteil über die hausgemachten Irrtümer denn doch leichter. Trotzdem: Kurt Böwe, sei auf der Hut!

…

Alle diese kleinen Geschäftemacher, Freudenmädchen und Diebe auf den Straßen! Niemand kümmert sich; diese berüchtigte Gelassenheit, man kann es auch Vornehmheit nennen, laß den anderen machen, stell keine Fragen, jeder ist sein eigener Souverän. Diese lausige, wohltuende Toleranz, diese barmherzige Herzlosigkeit, die Anonymität, die man dir großzügig zugesteht, diese vertrackte Brüderlichkeit und Gleichheit, die dich unsicher macht, tabu, nicht vorhanden, Luft. Du kannst ersticken an dieser Gunst, auf der Straße verrecken, niemand dreht sich nach dir um. Alles hat seine zwei Seiten …

Heine über Paris, 1831 an den Komponisten Hiller: Fragt Sie jemand, wie ich mich hier befinde, so sagen Sie: Wie ein Fisch im Wasser. Oder vielmehr sagen Sie den Leuten, daß, wenn im Meer ein Fisch den anderen nach seinem Befinden fragt, so antwortet dieser: Ich befinde mich wie Heine in Paris.

…

Weinert-Böwe auf der Suche nach dem Grab Heines. Hier auf dem Friedhof von Montmartre liegen reiche und berühmte Leute, nein: reiche oder berühmte Leute. So viele Grabmäler, die den Reichtum und die Glorie über den Tod hinaus retten sollen – aber die Zeit regelt das zu Regelnde; die Monumente verfallen, der Stein bröckelt und verwittert. Die tiefen Gräber, scheint es, öffnen sich, Ratten fressen die dürftigen Reste, und die vielen Katzen hier letztlich dann die Ratten. Circulus vituosus. Aber es bleibt doch ein Friedhof, der große und grausame Geschichten in seinen Zäunen hält. Émile Zola und Hector Berlioz, Maler Degas und auch Offenbach, weiter hinten Stendhal – sowie

Grafen, Generäle, Bankiers. Auf knirschendem Kies, unter dem Geäst der zusammen mit den Totengelassen in Reih und Glied aufgestellten Alleebäume, geht es durch diese makabre Landschaft, die wie geschaffen scheint als Hintergrund eines Films, in dem sich, wie in Sartres ›Das Spiel ist aus‹, Menschen aus dem Jenseits begegnen.

Aber nein, wir drehen ja einen kämpferischen DEFA-Film!

Also, wir suchen Heine. 1852 ist er verpflanzt worden, von der Syphilis zerfressen. 1901 kommt aus Wien ein Monument aus Carrara-Marmor, ›Dem Andenken Heines. Das freisinnige Wien.‹ Das freisinnige Wien entsinnt sich mit besonderer Liebe auf das ›Buch der Lieder‹; der glänzende, unbestechliche politische Freidenker und Provokateur ist den Wienern anscheinend nicht so bekannt – wenn man auf die Steinplatte blickt, auf welcher an dieses frech-romantische deutsche Lieder-Buch erinnert wird.

Heine eingemeißelt in Marmor:

›Wo wird einst des Wandermüden
letzte Ruhestätte sein?
Unter Palmen in dem Süden?
Unter Linden an dem Rhein?

Werd ich … in einer Wüste
ein … von … Hand
oder ruh ich an der Küste
eines Meeres in dem Sand?

Immerhin! Mich wird umgeben
Gottes Himmel dort wie hier
und als Totenlampen …
nachts die Sterne über mir!‹

Ein deutsches Schicksal. Mehr ist wohl nicht zu sagen.

Um 18 Uhr wird der Friedhof geschlossen …

12. Juni

Ich ziehe um ins neue Hotel. Der Blick auf Paris ist nun pro Nacht um die Hälfte billiger. Baden, umziehen und dann wieder mit den müden Plattfüßen auf die Suche nach dem Geheimnis, das Paris heißt. Champs Elyseés.

...

Daß Paris sein erotisches Fluidum besitzt, spürt man auf seinen Straßen, in den Omnibussen und in der Metro. Die Studentinnen und Studenten, die sich in den Kellerlokalen des Saint-Germain-des-Pres oder in den Kneipen des Quartier Latin vergnügen und diskutieren, gebärden sich durchaus nicht prüde. Zwischen ihnen gibt es die Selbstverständlichkeit erotischer Begegnungen, eine andere Art von Erotik als jene, die auf dem Montmartre zu Hause ist, der verbraucht und verblichen wirkt wie die vielen Spielarten gewerblicher Lust, die seinen Charme entstellen.

...

Erinnern ist eine seltsame Tätigkeit, eine Anstrengung zwar, die uns zugleich erfrischt und ermüdet, die uns aber auch die Fragwürdigkeit unseres ›Aufenthalts auf Erden‹ bewußt werden läßt. Denn ich werde ja in dieser Stadt, die mich umgibt, nicht im eigentlichen Sinne gelebt haben: Die von der Kürze des Aufenthalts gesteigerte Intensität, das Vermögen, die Bilder schärfer zu sehen, als es dem hier Lebenden möglich ist, gleichen einem Traum von gewonnener Zeit. Ich habe eine Zeitgrenze überschritten, vielleicht ist diese Stadt nur erdichtet! Erdichtet der Eiffelturm, erdichtet erscheint auch Sacrè Cœur, ein architektonisches Irrsal, aus weißem Tuff, doch immerhin so von seinen Erbauern placiert, daß seine Abwesenheit eine unausdenkbare Lücke im Bild der Stadt hinterließe. Erdichtet auch Notre-Dame, ein Netz aus Pfeilern und Bögen. Daß diese Stadt, die nach dem Maß und dem Bedürfnis des Menschen gebaut scheint, sich seiner nicht annimmt, beklagte schon Mercier: ›... also lautet hier das oberste Gesetz: Jeder sehe selber zu, wie er sich durchschlage. Ich gebe zwar zu, daß die Stadt in voller Blüte steht, doch sie blüht auf Kosten der gesamten Nation.‹

...

Zu einem guten Essen gehören guter Wein, ein Gespräch mit guten Freunden (was mir hier leider nicht möglich ist) und schöne Frauen – eine alte Wahrheit. Aber wo, wenn nicht in Paris, wird diese Kunst heute noch gepflegt? Das Vergnügen fängt schon bei der Auswahl des Restaurants an. In einem der ältesten Viertel, im Quartier Latin, zwischen der Rue Saint-Jacques und dem Boulevard Saint-Michel putzen sich allabendlich vielleicht fünfzig kleine und winzige Restaurants zum Empfang eines sehr gemischten Publikums heraus. Es sind chinesische, indonesische, griechische, arabische, jüdische, italienische und schließlich auch französische Eßlokale, manche nicht größer als ein mittleres Wohnzimmer, und nur wenige haben noch einen Kellerraum oder ein schummriges Bodenstübchen adaptiert. Drinnen sitzen die Leute an kleinen Tischen so eng, daß natürlich auch das unter Umständen Vergnügen bereitet, wenn man bedenkt, daß es sich meist um junge und verliebte Leute handelt. Und wo die Kunst des Essens zelebriert wird, ist die hohe Schule der Erotik gewiß nicht weit entfernt, zu der ja bekanntlich die kleinen, verschwiegenen Sensationen kaum merkbarer Zärtlichkeiten gehören, die Präliminarien sozusagen …

Und hast du dir selbst keine Schöne mitgebracht, genieße den Anblick der Frauen dir gegenüber. Vielleicht ist die Tochter des Wirts sogar eine von jenen lächelnden Göttinnen des fernen Ostens (niemals herausfordernd, dieses unbeschreiblich anmutende Lächeln, und niemals frivol, mit Abstand, aber auch nicht ohne Herzlichkeit). Es kann auch die Dame an der Kasse sein.

Und hast du keinen Gesprächspartner, dann öffne deinen Mund, wie du schon Nase, Augen, Ohren und alle Poren glückselig geöffnet hast, und sag ein freundliches Wort, du wirst, in welcher Sprache auch immer, sofort im Gespräch sein. Oder schweige und genieße, auch das ist ja dein volles Recht …

Und das Geld? Ach ja, das Geld. Was spielt es für eine verhängnisvolle Rolle, wo deine ganze Natur nur noch lustvoll stöhnt. Hast du dir auch vorher fest vorgenommen, nicht mehr als zehn Francs ins Abendessen zu investieren – unter den betörenden Düften und Genüssen, deren Beschreibung mir aufgrund mangelnder Fähigkeit versagt bleiben muß, sind sämtliche Vorsätze zerflossen. Man bezahlt immer das Doppelte der Berechnung. Morgen werde ich mein Reisebudget neu kalkulieren müssen.

Aber niemals, niemals werde ich es bereuen.

Niemals, niemals werde ich bereuen, was ich da eben von Paris geträumt habe.

...

Plötzlich heulende Nacht. Träume ich wieder, träume ich noch immer? Tumult über den Dächern, Wolkenbrüche zeitweilig. Juli-Gewitter im Juni. Heftige Donnerschläge künden einen Temperatursturz an, bis morgen früh, so scheint es aberwitzig, wird der Regen sich wohl in Hagel oder Schnee verwandelt haben. Aber er schwärzt nur die Nacht, und meine Phantasie. Luftstöße wenden aufgespannte Regenschirme um, als wollten sie Windsegler daraus machen. Klapprig schwanken, tanzen Hängelaternen. Eine hat ihren Geist, das Licht, bereits ausgegeben. Wenig Leute unterwegs, von Böen gestoßen oder im Schräggang gegen sie ankämpfend. Sturmschwarze Nacht. Und schon heult nach kurzer Verschnaufpause der Wind erneut auf, noch wütender scheint er, noch ungezügelter. Laut lacht eine junge Frau, die leichtfüßig vorbeiläuft, kleine Regentümpel überhüpfend. Ein seitlicher Luftstoß plustert ihren Regenmantel auf. Unterm Dach der Bus-Haltestelle, auf das ein heftiger Regenguß niederprasselt, drängen sich Wartende, starren ins Unwetter hinaus. Schräg tanzen Silberschleier um Straßenlaternen. Niemand redet, fast andächtiges Schweigen. Endlich kommt der Bus angerauscht, Regen- und Straßenwasser wie ein Schiff durchpflügend.

Wenigstens aufs Wetter ist noch Verlaß, sein Aufruhr tut gut, seine Empörung. Rebellisch pfeift der Wind um Haus- und Straßenecken. Alles wird durchblasen, durchlüftet. Aber wieviele Köpfe? Unter windgebeutelten, aufächzenden Bäumen fällt mir plötzlich Ödön von Horvath ein, 1938 während eines Gewittersturms in Paris erschlagen von einem auf die Champs-Elyseé niederstürzenden Ast. Also wechsle ich auf die andere, die baumlose Straßenseite. Was taugt Geschichte, auch Literatur- und Theatergeschichte, wenn man nicht aus ihr lernt?

13. Juni

Nächster Drehtag. Zunächst wieder der Friedhof Montmartre. Dann nach St. Germain de Pres – vormals Künstler- und Literatenviertel, heute alles geschäftlich unterwandert. Dennoch: romantische Ecken, kleine Restaurants. Weiter zum Friedhof des modernen Paris, Grabstelle der Kommunarden, Pére Lachaise. Ein Mahnmal auch für die Opfer in den KZ von Buchenwald, Sachsenhausen, Oranienburg. Wohin man also auch kommt, die Spuren der deutschen Barbarei lassen uns nicht los; Zuständigkeit packt dich, macht betroffen. Man wird schweigsamer in solchen Momenten.

...

Es wird überliefert, schreibt Joseph Roth über Deutschland, daß Napoleon von diesem Land gesagt habe: Acht Monate Schnee, zwei Monate Regen, und das nennt die Bande Vaterland! Und er ergänzt: Noch peinlichere Dinge als Schnee und Regen haben wir zu dulden und vielleicht, hoffentlich auch, zu überwinden: den törichten Ehrgeiz und die Rekordsucht, den eitlen Stolz auf die Maschine und die Phrase, die unglückliche Veranlagung, sich nicht aussprechen zu können, also: nicht aussagen zu können, die sprachliche Unbegabtheit, die Langsamkeit des Denkens und also den leichtfertigen Griff nach der papiernen Wendung, die Liebe zum Klischee und den großen, großen Abstand zwischen dem, was wir fühlen, und dem, was wir sagen.

...

Mit der Metro zum Einkauf, mit mir ist nur die große Umhängetasche. Heide, Mädel zu Hause – jetzt beginnt etwas, das der Besteigung des Mont Everest gleichkommt. Das Warenangebot: der erste Steinschlag, die erste Lawine, die mich fast erdrückt ...

Sanft auf mich zutreibende Wellen erreichen meine Sinne, Gerüche beleben mich, ich gehe an bunten Ladenfronten vorbei. Mit den Händen zu greifen sind die Austern, die Krustentiere und Muscheln, die in Seetang gebettet, in Spankörben liegen. Fast bin ich gewillt, der Versuchung, die von den Austern ausgeht, zu erliegen. Das Dutzend kostet nicht viel. Aber: Wie ißt man Austern? Und, daran gewöhnt, den alltäglichen Einkauf von Lebensmitteln mit jener Gleichgültigkeit zu absolvieren, dem jeder Luxus fremd ist, erscheint diese Öffentlichkeit der absoluten Fülle etwas, dem ich mißtraue.

In den Bildergeschäften und kleinen Galerien findest du das Beste und Schönste, was Künstlerhände zu vollbringen vermögen, mit dem Schlechtesten innig vereint, Kunst und Kitsch, Offenbarung und Blasphemie. Es scheint keine Sünde zu sein, der Gottheit zu freveln, Unwissende zu täuschen, dem Snob das Geld aus der Tasche zu eskamotieren.

Es ist gewiß und es quält: Ich sehe Paris, sauge die Stadt in mich hinein, im Schnelldurchlauf, und ich weiß doch, daß die Fixierung auf einen Moment nicht alles ist und sein kann – wie man ja auch von einer Postkarte, die man aus unbekannter Ferne erhält, nicht erwartet, daß das, was sie zeigt, die ganze Wahrheit ist. Nur in der Ablösung dieser von Gleichmaß und innerer Ruhe gespannten Gewißheit durch eine Bewegung auf etwas anderes hin ergibt sich schließlich der Sinn meiner schnellen, hetzenden Ortswechsel.

14. Juni

Es gibt übrigens, so habe ich gelesen, merkwürdige Motive, nach Paris zu fahren. Was nur wenige wissen, es ist ein Treffpunkt der Selbstmörder vieler Länder. Aber viele, die deshalb hinfuhren, haben ihrem Leben nicht das geplante Ende bereitet, sondern ein neues Leben angefangen. Sie brachen mit ihrer Herkunft, ihrer Familie, mit ihren Anschauungen und ehrgeizigen Wünschen. Wie kaum ein anderer Ort vermittelt Paris offenbar jedem Versager das Gefühl, daß auch andere nichts taugen. Das tröstet und läßt Hoffnung schöpfen. Man braucht also nicht gleich vom Eiffelturm oder von einer der hohen Brücken in die Seine zu springen. Man kann auch in Betrachtungen versinken.

Rückflug.

Zum ersten Mal sehe ich die Nordsee, leider nur vom Flugzeug aus. Sehnsucht auf neue Ziele. Das sagt sich leicht, wenn Paris, fürs erste, hinter einem liegt.«

AUS DEM MOSKAU-TAGEBUCH

»Moskau, 27. Juli 1974

O Gott, o Gott, o Gott!

Wenn es ihn denn geben sollte – in welche Gesellschaft hat er mich gebracht! Aus Wiepersdorf, einer Erholungsinsel, aus einer erbaulichen, wenn man so sagen darf, quicklebendigen Stille bin ich unversehens hineingeraten in einen DEFA-Trupp überheblich grölender Deutscher. Kunstschmieranten, die in betrunkener Großmannssucht von den Russen reden, als stünden ›wir‹ vorm zweiten großen Feldzug. Ich bin entsetzt. Ich schäme mich.

31. Juli

Ich habe hier zu arbeiten, an einem Stoff, der mir viel Distanz abverlangt. Ich bin gleichsam, wie Weinert selbst, für zwanzig Tage ein Verdammter, ein Verbannter; ich komme mir vor wie ein Emigrant. Aber ich habe es so gewollt.

Der Trost: Moskau hat es mir wieder angetan; es ist wirklich so etwas wie ein neues Mekka des 20. Jahrhunderts, für die Ungläubigen sozusagen. Es ist die Hauptstadt des waghalsigsten Landes dieser Erde. Der Traum von der menschenwürdigen Ordnung – seit 1918 große Sehnsucht, leidvoller Fluch, schmerzlicher Zweifel, gehaßtes Verdammnis, bisher noch nicht realisiert. Das menschheitsverändernde Heil sollte ausgerechnet aus diesem erbärmlichsten, geknechtetsten Winkel der Welt kommen, aus dem feudalen Bauernstaat? Hier, in Moskau, liegen Hoffnung und Verhängnis dieses Experiments noch immer eng beieinander.

Moskau – ich denke an Goworit Moskwa, goworit Moskwa! Von hier aus wird die Entwicklung einer neuen Weltordnung geleitet, ferngesteuert quasi, mal sichtbar, mal nicht sichtbar; schwer trägt das Volk an der internationalistischen Bürde, die es tragen muß (muß es das wirklich?). Dieses Volk hat gelitten, unter dem Zaren, unter Lenin, es kennt Hunger und Pest, Tod und Verderben, und doch ist Neugeburt eines seiner Hauptwörter geblieben. Wie hat sich dieses Volk aus dem Dreck unter Stalin aufgerichtet, erzogen vom Glauben an den Messias, welchen Namen der auch tragen möge, durch einen Krieg getrieben, hin zum Sieg für die anderen Völker der Welt, wie groß war die Hoffnung nach jenem 9. Mai 1945, vorbei nicht nur der Krieg, vorbei auch die Zeit der Verdächtigungen und Verhaftungen, des nächtlichen Verschwindens und des Mordes unter seinesgleichen. So meint die Hoffnung und treibt es den Menschen in die Sinne. Aber nichts da! Nie wurde der Wahrheit und der wirklichen menschlichen Veränderung eine Chance gegeben, der Stalinismus wurde nie ausgewertet, beseitigt, und so lebt das Land, so lebt dieser Sozialismus mit einem Krebsgeschwür. Von dem es sich nicht befreien wird, ich bin mir in trauriger Weise sicher. Ach, dabei wäre so sehr das zu wünschen, was im Lied der Wunschträume geschrieben steht: ›Denn es gibt kein andres Land auf Erden,/ wo das Herz so frei dem Menschen schlägt.‹ Ich schreibe das hin und weiß doch, daß ich selbst ein Teilchen der von hier geleiteten Welt bin. Ich kann mich nicht wegstehlen; ich bin verdammt, ein Teil jener verwunschenen Aktion zu sein, der alten Welt mehr auf Verderb als auf Gedeih eine Alternative entgegenzusetzen …

2. August 1974

Ich habe es doch tatsächlich geschafft, mich aus den Katakomben, aus den unterirdischen Palästen der Metro herauszufinden ans Tageslicht. Ich will in Moskau seine Stätte sehen! Ich will dorthin, wo der genialste Zeitgenosse Lenins (und Stalins!) entworfen, geträumt, gehämmert, gestampft, pamphletisiert, gelitten und am Ende selbstmörderisch gestorben ist – Wladimir Majakowski, diese hoffnungsvoll stechende, blühende Distel der Revolution. Ein älterer Moskauer nahm sich nach verschiedenen hilflosen, vergeblichen Anfragen an Kiosken der Stadt meiner an und wies mir den langen Weg zum Dichter, den Weg also zu einer Majakowski-Ausstellung, einen Weg, der an Felix Dserschinski vorbeigeht, der, Stein geworden, streng in einen Mantel gehüllt, auf einem Platz steht, um den herum in weitem Bogen die Fußgänger hasten; nur die Autos, von Ampeln aufgehalten, umringen ihn in gemessener Distanz – als machten deren Insassen noch am Stein die Schuld aus, daß da eine Revolution nicht nur geschützt, sondern eben auch verraten worden sei. Als sähen die Menschen noch im steinernen Dsershinski so etwas wie ein Urbild jenes Mannes, der später die gefürchtete Funktion übernehmen würde: Berija …

Die Majakowski-Ausstellung: Da wurde ein Träumer verdammt, am Traum zugrundezugehen. Stalin drückte ihm gleichsam die Pistole in die Hand, aber dieser Blick bleibt, dieser quälende, fragende, mahnende, wissende Blick unter schwarzer Braue. Dieses Auge schließt kein Tod und kein Grab. Bitterstes aller Sinnbilder: Da muß sich einer erschießen, daß die Welt sagen kann: Er hat gute Arbeit geleistet; er hat getan, was einer in seinem Leben tun konnte.

Majakowski: Der Liebe zum Land wolltest du ein großes rotes Herz malen; eine Blutlache verriet, wie groß es hätte sein wollen.

4. August

Als ich heute morgen vor dem Gorki-Studio stand, in der Maske Erich Weinerts, baut sich eine Frau zitternd vor Wut vor mir auf und schreit mich an: Du elender Kerl, warum laufen in unserem Lande solche wie du herum, und während ich mich hilfesuchend nach der Dolmetscherin umschaue, spuckt die Frau mich an. Ich werde nie erfahren, was sie bewogen hat. Das Erlebnis verunsichert mich.

7. August

Wir fahren nach Sagorsk, anderthalb Busstunden nördlich von Moskau gelegen, ein altes kunsthistorisches Kloster, weltberühmt fast, Ausbildungsstätte der heutigen Gottesdiener und vor allem: intakter Wallfahrtsort der Gläubigen des Sowjetlandes in und um Moskau herum. Für Ausländer nur mit Sonderstempel erreichbar.

Wallfahrtsburgen gibt es in aller Welt – Stätten der geheimnisvoll verklärten, für Außenstehende schwer begreiflichen Hoffnung aufs Heil durch einen Gott, welchen Namens auch immer.

Hier in Sagorsk, an den von Zeit umdunkelten Kirchenwänden: leibgewordene Heilige, in goldenen Rahmen unter kostbarem Glas, durch die der gepeinigte, unumwunden schuldige Mensch in Korrespondenz treten kann mit dem strengen, aber verständigen Gottvater des Himmels und der Erde. Wer hier entlanggeht, den streift unweigerlich diese Ahnung: Jegliches Glück ruht in den unsichtbaren Händen dieses in der Phantasie der Völker so vielgestaltigen Ordners und Begleichers aller Schuld, Not, Furcht und aller Qual auf dieser sündigen Steinkugel Erde. Denn einmal wird kommen der Tag …

Hierher pilgern sie also, die Leiber drängen aneinander, und es scheint, die hier stehen, hätten sich selber entleibt. Entleerte Leben unter den schwarzen Umhängen und Tüchern. Auf weißem marmornen Fußboden stehen sie, in sich hineinschauend wie ins Wesenlose, aufblickend zu Ihm inmitten der heiligen Bilder, himmelangestaffelt – und über ihnen allen schwebt an höchster Stelle des Ortes, in kräftigen Farben, das Antlitz des allgegenwärtig Strengen und Gerechten der orthodoxen Kirche.

Wir kamen etwas zu spät an, die große Gotteszeremonie war bereits in ihren letzten Takten und Gesängen, und so standen wir auf den steinernen Stufen des eigentlich versiegelten Hauses und hofften dennoch auf Einkehr. Plötzlich läuteten die Glocken, erst sanft, dann heftig, die einen weiter sanft, die anderen immer heftiger, und heraus strömten viele hundert Menschen, das plötzliche Licht der Sonne scheuend, als sei es helldrohendes Sinnbild des ganzen irdischen Jammertales, das nun wieder betreten werden mußte. Eine Gemeinschaft erwachte aus der Trance; das sah, das ahnte ich bisher nur bei Breughel in der Krüppelprozession, oder in den quälenden Bildern des Hieronymus Bosch. Alte Frauen, alte Männer, hier und da junge Gesichter wie ein seltsames Einsprengsel, Kranke, Gebrechliche, Menschen auf Krücken und andere, die, auf Holztragen hockend, herbeigeschafft wurden ins Licht, das so offenkundig nicht ihres war. Aussätzige Kinder erblickte ich, von Müttern traurig getragen, viele, viele tausendjährige Frauen mit Augen in nie gesehener Tiefe der Höhlen, fanatisierte Betgängerinnen, die am Rande stehende Fremde und Neugierige angeiferten und beschimpften, sie mögen sich nach Hause scheren zu ihren Weibern oder in die Kneipen. Der Zorn der von Gott Kommenden warf sich auf uns. Bilder von erschreckender Größe, daß es dir dein anderes, tieferliegendes Ich an die Oberfläche treibt, jenes plötzlich doch spürbare: Es wird kommen der Tag …

So wird einem begreifbar: Religion ist nicht mit Begriffen und Definitionen zu fassen, sie überkommt uns und hat viel zu tun mit einem Gefühl für die Spannung, für das Gegenüber von Leben und Tod.

…

Sagorsk, ein Bild des alten Rußland. Ich denke auch an das berühmte Bild Repins, ›Die Prozession‹ – hier zwischen den Klosteranlagen war es bedrückende Realität. Es lebt also noch, dieses Rußland, ebenso wie das sich aus dem Dreck erhebende neue Land. Oder bilde ich mir das nur ein? Nein, ich schaue den Widerspruch, und er zerschneidet mir das Herz. Gorki und Dostojewski leben also, und dieses Rußland, das sich hier zeigt, das sich der Welt nur auf Sonderstempel für ein paar Stunden öffnet, dieses Rußland tragen sie mit sich, die Leute in den Ladas und die Kosmonauten von ›Sojus‹. Die über den Erdball rasen, es sind die gleichen, die noch in den Hütten hocken, fast im Erdreich, die geduldig und demütig stundenlang in GUM-Schlangen verdorren oder große Wolken Wodka-Duft in den Himmel steigen lassen … Über diese unmündigen Kinder Gottes kamen Lenin und Genossen; über die Knechte kam die diktatorische Verheißung zum Aufbau einer neuen Welt.

…

Sie hatten einen Gott, an den sie sich demütig wandten, einen fordernden, strengen Erzvater, einen so ganz anderen als in ›unseren‹ Religionen. Der Zar war Gott, der Patriarch war Gott, alles hieß Gott, was nur Knüppel und Peitsche trug, und überall, wo ein Schein von Macht und Glanz ihre Hütten nur streifte, beugten sie ihren Rücken hinab in den Dreck, der ihr Leben war. Und wenn sie sich heute an die Rocksäume der Popen werfen, hier in Sagorsk, wenn sie die Hände der Gottesknechte beschmatzen und die Bilder an den Kirchenwänden mit dem Speichel ihrer fiebrigen und doch kalten Küsse beschmieren, wenn sie im monotonen, aber wunderschönen Gesang mit schrillen Altweiberstimmen für die Seelen der Sündigen singen, der gestorbenen und noch erdwandernden Anverwandten – so ist dies alles ein Bild der Vergangenheit, das in diesem Lande seine bittere, alle Zeiten überdauernde Gegenwart nie eingebüßt hat.

Als der Gott eines Tages aus den Hütten der Bauern vertrieben wurde und der Bolschewik im Türrahmen stand, fragte der Mushik: Wo ist der neue Gott? Du selbst bist es, sagte Lenin, du selbst bist der Schöpfer, zumindest jener Welt, in der du lebst. Und der Bauer schaute sich fragend um, und es dauerte nicht lange, es konnte gar nicht lange dauern, da kam aus den Höhen des Rosenlandes Grusinien der neue Gott und mit ihm wieder der Knüppel, die Peitsche, das Lager. Aus Sozialismus ist wieder Demut und Gläubigkeit geworden.

8. August

Wenn die Sonne in mein Moskauer Hotelzimmer blickt, sieht diese Einkehr doch recht einladend aus. Aber die Sonne lockt mich zugleich hinaus, vier Stunden bin ich heute zu Ecken und Enden getigert, in die Touristen kaum hingelangen. Überall stehen die Menschen an, nach den lebensnotwendigen Dingen; viele Uniformträger sind unter den geduldig Wartenden, da verspürt man wenigstens ein Gefühl der Sicherheit inmitten der schweigenden, dumpfen, unberechenbaren Menge, deren düstere Stille auch etwas Bedrohliches hat.

Viele stehen vor allem nach Wodka an, der vor 11 Uhr nicht verkauft wird. Ein besoffener, heruntergekommener Kriegsveteran tritt mir in den Weg, er mustert meine Hallenser Ledermütze, plötzlich weiten sich seine wäßrigen Augen, er starrt auf das Leder, salutiert und lallt in erheblicher Lautstärke: Achtung, Genossen, ein hohes Tier von der Tscheka!, und dann lacht er, sein stinkender Atem drückt sich mir wie ein lauwarmer Lappen ins Gesicht.

Ein älterer Herr, Sekt im Netz, weist den Schreihals zurecht, der zuckt zusammen, macht eine Grimasse hinter dem Mann her, dreht sich wieder zu mir um und flüstert: Das war eben der Sohn des zukünftigen Berija. Und er zeigt lachend seine Zahnlosigkeit. Als ich schon wähnte, ihn los zu sein, steht er schon wieder in meinem Weg und will eine Flasche auf die deutsch-sowjetische Freundschaft mit mir trinken.

In einem Land, wo viel Mangel herrscht, möchte ich nicht leben. Sagt Brecht. In einem Land, in dem zu viel Ordnung herrscht, möchte ich auch nicht leben. Sagt ebenfalls Brecht. Und es grassiert geradezu eine Ordnung, von der nicht klar ist, für wen sie eigentlich geschaffen wurde und aufrechterhalten wird. Mißtrauen hat Vertrauen besiegt. So viel geschieht hier, was offensichtlich falsch ist, daß wir unbedingt aus diesen Fehlern lernen, ja, sie geradezu studieren müssen. Insofern stimmt der Slogan, von der Sowjetunion lernen heißt, siegen lernen.

Aber ich schreibe meinen Unmut nieder, leichthin fast, und ich weiß doch, daß dieser Aufbruch, der russisch spricht, erst 56 Jahre alt ist. Doch es tut andererseits so weh: Wenn die Menschen in Lagern sitzen, die der Zar baute; wenn man in einem Land leben muß, in dem die Staatsanwälte immer recht haben und der Partei so sehr geglaubt wird, bis man sich selbst nicht mehr glaubt.

11. August

Ein ruhiger Sonntag. Heute fahren wir noch einmal nach Sagorsk. Über zwei Stunden lang stehen wir dichtgedrängt auf dem Marmor und schauen auf die sonntägliche Zeremonie. Sonnenlicht dringt gemessen durch die hohen Kuppelfenster, der heilige Raum bleibt dennoch im Dämmerschein, die blauen und roten und gelben Öllampen werfen ihrerseits ein sanftes Licht auf die goldumrandeten Ikonen an der Stirnwand, dort, wo eine goldene Pforte den Menschenraum vom Altarraum trennt.

...

Ikonenbilder. Heilsbilder. Opferbilder. Wenn ich mich in Kirchen umschaue, denke ich an das, was Kunst vermag. Natürlich, so kommt mir in den Sinn, ist das Leben, das Schöne und Gute, immer eine Art Beschwörung, ein Kunststück, wie jedermann weiß, der sich schwertut. Aber auch das andere, die Darstellung des Todes, ist ein Kunststück. Wie beides wirklich ist, hat noch niemand festhalten können. Und dennoch besitzt die Kunst eine seltsame Macht.

Das eine, die Darstellung von Lust und Liebe, geht immer ins Allgemeine, ins Griechische, ins Heiter-Komische und ein bißchen Traurige; Hans-guck-in-die-Luft ist ihr Poet. Des anderen Blick geht zum Boden, zum angenagelten Fleisch, zum verzerrten Gesicht, zum Einmaligen, zum Menschen, der sich erst im Tode löst und in die Arme der Mutter sinkt.

…

Lange stehen die Gläubigen schon, seit frühem Morgen. In den Händen halten sie ärmliche Eßpakete. Links und rechts der Ikonenwand sitzen verdeckt zwei kleine Männerchöre, und überall in der Kirche brennen auf güldenen Leuchthaltern unzählige Kerzen, angezündet von den Gotteshoffenden, zum Ruhme und zu Ehren, nein, nicht der Partei, sondern des anderen Allgewaltigen.

Ein Bild dieses Gottes wird in die Mitte des Raumes getragen, die Menge summt leise Gebete und drückt kleine Kreuze an die Leiber. Mir kommt in den Sinn, daß die Art, wie die Heldentaten der Heiligen in plakativen Ikonen verewigt wird, doch sehr ähnlich jener Heldenmalerei ist, die der Stalinsche sozialistische Realismus hervorbrachte. Nun tut sich die goldene Pforte auf, und heraus tritt der Stellvertreter Gottes dieser Landschaft, mit reichbesticktem, glänzendem Gewand. Er singt das Gebet des Herrn mit leiser zarter Stimme, und der Männerchor vernimmt ihn, paraphrasiert ihn und übergibt den Gottesgesang an die Massen, die ihn aufnehmen und zurückgeben. Keiner ist ausgeschlossen, alle sind vereint in Hoffnung auf das Reich eines Friedens und einer Gerechtigkeit, das doch nie kommen würde.

Nun predigt der Patriarch, lange währt diese Predigt, die Masse duckt sich unter die Worte wie unter eine wärmende Decke, es scheint, die Menschen hören nichts, sie schlagen nur Kreuze, und sie knien nieder und kauern geduldig. Die Rede endigt, und plötzlich singen alle, mehr aus vollem Herzen als aus vollem Halse, mit Blicken zum imaginären Gott, auf den sie so hoffen. Nun kommen die Stellvertreter mit verdeckten Kelchen und reichen auf goldenen, gekreuzigten Löffeln das Brot, bringen es dar den Kranken, Gebrechlichen, Alten, und sie singen dabei, und sie singen in Ehrfurcht, und sie singen lange, denn die Kranken,

Gebrechlichen, Alten sind in der Überzahl, und die Sehnsucht, erlöst zu werden, steht in jedem der flehenden Blicke.

Nun sind sie alle müde, und sie treten in langen, langsamen Scharen hinaus ins Freie, ins sündige Leben, und sie lagern sich um die heilige Stätte, sitzen im Gras oder auf den langen Bänken, und die Hände lösen sich aus der Gebetshaltung, greifen in die Netze mit dem Essen; die Menschen gehen mit Milchkannen zur heiligen Quelle und holen singend das heilsame Getränk. Diese Welt alter Gläubiger hat etwas Bedrohliches, Gespenstisches. Nein, das ist nicht Leben jenseits von Gut und Böse; was hier geschieht – lebt es nicht in jedem von uns, vor der Stunde des Todes, die keiner von uns kennt und von der wir doch so oft in aufkommender Traurigkeit wähnen, sie habe eben ihren Minutenlauf begonnen.

Draußen vor dem alten, ikonenreichen Kloster stehen die Transporter der Touristen in langen Reihen. Neugier hat sie hierher getrieben, der faszinierende Widerspruch, welche Macht und Kraft, welchen Glanz und Einfluß die Kirche ausgerechnet in diesem Lande hat. Wer hierher kommt, sieht ihn so unerbittlich klein – den sowjetischen Riesen mit dem roten Stern.

12. August

Mir muß von der Seele, was wir mit diesem Gorki-Studio für Kinder- und Jugendfilme erleben! Die Bürokratie ist ein Krake, der uns hemmungslos umschlingt mit unzähligen Armen. Das Bewachertum von oben nach unten lähmt alle und alles, die Nerven werden blankgescheuert bis zur einzigen Lebensrettung – sich der Lethargie hinzugeben wie ein im Eis steckender und hilflos umherirrender Abenteurer sich dem erlösenden, aber tödlichen Schlaf hingibt. Keiner fühlt sich verantwortlich, aber die Zahl derer, die Verantwortung tragen, erdrückt diejenigen, die Nutznießer der Verantwortung sein müßten. Es findet vierundzwanzig Stunden lang Kafka statt. Diese bullenbeißerischen Pförtner aus der Kriegsgeneration, diese kleinen Wächter in Uniformen, ruhmlose Verteidiger einer Ordnung, die nur das Eigenleben des Apparats zu sichern sucht.

Wir fahren mit einem kleinen Bus aus dem Studio; in der Pförtnerloge ein gewichtiger Mann mit Rotbannerorden. Er schaut uns streng an, sieht drei Filmrollen, läßt sich die entsprechenden Papiere zeigen und entdeckt, daß da nur von zwei Filmrollen die Rede ist. Nun hat er seinen Fall, unser Rotbannerorden. Die Dolmetscherin, die er für die Administratorin und Unterschriftsberechtigte für die Papiere hält, wird barsch angewiesen, die Zahl zu korrigieren. Sie tut es, aber der Stift, mit dem sie schreibt, hat eine andere Farbe. Ende. Nun führt kein Weg weiter – der Wagen muß umkehren; der Producer, der den Propusk ausgestellt hatte, muß neu ausfüllen. Drei statt zwei Rollen! Jetzt erst können wir am Rotbannerorden vorbei; der Zerberus nickt zufrieden. Er hat seinen privaten kleinen Klassenkampf gewonnen!

O Moment!

Da fehlt ja die Unterschrift des Producers. Zurück! Jetzt kommt der Producer selbst mit zum Pförtner, schnauzt ihn an und bekommt postwendend seine Quittung: Er muß mit dem verdienten Auguren zum Milizchef. Dort bekam der Producer eine strenge Rüge, und erst dann durfte unser Bus mit der staatsgefährdenden Fracht dreier Filmrollen in die Stadt hinaus. Mir zittern noch die Hände vor Wut, da ich diese Sätze niederschreibe.

Da drehen wir eigens in Moskau, um mit sowjetischer Hilfe die Authentizität dieser 1941er Zeit nacherzählen zu können, und was machen die Verantwortlichen der sowjetischen Seite, die uns wie Feinde belauern? Selbst eine Kantine im Studio, in der wir drehen, darf keine Flecken aufweisen, und unser Szenenbildner Lehmann geht also kurz vor jeder Aufnahme an die Wand, und mit einem Öllappen tupft er, unterm Faltengesicht des Aufpassers, ein paar Flecken ›Leben‹ aufs Weiß. Wir wollen eine Pförtnerloge aus jenem Jahr 1941 drehen, eine Bude mit ein paar Schlitzen und eisernem Tor – nein, wir dürfen nur einen Einlaß aus Marmor filmen. Im Drehbuch sagt der Pförtner zu einem Passanten, wenn der nicht den Ausweis zeige, würde er die Miliz holen. Unsere Aufpasserin meint, es wäre besser, der Pförtner sagte, er hole den Direktor. Wir drehen draußen vor der Stadt das wunderschöne Rußland, die Birken, das hohe Gras, den weiten Himmel. Da hält ein Jeep, wir werden lange beobachtet, der

Jeep zieht ab, nach kurzer Zeit kommt der Wagen wieder, aussteigt der Sicherheitsmann des nahen Dorfes, und uns wird untersagt, dieses von ihm zu verwaltende Stück Rußlanderde zu filmen, ohne seine Erlaubnis eingeholt zu haben.

Oder weiter: Wir wollen die Fahrt mit einem Milchwagen in einem Dorf des Jahres 1941 zeigen; der winzige Plan scheitert, weil diese Szene (warum nur!?) derart viel Sicherheit erfordert, daß die Aufnahme nicht zustandekommt. Das russische Dorf mit Birken, Fluß, Himmel und Milchwagen wird wohl in Potsdam gesucht werden müssen.

Schließlich fällt doch noch die Entscheidung, daß wir 120 Kilometer vor Moskau ein Dorf-Motiv verwenden dürfen; es wird im Film übrigens nur am Horizont sichtbar sein; es wäre auch ein vergebliches Unterfangen gewesen, Nahaufnahmen zu erwägen! Es scheint alles zu klappen, endlich, da aber taucht ein neues ›Realismus‹-Problem auf: Ein alter Lkw wird benötigt, einer mit Milchkannen auf der Ladefläche. Unser Architekt findet auch einen zeittypischen Wagen. Doch der wird abgelehnt, einen heutigen Lkw bieten uns die sowjetischen ›Betreuer‹ an. Dann sollen für eine Straßenszene in Moskau ein Pferdewagen und ein Sprengwagen von 1940 ins Bild kommen. Auch dieser Sprengwagen wird von unserem Filmarchitekten aufgespürt – just am Drehtag erscheint auf Anweisung des sowjetischen Producers ein Fahrzeug neuester Bauart. Sozialistischer Realismus? Nervenaufreibende, lächerliche Aktion ›Saubere Leinwand!‹ Eine Dampferfahrt auf der Moskwa wird auch abgesagt, weil wohl Gefahr besteht, wir würden den Raketengürtel um Moskau herum filmen.

Damit eine Strategie zur Moral wird, ist es eben nicht nur erforderlich, daß sie in ihrem Grundsatz gerecht ist, sondern auch, daß die Menschen, die sie in der Praxis umsetzen, ebenfalls gerecht sind, daß sie sich nicht von der Macht korrumpieren lassen, die sie erobert haben, um diese Strategie zu entfalten, und weil sie sie entfaltet haben. Denn es ist bekannt, daß die Macht wie eine Lawine ist.

Ich höre auf, es reicht mir. Wir sind zermürbt und ziemlich traurig.«

*

Der Schauspieler war seither nie wieder in Paris. Nach Moskau freilich fuhr er noch des öfteren. Sein Tagebuch über die einst sowjetische Hauptstadt aus dem Jahre 1974 liest er, im Hinblick auf heute, wie eine sich anbahnende Gewißheit – von der er beim Lesen wünschte, sie würde sich noch einmal auflösen lassen.

Denn Gewißheiten, die sich auflösen, können wie ein nachlassender Schmerz sein.

Ein Volksfeind als Erlösung. Dieter Franke. Adolf Dresen. Deutsches Theater

IM JAHRE 1949 saß der Schauspieler erstmals im Deutschen Theater Berlin – Reihe 2, links, Platz 2.

Er sieht die Weigel als Mutter Courage. Fünfundzwanzig Jahre später ist er als Schauspieler an dieser Bühne engagiert, zunächst, wie wir wissen, wenig glücklich; eingemauert in Bücherwänden, monatlicher Mietpreis zweihunderdreißig Mark, getrennt von seiner inzwischen neuen Familie, die noch in Halle wohnt. Vor allem aber: ohne große Aufgaben.

»Nach einer Premierenfeier des DEFA-Films ›Goya‹ saßen wir im Hotel Stadt Berlin, etwas von ferne betrachtete ich geradezu neidisch und doch auch gehemmt zwei magere Herren, der eine Fred Düren, der andere Klaus Piontek, Spitzenleute von dieser Trauminsel DT. Ein paar Barhocker weiter noch so ein Spezialist, Rolf Hoppe. Der warnte mich leise, eindringlich, geradezu verschwörerisch, überallhin, aber nur nicht ans Deutsche Theater zu gehen. Er selbst war aus höllischer Angst von dieser Bühne nach kurzem Aufenthalt wieder geflohen und hat dann sein Glück beim Film gefunden.

Als Schönemann und Wolfram Anfang der siebziger Jahre aufgefordert wurden, die Leitung des Deutschen Theaters zu übernehmen, waren die Bedenken ringsum erheblich: Die Erfahrung von Halle reiche nicht für den Olymp. Im Hotel Johannishof, dem Gästehaus des Ministerrats, neben dem Friedrichstadtpalast gelegen, fand ein Gespräch statt – ähnlich jenem Treffen einst im Café hinter dem Hotel ›Berolina‹, bevor Schönemann und Wolfram nach Halle gingen. Aber diesmal sagten sie mir: Kurt, um die Wahrheit zu sagen, du hast in Halle den Luka gespielt, hier in Berlin würdest du im gleichen Stück den Polizisten spielen. Sie hatten Angst vor diesem Theater, und die Angst war wohl berechtigt. Und auch ich, der der Versuchung nicht widerstehen konnte, nach Berlin zurückzukommen, hatte freilich Angst. Aber hatte ich mir eine Rückkehr in diese Stadt trotz aller Erfolge in Halle nicht immer gewünscht? Wir wissen alle, wohin wir gehören, in jeder Weise wissen wir es irgendwann, trotzdem reizt uns immer das, wohin wir nicht gehören. Das ist doch das, was fasziniert. Wir wollen uns doch etwas erobern, was wir nicht können, so sagt es mein Kollege Walter Schmidinger. Natürlich ist es die Gescheitheit der ganz Großen, daß sie sehr genau wissen, wo ihre Grenzen sind, aber auch das Maßlose hat in der Kunst seine absolute Berechtigung. Also wurde ich maßlos; aber ich, der mit den Großen boxen wollte, landete freilich erstmal in der Ecke. Ein Sparringpartner war ich, mehr nicht.

Für Horst Schönemann geriet das Deutsche Theater zur Katastrophe. Er scheiterte an der Dynastie der Schauspieler, er blieb der Fremde, den dieser Organismus nicht annahm. Als er 1974 ›Die Geschichte Gottfriedens von Berlichingen mit der eisernen Hand‹ inszenierte, ging ich zufällig in eine Hauptprobe. Es kam kein Regisseur, erst nach einer Weile betrat jemand den Zuschauerraum, aber nicht Horst Schönemann war es, sondern Joachim Tenschert, der Co-Regisseur Manfred Wekwerths. Tenschert setzte sich neben das Regiepult, und erst dann kam Schönemann, hockte sich gleichsam entschuldigend hinter ihn, und wenn er, der eigentliche Regisseur der Inszenierung, eine Frage an die Schauspieler hatte, flüsterte er sie Tenschert ins Ohr. Es war entwürdigend für Horst. Er, der den Beruf des Regisseurs immer von seiner Bestimmerfunktion befreien wollte (dafür freilich Partner brauchte und vehement suchte, sie in Halle auch gefunden hatte), litt unter der Situation. Besonders wohl auch deshalb, weil der von Spiel, Spaß, Verliebtheit in schönen Schein ausgehende Theatermensch doch immer Ästhet geblieben war, auch als er, mit Hilfe politisch versierter Freunde, die künstlerische Regentschaft des Deutschen Theaters übernahm. Plötzlich dachte ich etwas wehmütig an die Zeit am Maxim Gorki Theater und in Halle, und deutlicher als früher kam mir zu Bewußtsein, daß die mechanistische Verpflanzung eines künstlerischen Modells gefährlich ist. Horst Schönemann, den die Frankfurter Allgemeine Zeitung einmal als Trainer des DDR-Theaters bezeichnete, nahm seine Liebe zum Theater ganz aus der Zuneigung zu den Leuten, mit denen er inszenierte. Er war ein aufrichtiger Zweifler, aber ebenso aufrichtig hat er immer an die rettende Wahrheit geglaubt, der man mit einer Kunst, sehr am Menschen angesiedelt, näherkommen könne. Schon Wolfgang Langhoff hätte ihn gern wieder ans Deutsche Theater geholt – als Schönemann dann kam, viel später, führte der Weg in die Sackgasse.

Wolfram und Schönemann waren die Korrektur des fatalen Irrtums, den unbeliebten, dogmatischen, herrschsüchtigen Parteibuch-Intendanten Hanns Anselm Perten aus Rostock zum Deutschen Theater geholt zu haben. Später wurden beide von Konrad Naumann, dem SED-Chef Berlins, wieder rausgeworfen, sie gingen nach Dresden und wurden wohl noch einmal glücklich.«

Im Jahre 1975 kommt die Erlösung für Böwe. Er spielt in Ibsens »Volksfeind« den Stockmann, nicht ohne mißtrauisch von einigen Protagonisten des Hauses beäugt und vorher beträchtlich nervös gemacht zu werden. Es wird der intrigenreiche Versuch gestartet, diesen »Spitzel von Wolfram und Schönemann« zu überzeugen, dies sei keine Rolle für ihn. Der Schauspieler bleibt stark und trotzig. Es wird ein grandioser Erfolg.

Die »Weltbühne« schreibt zur Inszenierung von Klaus Erforth und Alexander Stillmark: »Wie stellt sich dieses Stück heute dar, mit dem Ibsen vor mehr als neunzig Jahren jenes Bürgertum attackierte, das sich mit liberalen Phrasen schmückte, aber bei jedem Konflikt mit Obrigkeit und Geldmacht eilends umfiel? Wie wirkt die Hauptfigur heute, jener Dr. Thomas Stockmann, der sich in seinem Kampf gegen die Abwasservergiftung des Stadtbades derartig erhitzt und verrennt, daß er zum Schluß völlig isoliert dasteht, ohne festen Grund unter den Füßen, ohne Zukunftshoffnungen? Die große Leistung des Abends: Kurt Böwe als Thomas Stockmann. Wie eng wohnten da Ehrlichkeit und Engstirnigkeit beieinander, wie mischten sich da Starrsinn mit Selbstüberhebung, wie unpolitisch ist doch dieser Mann, der zum gescheiterten Helden einer kleinstädtischen Haupt- und Staatsaffäre wird.«

Der Schauspieler sagt plötzlich: »Gut, daß wir schnell zum Stockmann gekommen sind. Der hat mit diesem wunderbaren Menschen Dieter Franke zu tun, und was hätte dieses Buch für einen schäbigen Sinn, wäre es ein Buch ohne diesen Kerl, den ich, so wie alle an diesem Deutschen Theater, ins Herz geschlossen habe. Ich glaube, es gibt wenige Menschen, die so uneingeschränkt Licht und Luft und Lust verbreiten, die geliebt werden und deren eigenes Glücksempfinden doch nie jenes Maß erreicht, das sie selbst in die Welt setzen.«

DIETER FRANKE kam über die Stationen Karl-Marx-Stadt und die Volksbühne 1964 ans Deutsche Theater. Zunächst spielte er kleine und mittlere Rollen; Adolf Dresen war es, der ihn in drei Einaktern von O'Casey besetzte – dies wurde der Durchbruch, zu Mephisto, Käpt'n Boyle, zum Kurfürsten, zum Dorfrichter Adam.

»Franke war ein keuscher Mensch, der mit seinen Gefühlen haushielt. Meinem Temperament stand er wohl am nächsten, aber am Deutschen Theater hatte er auch meinen Hallenser Trullesand aus der ›Aula‹ nachspielen müssen, und er spürte wohl, daß dies, im Vergleich zu mir, seine Rolle nicht werden würde. Am Tag der Premiere hat er sich betrunken.

Für mich bedeutete er das Urbild eines Vollblutschauspielers, der in jeder Rolle, der noch so ernsten, allen nur vermutbaren Witz suchte, der ja in jeder Situation steckt, in jedem Gesicht, in jedem Leben. Das unterscheidet den echten Schauspieler vom Spaßmacher: Er weiß, daß nichts so komisch ist wie das Unglück.

Franke war ein Mensch, den die Zwänge des Lebens plagten, der aber dennoch das Dasein genoß, und sei es in vollen Zügen. Benno Besson gab ihm den Charlesmagne in Jewgeni Schwarz' ›Drache‹, das war eine Fessel gegen seine sprudelnde Kraft; das Alter als ein Zwang, Jugendlichkeit in andere Gleise zu lenken als nur hin zur Impulsivität. Besson habe ihm eine Bremse ins Herz gesetzt, sagte Franke.

Leider sind wir beide nie in einem Ring aufeinandergetroffen, es wäre, nehme ich einmal an, ein trefflicher Fight geworden, zum Spaß hoffentlich des Publikums. Daß daraus nichts wurde, lag sicher daran, daß wir annähernd gleiche Typen waren, Franke freilich weicher, geschmeidiger, vielleicht sogar komödiantischer. Wenn wir miteinander sprachen oder stritten, war es immer Ernst und Spaß in einem. Was es war, stellte sich oft erst später heraus, weil zunächst keiner zugab, wo die Nadel gestochen hatte. Es ist, glaube ich, das Wesentliche einer Beziehung, daß man sich stets in berechenbarer Weise begegnen kann. Vielleicht beginnt da schon Freundschaft. Dieter Franke war mein Freund.

Ich weiß nicht, wer ihm das eingegeben hatte, aber er wollte in Ibsens ›Volksfeind‹ unbedingt den Dr. Stockmann spielen, und die Sehnsucht schien mit Urkraft zu wachsen, als eines Tages ausgerechnet ich diese Rolle bekam. Franke tobte, machte mich nieder. Fast verprügelte er mich eines Nachts nach einem heftigen Trunke, auf den Schienen der Berliner Straßenbahn an der Mollstraße. In den Gaststätten gingen die Lichter aus, und er brüllte durch die Straßen: Böwe! Du spielst den Stockmann, meine Wunschrolle von diesem Ibsen! Ich erschlage dich! Fast hätten wir uns entzweit. In der Premiere später sitzt er, applaudiert und ruft über alle verträgliche Maßen ›Bravo‹ – mein Kollege Franke, dieser großherzige Mensch.

Eberhard Esche schrieb vor Jahren einen wunderklugen Brief an Dieter Franke, den er dann auch in seiner Gedenkrede für Franke zitierte, und der auch in der Akademiezeitschrift ›Sinn und Form‹ veröffentlicht wurde. In diesem Brief, den Franke, soviel ich weiß, nie erhielt, heißt es mahnend: ›Und obwohl wir schon so runtergekommen sind, daß wir schon fragen, wenn wir den Theaterkeller betreten und es heißt, Du kämst heute nicht, wo Du denn dann seist, will doch in uns, Deinen Hörigen, nicht die Angst verstummen, welchen Preis Du bezahlst. Oder opferst Du Dich für uns? Das glaube ich nicht. Auch Deine Kultstätte ist das Geviert zwischen den Kulissen, mit dem kleinen Kästchen davor! Ja, ich weiß, ich brauche sie öfter als Du, die Souffleuse; das liegt eben daran, daß ich mir beim Spielen immer mal was denke, und Du spielst ›bloß‹, Du meinst, Denken stört, na gut, dann erinnere ich an Deinen Traum: Du standest nach dem Ende der Vorstellung auf der Inspizienten-Seite des Deutschen Theaters, und das Publikum stand auf der fahrenden Drehscheibe, und Du mußtest jedem Einzelnen der Zuschauer zur Verabschiedung die Hand schütteln.

Kompliment, Euer Ehren träumen gut.

Doch hier packe ich Sie, stolzer Besitzer von soviel Reichtum: Verwalte ihn besser. Tue es für das Publikum, für das Du lebst und das Dich über alle Maßen liebt …‹

Dieter Franke starb am 23. Oktober 1982 abends 19 Uhr.

So vielfach man lebt, so vielfach stirbt man auch. Weil man mit jedem Leben, das man mit jemandem teilt, wenn dieser Jemand aus dem eigenen Kreis austritt, auch selbst ein bißchen abstirbt. Man stirbt nicht mit einem Mal, sondern heute mit diesem ein wenig und morgen mit jenem ein wenig. Wenn der eigene Tod kommt, hat man das Sterben eigentlich schon in mancher Hinsicht geübt. Freilich: Der entscheidende Akt steht immer noch vor einem; man soll sich da bei aller Sentimentalität nichts vormachen. Man hat das Schlimmste, was zum Leben gehört, nie so geübt, daß es einen nicht mehr trifft.

Franke war ein wunderbar irdisch veranlagter Poet des Spiels, der den Zauber der Profession mit dem Wissen um nüchterne Technik augenzwinkernd zu verbinden wußte: ›Mag sein‹, sagte er, als er den Mephisto spielte, ›daß die Idee das Wichtigste am Theater ist. Aber wichtiger ist, daß der Garderobier vor der Walpurgisnacht dem Mephisto im Halbdunkel den Hut an der richtigen Stelle in die Hand drückt. Mephisto hat nämlich keine Zeit, erst zu suchen, denn vor ihm verschwindet gerade Faust auf der drehenden Bühnenscheibe in Richtung Bocksberg. Dazu flammt ein rotes Licht auf der Hinterbühne auf: Auf die drehende Scheibe aufzuspringen ist untersagt! Noch Fragen zum Theater, meine Damen und Herren?‹

Mitunter setzte Dieter Franke seine große Hornbrille auf und las laut jenes Gedicht ›Komödianten‹, das mir der Kyritzer Sparkassenmensch Hartmann im Abiturjahr gewidmet hatte. Franke liebte diese Verse abgöttisch, er hat mir tausendmal das Rezitieren abverlangt, sich herzlich gefreut, freilich jedesmal gemeint, ich hätte es höchstens ein einziges Mal gut aufgesagt.

Als ich ihn einmal fragte, ob er glücklich sei, setzte er sein breites Lächeln auf und sagte: ›Gücklich? Heute nicht. Höchstens manchmal gestern.‹«

ZUM STOCKMANN schreibt Ilse Galfert, Dramaturgin und eine seltsam-kluge Liebhaberin des Theaters, dem Schauspieler am 15. Juli 1975 einen Brief:

»Lieber Herr Böwe, der / Ihr Thomas Stockmann ist, über den ›allgemeinen Dank‹ hinaus, ein näheres Wort wert. Ja.

Mich frappiert die Vielfalt, Vielgesichtigkeit, auf die Sie die Figur bringen: in einer Einheit. Ihre Robustheit und ihre Sensibilität – den Utopisten und das dann wieder ganz realistisch Direkte. Und das alles in Mischungen von Sekunden-Wechseln; meistens / oft sogar auf dem ganz schmalen Grat balancierend zwischen solchen Extremen.

Dann ist das, im Ganzen, auch noch wieder ein Mann von enorm viel (Körper)Kraft. Einer plumpen Körperkraft. Wobei Sie, für mich, als Möglichkeit, was enorm Überraschendes, dem Plumpen eine Schönheit geben. Stockmann ist ganz liebenswert dadurch.

Und indem man ihn liebt (wie machen Sie auch das noch?), sieht man ihn gleichzeitig dauernd ganz kritisch. Betrachterisch.

Ja, und dann sieht man auch noch, das ist (eigentlich) ein sehr fröhlicher Mann. Sein Lebensglaube ist, wie er sich allen Hieben stellt, einfach unabänderlich.

Und nun ein Einwand: Da Sie aus dem plumpen Temperament des Mannes DAS BESONDERE machen, lassen Sie sich, bitte, nicht ein auf zuviel in Kleider-Schlumpigkeit ausgedrückte Kauzigkeit. Die Ausstattung überzieht das ohnehin schon etwas. Sie spielen es noch mit, mit einem gewissen Genuß daran. Das ist nicht gut.

Stockmanns abgewirtschaftete Kleidung sollte ihm ganz selbstverständlich sein ...«

ILSE GALFERT, die Dramaturgin, stirbt im November 1987. Die Trauerrede im Deutschen Theater hält Kurt Böwe. Es ist eine Rede über den Zauber der Kunst, über den Anlehnungswunsch, der in jedem Schauspieler steckt.

»Und da war ein Schatten im matten Licht des Zuschauerraumes, ein gestenloser, schweigender Begleiter dieses Selbstbehaupters auf der Szene, ein scheinbar rührungsloser Antipode und Mitdenker – mindestens fünfzehn Stuhlreihen vom Austragungsort in Distanz – rechts oder links außen – mit dem Griff zur Tür. Wer sich da oben hinbegibt mit der nur ihm gegebenen seelisch-geistigen Leiblichkeit, bedarf er nicht der sensiblen Beobachtung? Nicht immer wissend, was er tut – bedarf er da nicht des Schutzes auch vor lebensbedrohlichen Irrtümern? Selbstische Übertrumpfung, eitle Selbstherrlichkeit – das alles führt allemal zu nichts, höchstens zu gefälligem Entertainment.

Sagte der Schatten da unten.

Wenn es wahr sein sollte, daß Theater auch Ausdruck der dem Schauspieler innewohnenden und ihn umgebenden Realität sein sollte – wie schnell sieht der Schauspieler sich doch in Gefahr zum Ersatz seiner selbst, also zum Verlust seiner Realität? Das Theater hat einen großen Magen.

Die Galfert war eine Beobachterin selten inständiger Art. Man kann es in ihren Begleitbriefen, sprich Porträts, nachlesen.

Sie ist vorzeitig, als wir uns selbst noch nicht wiedererkannten im zerschlagenen Nazideutschland, von Bertolt Brecht aufgenommen worden. Als er dringend eine gute Theaterkritik für unsere Zeitungen und Zeitschriften forderte, empfahl er junge Leute, die ›wirklich ihre eigene Meinung zum Ausdruck zu bringen vermögen‹, und er empfahl auch Ilse Galfert. Das war am 29. August 1953.

Wahr ist, daß sie eine wirkliche Zeitzeugin der Auf- und Niedergänge unseres theatralisch-politischen Alltags war und zwar an gut unterrichteter Stelle. Sie war gleichsam an die Umstände geheftet; und ihr bitter-böses, oft verläßliches Auge hat mehr gesehen, als man vielleicht vermutet. Meine Mutmaßungen über sie: Sie war so nah und so fern von allem und jedem, und diese ihr innewohnende Distanz und Nähe machte sie auch unheimlich – besonders dann, wenn übergroße Nähe sie zu verschlingen drohte und eine inkarnierte Überhebung ihrer Seele sie zu quälender, peinlicher Ungerechtigkeit verführte.

Nun ist der Schatten gestorben. Doch kann der Schatten sterben, solange Licht auf uns fällt? Wir können verblassen, das ja.

Wer saß da unten ab der fünfzehnten dunklen Platzreihe? Der böse Geist? Das schlechte Gewissen? Dein alter ego?

Man kommt ins Nachdenken – beim Gedanken, daß da etwas dergleichen nun fehlt.«

EINEN BIERDECKEL schiebt mir der Schauspieler hin, einen unscheinbaren Bierdeckel. »Die Ilse Galfert ist mir eines Tages zum Glücksboten geworden. Bei der Generalprobe zum ›Stockmann‹ gab sie mir diesen Filz, darauf hingefetzt ein paar Worte: ›Ich würde gern mit Ihnen arbeiten. Dresen.‹«

Da war Böwe genau vier Jahre am Deutschen Theater.

Der Schauspieler wird ernst, vielleicht sind es die ernstesten Momente unserer zahlreichen langen Gespräche.

»In Dresens Wohnung, im 17. Stock eines Neubaus, standen ein paar Möbel, vor der Tür hing das Fahrrad; ein Mensch, ständig in der Improvisation lebend, fast immer nur in Turnschuhen – ein anständiger, geradliniger guter Kerl, keinerlei Künstlerallüren verfallen, grundehrlich. Es war mein früher Traum, mit diesem Mann zu arbeiten. Er ist ein Regisseur zwischen Besson und Heinz, zwischen Stil und psycholgischem Kern, dabei von hoher Musikalität. Er spielte mehrere Instrumente. Wenn man nicht Wünsche, Ziele, ein ganzes Leben außer dem Theater hat, sagte Adolf Dresen, was will man dann noch mit dem Theater?

Als ich Mitte der siebziger Jahre in seiner Bearbeitung des ›Michael Kohlhaas‹ von Kleist die Titelrolle übertragen bekam, las ich wieder und wieder den Text, und zwar die Novelle und unsere Bühnenfassung. Intellektuell war mir die Geschichte schon klar, aber ich fand jenen Zugang zur Figur nicht, der sie leben ließ; alles, was ich tat, blieb zunächst ein bloßes Operieren mit Worten. Aber um mit einer Rolle wirklich umgehen zu können, brauche ich von ihr klar erkennbare Konturen. Ich brauche, um eine Textur in meine Wirklichkeit zu holen, die Skizze der Figur, ich muß einen Grundgestus finden, der sie sozial einordnet, individuell charakterisiert. Das erste, was mir half, dieses Figuren-Bild zu finden, war das Kostüm. Mit einem wilden, bärtigen, lederbekleideten Rebellen konnte ich nichts anfangen. Also machte ich mich auf die Suche. Ich fand den Zylinder, die Weste, die Stiefel: Das war der Kohlhaas, den ich brauchte, ich sah ihn vor mir, betont korrekt und streng, auf Haltung eingeschnürt. Der preußisch-deutsche wohlanständig-disziplinierte Bürger. Er hat feste Lebensgrundsätze, und er vertritt sie durchaus mit Würde. So gradlinig und selbstbeherrscht wie seine Haltung ist sein Denken und Tun.

Den zweiten Ansatz, die Gestalt in den Griff zu kriegen, fand ich über die Sprachbehandlung. Ich erinnerte mich, wie in meinem Heimatdorf Reetz gesprochen wird: knapp, rauh, ohne Gefühlsbogen – Empfindsamkeit sorgsam verbergend. Mit dieser Diktion – das Platt benutzten wir nur während einer begrenzten Probenphase – wurde der Kleistsche Text, der ja aus diesem Boden kommt, für mich handhabbar. Sprache ist ja mehr als Dialekt, sie ist Ausdruck von Leben, sie ist Hinweis auf die Art, Menschen zu begegnen. Ein bis zur Borniertheit gehender Gerechtigkeitssinn, aber auch eine schlichte Aufrichtigkeit, eine fast naiv-unbedingte Ehrlichkeit und dann die große Kargheit in der Gefühlsäußerung, die Strenge gegenüber unbedachten Gefühlen und voreiligen Gedanken und Urteilen – das alles waren mir vertraute Haltungen, die ich auch beim Kohlhaas entdeckte und die Schauspieler und Figur zueinander kommen ließen.«

Schnell und mit großer Achtung kommt der Schauspieler wieder auf Adolf Dresen zu sprechen.

»Er hat von allen Regisseuren der DDR wohl die meisten Inszenierungen gemacht, die aneckten, die geändert werden mußten. Geboren in einem Dorf am Stettiner Haff, kam er eher widerwillig mit Theater in Berührung. Während der Schulzeit durfte er beim Laienspiel nur als Souffleur mitmachen. Nach dem Abitur studierte Dresen in Leipzig Germanistik, ziemlich lustlos, wie er immer sagte. Hans Mayer wurde zu jener Zeit Ordinarius, und am Philosophischen Institut lehrte Ernst Bloch. Dresen ging nach dem zweiten Studienjahr von der Uni, ließ sich in die Produktion versetzen. 1959 machte er dann doch noch bei Hans Mayer sein Germanistik-Examen. Brecht wurde für ihn zu einem Erlebnis, von dem er sagte: Es schien uns, daß Theater und Intelligenz sich doch noch vereinen lassen. Er arbeitete nach Brechts Tod am Berliner Ensemble, bei Engel und Besson, klebte aber eigentlich nur Modellbuch-Bilder. Schließlich bewarb er sich bei fast allen Theatern der DDR und kam am letztmöglichen Haus der Klasse 4 im sächsischen Crimmitschau als Inspizient unter. Als er dort ankam, las er seinen Namen auf einem Besetzungszettel: In einem Kinderstück sollte er das Untier von Samarkand spielen, konnte aber keinen Text behalten und wurde wegen Unfähigkeit rausgeschmissen. Magdeburg und Greifswald hießen die nächsten Stationen.

Die Eklats nahmen kein Ende, schließlich landete er auf einem Bohrturm, wovon fortan ein kaputter Daumen zeugte. Wolfgang Heinz holte ihn dann ans Deutsche Theater. In einem Interview angesichts der Biermann-Ausbürgerung sagte er: ›Es ist verrückt: Alles, worauf die DDR angelegt und aufgebaut ist, beginnt zu bröckeln. Das marxistische Fundament gerät ins Wanken, wird nicht mehr ernst genommen. Selbst viele Funktionäre orientieren sich nach dem Westen. Sowohl die Voraussetzungen als auch die Ergebnisse geraten in ein zynisches Zwielicht. In der Politik wird pragmatisch, was bisher dogmatisch war. Die Praxis nimmt die Theorie ins Schlepptau, wird ungreifbar und damit auch unangreifbar, das Ganze erscheint als Aufweichung, als Brei. Für einen Menschen wie mich, der im Glauben an den Kommunismus als der besseren Gesellschaftsordnung aufgewachsen ist und sich damit identifiziert hat, ist dieser Verlust an Kraft aus innerer Aufweichung schwer zu verdauen. Das ist meine Kohlhaas-Krise.‹«

HEIDE BÖWE am 20. Januar 1976 an Kurt Böwe, während dessen Arbeit am »Kohlhaas«: »Daß ich Dir viel Gutes wünsche, das weißt Du. Ich wünsche Dir aber weit mehr. Ich wünsche Dir so sehr, daß Du nicht steckenbliebest im Gewohnten, Erwarteten, sondern daß es Dir gelänge, jene Zonen in Dir aufzusuchen, die Du selbst kaum kennst, vor denen Du vielleicht sogar Angst hast. Du solltest übrigens nie annehmen, daß meine manchmal allzu scharfen Bemerkungen über Deine Arbeit und deren Ergebnisse etwa züngelnder, heimlicher Neid einer gescheiterten Schauspielerin sind. Das tust Du nämlich manchmal, aber es ist ungerecht. Es ist nur Ausdruck meiner Allergie gegen eine gewisse ›Gediegenheit‹ im Künstlerischen. Diese ›Schauen Sie, ich will Ihnen ja nichts Böses‹-Haltung, dieses ›Sehen Sie doch nur, wie gut wir uns verstehen!‹

Ich weiß, daß der Alltag in den Beziehungen zweier Menschen vieles abraspelt, verstaubt, vergrauzt, auch bei uns beiden tut er das, vor allem, wenn man unter latentem Geldmangel leidet. Aber ich sehe das Problem nicht da: Man muß sich, glaube ich, entscheiden für eine konsequente Haltung in diesem Beruf, nämlich nichts, aber auch gar nichts zu tun, was der eigenen Erfahrung und Empfindung zuwider zu laufen droht. Entscheidet man sich nicht, so beschädigt dies Talent und damit Leben. Mein Lieber, ich halte deshalb die Begegnung mit Dresen für eine so glückliche Fügung für Dich.

Deine Heide.«

DIE KOHLHAAS-KRISE. Böwe steht auf, geht ein paar Schritte im Arbeitszimmer umher, bleibt stehen, ordnet im Bücherregal ein paar Bände, ohne ersichtliche Notwendigkeit freilich, setzt sich wieder hin.

»Es war eine der dunkelsten Stunden meines Lebens, als wir den ›Kohlhaas‹ erarbeiteten, auf der Probebühne. Biermann war gerade ausgebürgert worden, es lag da eine Liste aus, und ich merkte, es hing bedrohliche Düsternis im Raum. Dresen, dieser stille, sensible Mann, sagte zu mir, fast beiläufig: Böwe, da hinten liegt eine Liste, wenn Sie mal schauen würden. Ich brauchte nicht zu schauen, ich wußte. Ich ging nicht hin, ich sah mir auch die Liste nicht an, ich versuchte, in mich hineinzuschauen. Scham empfand ich wie danach nie wieder. Wir gingen in eine Kneipe, Mittag essen, die Zeit wollte nicht vergehen. Ich wußte doch, man muß etwas tun, mein Kopf raste; plötzlich meinte ich, eine Entdeckung gemacht zu haben: Die Phantasien von Feiglingen laufen am schnellsten. Und ich glaubte, alle Welt starre mich an. Ich war gegen die Ausbürgerung, jedoch Biermanns Rede war nicht meine Rede. Ich habe also nicht unterschrieben, nicht diese Liste, und keine anderen Listen. Aber ich fühlte eine Qual, und es war mir, als sähe ich den Dornbusch brennen.

Am Abend jenes Tages, da Biermann ausgebürgert worden war, gab das Deutsche Theater ›Deutschland, ein Wintermärchen‹, gespielt von Eberhard Esche, einem Freund des Sängers. Der war, nach Intendant Wolframs Worten, fest entschlossen, eventuellen Zurufen im Zusammenhang mit Biermann von sich aus zu begegnen, so nach dem Prinzip: Ich mache Kunst, und das andere machen wir danach. Es gab keine Zwischenrufe, nach diesem Tag aber ziemliche Turbulenzen am Theater.«

»Am 28. April 1977 ist Adolfo von uns gegangen.« So steht es auf einem Briefkuvert des Deutschen Theaters, ein anderes Papier hatte Böwe damals nicht zur Verfügung; irgendwo, während einer Probe, hat er diesen Satz mit rotem Filzstift auf einen Briefumschlag geschrieben, und er hütet ihn wie eine lebendige Mahnung.

Die letzte Vorstellung des »Michael Kohlhaas« fand am 5. Mai 1978 statt.

ADOLF DRESEN über diesen »Kohlhaas« 1976:

»Mitte der siebziger Jahre arbeitete ich am Deutschen Theater an einigen Kleist-Aufführungen. Sie wurden eröffnet durch eine Collage ›Dichter in Preußen‹ (von Babu Honigmann) – da war zu sehen, daß die schlimme Lage der Dichter in Preußen der unseren in der DDR recht ähnlich war. Es war die erste Belastungsprobe für den neuen Intendanten, Gerhard Wolfram: Würde er das mitmachen? Natür-

lich wurde nicht offen gesprochen; aber – und das vergißt man heute gern – unsere Opposition richtete sich auch nicht gegen das, was wir unter Sozialismus verstanden. Der Westen war für uns keine Alternative. Und für eine Opposition von innen gab es einigen Spielraum. Ich habe sogar erlebt, daß Leute der Bezirksleitung der SED, sogar des ZK uns zwar offen kritisierten, aber heimlich halfen.

Im ›Prinzen von Homburg‹ erringt ein junger Heerführer einen Sieg durch Bruch des Befehls – das rührte an die Grundfesten der DDR-Staatsraison: muß nicht jeder Geniale die geltende Disziplin verletzen, und ist das nicht die Bedingung allen Fortschritts? Die Meinung des preußischen Regenten, des Kurfürsten, ließ sich in einem Satz Friedrich Engels' zusammenfassen, Freiheit sei Einsicht in die Notwendigkeit; wir akzeptierten diesen Satz mit der Bedingung: insofern die Notwendigkeit ein Einsehen in die Freiheit hat. Wir konnten das damals sogar öffentlich sagen. Im ›Zerbrochenen Krug‹, mit dem ›Homburg‹ an einem Abend gespielt, ging es um Ähnliches – nur wurde die Raison da nicht von einem Genialen verletzt, sondern von einem offenbar Unfähigen; wir versahen diesen Dorfrichter Adam (Dieter Franke) aber mit soviel Sympathie, daß seine schließliche Flucht erschien wie eine Vertreibung aus dem Paradies, und daß die Beseitigung der bestehenden Korruption, Einführung der preußischen Ordnung durch den herbeieilenden Gerichtsrat Walter (Dietrich Körner) eher wehmütig stimmte – man erinnerte sich des Worts von Brecht aus den ›Flüchtlingsgesprächen‹, wonach in schlampigen Regimen doch immer noch einiges an Menschlichkeit durchgegangen sei.

Die Kleist-Aufführungen kamen, anders als der ›Faust‹ einige Jahre zuvor, politisch unbehelligt heraus – und so konnten wir darangehn, sie mit dem Abend zu beschließen, der der politisch brisanteste sein würde, einer eigenen Dramatisierung der Kleist-Novelle von Michael Kohlhaas. In der Nähe der Berliner Fischerinsel hatte es wenige Jahre früher an einem Haus noch eine Gedenktafel gegeben, hier, im alten Kölln, habe einst das Haus des Roßhändlers Kohlhaas gestanden; viele der Häuser der Fischerinsel waren inzwischen baufällig und von alten Leuten bewohnt, die sich gegen den geplanten Abriß verzweifelt und oft mit Kohlhaasischer Kraft wehrten. Heute stehn dort Hochhäuser. Wir haben damals, zusammen mit den alten Leuten, vergeblich versucht, den Abriß dieses Stücks Altberlin zu verhindern, und wir dachten damals zum erstenmal an eine Bühnenfassung der Geschichte des Roßkamms Kohlhaas, der sich gegen das Unrecht erhebt. Die verzweifelte Aktualität unserer letzten Kleist-Arbeit sollte dann jedoch aus einer ganz anderen Ecke kommen.

Ursprünglich hatten wir geplant, alle Kleist-Aufführungen mit demselben Ensemble zu besetzen, und so erwarteten die meisten, Dieter Franke würde auch den Kohlhaas spielen. Da aber waren die ersten Sätze der Novelle, nach denen Kohlhaas bis in sein dreißigstes Jahr für einen der rechtschaffensten Menschen seiner Zeit ›und das Muster eines guten Staatsbürgers‹ habe gelten können; da ging es nicht um die Geschichte eines Revolutionärs oder Anarchisten, sondern um eine ganz und gar preußische Geschichte, in der einer den Staat nur ganz und gar ernst und völlig beim Wort nimmt, der gerade aus Staatstreue und Rechtsbewußtsein zum Mordbrenner wird.

Kurt Böwe war zu dieser Zeit keineswegs mehr ein Unbekannter, in unserem Ensemble aber war er neu und hatte seine Feuertaufe noch vor sich. Anders als der Plebejer Dieter Franke, mit dem er befreundet war, besaß er eine gute Bildung – er hätte ohne weiteres auch Dramaturg sein können. Für einen Schauspieler ist das nicht immer ein Vorteil – man kennt Kleists Geschichte vom Marionettentheater: Wer seine Schritte kontrolliert, kann manchmal keinen Schritt mehr tun. Er war, wie auch ich, Mitglied der Sozialistischen Einheitspartei Deutschlands; die Parteigruppe des Deutschen Theaters war damals allerdings keineswegs das, was mancher sich heute darunter vorstellen mag. Da wurde, was von ›oben‹ kam, oft keineswegs gutgeheißen, es herrschte ein offener und kritischer Ton; höheren Orts hießen wir ›Revisionistennest‹, und in kritischen Zeiten bekamen wir oft besorgten Besuch.

Die Zeit, von der hier die Rede ist, war kritisch. Biermann hatte zu einem Konzert in Köln die Ausreise aus der DDR bekommen und durfte nicht mehr zurück. Viele von uns kannten Biermann gut und waren mit ihm befreundet. Eine Unterschriftenliste kursierte, die gegen die Ausbürgerung protestierte. Ich bekam die Liste von Käthe Reichel, unterschrieb sie und versuchte, in meinem Spielensemble weitere Unterschriften zu bekommen – natürlich auch von meinem Hauptdarsteller Kurt Böwe. Nach meiner Erinnerung legte ich ihm den Zet-

tel in die Garderobe und sagte ihm, er solle ihn durchlesen und sich entscheiden.

Auf den Proben hatte es bis dahin keine besonderen Probleme gegeben, nach dem Biermann-Debakel aber las nun jeder die Geschichte von Kohlhaas anders. Sie wirkte wie ein ›Jetzt ist es genug!‹ Gerhard Wolfram, der die Grenzen dessen, was sich das Deutsche Theater in politischer Hinsicht leisten konnte, schon ziemlich angespannt hatte, preßte die Lippen zusammen. Er sagte nichts. Er war in dem Dilemma, daß er den Kohlhaas in dieser Situation nicht herausbringen, daß er ihn aber ebenso wenig mehr absetzen konnte – das Hohngelächter, das dem gefolgt wäre, konnte er sich ausrechnen. Es begann eine anstrengende Zeit. Nach der Probe war Versammlung, nach der Versammlung Probe. An eine Probe erinnere ich mich besonders. Ich war gefragt worden, ob einige Genossen des ZK daran teilnehmen dürften. Es waren nach meiner Erinnerung ziemlich viele Leute, mindestens zwanzig. Sie saßen höflich ein paar Reihen hinter mir, und ich tat etwas, was meine Art sonst gewiß nicht war – ich probierte einen ganzen Vormittag, fünf Stunden lang, an einem einzigen Satz, und keiner wußte schließlich mehr, worum es da überhaupt ging, auch ich selbst nicht. Als die Genossen sich schließlich höflich verabschiedeten, sagte mir einer mit einer Art verzweifelter Anerkennung, so schwierig hätte er sich diesen Beruf nicht vorgestellt.

In diesen Tagen schien es, als ob sich fast jeder Kleist-Satz gegen die DDR richte. Manchmal diskutierten wir auf der Probe um Worte: ob man dies nicht besser weglassen, jenes im Interesse des Ganzen nicht besser abschwächen würde. Ich kannte diese Art Selbstzensur, ich hatte sie jahrelang selbst geübt. Jetzt war ich bockig, und die anderen mußten auch mich noch überlisten. Die Parteigruppe der Inszenierung, der ich nicht mehr angehörte, tagte. Doch welche Worte man auch wegließ, an der Sache änderte das wenig.

Dann kam die Versammlung, in der ich aus der SED ausgeschlossen wurde – mit sehr knapper Mehrheit, mit meiner eigenen Stimme und der meines väterlichen Freundes Wolfgang Heinz. Auch das stellen sich viele heute wahrscheinlich schon falsch vor. Mir war elend zumute. Ich war überzeugter Marxist und Kommunist gewesen, und mir schien, als verlöre ich den Boden unter den Füßen. Ich weiß nicht, wofür Kurt Böwe in dieser Versammlung stimmte, ich habe nicht aufgesehen. Ich wollte es nicht wissen. Wenn er für meinen Ausschluß gestimmt hat, muß es ihm schwer geworden sein. Die Biermann-Liste hat er nicht unterschrieben – auch das muß ihm schwer gewesen sein. Es gibt Zeiten, da sind alle Alternativen schwierig. Feige ist jeder, doch bin ich nicht der Meinung Heiner Müllers, es gäbe ein Menschenrecht auf Feigheit. In bestimmten Situationen darf niemand sich Feigheit gestatten. Ich habe Kurt Böwe nicht für feige gehalten. Er hing an seinem Land, und er ahnte schlimme Konsequenzen, so wie ich sie ahnte.

Entscheidend ist etwas anderes – und ich würde nicht am Theater arbeiten, wenn ich dessen Wahrheit nicht für die höhere hielte. Ich sehe Kurt Böwe als Kohlhaas auf der Bühne. Er wirkte in dieser Rolle eher schmaler als er eigentlich war – ihm fehlte, was er sonst gern zeigt, die ausbreitende Gemütlichkeit, sogar Behäbigkeit. Von Hause aus alles andere als ein Fanatiker, ohne Veranlagung zum Ideologen, begabt mit Humor und Sinnlichkeit, war er sozusagen zusammengezogen zu einer Messerschneide. Da stand kein Eiferer, Prediger oder Moralapostel. Einer, der eigentlich nichts sein will als ein guter Hausvater, Staatsbürger, Freund, Pferdehändler, Geschäftsmann, kann in der Welt, ungerecht, wie sie sich ihm darstellt, einfach nicht länger leben. Auf dem tiefsten Punkt der Verzweiflung bleibt ihm schließlich nichts anderes übrig, als schlechthin alles zu ändern.

Höflich, mit höchstem Respekt begegnete er in einer glänzend gespielten Szene dem über alles verehrten Doktor Martin Luther (Horst Hiemer) – in dieser Szene schien damals meine persönliche Situation zusammengefaßt, vielleicht auch die vieler anderer.

›Weiche fern hinweg!‹, empfing Luther den nächtlichen Eindringling und eilte nach der Klingel, ›dein Odem ist Pest und deine Nähe Verderben!‹ Kohlhaas, ohne sich von seinem Platz zu rühren, mit einem Griff nach dem Gürtel: ›Hochwürdiger Herr, dies Pistol, wenn Ihr die Klingel rührt, streckt mich leblos zu Euren Füßen nieder.‹ Luther, nach einer Pause: ›Wer gab dir das Recht, den Junker von Tronka, in Verfolg eigenmächtiger Rechtsschlüsse, zu überfallen, und da du ihn auf seiner Burg nicht fandst, mit Feuer und Schwert die ganze Gemeinschaft heimzusuchen, die ihn beschirmt?‹ Kohlhaas, den Hut ehrerbietig in der Hand: aus einer Gemeinschaft, die ihm das Recht verweigere, müsse er sich verstoßen fühlen – ›Verstoßen nenne

ich den, dem der Schutz des Gesetzes versagt ist! Denn dieses Schutzes, zum Gedeihen meines friedlichen Gewerbes, bedarf ich; ja, er ist es, dessenhalb ich mich, mit dem Kreis dessen, was ich erworben, in diese Gemeinschaft flüchte; und wer mir ihn versagt, der stößt mich zu den Wilden der Einöde hinaus; er gibt mir, wie wollt Ihr das leugnen, die Keule, die mich selbst schützt, in die Hand.‹ Luther, auffahrend: ›Wer hat dir den Schutz der Gesetze versagt?‹, und er gab Schluderigkeiten, Vergeßlichkeiten, Unabsichtlichkeiten, Zufällen aller Art, doch keinem Menschen schuld an der entstandenen Situation; er gestand ihm aber schließlich zu, mit dem Kurfürsten seinetwegen in Unterhandlung treten zu wollen. Da beugte Kohlhaas, entlassen, plötzlich vor Luther das Knie: er habe zu Pfingsten, wo er sonst an den Tisch des Herrn zu gehen pflege, seiner kriegerischen Unternehmung wegen die Kirche versäumt; ob er die Gewogenheit haben wolle, ohne weitere Vorbereitung seine Beichte zu empfangen und ihm die Wohltat des heiligen Sakraments zu erteilen. ›Ja, Kohlhaas‹, antwortete Luther, ›das will ich tun!‹, und, indem er ihn scharf ansah: ›Der Herr aber, dessen Leib du begehrst, vergab seinem Feind.‹ Und da Kohlhaas betreten zu Boden sah, fuhr er fort: ›Willst du dem Junker, der dich beleidigt hat, gleichfalls vergeben?‹

Es war sehr still im Deutschen Theater. Ich saß bei der Premiere im ersten Rang; links, nicht weit von mir, sah ich Lotte Loebinger mit ihrer Tochter Anna, die ich seit der Leipziger Studentenbühne kannte. In der Pause hatten beide mir zustimmend zugenickt. Lotte Loebinger griff sich an die Stirn und sah nach unten. Sie hatte mir einiges aus ihrem Leben erzählt. In den schlimmen Jahren nach 1936 hatte sie in dem berüchtigten Moskauer Hotel Lux gewohnt; sie war mit Herbert Wehner verheiratet gewesen und hatte womöglich nur überlebt, weil an ihrer Tür der Name ›Wehner‹ auf russische Weise als ›Wegner‹ transkribiert worden war.

Bescheiden, fast stotternd, mit leisester Stimme, lehnte Kohlhaas Luthers Vorschlag ab und wurde von diesem in Ungnade entlassen. Es war der eindrucksvollste Moment, in dem ich Kurt Böwe auf der Bühne gesehen habe, ein Moment der Verlassenheit, der Verzweiflung, der vollkommensten Ausgesetztheit. Ein frommer Mann verzichtete da auf das Höchste, das es für ihn gibt. Kurt Böwe kannte diesen Moment, so wie auch ich ihn kannte. Es war ein Moment, wie er auch von Luther selbst überliefert ist: Hier stehe ich und kann nicht anders, Gott helfe mir, Amen.

Der Kohlhaas war meine letzte Arbeit am Deutschen Theater, ich verließ wenig später die DDR.«

EINES TAGES steht der Schauspieler, als Gast, auch auf der Bühne jenes Theaters, in dem er Anfang der fünfziger Jahre atemlos und erwartungsvoll Brecht-Proben beobachtet hatte: Böwe spielt am Berliner Ensemble die Titelrolle in Maxim Gorkis »Jegor Bulytschow und die anderen«. Es gibt im Umfeld dieser Arbeit sogar Versuche, ihn fest ans Haus zu binden, der Pierpont Mauler in der »Heiligen Johanna der Schlachthöfe« kommt ins Gespräch.

»Die Arbeit am Bulytschow«, sagt der Schauspieler, »war wohl erfolgreicher, als ich sie selbst in Erinnerung habe. Ich sehe Regisseur Manfred Wekwerth noch vor mir, er saß mit auf der offenen Bühne, an einem schmalen Tisch, und was er sagte, klang immer, als stamme es von Brecht. Mir behagte die Arbeit am Berliner Ensemble nicht, zu viel Drill, zu viel Vorgefertigtes; mich irritierte die Art, wie sich die Schauspieler geradezu schüchtern und sklavisch hin- und herdirigieren ließen nach einem sicher sehr ausgeklügelten, aber doch einschnürenden Plan. In diesem Theater herrschte eine gewisse Leblosigkeit und Nüchternheit, die mich befremdete. Die Menschen hingen an unsichtbaren Fäden. Hier wurde die Suche nach dem sozialen Gestus mit einer Akribie aufgenommen, daß ich nur staunen und mich schnell aus dem Staube machen konnte. Als ich später mit Ekkehard Schall im Theater im Palast Brechts ›Flüchtlingsgespräche‹ probierte, spielte der den Kalle, einen Mechaniker. Die Schwere der Arbeit sollte in einer großen Schwere der Arme gezeigt werden, die wie Blei auf dem Tisch liegen mußten. Der Brechtsche Genauigkeitsapostel nahm dies sehr wörtlich: Er ließ sich Bleistumpen in Westberlin anfertigen, die er dann unterm Anzug um den Unterarm trug. So bekam die Rolle Gewicht.«

MANFRED WEKWERTH frage ich, wie er auf diesen Bulytschow namens Böwe kam.

»Ich hatte Böwe oft am Gorki Theater gesehen, auch in Halle. Für mich war er ein Glücksfall von Schauspieler, da er über einschlägige Bildung verfügte.«

Ist sowas wirklich ein Glücksfall?

»Für mich ja: Böwe kann spielerisch umsetzen, was er theoretisch und konzeptionell einbringt. Für den Bulytschow fand ich unter diesem und auch unter körperlichem Gesichtspunkt am Berliner Ensemble keinen entsprechenden Darsteller.«

An wen dachten Sie denn vom Idealbild her?

»An Leonhard Steckel zum Beispiel.«

Zunächst hatten Sie, ein paar Jahre zuvor, das Gorki-Stück in Zürich inszeniert.

»Ja, mit Traugott Buhre in der Titelrolle. Der war nicht schlecht, aber von seinem Naturell her zu pathetisch. Böwe in Berlin war gleichviel trockener, härter, dadurch auch heiterer und klarer. Es gibt ja so einen Satz von Brecht: Leute auf absterbenden Ästen erfinden immer nur Sägen. Kurt Böwe spielte einen Bulytschow, der den moralischen, ehtischen Niedergang seiner Klasse klar vor sich sieht, ihn analysiert und spürt, der an diesem Untergang leidet – und der dennoch eine geradezu renaissancehafte Vitalität aufbringt. Böwe zog diese Konzeption wunderbar mit durch. Es wirkte sich positiv aus, daß er nicht am Berliner Ensemble engagiert war: keinerlei Einengung, ein viel größeres Raumgefühl im Setzen von Situationen.«

Hätten Sie ihn damals gern fest am Berliner Ensemble engagiert?

»Ja, ich hatte sogar das Gefühl, er rang mit sich, als ich ihm den Vorschlag machte. Aber offenbar hielt ihn ab, daß man im Berliner Ensemble, anders als etwa im Deutschen Theater, auf lange Zeit absehen konnte, welche Rollen man spielen würde. Das Konzept im Brecht-Theater schuf bestimmte Schienen, die waren für einen Schauspieler Chance und Beschneidung zugleich.«

Was, meinen Sie, hätte Kurt Böwe am Berliner Ensemble reizen können – wenn er denn gekommen wäre?

»Wahrscheinlich das Abenteuer, sich bestimmten Exerzitien zu unterwerfen, um nicht schwammig zu werden.«

Das Deutsche Theater ist ein Paradies der Schauspieler. Anfang der siebziger Jahre inszenierten auch Sie dort – nachdem Sie im Zorn vom Berliner Ensemble und von Helene Weigel weggingen. Heiner Müller schreibt in seiner Autobiographie: »Wekwerth hatte versucht, die Weigel zu stürzen, weil sie sich zuviel in künstlerische Belange einmischte, aber sie war ein Nationaldenkmal, also fiel Wekwerth. Er hatte dann Hausverbot. Es ging ihm sehr schlecht in dieser Zeit.« Eines Tages dann wurde ein Intendant für das Deutsche Theater gesucht.

»Als die Weigel starb, teilten Alexander Abusch und Hans Rodenberg meinem Co-Regisseur Joachim Tenschert und mir sogar mit, wir sollten uns gefälligst auf Wunsch der Erben vom Begräbnis fernhalten. Was die Intendanz betraf: Ich inszenierte in Zürich und Wien, und ich kriegte mit, durch Gespräche mit Konrad Wolf und dem Politbüromitglied Werner Lamberz: In der DDR kursiere schon, ich verkehre in der Schweiz nur noch mit Millionären, ich hätte meine linke Position aufgegeben, sei gewissermaßen schon gekauft, die Schweizer Berge fände ich interessanter als die DDR, kurz: Man befürchtete meinen unmittelbaren Abgang. Nun war, was ich in der Schweiz und in Wien erlebte, gerade an Lebensqualität, durchaus eine Versuchung; der Abschied von all dem würde mir schon schwerfallen. Inzwischen hatte man mir auch die Leitung des Schauspielhauses Zürich angeboten – doch ich fürchtete den Zwang zu einem bürgerlichen Spielplan, fürchtete die Abhängigkeit von bestimmten Geldgebern, fürchtete die sozialen Konsequenzen.«

Wir sind immer noch beim Berliner Intendanz-Angebot.

»Kulturminister Klaus Gysi mochte mich nicht sehr, und er verbreitete damals, es gäbe eine aristokratische Lösung für diese Intendanz am Deutschen Theater, die sei ich, und eine plebejische Lösung, das seien Gerhard Wolfram und Horst Schönemann – und selbstredend würde sich eine Arbeiterregierung für die plebejische Lösung entscheiden.«

Der vorherige Chef hieß Perten, genannt der »Diktator von Rostock«.

»Perten kam an das Deutsche Theater, und die Schauspieler mochten ihn nicht. Sie entzogen sich seinem Zugriff durch Krankschreibungen und lähmten so den Spielbetrieb. Es herrschte eine so kuriose

wie gefährliche Spannung. Ja, das Deutsche Theater ist und bleibt nunmal ein Eldorado der Darsteller, es ist und bleibt hoffentlich ein Parnaß der Schauspielkunst. Es gab dort Intendanten, die schlossen sich in die Toilette ein, wenn sich herumsprach, ein Schauspieler nähere sich in großem Zorn dem Intendantenzimmer. Es schien mir immer das bestorganisierte Theater der Konzeptionslosigkeit zu sein. Ich will nun keinesfalls behaupten, eine Bühne brauche unbedingt eine Konzeption, aber das Berliner Ensemble hatte nun mal eine, und an diesem Theater war ich sozusagen großgeworden; ich hatte also unabhängig von Herrn Gysi das Gefühl, nicht so richtig zu passen für eine Leitungsfunktion in der Schumannstraße. Aber wohlgemerkt und mit Respekt gesagt: Durch diese Allmacht der Schauspieler hat das Deutsche Theater alle Zeiten überstanden.«

Sie inszenierten unter der kurzen Ära Perten.

»Ich hatte zunächst einen festen Regievertrag, ließ den dann in einen Gastvertrag umändern, weil ich auch Arbeitsangebote aus Wien und Zürich bekam. Also: Das Deutsche Theater war mir einerseits etwas fremd, zunächst, andererseits glich es dem Garten Eden. Perten ließ mir Zeit und Freiheit; man kann sagen, ich genoß diese Zeit geradezu.«

Was Sie als Eldorado der Darsteller bezeichneten – gab es so etwas auch am Berliner Ensemble?

»Im Berliner Ensemble gab es auch Gruppierungen, die sich, eine Besonderheit des Hauses, oft über Familienbeziehungen herstellten. Die waren genauso intrigant wie andere Lobbies. Wir machten daraus eine Tugend, indem wir solche Gruppierungen ›Arbeitsgruppen‹ nannten und damit intrigante Intelligenz für die Inszenierungspraxis kanalisierten. Schon waren einige Mitarbeiter gezwungen, das zu zeigen, was sie wirklich können. Das kann ja mitunter auch entlarvend sein.«

ROSEMARIE REHAHN, die Grande Dame der ostdeutschen Filmkritik, in deren Arbeiten Beschreibung, Wertung und literarisches Erzählen auf sehr menschliche Weise ineinanderfließen, schreibt im Oktober 1982 in der »Wochenpost« über den Schauspieler:

»Er erzählt, wie er neulich mit seinem jungen Kollegen Roman Kaminski vor der Bühne des Deutschen Theaters gesessen habe, Abschied nehmend auf Zeit (vor dem großen Umbau des Hauses) und wie ihm durch den Kopf gegangen sei, wer alles in fast hundert Theaterjahren auf diesen Brettern gestanden habe. ›Und jetzt, Roman, stehen wir hier. Warum? Wer, Rommi, hat uns dazu berechtigt? Wieviel Eitelkeit müssen wir in uns haben. Gehören wir auf diese Bühne? Da schwingen wir uns einfach auf die Rampe und fangen an zu spielen. Können wir's wirklich? Können wir's von der Professionalität her – und von unserer Haltung? Denn beides gehört zusammen. Bloß ein Gaukler zu sein, das wäre eine faule Sache.‹

…

Zwei Abende, zwei aus meiner Sicht höchst amüsante Abende, haben wir zusammen gesessen. Zwischen uns ein kühles Bier und der emsige Recorder. Keine lästigen Notizen. Zeit zu reden, hinzuhören – hinzugucken. Stunde des Komödianten. Ein Riesenspaß, wie dieser vollgewichtige, behende Mann mit dem Jedermannsgesicht jedermann sein kann. Sozusagen im fliegenden Wechsel, je nach Wendung des Gesprächs. Ist dröhnend: ›Alle meine Sorge gilt Preußen‹. Eff Weh I, dabei schamlos vergnügt in die Stimm- und Gemütstiefen seines schmählich versunkenen Berufskollegen Heinrich George tauchend. (›Obgleich – als *Postmeister* haut der dich um in seiner Konkretheit, der dämliche Kerl.‹)

Hat einen Augenblick später den volltönenden Baß und Weaner Charme des verehrten Altmeisters Heinz auf den Stimmbändern, sitzt leib-, vielmehr stimmhaftig als Donatas Banionis vor mir (dessen Goya er vor Jahren synchronisiert hat). Sogar der litauische Akzent im gekonnten Russisch stimmt. Nicht einmal Goya-Regisseur Konrad Wolf habe seinerzeit unterscheiden können, ob Böwe sprach oder Banionis. ›Koni, du bist der bessere Internationalist, aber ich bin der bessere Russe‹, hat Böwe damals in liebevoller Anmaßung zu Konrad Wolf, Leutnant der Roten Armee, gesagt.

Hat's überhaupt mit dem Russischen – linguistisch und emotional. An den Wänden seines Arbeitszimmers Tolstoi, Gorki,

Dostojewski und natürlich ›Anton Pawlowitsch‹, der für Leute, die ihm weniger nahe stehen, Tschechow heißt. Meint – wieder mit diesem doppelbödigen Spaß in den ohnehin zwiefarbenen Augen –, meint, der liebe Himmel möge wissen, warum die DEFA-Regisseure russische Schauspieler einkauften, wo er ihnen jederzeit den russischsten Russen könne. Moskauer Kollegen hätten ihn den Preußen mit der slawischen Seele genannt.

...

Ich sah am Deutschen Theater seinen erschütternden Michael Kohlhaas, erlebte im Berliner Ensemble einen mir unvergeßlichen Jegor Bulytschow aus tiefem Gorkischem Geist. Ein bulliger, bösartiger Emporkömmling, der, von tödlicher Krankheit angefallen, in hellsichtiger Verzweiflung gegen die eigne wüste Brut, gegen die eigne verkommne Klasse wütet. Dabei den Zuschauer beutelt zwischen Abwehr und Mitleiden. Ich sah am Deutschen Theater seine ins Bitterernste gleitenden tänzelnden Clownerien in ›Dantons Tod‹, mit denen er, urkomisch, urtragisch, Volksgestalten des sozialen Zwischendecks auf die Bühne brachte.

Sein starkes Engagement am Theater erlaubte bisher nur wenige Filmrollen, so teilt es das Lexikon über Böwe mit. Der hat einem Hochverantwortlichen unseres Fernsehens anderes mitgeteilt. Hat mitgeteilt, wie sie – Dieter Franke, Rolf Ludwig, er – neulich verglichen hätten, was man ihnen im vergangenen Jahr an Drehbüchern angeboten habe. ›Da lachste dich dußlig‹, hat er den Mann aufgeklärt, ›das sind alles Vernichtungssalven gegen dich selber.‹ Und weiter in seiner schönen Komödiantensprache zum hochverantwortlichen Freund und Genossen: ›Gib mir doch was zu fressen, Bruder. Ich bin doch noch ein paar Jahre lebendig. Ich möchte doch meinen Leuten e bissl was zeigen.‹

Er wird e bissl was zeigen. Zum Beispiel auf dem Bildschirm eine schöne Rolle in ›Melanie van der Straaten‹ nach Fontanes ›L'Adultera‹ (Regie: Thomas Langhoff), oder was Komisches (toi, toi, toi) in einem DEFA-Lustspiel. Hat sogar eine große Hoffnung bei dem Fontane-Stoff: daß seine Leute zu Hause im Mecklenburgischen, dort, wo man das Prignitzer Platt spricht, sagen: ›Kodi, dat hest du aber schön spölt.‹

Schön spölt er – aber e bissl wenig.«

DANTONS TOD. In der Wohnung des Schauspielers hängt ein Bild, zwei Bäuche stehen famos gegeneinander, Böwe und Körner, Theater aus tiefstem und genüßlichst gepflegtem Wanst, inszeniert von Alexander Lang.

Den Schauspieler Lang gab es auf Berliner Bühnen seit 1966. Er spielte am Maxim Gorki Theater und am Berliner Ensemble und wechselte zum Deutschen Theater Berlin. Als Ferdinand riß er sich gleichsam die Brust auf und zeigte sein zuckendes Herz. 1974 brachte Lang eine Streitschrift unter Kollegen, er trat leidenschaftlich für die Re-Emanzipiation des Schauspielers ein – und begann im gleichen Jahr selbst Regie zu führen.

»Dantons Tod«, das genial ausufernde Stück Büchners, zwang er in eine strenge Form und fand kühne Lösungen: ein Darsteller für Danton und Robespierre, Reduzierung der Personnage auf zwölf Schauspieler, Neusicht der »Volksfiguren«. Böwe spielt dreifach: Herman, Simon, Bürger.

Alexander Lang: »Volk ist keine anonyme Masse, sondern die Summe von Einzelpersönlichkeiten, und Büchner hat ganz genaue Texte für ganz bestimmte Figuren notiert, die Texte gehen auf genaue Haltungen und Situationen (auch wenn Büchner sich vielleicht mehr Leute auf der Bühne vorgestellt hat). Nicht umsonst haben wir versucht, mit Kurt Böwe und Dietrich Körner zwei ganz vitale Komödianten für diese Szenen einzusetzen – und Vitalität gleich Kraft halte ich für ein Positivum an sich –, die zeigen, wie Leute Kraft nötig haben, die verschiedenen Phasen der Revolution zu durchstehen. An Schwejk haben wir dabei gedacht, an Shakespeare, wo auch Büchner viele Bezüge her hat und wo die Volksfiguren diese groteske Komik als positives Gegengewicht zu den feudalen Helden haben, wir haben gedacht an die progressiven Traditionen des Kaspertheaters, des Pickelhering, die ja leider abgebrochen sind ...«

Die Kritik hält Festtag: »Körner und Böwe sind die ›Clowns‹ der Inszenierung, die die Schaubude beherrschen, das Spektakel der Revolution. Körner rast die philosophischen Ergüsse Paynes im Eiltempo herunter, die Böwe nur im Kopfstand aushalten kann. In diesen beiden Komödianten realisiert sich ein Prinzip der Inszenierung, da beide mit bedingungslosem Einsatz, mit Einfallsreichtum (und großem Spaß) die verschiedenen Rollen so kontrastreich (und doch aus einem Quell geschöpft) gegeneinander absetzen. Ihre Vitalität erzählt darüber von der ›Haltbarkeit‹ und plebejischen Unverwüstlichkeit des Volkes.«

Ich unterbreche den Schauspieler, der mir von den wunderbar leichten Proben mit Lang erzählt, mit einer Zwischenfrage: Haben ihn seine Geschwister eigentlich je am Deutschen Theater gesehen? Aus dem einst naserümpfend zu betrachtenden Poppenspäler war ja nun ein bedeutender Mann der Szene geworden.

»Der einzige war Henry, der später an Herzembolie starb, an einem 31. Dezember, 14 Uhr. Henny hat ja 'n büschen an Gott geglaubt, und der hat ihm dann wohl gesagt, ach komm, Henny, das nächste Jahr wollen wir nicht mehr machen. Ja, Henry schaute sich im Saal der Akademie die ›Geschichte von Friedrich Wilhelm‹ an, ebenfalls eine Alexander-Lang-Veranstaltung. Mit seiner Frau kam er, die trug ein langes samtenes Kleid. Sie waren sehr früh am Ort meiner Untaten angelangt, überpünktlich aus Ängstlichkeit, wie das Menschen im Dorf eigen ist, und nun schaute sich Henry eine Weile um, im noch leeren Saal, und er wurde immer unruhiger, schließlich fragte er ganz besorgt meine Frau: Du sag mal, Heide, meinst du wirklich, daß da Leute kommen? Er saß in der ersten Reihe, und bevor es losging, wandte er sich nochmal an Heide und fragte: Wenn der Kurt runterguckt, soll ich da weggucken?«

DER BLAUE BOLL erlebt im März 1985 in den Kammerspielen des Deutschen Theaters Premiere, in der Regie von Rolf Winkelgrund. Die Inszenierung des Barlach-Stücks hat einen nicht vorhersehbaren, ungewöhnlichen Publikumserfolg, sie erreicht

Rekordzahlen in der Aufführungsgeschichte Barlachscher Dramen auf deutschen Bühnen. Das Publikum der DDR reagiert mit Verwunderung und Staunen auf Barlachs Kunstwelt, in der sich ihre eigene »real existierende« Welt höchst eigenwillig konterkariert. Es gibt viel hintergründiges Gelächter, und das bei Barlach, dem so Unnahbaren. Einmal sagt Boll zum Bürgermeister: »Was für eine unerhörte Wirtschaft ist das, Herr Bürgermeister? Ich erkläre Ihnen feierlich und aufrichtig: Es frißt mich hohl, es schabt mich innerlich wund, daß das so und nicht anders ist. Unerhört, Herr Bürgermeister!«

Winkelgrund sei ein verzauberter Zauberer gewesen, sagt der Schauspieler. »Von einem Regisseur, wie man sich den landläufig vorstellt, hat der gar nichts. Wie Dresen. Morgens, in der Straßenbahn, fällt er nicht auf durch irgendeinen aktuellen Kleidungseffekt. Nicht mal Turnschuhe. Keine tragisch-modisch abgewetzte Lederjacke. Nichts. Ein Werktätiger, der zu seiner Arbeit fährt. Sein geistesabwesendes In-sich-Gekehrtsein wäre zu bemerken. Auf der Probe war er auch nicht so, wie man sich einen Regisseur vorstellt. Er ließ die Leute oben auf der Bühne machen. Er horchte, eingesponnen in die Geschichte. Es geschah immer lange nichts, höchstens entspanntes Einvernehmen. Nie ein Kommando. Stille selbst bei den aufgereiztesten Szenen inmitten dieses Wahnsinns Theater, der Menschen gar zu oft ins wunschlose Unglück stürzt.«

ROLF WINKELGRUND, von Journalisten auf seine Arbeit angesprochen, redete ebenfalls oft vom Wahnsinn Theater. Ich befrage ihn in seiner Wohnung in Berlin-Mitte; vom Fenster im zwölften Stock geht der Blick hinüber zum Berliner Dom, zur Leipziger Straße. Eine Stadtlandschaft, die, schaut man über sie hinweg, ihre lärmige Öde verliert. Mich empfängt im Gespräch mit diesem so angenehm unaufwendigen Menschen eine Mischung von verhaltenem Skeptizismus und Melancholie.

Was also ist das, dieser Wahnsinn Theater, von dem Böwe sagt, es stürze den Menschen in ein wunschloses Unglück?

»Könnte ich ihn exakt beschreiben, wäre dieser Wahnsinn vielleicht schon gebannt.«

Es ist etwas, das Sie bannen wollen? Nichts, dem Sie sich gern ausliefern?

»Mich begleitet bei der Arbeit sehr oft ein Gefühl von Vergeblichkeit, eine Anspannung zwischen Liebe und Haß. Man jagt Vorstellungen nach und findet sie nicht verwirklicht, wie sehr man sich auch müht. Oder man findet die Vorstellung von einer Inszenierung ganz anders verwirklicht als erwartet.«

Beides kann doch wunderbar sein.

»Kann, ja. Meistens bleibt's grausam. Aber das ist diese seelische Unbehaustheit, in die man in Theaterberufen halt hineingerät – und vor der die Eltern warnten, indem sie auf die verläßliche Anständigkeit anderer Berufe verwiesen.«

Gibt es denn eine künstlerische Vorbelastung in der Familie Winkelgrund?

»Mein Vater war Angestellter, die Mutter Hausfrau. Nur der Großvater väterlicherseits zog mit der Drehorgel über Jahrmärkte und machte Zauberkunststückchen.«

Es gibt da diese Jugendgeschichte in der Heimatstadt Bielefeld: Winkelgrund ist mit sechs Mitschülern auf dem Gymnasium in absichtsvoller Minderleistung sitzengeblieben – und das nur, um eine im Entstehen begriffene Laienspiel-Aufführung von Büchners »Leonce und Lena« zu Ende bringen zu können. Der Schulabschluß hätte die Mitspieler auseinandergebracht. Rolf Winkelgrund, Ihre schon damals wohl vollentwickelte unaufhaltbare Konsequenz ist einem klar. Doch die anderen? Wirkte da Ihre Suggestion, Ihre Überzeugungskraft? Mich würde interessieren, Ihren weithin schlüssigen Weg daneben, ob die anderen von selber ebenso enthusiastisch dem dringlichsten Ziel Theater verfallen waren?

»Die Geschichte spielte sich so ab, stimmt. Aber das hatte nicht unbedingt nur etwas mit mir zu tun, obwohl ich wirklich etwas besessen war und schon früh unter der Schulbank Verse aus Lorcas ›Bluthochzeit‹ las. An den Schulen wurde damals halt noch Schülertheater gepflegt. Engagement dafür forderte Kraft und Zeit, beides konnte man nur in eine einzige Sache investieren – Lernstoff oder Kunst.

Sich so für eine Inszenierung einzusetzen, war freilich auch eine besondere Form von Protest, ein hervorgekehrter Hochmut gegen jene, die zwar fleißig lernten, aber den Zauber des Theaters nicht erfühlten, geschweige denn verstanden. In den Augen derer blieben wir sitzen, in Wahrheit hatten wir uns doch erhöht.«

Nochmal die Frage: Was wurde aus den anderen?

»Einer ist Lehrer geworden, ein anderer landete wie ich am Theater – aber keiner wurde unschuldiges Opfer etwa meiner eigenen Besessenheit. Ich habe niemanden aus Eigennutz verführt, wenn Sie das meinen.«

Verführung wurde gewissermaßen Ihr Beruf. Zu Böwe: Mit ihm arbeiteten Sie den Boll, den Sedemund – zweimal Barlach am Deutschen Theater. Böwe kam woanders her, nicht aus der Stille, kaum aus einem Theater des Hineinhorchens. Er kam aus Halle und damit aus einer Tradition des sozialistischen Protagonisten.

»Das war doch lange her! Nein, es war einfacher: Der Mann kannte seinen Text, er kannte die szenische Situation, er spielte sie. So einfache Voraussetzungen braucht es, um gemeinsam gut zu arbeiten. Ich komme aus Westfalen, er aus dem Norden; das Verbindende ist eine gewisse Hartschädligkeit. Aber die mußte kaum getestet werden; ich bin ja auch kein Regisseur, der sich etwa sehr berechnend, vorherwissend, gar festgefügt und theoretisch einem Stück, einem Dichter nähert. Was ich inszenieren möchte, ist ja nicht das, was ich denke; es ist das, was mich verwirrt. Aus großen Unsicherheiten heraus nähere ich mich einem Stück. Mir ging es da wie ihm auch: Manchmal ist es eine Zeile, die trifft, und daraus erwächst, das ist diese wahnwitzige Hoffnung, der Stoff und Spaß und Atem für einen ganzen Theaterabend. Sehr vereinfacht könnte man sagen: Ich spiele gern vor und lade andere ein, da mitzumachen.«

Náchzumachen.

»Ja, auch das. Für mich ist es das Wichtigste, daß man die Schauspieler dazu bringt, daß sie anfangen, miteinander zu spielen. Wenn's gut geht, schafft man eine Atmosphäre auf den Proben, wo das zum Vergnügen wird.«

Das Vergnügen beim »Boll« – worin bestand es? Beim Stück und bei der Inszenierung?

»Dieser Dichter kam ja erstmalig auf eine Berliner Bühne. Boll, gespielt von Böwe, das hat was von dunklem Mystizismus, von spökenkiekerischer Versponnenheit, von nordischer Verinnerlichung. Diese giebligen Gassen mit dem Dom im Zentrum, alles real und unheimlich zugleich. Eine Kleinstadt als kleines Welttheater. Boll war ein Unternehmen gegen pseudomarxistische Zwangsläufigkeiten und Determiniertheiten. Mehrfach habe ich das Stück laut gelesen. Viel Enge, viel Miefigkeit – aber man ist sich nie gewiß, wer hinter der nächsten Ecke steht. Gott? Der Teufel? Ein Mensch? Ein anderer Geist? Ein plötzlicher Lichteinfall kann das Leben verändern. Man weiß ja vom Autor, einmal in der Woche ist am Haus Barlachs im Güstrow einer mit dem Auto vorbeigefahren, ein bulliger, fleischiger Typ, dem man die Macht über andere Leute ansah. Der hat den Barlach inspiriert zu dieser Geschichte – daß ein Provinzmensch plötzlich abhebt. Ich finde, alle guten Geschichten spielen sich zehn Zentimeter überm Boden ab. Man muß es nur sehen.«

Und Böwe schaffte diese zehn Zentimeter.

»Woran ich mich sehr genau erinnere, wenn ich an den ›Boll‹ denke: So eine Arbeit an einem Staatstheater wie dem ›Deutschen‹ steht ja gewöhnlich unter einem besonderen Zeichen, da kommt viel Eitelkeit auf die Bühne, die nach außen drängt. Sie gehört zu diesem Beruf des Schauspielers, aus ihr kommen nicht unwesentlich die Wirkungen, die im Leben verheerend, auf der Bühne aber Teil des Wunders sind, das keiner so recht erklären kann. Schauspieler haben oft nur einen Instinkt für sich selbst, und das ist sicher gut so. Bei Böwes Boll – das ist das Beispiel, über das wir reden; was ich über ihn sage, sage ich also nicht gegen andere! – bei Böwes Boll nun vollzog sich das Wesentliche sehr uneitel, an Böwe konnte man sehen: Auf das zu verzichten, was sich beim Schauspieler gern nach außen richtet, bedeutet keinesfalls Askese nach innen. Einerseits stand dieser Mann voll im Fleische …«

Reden Sie von Boll oder Böwe?

»Lassen wir das doch unaufgelöst. Wer weiß das schon so genau. Also einerseits voll im Fleische, dieser Mann, andererseits war er bestimmten Visionen nicht abhold, die man damals noch in petto hatte.«

Worüber spricht man, wenn man Barlach inszeniert?

»Über Wunderliches. Böwe erzählte zum Beispiel von seinem Bru-

der Henry, der durchs Klofenster Gott gesehen hatte. Ähnliches ist auch mir passiert, als Junge; aus dem Küchenfenster, im Apfelbaum, sah ich IHN, wer immer das sein mochte. Ich bin lange Zeit herumgelaufen mit der Gewißheit dieser Erscheinung. Es war wie im Stück ›Der Tod im Apfelbaum‹. Was man nun gut und gern als pubertäres Geistesflirren abtun kann, kriegte beim Boll von Böwe eine entscheidende Dimension – bei diesem dicken Mann, der Welt zugewandt, dem plötzlich in den Sinn kommt, durch den gotischen Turm, in Schwindel und Flug aufzufahren. Seele sucht Gott, auf Gutsherrenart. Dieser Liebe Gott, oder so einer, hat uns auf sich hin gemacht, ›aber unser Herz ist unruhig, bis es ruhet in Dir.‹«

Es ist die Frage, die ich Böwe in diesem Zusammenhang auch einmal gestellt habe: Wann er eigentlich gern gelebt hätte.

»Und die Antwort?«

Als das Fliegen noch ein Traum war.

»Dieser Boll hat etwas von dem, was den Menschen glücklicherweise immer wieder überkommt: die Sehnsucht nach einem anderen Zustand der Welt und von sich selbst, und diese Sehnsucht ist zutiefst revolutionär.«

Der andere Zustand der Welt: Worin unterscheidet sich Theater früher, also in der DDR, von heutigem?

»Damals hatten viele Angst, politisch anzuecken; heute grassiert die Furcht vor der Quote, im Fernsehen wie auf der Bühne. Das Theater ist flattrig geworden, es läßt sich von dieser furchtbaren Buntheit anstecken, bei der das Gefühl für Farben verlorengeht.«

Dort auf dem Bücherregal stehen Ihre Zigarrenkisten. Es gibt kaum ein Foto von Rolf Winkelgrund, das ihn nicht rauchend zeigt. Wieso brennt keine Zigarre während unseres Gesprächs?

»Vor zwei Jahren habe ich aufgehört.«

Und die Zigarrenkisten, sind die noch voll?

»Nein, jetzt sind da Rechnungen drin.«

Im Jahre 1961 kamen Sie aus der Bundesrepublik in die DDR. Können Sie sich noch an erste Eindrücke hier erinnern?

»Ich kam am 1. August 1961 in die DDR. Am meisten wunderte mich das laute Schimpfen in den Kneipen. Es wurde gesoffen, gemeckert und geschimpft, und zwar gegen Ulbricht. Da erschrak ich.«

Jetzt leben Sie wieder in der Bundesrepublik. Schließt sich ein Kreis?

»Ich kann meinen Weg damals als grandiosen Aufbruch beschreiben oder als Flucht, und beide Varianten haben ihre eigene Wahrheit. Auf rätselhafte Weise bin ich damals drüben in eine linke Ecke geraten: christlich erzogen, kam ich über die Pazifisten zu Kommunisten, flog aus dem Theater und sagte mir, warum ziehst du nicht die Konsequenz und gehst in diese komische DDR. Na, und warum soll einer nicht abhauen, wenn er Frau und Kinder mitnehmen kann. Wenn sogar einer wie der Dichter Peter Huchel hier lebt, kann man's in der DDR bestimmt aushalten, so habe ich damals gedacht. Zuvor hatte ich Benno Besson bei Proben in Berlin gesehen, ein Linker mit romanisch-latinischem Feuer – das war's doch! Ich spüre beim gegenwärtigen Nachdenken über Ihre Frage: Es nehmen die Dinge in einem selber zu, die man nicht schlüssig erklären kann, zumal nicht in einer Mediengesellschaft, die andauernd damit beschäftigt ist, Perspektiven zu verkürzen. Wie soll ich heute jemandem erklären, daß ausgerechnet die Stadt Cottbus, als ich 1961 hier herüberkam, für mich geradezu eine erfüllte Vision sommerlicher Gelassenheit war. Rückständig, sicher, aber von angenehmer Idylle. Solche Beobachtung kann man angesichts der Realität ausgerechnet von Cottbus, sicher einem schlimmen Sinnbild dieser kleinbürgerlichen Enge der DDR, belächeln – aber mir bleibt der geschilderte Eindruck als ein Lebenswert erinnerlich, da kann ich nichts machen ... Also, wenn ich mich jetzt so reden höre! Ich entdecke an mir eine nahezu prosozialistische Verteidigungshaltung – daß er mich so weit treibt, das ist es, was ich dem Westen am meisten ankreide! Die Schrecklichkeiten des Lebens in der DDR sind vorbei, aber ich muß auch sagen, daß ich während dieses Lebens im nun untergegangenen Staat viele jener Schrecklichkeiten verdrängt hatte, vor denen ich einst in Richtung DDR abgehauen war. Nun sind die wieder da. Die Dinge des Lebens treten aus ihrer Zeit heraus; stattgefunden hat ein Wechsel der Schrecklichkeiten.«

Also sind mit der deutschen Einheit für Sie persönlich größere Verluste als Gewinne verbunden.

»Ich will nur vom Theater reden. Ich fürchte mich vor einem Theaterbetrieb, der zur Agentur verkommt. Dem fühle ich mich nicht gewachsen. Beim Wort Ensemble etwa empfinde ich Mutlosigkeit, Zorn.«

Auch Schuld?

»Ja, auch. An allem ist man selber auch ein bißchen schuld. Man hat doch ebenfalls nichts verhindern können. Ich lebe ja nicht außerhalb aller Entwicklungen.«

Wieso Mutlosigkeit, Zorn?

»Einige Ensembles sind doch höchstens noch heilige Kühe in ungesunden Ställen. Das alles mag ein zwangsläufiger Prozeß sein, den ich nicht überschaue, ich bedaure das trotzdem. Ich kann nicht von den Bedingungen abstrahieren, unter denen ich, möglicherweise, produktiv wurde. Sehen Sie, Kunst hat mit Zuwendung zu tun, aber mir fällt auf, daß der Begriff seine menschliche Komponente verloren hat und heute nur noch finanziell benutzt wird. Das ist ein Detail, aber in ihm spiegelt sich für mich die Welt. Von Wärme ist höchstens Abwärme geblieben.«

Was war denn früher besser?

»Gerade wenn ich an ›Boll‹ mit Böwe denke: Arbeit vollzog sich assoziativ, weder mit Zeigefinger, noch mit dem scheinbar befreienden Gefühl, nun endlich unverbindlich närrisch sein zu dürfen, ohne Auftrag, ohne Botschaft. Ich will nichts verklären, nicht vergessen machen, wie man mir zu DDR-Zeiten Esoterik und Neigung zu l'art pour l'art vorwarf, ich will nicht beiseiteschieben, aus welchen Alpträumen ich nachts mitunter erwachte – aber die Schwierigkeit, etwas durchzusetzen, war ein Teil der Idee, die einen trieb. Nun sind die Alpträume weg, das ist gut, doch der Atem ist irgendwie flacher geworden. Eigentlich ist der Satz furchtbar, aber ich bin froh, nicht mehr ganz jung zu sein. Ich will nämlich nicht aus Ehrgeiz oder Überlebenszwang oder beidem in Gefahr oder Verführung geraten, mich zu beschädigen. Denn ich weiß doch: Wie unsicher war man mit dreißig, wie anfällig fürs Laufrad. Dieses Unglück, wenn etwas nicht klappt. Und heute leben wir mehr denn je in einer Welt des Jugendwahns und Erfolgswahns. Jugend ist verurteilt, erfolgreich zu sein.«

Der Schauspieler Jürgen Holtz sagte vor kurzem: In Wahrheit sind die Ensembles der Schauspieltheater die Ensembles von Gemischtwarenhändlern, die versuchen, den Gesetzen und Strategien der Warenhäuser zu folgen, ohne es zu können. Unsere Theater- Warenhausangebote sind versandeter Salat von nebenan, lauter Ladenhüter und schlechte Bedienung.

»Irritation in ihrer unschöpferischsten Form entsteht durch künstlich produzierte Marktlagen, durch Medien, die einem eine bestimmte Marktlage einreden, so daß man fast drauf reinfällt. Öffentlichkeit ist ein Sumpf, der permanent blubbert. Nach kurzer Zeit schon werden an Theatern feststehende Urteile über Regisseure, über Spielpläne gefällt, so entsteht Verkrampfung. Kaum etwas darf noch langsam wachsen, Durchhänger sind nahezu verboten, sie kosten Kopf und Kragen. Aber es gibt, um Leistung produzieren zu können, ein Recht auf Niederlagen; es muß am Theater auch die Chance zur Faulheit bestehen – und zwar ohne existentielle Gefährdung.«

Sind Sie weltläufiger geworden mit dem Fall der Mauer? Böwe hält es eher mit der traurigen oder großartigen Erkenntnis, daß man sich selber eh nicht entfliehen kann.

»Die Welt ist so beschaffen, daß der Mensch über Horizonte hinausschauen will. Dies geschieht weitestgehend unabhängig von Gesellschaftsordnungen. Hinterm Horizont können schreckliche Anblicke sein, aber auch was Schönes ist möglich, das Schöne, das des Schrecklichen Anfang ist. Daß man immer ganz woanders landet, das sind die Realitäten dieser Welt. Freilich, diese gewisse Schwergewichtigkeit des DDR-Lebens, die ist bei mir auch noch da, das Gewicht an den Füßen, das Gewicht im Kopf. Als die Grenzen gefallen waren, mußte ich jedenfalls erstmal ab in die Südsee, auf die andere Seite vom Globus, mußte gleichsam ein paar Tage mit den Beinen nach oben leben.«

Wovor haben Sie derzeit Angst?

»Daß ich Gelassenheit mit Gleichgültigkeit verwechsle. Die Grenzen fließen gefährlich.«

Sie sind gelassen?

»Ja, doch, würde ich sagen. Ich hatte zum Beispiel nie Lust, mich zu bewerben, gar anzubiedern. So merkwürdig es klingt: Ich muß nicht Theater machen. Wenn ich es mache, gut. Wenn nicht, ebensogut. Nicht mehr jeden Tag im Streß zu sein, bringt eine besondere Art von Freiheit. Man lebt ja, wenn man permanent Theater macht, in hunderten Gestalten, nur man selber ist man selten, und plötzlich, bleibt der Vorhang mal für längere Zeit unten, empfindet man auch so etwas wie Schuld gegenüber dem eigenen Leben und dem seiner engsten Mitmenschen. Meine Kinder sagen inzwischen, ich sei ganz anders geworden, ruhiger. Die Erklärung dafür ist einfach: Ich habe jetzt mehr Zeit,

sitze nicht mehr nachts um vier auf der Bettkante und gräme mich über den Intendanten.«

Und welches ist die besondere Art von Freiheit, die Sie eben ansprachen?

»Diese Freiheit, und ich kann das freilich nicht ganz ohne Ironie sagen, diese Freiheit besteht darin, daß man sich morgens fragt, was man wohl tun wird. Zwang wäre, wenn man es wüßte.«

Nochmal Böwe: Haben Sie ihn in Erinnerung als einen, der zu klug ist für einen instinktiv guten Schauspieler?

»Nein. Neben der intellektuellen Kraft, die zweifellos seine Stärke war, gab es eine ganz existentielle Ausstrahlung. Vor allem beim alten Sedemund bleiben mir Momente in den Proben unvergessen, da saß dieser grimmig versteinerte alte Mann auf der Bühne, und er war plötzlich so nackt in seiner verzweifelten Bösartigkeit, ohne Wollen. Was da geschah, konnte mit Handwerk allein nicht mehr erklärt werden. Solche Proben, da Theater mit einem Gesicht, einer Handbewegung, einem Schweigen, einer bestimmten Erscheinung wesentlich wird, sind ganz selten. Da verschwindet mit einem Mal diese lästige, aber nicht abschüttelbare Alltäglichkeit und Kleinlichkeit einer Theaterproduktion, etwa, daß nur für oder nur gegen den Regisseur, nur für oder gegen einen anderen Kollegen, für oder gegen das Publikum gespielt, daß gebuhlt oder getrotzt oder launisch und unlustig reagiert wird. In solchem Moment, wie ich ihn, zum Beispiel, bei Böwe erlebte, wird der Raum weit und still, und man weiß wieder, warum man Theater macht.«

Wahnsinn Theater. Sie haben vorhin über den Gesamtvorgang gesprochen. Welcher Wahnsinn nun steckt im Detail, im Beruf des Regisseurs?

»Das ist doch nun der unmöglichste Beruf, geradezu überflüssig!«

Nach dem Dramaturgen!

»Nein, ein Regisseur ist schlimmer dran. Er muß klüger tun als alle, wissender und zugleich unwissender, er ist in seinem Staunen geradezu verdammt zur Heuchelei – und das alles muß auch noch zutiefst ehrlich geschehen. Abgrundtief verkommen. Ein Regisseur hat schon viel gewonnen, wenn er allen Partnern seiner Inszenierung Angst nimmt. Denn jeder hat seine Angst, und jeder hat eine andere. Probenarbeit muß Spaß machen, größtmögliche Offenheit muß herrschen,

Bereitschaft, von sich viel herzugeben. Balance muß herrschen zwischen Spiel und dem Abgrund der Wahrheit.«

Welcher Wahrheit?

»Der Wahrheit, wer man selber ist.«

Regisseure, so sagt Artaud, sind Priester, die sich auf dem Scheiterhaufen verbrennen.

»Ach, man schafft so wenig Eigenes, kennt aber Tricks, Eigenes vorzutäuschen. Man müßte eigentlich ständig Minderwertigkeitsgefühle kriegen, denn man verkleidet sich permanent als Besserwisser. Man darf nur nicht so blöde sein, das nicht zu merken. Wenn man die Begrenzungen des Berufs nicht sieht, verliert man sich.«

Jetzt ist doch wieder ein gehöriges Quantum Selbstironie dabei. Lieben Sie Ihre Schauspieler?

»Zuneigung, ja. Aber die Distanz muß genauso stark sein. Sie gehört zu den furchtbaren Voraussetzungen des Berufs. Claudel sagt, man muß diesen feindlichen Blick haben; erst kommt die Präzision, dann das Gefühl. Strenge gehört also zur Begabung. Sie kann unmerklich daherkommen, doch ich glaube, sie muß eher da sein als die Liebe.«

Sind Sie demnach ein konfliktfreudiger Mensch?

»Nein. Ich habe ein großes Harmoniebedürfnis. Hinter allem und jedem leuchtet noch etwas anderes, wenn man nur genau hinschaut.«

Gibt es eine Kunst, von der Sie meinen, sich in ihr besser ausdrücken zu können?

»Ich wäre gern Musiker geworden, und ich bedaure, daß ich nicht schreiben kann. Ein Gedicht liest man in der Kammer, aber in unseren Berufen kommt der Moment, da wird der Stoff in die schreckliche Realität des Theaters gedrängt. Von nun an ist ungewiß: Was geht verloren, was kommt hinzu. Inszeniert wird ja nicht im luftleeren, gar poetisch reinen Raum. Wie viel an Unaufmerksamkeit, an Kleinkram, an fehlender Sensibilität, an geistiger Abwesenheit wird doch da jeden Morgen mit auf die Probe geschleppt. Von allen Beteiligten. Gräßlich. Man weiß noch gar nicht, was ein Stück so richtig bedeutet, aber schon drängt man sich hinein mit den kleinen Gedanken, die einen gerade plagen. Nun muß man trotzdem versuchen – wir mit unseren Fernsehaugen und Autofahrerbeinen! –, den Traum vom unversehrten Text zu träumen, solange wie möglich.«

Denken Sie bei Proben an den Zuschauer?

»Nein. Aber auch da fällt mir was zu Böwe ein. Es gibt ja Theatermenschen, die haben eine nervtötende Banalisierungssucht, weil sie ständig Publikum mitspielen oder zeigen wollen, wie irdisch veranlagt sie sind. Wenn die Verrückten so tun, als seien sie ganz normale Leute, dann wird's besonders schlimm. Böwe hat diese Banalisierungssucht nicht, aber man sieht ihm die Erkenntnis doch an, daß sich auch der Kunstproduzent, zumal am Theater, als Durchschnittsmensch begreifen muß. Das ist etwas ganz anderes als das, was ich zuerst beschrieb. Diese beiden Pole, Durchschnitt und, sagen wir mal, Vertiefungssucht – das ist das Spagat, das viel Elastizität fordert.«

Rolf Winkelgrund, Sie bewerben sich nicht, wollen sich nicht gefügig machen lassen vom Markt, riskieren ein Randdasein. Westfälische Dickschädligkeit, Sie vertrauen auf sich selbst. Wie bringen Sie auf den Punkt, was Sie können?

»Als Regisseur? O Gott! Ich habe keine Methode, aber ich kann durchaus erkennen, ob ein Ton stimmt oder nicht. Ich halte viel von Professionalität. Aber ich weiß: Die Träume, die ich vom Theater habe, sind allemal schöner als die Stümpereien, zu denen ich mich wegen dieser Träume hinreißen lasse.«

HEINRICH GEORGE hatte den ersten »Blauen Boll« gespielt, 1930 im Berliner Schauspielhaus am Gendarmenmarkt, Regie führte damals Jürgen Fehling. Nun verkörpert Kurt Böwe die Titelgestalt, später erarbeitet der Schauspieler ein Barlach-Programm.

»Es war eine Matinee, im Dezember 1987 hatte sie Premiere, sonderlich vor studentischem Publikum las ich Barlach in Halle, Leipzig, Dresden, Rostock und natürlich in Güstrow – aber auch in Zürich, Köln, Hamburg, Bochum und Kiel sowie in Barlachs Geburtsort Wedel und in Ratzeburg, dort ist er ja begraben. Ich entdeckte in mir gleichsam missionarische Regungen für einen in Deutschland unbekannten, entrückten Dramenschreiber, und da war zugleich etwas zu entdecken, was wieder zu Wunden führte, die wir uns in sozialistischer Brachialart selber schlugen.

Der Nazi-Chefideologe Alfred Rosenberg schreibt im ›Völkischen Beobachter‹ vom 7. Juli 1933: ›Was Barlach am Menschen gestaltet, ist fremd, ganz fremd: erdversklavte Massigkeit und Freude an der Wucht der Schwere und Materie. Das sind keine mecklenburgischen Bauern, oh nein, diese schreiten ganz anders über die Erde als jenes Barlachsche Menschentum. Schließlich, man schaue doch Barlachs Kriegerdenkmal an, das er für die Kirche anfertigte: kleine, halbidiotisch dreinschauende Mixovariationen und undefinierbare Menschensorten mit Sowjethelmen sollen deutsche Landsturmmänner versinnbildlichen. Ich glaube, jeder gesunde SA-Mann wird hier das gleiche Urteil fällen wie bewußte Künstler.‹

Folglich wurde Barlach als einer der Ersten als entarteter Künstler von den Nazis verfemt.

Es ist bitter, wenn man erst das liest und dann Wilhelm Girnus, den marxistischen Ideologen, der im ›Neuen Deutschland‹ am 4. Januar 1952 über eine Ernst-Barlach-Ausstellung schreibt, die in Ostberlin zu sehen war, in der Deutschen Akademie der Künste, zu der Zeit, da ich studierte: ›Die neuerliche Betrachtung seines Werkes zeigt doch so deutlich wie noch nie, daß Barlach ein auf verlorenem Posten stehender, in seinem Grundzug rückwärts gewandter Künstler war. Barlach hatte keine Vorstellung, wie das menschliche Leid überwunden werden kann, und daher ist er nicht in die Tiefe der Seele des unterdrückten Menschen gedrungen. Seine Geschöpfe sind eine graue, passive, verzweifelte, in tierischer Dummheit dahinvegetierende Masse, in denen auch nicht der Funke eines starken, lebendigen Gefühls des Widerstandes zu spüren ist … Barlachs Bauern sind dumpfe, tölpelhafte Urwaldbären, die einen ziemlich stark ausgeprägten Zug zum Tierischen haben. Bauern, gesehen mit den Augen eines verzweifelnden Kleinbürgers. Die progressive Kraft, die die Bauernklasse unter der Führung der Arbeiterklasse im Kampf für eine bessere Gesellschaft entfalten kann, ist in seinen Gestalten auch nicht andeutungsweise spürbar.‹

Dagegen setzt Brecht mit der sanften Gewalt seiner Vernunft, in der Akademiezeitschrift ›Sinn und Form‹: ›Ich halte Barlach für einen der größten Bildhauer, die wir Deutschen gehabt haben. Der Wurf, die Bedeutung der Aussage, das handwerkliche Ingenium, Schönheit ohne Beschönigung, Größe ohne Gerecktheit, Harmonie ohne Glätte, Lebenskraft ohne Brutalität machen Barlachs Plastiken zu Meisterwerken. Daß der *Engel des Güstrower Ehrenmals* (Bronze 1927) mich überwältigt, ist nicht verwunderlich. Er hat das Gesicht der unvergeßlichen Käthe Kollwitz. Solche Engel gefallen mir. Und obwohl man weder einen Engel noch einen Mann je hat fliegen sehen, so ist doch das Fliegen glorios dargestellt.‹«

Wieder ist an diesem Barlach-Projekt zu sehen, wie den Schauspieler eigene Geschichte umtreibt, wie ihn Schmerzpunkte bewegen, die Leben und Beruf gleichermaßen betreffen.

»Ich bin ein Empfindungsmensch. Das Erlebnis, das ich etwa mit Barlach hatte, kam über mich mit der Bestimmung, ich solle den Boll spielen, und dies führte mich in Abgründe eines Lebens, dessen landschaftliche Verwurzelung sich als der meinen nicht unähnlich erwies. Oder Fontane! Zu ihm kam ich über seine Briefe. Vorher hatte er mich nicht sonderlich interessiert, denn meine Landschaft kommt bei dem gar nicht vor, so uninteressant ist sie. Thomas Mann las ich, und der machte mich aufmerksam auf das, was den Fontane prägte: den Riß, der in der Welt lag, und der in Fontanes Seele brannte, dieser Mann war Preuße und Antipreuße zugleich. Und Kurt Böwe ist Sozialist und war doch mit diesem konkreten Sozialismus so glücklich nicht. Die Gegebenheiten jetzt, im größer gewordenen Deutschland, können mich freilich nicht dazu bringen, mich zu verleugnen: Ich hing der sozialistischen Utopie an – gemeinsam mit einem Sechstel der Erde. Ich wollte eine sozial gerechtere Welt, das war mein Lebenstraum.«

Unversehens sind wir in der Gegenwart angelangt, überspringen Jahre. Es waren wesentlich Schauspieler des Deutschen Theaters, die jene große Berliner Demonstration am 4. November 1989 ins Leben riefen. Vorher eilte noch Politbüromitglied Schabowski ins DT, zu besänftigen, zu klären, vielleicht auch zu drohen?

»Ich war sicher nicht da. Oder ich saß zu weit hinten. Oder nah am Eingang der Kleinen Komödie, wo ein schneller Abgang jederzeit möglich war. Auf der Berliner Massendemonstration am 4. November 1989 sollte auch ich reden, Heiner Müller rief mich an. Die übliche tonlose Stimme: Kurt, die Speerspitze der Revolution, Johanna Schall, hat mich beauftragt, dich zu fragen, ob du bereit wärest, auf der Kundgebung zu sprechen. Ich sagte, was soll's, selbst mir Großmaul sind alle Felle weggeschwommen. Das macht doch nichts, sagt dieser Müller gewohnt ungerührt. Zunächst überlegte ich, die Rede des Jadup zu wiederholen, aus Rainer Simons lange verbotenem Film. Aber mein Instinkt warnte mich, ich rettete mich in den Vorschlag: Ich rede, wenn du mir einen Text schreibst, Heiner.

Am 4. November sprach nicht ich, sondern der Demokrat Ekkehard Schall. Aber auch Heiner Müller sagte nicht einen eigenen Text auf, sondern verlas den Aufruf irgendeiner neugegründeten Gewerkschaft. Dafür wurde er heftig ausgepfiffen, während Kurt Böwe ganz still inmitten der Menge stand, und Heide und mir war recht seltsam zumute.«

Wie erlebte Böwe den 9. November, den Tag der Maueröffnung?

»Ich döste abends vor mich hin, und dann diese Bilder im Fernsehen! Da wurde ich wohl sehr schweigsam, und was ich dabei gedacht habe, war sehr, sehr wenig. Ja, und dann muß ich eingeschlafen sein. Heide war an diesem Tag mit einem Kollegen zufällig zu einer Hörfunkveranstaltung drüben in Westberlin, noch so richtig offiziell mit Dienstauftrag und Dienstpaß und langem Bearbeitungsweg vorher, und nun wollte sie nachts zurück nach Hause. Tausende drängt es weg, und zwei wollen zurück! Das war an diesem Abend ein Grund, erschlagen zu werden. Und fast wäre ich selbst erschlagen worden, denn Heide wollte mich spät nach Mitternacht wecken, ich reagierte jedoch nicht, auch nicht auf immer stärker werdende Hiebe mit einem nassen Waschlappen. So erwachte ich am nächsten Morgen in der neuen Zeitrechnung und wurde von meiner Familie wegen meines offensichtlichen Desinteresses ein wenig finster beäugt. Aber ich sagte mir, wie so oft: In mancher historischen Stunde fällt man durch Abwesenheit angenehmer auf als mittendrin im Getümmel.«

Der Schauspieler trat wenig später aus der SED aus.

»Es war ein schneller Abschied. Ich war ja dafür, für unsere gute, böse Sache – als es aber nun mit neuer forscher Kraft ans

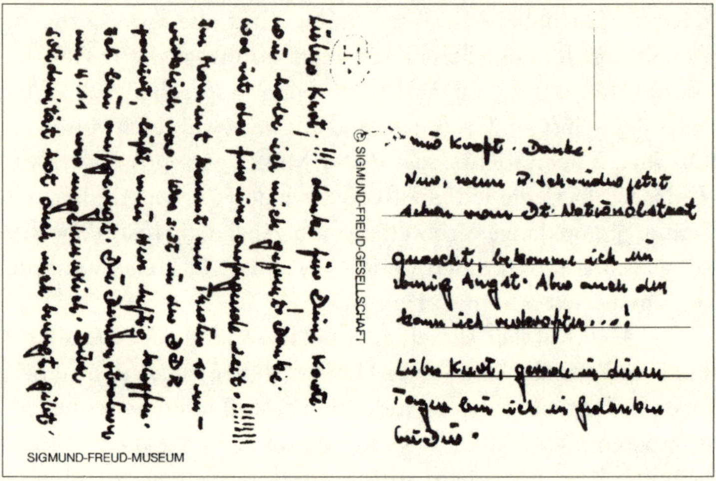

Ignaz Kirchner (49), Wiener Burg- und anderweitig höchstgehandelter Schauspieler, in einer seiner Karten an den Mann, der den 9. November 1989 verschlief: »Lieber Kurt!!! danke für deine Karte. Wie habe ich mich gefreut. Danke. Was ist das für eine aufregende Zeit!!!!!!! Im Moment kommt mir Theater so unwirklich vor. Was z. Zt. in der DDR passiert, läßt mein Herz heftig klopfen. Ich bin aufgeregt. Die Demonstration am 4.11. war ungeheuerlich. Diese Solidarität hat auch mich bewegt, gibt mir Kraft. Danke. Nur, wenn Richard Schröder jetzt schon vom Deutschen Nationalstaat quatscht, bekomme ich ein wenig Angst. Aber auch den kann ich verkraften ...! Lieber Kurt, gerade in diesen Tagen bin ich in Gedanken bei Dir.«
Böwe: »Lebensgier trieb Ignaz bald in den Osten, ans Deutsche Theater, wie später seinen Bruder im Geiste, Gert Voss, ans BE. Enttäuscht gingen sie wieder, mit der großen Frage: Wohin?«

vermeintliche Reformieren gehen sollte, sagte ich zur Parteisekretärin: Bitte, laß mich in Frieden, ich sitze doch ohnehin nur schläfrig auf Versammlungen herum. Hier, nimm nun endlich das Parteibuch und laß uns unsre Wege ziehen, und zwar jeder den seinigen. Ich will mich nicht mehr zu Dingen zwingen lassen, die zuallererst einer kollektiven, einer größeren Sinngebung dienen, welche außerhalb von mir selbst ihre Wurzeln hat.

Da drüben, am Schreibtisch, hängt eine zweiteilige Bildfolge, wohl aus dem ›Eulenspiegel‹-Kalender. Du siehst darauf den Erich, der hat seinen Hut auf und lächelt. Auf dem nächsten Bild hat einer an der Klospülung gezogen, und du siehst nur noch den

Hut. Erich selbst ist weg. Das ist der Vorgang, kaum, daß ein Augenaufschlag reichte, die Dauer zu erfassen. Die deutsche Vereinigung fand sozusagen auf der Mauer statt – einer der kürzesten Orgasmen der Weltgeschichte. Das war das Glück, aber dann wurde es verdammt konkret.«

FONTANE SCHREIBT aus Berlin, Potsdamer Straße 134 c, einen Brief an Moritz Lazarus, am 2. November 1894 – den liest der Schauspieler wieder und wieder; es ist ein Brief, dessen Gegenwärtigkeit erschreckt und nach dessen Lektüre man besser weiß, wie quälend langsam sich die Welt dreht, wie wenig sich in hundert Jahren verändert hat.

»Der Götze der Agrarier weiß auch nichts von Gott, Gerechtigkeit und Güte. Immer dieselbe Couleur in Grün. Es wird wohl auch so bleiben. Wenn dritthalbtausend Jahre nichts geändert haben, wo soll da die Änderung herkommen: Ich glaube, das ist so von Anfang an entschieden: Das Glücks- und Leidensmaß bleibt dasselbe, das Sündenmaß bleibt dasselbe und das Maß von Anstrengung, das Sündenmaß zu verkleinern, bleibt auch dasselbe. Nichts hilft! Ich bin davon so durchdrungen, und ich fühle mich dabei auch wie ein Prophet: Sie werden freilich sagen von der falschen Sorte, daß mir das Weltregierenwollen im Jeremiasstil, das Politikmachenwollen nach Sittlichkeitsgesetzen, also auf dem Fundament göttlicher Gerechtigkeit, als etwas nicht bloß Unfruchtbares, sondern, in Erwägung der Umstände, als etwas geradezu zu Bekämpfendes erscheint. Der Mensch ist eine Bestie und seiner Niedertracht muß mit Mitteln aus dem selben Arsenal begegnet werden. Vielleicht, ich sage vielleicht – denn sicher bin ich der Sache nach auch nicht – vielleicht, daß mit lauterster, reinster Liebe der Teufel zu bezwingen wäre; aber diese lauterste, reinste Liebe gibt es nicht, es liegt in der Natur des Menschen, daß sich dies Lauterste und Reinste beständig verzerrt, in dieser Verzerrung unecht wird (mitunter unbewußt) und in dieser Unechtheit mehr Elend stiftet, tiefer durch Blut watet, als die naive, von allen Hoheitsbestrebungen unangekränkelte Sündhaftigkeit. Die Geschichte weist viele Epochen auf, wo man

Gott, Gerechtigkeit und Liebe, besonders den ›Gott der Liebe‹ ganz ernsthaft hat durchsetzen wollen. Die Haare sträuben sich einem aber, wenn man davon liest. Wie wurde vor jetzt gerade 1000 Jahren das Christenthum bei uns inscenirt! Im Wesentlichen ehrlich, aber doch furchtbar. Am reinsten erkennt man das Mißliche der Sache, bei Betrachtung des Puritanerthums, das sich ganz auf hohen und höchsten Anschauungen des alten Testaments aufbaute. Daß man dem König den Kopf runterschlug, war eine Kleinigkeit; aber schon nach 20 Jahren, hatte dies Regieren zu ›Ehren Gottes‹ und nach dem ›Worte Gottes‹ derart abgewirtschaftet, daß man froh war, die alte Stuartsche Sündenwirtschaft mit Pauken und Trompeten wieder einziehen zu sehn. Das lag an zweierlei: daran, daß die Menschheit, ihrer Natur nach, ihren Fusel weiter trinken will und zweitens daran, daß die, die den Antifusel predigen, über kurz oder lang selber in irgend einem Fusel drin stecken. Ein Anderswerden ist nicht unmöglich, aber nach den, wie's scheint, sich immer gleichbleibenden seelischen Mischungsverhältnssen höchst unwahrscheinlich. Die Jeremiasse haben die Fahne hoch zu halten; aber die Alltagsarbeit haben die Bismarcke zu tun, kluge Leute, die vor nichts erschrecken. Wie immer Ihr aufrichtig ergebenster Th. Fontane.«

»ICH WEISS in diesem Zusammenhang«, sagt der Schauspieler, »sehr wohl um den Vorteil, aufgrund meines Alters nicht ankommen zu müssen in dieser so neu anmutenden Zeit. Mein Freund Dietrich Körner, der kluge Rechner, unterweist mich stets rührig in finanziellen Fragen, er versucht es zumindest, und er schüttelt oft genug seinen Kopf über meine Unbedarftheit, doch es nützt nichts: Ein instinktives Desinteresse schirmt mich ab. Mir ist zum Beispiel im Zusammenhang mit Geld und Anlegen, mit Leasing und Verzinsen, mit Krediten und Obligationen eine Antwort Heiner Müllers sehr gewärtig, der auf die Frage, warum er als kaum gelittener Autor denn eigentlich nie die DDR verlassen und sich in der BRD angesiedelt habe, lakonisch meinte: Ich bin hier in der DDR geblieben, weil man da keinen Steuerbescheid ausfüllen mußte.

Ich bleibe Marxist, ja, ein bissel verquast zwar, in reinster Haut war ich das ohnehin nie, mein Gemüt verträgt Überanstrengung nicht. Es ist ganz einfach gut, wenn man nicht vergißt, wo man herkommt. Als ich nach Berlin zog, lernten wir auch einen weitgereisten Kunstmenschen kennen, und dessen Frau fragte eines Tages, wie man so über alltägliche Dinge quatscht: Sagt mal, wie macht ihr das eigentlich mit dem Geld? Mit dem Geld? frage ich zurück? Mit dem Geld halte ich's ganz einfach: Ich freue mich, wenn ich was krieg, und dann gebe ich es aus und warte wieder, bis ich mich kurzzeitig freuen kann. So einfach ist das. Worauf die mich anschaut und sagt: Bei uns ist das so – wir haben zwei Schatullen, eine für das Ost- und das Westgeld. Das war vor etwa zehn Jahren, und jetzt schreit die Dame herum, wenn eine Mieterhöhung ansteht: Jaja, der Herr Böwe, den interessiert das nicht, der schwimmt ja jetzt auf der Wurschtpelle! In solchen Momenten bin ich doch ganz froh, eine gewisse strenge Erziehung zum Anstand genossen zu haben, denn der Gedanke, solchen Leuten eins aufs Maul zu geben, ist doch sehr verführerisch. Und ich denke an Menschen, die mir den Aufenthalt in diesem Metier stets erträglich machten, weil sie Charakter, Herz und eine so ganz andere Lebensart haben. Und weil sie deshalb so selten sind unter den Kunstmenschen.«

ARMIN STOLPER, einst Chefdramaturg des Deutschen Theaters, über eine Begegnung in der Reinhardtstraße, zwei Jahre nach der Wende:

»Wir hatten gerade die neue Spielzeit begonnen – mit der Rede des neuen Intendanten, einem Spanferkel-Essen unter freiem Himmel bei lauter Cowboymusik und vielen Hoffnungen und Befürchtungen, was die Zukunft anlangte. Da begegnete mir an einem Nachmittag in der Reinhardtstraße der Schauspieler Kurt Böwe: schwitzend, ein wenig keuchend und beleibt.

Das letztemal, als wir uns begegnet waren, zum fünfzigsten Geburtstag von Dieter Mann, der sieben Jahre lang das Deutsche Theater geleitet hatte und nun wieder an diesem Hause als Schauspieler ohne Leitungspflichten wirkte, hatte uns Kurt vorgespielt, wie er und sein

Freund Rolf Ludwig sich bei der Verleihung des Bundesfilmpreises im Bad der Menge in Westberlin wohlgefühlt hatten. Nein, einen Preis hatten sie nicht bekommen, aber eingeladen worden waren sie, und besonderen Spaß habe es ihnen gemacht, daß sie, die beiden Ossis, offenbar bekannter und beliebter waren als einige ihrer Kollegen aus der DDR, die schon länger im Westen arbeiteten.

Kurt, wenn er einen getrunken hat und in beste Stimmung kommt, ist bei solchen Darbietungen nicht zu schlagen. Naiv, intelligent, stegreifgewandt und unerschöpflich in Einfällen und Witzen, überzeugt er auch außerhalb der Bühne die Leute von der Ursprünglichkeit und Kraft seines Talentes. Aber er kann auch, wie beim Tode der Dramaturgin Ilse Galfert, eine Rede halten, in der er höchst verantwortungsvoll mit dem Wort umging wie selten ein Trauerredner und das Wesen dieser großen Helferin des Theaters beschrieb.

Hier auf der Straße sagte er mir, daß er jetzt den Intendanten um Geld betteln ginge.

Und wenn er dir keins gibt?

Dann sage ich zu ihm: Mein lieber Intendant, so muß ich dich leider verlassen und zu deinem Freund-Feind an die Schaubühne gehen, wo ich mehr verdiene.

Und da wird er antworten: Kutta, was willst du denn dort, da bist du doch nicht zu Hause!

Richtig, werde ich sagen, und deshalb mußt du mir eben mehr Geld geben, damit ich hier bleibe, wo ich zu Hause bin. Denn am Deutschen Theater zu spielen und ein gutes Geld zu verdienen, ist natürlich immer noch besser als anderswo für viel Geld in irgendwelchen Schmonzetten mitwirken zu müssen. Hat man aber wie ich die Chance, an einem erstklassigen Theater viel Geld verdienen zu können, dann muß sich mein Intendant schon etwas einfallen lassen, um mich in der Schumannstraße 13a zu halten, wo ich ja nun seit fast einem Vierteljahrhundert mit meinem immer stattlicher gewordenen Gewicht die Bretter belaste, verstehst du?

Und ob ich verstand.

Wie sagt Heraklit? Man steigt nicht zweimal in denselben Fluß. Und für Schauspieler gilt im besonderen der Satz: Sie sind nie das, was sie waren, sie sind immer das, was sie sind. Und wenn sie etwas sind, dann sind sie teuer.

In diesem Augenblick trat aus einer Mietskaserne in der Reinhardtstraße eine andere alte Bekannte: Uschi Werner – mit einem Mann, der sie um zwei Köpfe überragte und einem jungen Mädchen, zu dem sie auch schon ein wenig aufblicken mußte.

Kennt ihr die? fragte sie uns. Das ist meine Tochter. Ihre Tochter hatte ich als Kind gekannt, jetzt begegnete mir ein junges Ding in Hosen, Jura-Studentin, die in den Semesterferien kellnerte. Alle freuten sich über das unverhoffte Wiedersehen.

Mit Ursula Werner im Hallenser »Faust«; 1970

Uschi, Kurt und ich waren mehrere Jahre lang am Theater in Halle engagiert gewesen. Beide Schauspieler haben in meinen Stücken gespielt, die dort zur Uraufführung gelangten. Kurt umarmte die kleine Uschi stürmisch und küßte sie: Faust und Gretchen in der Reinhardtstraße. Aber wie lange war das her, daß die beiden in Schönemanns Inszenierung das klassische Goethesche Liebespaar gespielt hatten?

Immer, wenn Böwes Rollen vom Charme seiner unverstellten Persönlichkeit getragen und erfüllt waren, wenn der Baum seines volkstümlichen Talents zur vollen Blüte gelangte, bezauberte und begei-

sterte er sein Publikum, was auch bei seinen Lesungen mit Texten von Barlach, Fontane und später mit Uwe Johnson voll zur Wirkung kam. Voltaire sagte: Wenn es den lieben Gott nicht gegeben hätte, hätte man ihn erfinden müssen. Brecht sagte: Wenn Wilhelm Pieck nicht der erste Präsident des Arbeiter- und Bauern-Staates der DDR gewesen wäre, hätte man ihn dazu machen müssen. Ich sage: Wenn Böwe in den vergangenen Jahrzehnten nicht Theater gespielt hätte, hätten die Trullesands und die Wanzkas nie erfahren, wie sie auf der Bühne und im Film aussehen.

Uschi Werner ist für mich das weibliche Pendant zu Kurt Böwe. Der bäurisch-plebejischen Grundanlage seines Wesens entspricht ihre Herkunft aus dem Berliner Arbeitermilieu. Sie hat Tischlerin gelernt und spielte Kabarett, bevor Schönemann in ihr das Talent einer jugendlichen Charakterspielerin entdeckte. Auch sie hat eine stattliche Palette von Rollen zu bieten, die ihre schönsten Ausprägungen in Gestalten von Turrini und Tschechow, von Pirandello und Gorki, von Goldoni und Plenzdorf fanden. Auch sie erwies sich in einem Berliner Abend auf der Studiobühne des Maxim Gorki Theaters als umwerfende Komikerin, wandlungsfähige Komödiantin, als ein weiblicher Mensch mit Sentiment und Seele.

Uschi ist eine liebenswerte Frau. Sie hat mehrere Kinder von verschiedenen Männern, mit denen sie meines Wissens nie verheiratet, in die sie aber immer schrecklich verliebt war. Sie ist leidenschaftlich und direkt, ehrlich und solidarisch. Und enorm kurzsichtig. Seit Jahren gehört sie zur ersten Reihe der Schauspieler ihres Theaters, und neuerdings ist sie dort auch Vorsitzende des Personalrats. Wer mit ihr zu tun bekommt, wird es nicht leicht haben. Nicht, daß sie von Hause aus auf Konfrontation angelegt wäre, aber sie ist von einem unbeugsamen Gerechtigkeitsgefühl durchdrungen und manchmal von einer Sturheit, die andere zur Weißglut bringen kann. Uschi verrät nicht, aber sie ist in ihrem Leben mehr als einmal verraten worden, nicht zuletzt von ihren Männern. Aber sie hat sich dennoch nicht zur Feministin entwickelt und ist immer wieder das Risiko einer neuen Liebe zu einem dieser fürchterlich blöden Kerle eingegangen, ohne die ihr das Leben nicht lebenswert erscheint.

Uschi und Kurt waren immer ein gutes Paar auf der Bühne. Auch in ›Zeitgenossen‹ – das Stück hatte ich nach einer sowjetischen Vor-

lage geschrieben – gaben sie zwei Kontrahenten auf der Basis gegenseitiger Zuneigung. Uschi spielte eine junge Arbeiterin, Wohnheim-Insassin, die dem von Kurt verkörperten Gubanow – diesmal ein intelligenter und wagemutiger Leiter eines im Bau befindlichen Industriekomplexes – in familiären und menschlichen Dingen gehörig die Leviten las. Auch in dieser Sojka war alles auf Liebe und Energie, auf Verständnis gegenüber dem andern, auf Mitgefühl und Gerechtigkeitsempfinden hin angelegt. Und auf Ehrlichkeit – auch sich selbst gegenüber. Wenn Sojka zu Gubanow sagte: Ich liebe solche Menschen wie Sie, dann war das eine Kampfansage gegen jegliche Form von Opportunismus; sie brachte es wütend hervor, lief blutrot an, und Gubanow-Böwe verstand sehr wohl, daß damit nicht nur seine fachlichen Qualitäten gemeint waren.

Siehst du, sagte ich jetzt zu Uschi, als wir unseren Kaffee getrunken hatten, du hast immer diese tapferen und lebensklugen Weiber gespielt, die etwas wollten und vor allem, daß es besser werden sollte mit dem, was wir uns gemeinsam vorgenommen hatten – und was jetzt? Ja, sagte Uschi, aber das Leben, nicht wahr, geht doch weiter – meinst du nicht auch?

Das Leben schon, wollte ich sagen, aber wie?

Uschis Fähigkeit, immer wieder mit dem vollen Einsatz ihrer Gefühle eine neue Liebe, somit ein neues Leben zu beginnen, scheint unerschöpflich. Faust verrät sein Gretchen, aber sie wird nicht müde, in ihm das Urbild ihrer Sehnsucht zu erblicken. Das Ewig-Weibliche, was auch sie verkörpert, zieht uns bei ihr nicht so sehr hinan, wie der Dichter sagt, es verbindet uns mehr mit dem Irdischen. Und dieses Leben ist bunt und grau, verdreht und verrückt, es hat keine Konzeption, weder eine richtige noch eine falsche, es folgt Zufälligkeiten und Widersprüchen, es ist schön und beschissen, es ist da und findet statt. Zwei Schreie sind uns gegeben: Betritt und verläßt man die Welt.

So hat es sich im Sommer 1991 abgespielt, als der Zufall Faust und Gretchen in der Reinhardtstraße zusammenführte. Ob Böwe an seinem Theater mehr Geld herausgeschunden hat, weiß ich nicht, aber daß er noch immer Theater spielt, weiß ich mit Sicherheit zu vermelden. Und wer ihn als ›Herrn Paul‹ in dem Dorst-Stück zu sehen bekommt, der wird erleben, daß man ihn von der Bühne der Kammerspiele nicht wegbekommt. Herr Paul alias Kurt Böwe liegt fett und *faul auf seinem verlumpten Bett, und während um ihn herum ein wildes Theater losbricht, ihn aus der sanierungsbedürftigen Fabrik wegzudiskutieren und wegzueskamotieren, ihm sogar eine bessere Bleibe anbietet, verharrt er stur auf seinem Bleiberecht, entzieht er sich allen erotischen und geldlichen Verlockungen, übersteht sogar seine eigene Abschlachtung, geht durch alle Höllen des Geistes und des Fleisches und ist am Ende doch nicht wegzukriegen. Wie ein Urgestein aus der Prignitz.*

Und plötzlich sah ich in diesem Herrn Paul all die Rollen, die Böwe bis jetzt in seinem Leben gespielt hat, als würden sie alle ihm den unbeugsamen Willen zum Widerstand eingeben und ihn ermuntern, diesem verführerischen Fortschritt zu widerstehen, dem nichts im Wege ist als ein Mensch, der sich nicht fortbewegt oder fortbewegen läßt, ein Haufen intelligenten Fleisches, durchgeistigten Sinnes, gewitzt durch alle Erfahrungen, die einem das Leben bietet; wissend, geh ich ihnen einen Schritt entgegen, ist das mein Untergang. Widerstand also, Widerstand um jeden Preis, stur auf seinem beschissenen Leben beharrend, unnachgiebig gegenüber jeglicher Verführung, die von den eloquenten Verfechtern des ach so rationellen Denkens ausgeht. Böwe als einer, der seine Biographie und DDR-Vergangenheit nicht los wird, ja nicht loswerden will, Böwe, der – ob er redet oder schweigt – mit jeder Faser seines Seins sagt: Hier liege ich, ob Gott mir hilft oder nicht, ich will nicht anders, ich bin und bleibe. Bleib ich, so bin ich, steh ich auf, bin ich am Ende. Keine Vernunft, keine Bereitschaft zur Kooperation, nichts als ein grinsendes Nein.

Und da dachte ich plötzlich: Wenn nun dieser Clown da auf der Bühne nicht Schauspieler geworden wäre, sondern tatsächlich Theatergeschichte bis zu Ende studiert hätte – was die DDR ursprünglich mit ihm und er mit sich selbst vorhatte – dann hätten wir längst erfahren, daß auch der verdienstvolle Prof. Dr. Kurt Böwe wegen allzu großer Systemnähe der Evaluierung zum Opfer gefallen sei, und er jetzt, da es sich bei ihm um eine international anerkannte Kapazität handele, in China oder in Bolivien einen Lehrstuhl angenommen habe. Oder aber, was noch wahrscheinlicher wäre, er zu Hause herumsitze, allein und immer mehr verkümmere, so das Elend des nicht mehr Gebrauchtwerdens auskostend.

Und da dachte ich, wie gut es doch sei, daß der alte Kutta der Wis-

senschaft vom Theater einstens verloren gegangen ist, sich aber trotz aller Wendemanöver der Geschichte noch immer auf dem Theater und somit auch das Theater durch sich behauptet. Und daß er es kann – vielleicht habe ich durch mein damaliges Mitwegreden von der Uni einen winzig kleinen Anteil?«

ZARTGELB sind die Gebäude ringsum, wenn man aus Böwes Garderobe im Deutschen Theater schaut. Kugelige Bäume umstehen den Platz.

»In diesem Theater«, sagt der Schauspieler unvermittelt, »hatte es die Politik trotz aller Einmischungsversuche doch immer sehr schwer. Der Keller war zu tief, die Kunst hing zu hoch – hier kamen sie so richtig nicht rein, die Observanten.«

Wir gehen hinaus, umlaufen das Haus, langsam, dem Schauspieler macht es Freude, am Heiligtum in der Schumannstraße entlangzuwandern.

»Der Name Schumannstraße geht auf den Seifensieder Schumann zurück, der bereits 1823 Häuser erbauen ließ. Um 1850 war hier noch ein Casino mit lustigen Einlagen, in einer Kasernengegend gelegen, eingebettet von sturmfreien Studentenbuden und halbseidenen Etablissements, eine Vorstadtgegend in der Friedrichstadt. Aber der Urgrund war bereits vorhanden: ein Amüsierbetrieb. Das Deutsche Theater sei mit seinem Wechsel von Bühne und Zuschauerraum, von seinem Milieu und seiner Intimität her eine der schönsten Bühnen der Welt, sagte Eduard von Winterstein. Er hat recht. Der eigentliche Schatz ist das Ensemble, die Spanne zwischen Alt und Jung gab dem Haus immer Würde und Explosivität.«

Wir gehen hinter das Theatergebäude, ich bitte den Schauspieler zu erzählen, wie sich sein Gang zur Arbeit vollzieht.

»Ich kann nicht aufstehen zu Hause, rasch mit dem Taxi zum Theater fahren, und los geht es. Nein, bei mir muß der Tag langsam auf eine Vorstellung zulaufen. Anderthalb Stunden vor Beginn bin ich bereits hier – um mich gleichsam einzukitschen. Ich muß von nun an alleingelassen werden.

Das Deutsche Theater ist ein Paradeusum, ich nähere mich

diesem Haus noch immer mit Respekt und der Befürchtung, der Traum könne in der nächsten Sekunde zu Ende sein. Der Weg zu meiner Arbeitsstätte ist ein Weltenwechsel. Im Hochhaus in Lichtenberg umfängt mich ringsum Steinwüste, ich wohne direkt unter dem Himmel, unten die Eingänge erinnern in ihrer Heruntergekommenheit an Slums. Mit der Straßenbahn fahre ich bis zum Luxemburg-Platz, dort steht der schreckliche Koloß Volksbühne, und steige um in einen langgestreckten Bus der Marke Mercedes. Ich hasse diese Doppelstockbusse mit ihrer Hitze, ihrem Gestank, ihrer stehenden Luft. Dennoch: Leise und rasch fährt mein Bus, bis zum Robert-Koch-Platz. Wieder zu einem schrecklichen Gebäude, zu diesem gigantischen Menschenausbesserungswerk, der Charité, hingebolzt von der Arbeiterklasse. Ein paar Schritte gehe ich noch, an einer Buchhandlung vorbei, die gehört Herrn Lehmann, der viele Medizinbuchhandlungen in der Bundesrepublik besitzt, natürlich gehe ich nicht vorbei, sondern hinein, hier ließe sich mit Leichtigkeit ein Vorstellungsbeginn versäumen, so, nun vorbei an der ersten Volkskammer, wo Pieck zum ersten Volkspräsidenten gekürt wurde; dorthin war ja die Akademie der Künste eine Zeitlang ausgelagert. Auch wir spielten dort unsere ›Traurige Geschichte von Friedrich dem Großen‹, kurz vor dem hundertsten Geburtstag des Deutschen Theaters, als unser Haus rekonstruiert wurde. Dem Intendanten Rohmer fiel damals bei der Übergabe des neuen Hauses der Schlüssel aus der Hand, und bald verlor er auch seinen Posten. Auf meinem Weg zur Arbeit passiere ich die Medizinische Fakultät, rechts die alte Charité, die wenigstens einen wohnlichen Eindruck macht. Von hinten, vom Wirtschaftseingang her, betrete ich das Deutsche Theater. Auf dem betonierten Hof stehen Kulissenstücke herum. Nichts deutet darauf hin, daß hinter Schlagbaum und Pförtnerbude allabendlich Kunst versucht wird. Ein Mann im Wach-Container grüßt, freundlich. Rechts liegt die Kantine, geht man geradeaus, stößt man auf eine Stalltür. Man öffnet sie und steht unvermittelt und sogleich ins Tiefste getroffen im Wunderland. Hinter dieser Holztür beginnt es: Die Augen weiten sich. Unter Blitzen und Lüstern, ein Paradies, hundert Jahre alt. Samtene Tapeten, plüschrot alles, warm und einladend die Garderobenflucht. Rechts das schöne, marmorbelegte Foyer.

So, nun sitze ich in meiner Garderobe und weiß nur: Der Vorhang wird sich bald heben, und der erste Satz muß stimmen, wie in einem guten Buch. Für diese Sekunde brauche ich frühe Konzentration. Und später, während der Vorstellung, werde ich nicht in die Gesichter schauen, sondern darüber hinweg. Köpfe werde ich sehen, keine Gesichter. Und es ist mir, als sei jene Zeit, da ich nur auf die roten Lampen ganz hinten schaute, nie gewesen. Man muß ein Gefühl für den Raum haben, wenn man die Bühne betritt; du da oben bist der Tonangeber, du gibst die Töne hinein in das unbekannte Dunkel dieses großartigen Ortes, du mußt schnell ein Gespür dafür kriegen, wie sie zurückkommen.«

Hat sich das Publikum im Deutschen Theater auch in den Augen des Schauspielers verändert?

»Ja, sogar sehr. Wir haben allerdings das Glück, daß die Westleute uns die Bude füllen. Wenn wir keine volle Bude mehr bekämen, hätten die Finanzgewaltigen uns die Bühnenbretter wahrscheinlich schon ein bißchen angesägt. Spielen wir also für den Apotheker aus Steglitz. Das Deutsche Theater ist eine Enklave, und wir bleiben ein Hurengewerbe – also gebe ich mein Bestes auch für die Steglitzer mit ihrem etwas fremden, vornehmen Lächeln. Die Leute freilich, die ich mit dem meinte, was ich lebenslang spielte – sie hören uns nicht mehr, weil viele von ihnen um ihre Existenz bangen.«

In einem »Focus«-Interview hat Thomas Langhoff eine Antwort darauf versucht, was das Deutsche Theater von anderen Häusern unterscheidet: »Das wirklich Besondere ist das Ensemble. Es ist für einen jungen Schauspieler toll, neben einem Kurt Böwe und einer Inge Keller auf der Bühne zu stehen.« Auch wird er gefragt, wie er den Ruf des Hausbackenen abstreifen wolle. Schließlich habe Gerhard Stadelmaier, der Theaterkritiker der FAZ, geschrieben, das DT biete keine Kunst, sondern bestes 19. Jahrhundert, ideal für den progressiven rheinischen Abonnementsregierungsbeamten. Langhoff antwortet: »Das ist sehr hämisch und resultiert wohl aus mangelnder Beobachtung. Ich lasse mich auch nicht dazu hinreißen, unser sogenanntes Bildungsbürgerpublikum zu beschimpfen. Wir sind alle nicht wesentlich anders. Der Inbegriff des Bürgertums ist doch Frau Löffler, wie sie im Literarischen Quartett angezogen ist. Ich finde auch den Zahnarzt, der immer als Synonym für den schrecklichen Theaterbesucher gilt, nicht so schrecklich. Übrigens: Wenn zu uns die Zahnärzte kommen, dann gehen deren Kinder zu Frank Castorf an die Volksbühne.«

Wie ist es Kurt Böwe zumute, wenn er von der Garderobe hinauf zum Auftrittsort geht?

»Ein herrlich labyrinthischer Gang. Oben wird mit möglichst handfesten Lügen die Wahrheit verschwiegen, genau drunter, in der Kantine, verlangt der Schauspieler ein Bier und einen Doppelten. Das aber kann ich nicht, ich habe zuviel Furcht, ich spiele nicht mit heiligem Ernst, sondern mit heiliger Angst. Das hat mit dieser bleibenden Berufsfremdheit zu tun. Ich kann nicht Bier trinken und dann rausgehen ins Licht. Als es den Franke noch gab, habe ich hinterher noch etwas getrunken, das hatte etwas Berufsinniges, die Jagd nach den besten Pointen ging weiter. Bereit sein ist alles? Dabei sein ist alles, wie Fred Düren sagte. Der Rest säuft sich den Kummer weg, darüber, heute abend wieder nicht mitgehalten zu haben.

Vor ein paar Tagen trieb mich Sentimentalität doch in die Kantine. Sogar zum Reden riß mich mein Gefühl hin. Ich sagte in die anwesende Runde, ein wenig hinweggespült von Weltuntergangsstimmung: Bis zum Jahr Zweitausend werden die Karyatiden weggestorben sein. Das Theater, das Sie allabendlich betreten, so prophezeite ich den jungen Schauspielern, wird seinen jetzigen Charme, sein Selbstwertgefühl verloren haben. Sind Schauspieler an ihre Zeit gebunden, ist es ein Theater allemal. Die Epoche der Ideen und damit der heilsame Verwirrungen stiftenden Autoritäten ist vorbei, die Zeit der Helden und der Dynastien ohnehin. Man schaue sich um: Höchstens der dumme August hat eine Chance. Von Fritz Marquardt lese ich, sein größter Traum sei, nicht mehr inszenieren zu müssen. Siehe da, wir sind angekommen. Das Marktgesetz wird wie ein Wind hereinfahren, und es ist ein Wind, der alles auseinandertreibt. Was bleibt, ist vielleicht Castorf. Ich mag ihn nicht, aber er ist das

Reelle. Nichts wird bleiben, aber das ist ja unser Job: für die Erinnerung spielen. So durchleben wir gerade als Schauspieler diese Ahnung, daß alles Leben immer nur als Gegenwart möglich ist. Wir gewinnen oder verspielen jetzt und immer von neuem jetzt, was war und was sein wird. Woraus folgt, daß die Schauspielkunst mit ihrer unbedingten Augenblicklichkeit, mit ihren flüchtigen Verwandlungen die reinste Metapher für Leben ist. Das gibt der Schauspielerei freilich Ewigkeitskraft.«

Kurt Böwe hält es für einen Segen, daß in komplizierter Zeit »ein Mann der Tradition« Intendant an diesem Hause ist. »Thomas Langhoff, der Maler und Grafiker werden wollte, hat sich wohl mit großen Verletzungen und Schmerzen vom Schatten seines Vaters getrennt. Wolfgang Langhoff kritisierte eine frühe Potsdamer ›Clavigo‹-Inszenierung seines Sohnes Thomas einmal derart, daß dieser fünfzehn Jahre keine Theaterregie mehr anfaßte. Viele Jahre betrat er auch das Deutsche Theater nicht, weil er sich vor seiner Größe und seiner Intrigenhaftigkeit fürchtete. Nun leitet er dieses Haus, und mir gefällt, daß ein wichtiger Eindruck, wenn man ihn erlebt, sein Lächeln geblieben ist, seine jungenhafte und gesprächige Lust, etwas gemeinsam anzustellen und sich den Spaß nicht verderben zu lassen. Und es laufen ja eine Menge Leute unterschiedlichster Profession herum, die Spaß verderben wollen. Es ist eine Kunst, ihnen auszuweichen; es ist vielleicht sogar eine Hauptaufgabe der Kunst. Wenn man über Thomas Langhoff redet, verläßt einen die Neigung zu großen Worten, und das spricht sehr für ihn.«

GÜNTHER RÜCKER, der Erzähler, Filmemacher und Hörspielautor, über sein Verhältnis zu diesem Deutschen Theater Berlin:

»Ich weiß noch den Abend, an dem ich, fünf Jahre nach dem Krieg, zum ersten Mal das Deutsche Theater betrat. Ich nahm Platz, und meine Seele ließ sich nieder. Alle Sinne sagten mir, dies ist dein Haus, hier bist du angekommen. Der noch so schwache und arme Friede war fühlbarer geworden, sicherer und plötzlich auch etwas reicher. Ich erinnere mich des Zaubers der Premieren, an Gespräche und Begegnun-

gen, ich erinnere mich der Stimmen Gestorbener, an gewaltige Szenen und leise vorüberhuschende Texte, an Auftritte in Kostümen, die wie aus einer vergessenen, schönen Welt sich präsentierten, an Lesungen, Lieder, an Melodien, die nur geflüstert waren, an Sternstunden von Freunden und an Lebensabstürze.

Sagte man mir, ich solle erzählen von all dem, ich würde, so viel Großes auch und in der Theatergeschichte längst Bewahrtes anstünde gerühmt zu werden, beginnen mit einer Dreiminutenszene des Stückes ›Prexaspes‹ von Peter Hacks. Böwe als Kambyses geht in seinem Garten auf und nieder und denkt nach über die Schönheit der Blumen und die sanfte Gewalt, mit der sie nach seinem Herzen greifen. Die behutsame Hymne auf Farbe, Gestalt, Duft und Grazie der Blumen hat Hacks in Alexandrinern geschrieben, und sie ist wie jede seiner Hymnen, Sonette und sein Blankvers ohnehin Dichtung, wie sie der Zeitgenosse in deutscher Sprache weithin nicht finden wird. Wie Böwe aber seine Blumen leben und blühen läßt mit Wort und Vers, das war von höchstem Glanz und beglückender Luzidität.

Wie oft habe ich Texten, wenn Böwe sie sprach, mit breitem Behagen zugehört. Die Beine ausgestreckt, Arme verschränkt, Augen geschlossen. So folgte ich seiner Stimme mit dem einzigen Wunsch, der Text möge noch lange dauern und diese Erzählerstimme noch lange zu hören sein. Die drei Minuten in Hacks' Alexandrinern werden in meinen Erinnerungen stets zum Schönsten gehören, was ein Versesprecher, auf- und niedergehend und über Blumen nachsinnend, der Welt an Genuß deutscher Sprache und deutscher Dichtung überreichte.«

»WENN ICH DEN KURT oder die Inge Keller sehe, den Rolf Ludwig oder den Klaus Piontek, den Eberhard Esche, den Reimar Joh. Baur und die Christine Schorn, die Gudrun Ritter oder den Dietrich Körner, also ich könnte jetzt noch andere wunderbare Theatermenschen nennen – wenn ich sie alle sehe, dann denke ich daran, wie jung die am Deutschen angefangen haben und woher die alle kamen. Die Dramaturgie und die Regie, die müßten wieder durchs Land reisen und junge Leute holen; ein Ensemble ist schließlich die Identität des Theaters. Vielleicht müßten die Chefs das Ensemble auch mehr vor Gästen und Stars schützen – damit die hier alle merken, daß sie was wert sind, in jeder Situation, und auch in Stücken, die nicht das volle Haus bringen. Und die Alten? Die müßten ihre Erfahrungen weitergeben, die dürften sich nicht zurückziehen, auch Kurt Böwe sollte das nicht tun; die Alten dürfen nicht nur kommen und wieder gehen, sie müssen allein mit ihrer Anwesenheit Lust machen auf diese große Gnade, an einem herrlichen Theater arbeiten zu können. Wir leben doch hier alle in einem wunderschönen Abenteuer; nur wir merken das oft nicht, weil wir Wirklichkeit dazu sagen. Diese Bezeichnung verdirbt alles. Aber ich will um Gotteswillen nicht in Sachen hineinreden, die meine Kompetenz überschreiten.«

Der das sagt, heißt Tommy Sommer, eigentlich Jürgen Arno Dietmar Sommer; er ist das, was man den »guten Geist« eines Hauses nennt. Dietmar Sommer, viele Jahre lang in Halle ein Kollege und Freund Kurt Böwes, ist mit Leidenschaft und Einzigartigkeit Chefinspizient des Deutschen Theaters. Ein Mann, der Familienleben nicht zu packen vermochte, der bewundernswert mit Einsamkeiten fertig wurde; ein erfahrener Skeptiker, dem Theater verfallen und doch Realist und selber Komödiant.

»Ich stamme aus Stendal in der Altmark. Als Kind bekam ich Fernweh, wahrscheinlich, weil ich kein gutes Zuhause hatte. Mein Vater war gelernter Schneider, er betrieb später eine Landwirtschaft mit Spargel, wie alle in der Gegend. Nach dem Krieg, ich war fünf Jahre alt, ging die Familie auseinander, und ich wäre am liebsten auch abgehauen – zum Zirkus. Hohe Schule wollte ich reiten; Pferde waren so fast die ersten im Leben, die mir Vertrauen einflößten. Wenn die Zirkusleute in die Stadt kamen und nachts ihre kleine bunte Welt auspackten oder wieder verluden, habe ich oft mitgeholfen oder nur staunend zugesehen, und als ich deswegen verspätet heimkam, gab es Prügel. Auf der Bühne stand ich das erste Mal als Statist in Stendal, in ›Peterchens Mondfahrt‹.

Ich wollte Schauspieler werden, wurde aber Gärtner.

Das Theater ließ mich dennoch nicht los, ich bewarb mich in Staßfurt, in Halberstadt und in Quedlinburg. In Staßfurt am

Theater kriegte ich einen Vertrag als Tischlerhilfe und Requisiteur. Dieses Völkchen nahm mich ernst, lachte nicht über meine Spinnereien, die fühlten sich ja alle als etwas außerhalb der Normalität lebend. Ich nahm Privatunterricht im Schauspiel. Im zweiten Jahr in Staßfurt verdiente ich 425 Mark und war Inspizient, Regieassistent, Tontechniker, Requisiteur, Kleindarsteller und Reiseleiter. Denn das Theater hatte acht Anrechtsringe. Es ging im Bus über die Dörfer, Knochenarbeit. In einer häßlichen Stadt lebte ich, aber in einer herrlichen Welt.

1961 ging ich nach Halle, war dort mit einundzwanzig Jahren der jüngste Inspizient der DDR. Den Traum vom Schauspieler habe ich ebenso aufgegeben wie den vom Regisseur oder Dramaturgen. Laienspiel probierte ich, auch Puppenspiel, aber ich kriegte die Hemmungen nicht weg – meine Bauernschläue sagte mir immerhin, daß ich in all diesen künstlerischen Berufen übers Mittelmaß nicht hinauskommen würde. Bleibt man zurück und sieht hinter sich niemanden mehr, so wird man von Panik ergriffen. Um Letzter sein zu können, braucht man offenbar nicht weniger Mut, als um Erster zu sein. Es gibt so viele schlechte Dramaturgen, aber so wenige gute Inspizienten. Das sagte eines Tages Gerhard Wolfram zu mir, und damit war alles entschieden.

Für mich ist Inspizient kein Job, sondern ein Beruf. Es ist nicht einfach, vierzig Jahre lang fremde Eitelkeiten zu befriedigen. Talent ist eine häufigere Erscheinung als Charakter. Was meine Arbeit ausmacht – beschreiben kann ich sie kaum. Es ist auf jeden Fall mehr als nur Knöppe drücken; ich sag mir, du mußt auch als Inspizient mal Hamlet gewesen sein wollen. Denn eine Menge geht doch übers Einfühlungsvermögen: Ein Inspizient muß Situationen beherrschen, in den Schlußproben etwa, wenn sich das Chaos zusammenschiebt und die Gewitterfronten hochziehen. Wie ein Ringrichter beim Boxkampf mußt du die Parteien voneinander wegdrücken, die Schauspieler von der Regie, die Regie von den Schauspielern. Du mußt wissen, wie die Schauspieler aufgelegt sind, abends etwa: Kurt Böwe zum Beispiel ist ja manchmal der größte Quatscher in der Gasse, so, wie es früher Lisa Macheiner und Herwart Grosse waren. Es gibt Darsteller, die haben sich jeden Abend hundert Jahre nicht gesehen! Und dann fallen sie übereinander her wie Ankömmlinge auf einem russischen Gutshof, wie in Tschechows ›Kirschgarten‹. Schon wenn du draußen an den Garderoben entlanggehst, vor einer Vorstellung, da ahnst du, was los ist: Aha, dort, wo es sonst sehr laut ist, herrscht Schweigen; wo es gestern still war, macht sich heute Lärm breit. Und bei Rolf Ludwig gucke ich mal rein, ob er überhaupt da ist. Also: viel hinhören, viel hinsehen, sehr gut aufpassen, aber nie zu weit gehen. Das sind ja alles wunderbar schwierige Leute, diese Schauspieler. Bei Kurt ist es so: Er hat sich früher mehr eingemischt. Sehr oft redet man ja nur, um nicht zu schweigen. Aber auf der Bühne wie im Leben ist Schweigen das schwierigste. Mir scheint, ausgerechnet er, dieser quirlige, mitteilenswillige Mensch Böwe, wird langsam zu einem Meister des provozierenden Schweigens. Er versucht es wenigstens, und ich gehöre zu denen, die glücklich darüber wären, wenn es ihm nicht gelänge.

Der Inspizient stellt so etwas wie die Verbindungslinien her zwischen Kunst und Technik, Magie und Maschinerie. Vier Tonmeister haben wir, das sind vier verschiedene Reaktionszeiten, wenn ich ein Zeichen gebe. Demnach muß ich wissen: Wer sitzt heute im Stellwerk am Ton; da heißt es, mit den Sekunden zu jonglieren. Und die Zeitansagen: fast 500 Leute hören dich, deine Stimme soll Ruhe ins Haus tragen, auch ein bißchen Einstimmung bringen und Erwartung wecken und Vorfreude. Klaus Piontek wurde von jemandem gefragt, wer ich sei, als ich mal mit weißem Hemd und Abendkluft vorbeikam oder durchs Mikrofon zu hören war. Piontek antwortete: Das war unser Inspizient. Der Fremde verwundert: Was? Das war doch kein Inspizient. Stimmt, bestätigte Piontek, ist er auch nicht.

Du mußt dem Theater dienen wollen, ja, sag ich ganz ehrlich: dienen wollen. Und zwar so unauffällig wie möglich. Dieter Franke hatte einen Garderobier, Bernhard, den nannten wir Chefsteward. Franke schwelgte immer: Wenn du im Herbst im Dunklen ins Theater kommst und greifst, ohne das Licht anzumachen, auf den Garderobentisch – da liegt alles so, daß du auch noch die Augen zumachen kannst; und nach der Vorstellung lagen die Hosen gebügelt überm Stuhl. So muß es sein.

Gerhard Wolfram war es, der mich von Halle nach Berlin geholt hat. Ich mußte damit leben, daß die in der Kantine zischelten: Aha, noch so ein Spitzel vom Wolfram. Schon bei ihm, bei Schönemann und bei Böwe hatte es geheißen: Jetzt kommt die rote Herrlichkeit aus Halle und macht aus unserem Theater eine ZK-Kantine. Die Berliner hielten doch schon für einen politischen Fanatiker, wer länger als drei Tage bei einer Meinung blieb. Ich wußte also, was mir bevorstand. Wie schnell hast du an einem Spitzenhaus, wenn du nicht immer gut bist, dein Etikett weg: Einmal gut, ansonsten aber immer nur pünktlich. Wobei ich sagen muß: Ich war nie in der SED. Ich hing diesen Partei-Idealen nicht sehr nach. Man weiß ja: Ein Ideal kann man nicht vernichten – es sei denn, man gibt ihm die Gelegenheit, verwirklicht zu werden...

Wolfram schickte mich als Inspizient in die Kleine Komödie, ins Lesetheater; das war mir, als stiege ich, aus dem Vier-Sparten-Haus Halle kommend, vom Mercedes aufs Fahrrad um. Er sagte nur: So, Tommy, jetzt bist du am Deutschen Theater; ob und wie es hier weitergeht mit dir, kannst nur du bestimmen. Ich habe das schnell begriffen: Wer sterben will, stirbt – wer leben will, lebt.

Herwart Grosse las damals Thomas Mann, da muß der Inspizient die Seiten umblättern, die raschelten bei mir unsäglich; hinterher ging Grosse ins Künstlerische Betriebsbüro und fragte, was für ein Inspizient da über ihn gekommen sei – und das in einem Ton! so als wenn man einen Soldaten in den eigenen Reihen fragt, ob ihn der Feind geschickt habe. Ein Jahr später machten wir zusammen ›Zwei Krawatten‹, und er revidierte seine Meinung. Grosse war einer der letzten noblen Schauspieler, einer von denen, die sich zum Beispiel unmittelbar vorm Auftritt noch einmal beim Inspizienten meldeten. Ja, es gibt Traditionen und Regeln, die sind mit den Jahren leider etwas verkommen. Etwa: Auf der Bühne ißt man nicht. Wenn geprobt wird, muß Ruhe herrschen. Böwe schmiß mal in Halle einen Hocker hinter den Leuten her, die bei einer Probe mit Christoph Schroth die Konzentration zerknarrten. Der Christian Grashof, das ist so einer von denen, die mit ihrem Ethos überzeugen und herausfordern –

ungeheuer genau und konzentriert, ehrfürchtig gegenüber dem Theater, aber zugleich mit diesem unbändigen Selbstbewußtsein, das dazugehört, um zu bestehen.

Wobei man andererseits sagen muß: Alle hier am Haus machen eigentlich trotz allem einen Meter mehr, als im Vertrag steht. Am schönsten finde ich, wenn Techniker in der Gasse stehen und während der Vorstellung zugucken; es gab Zeiten, da haben sich manche zum Dienst gemeldet, wenn der und der Schauspieler am Abend mitwirkte. Die kommen wieder, diese Zeiten, daran glaube ich fest.

Nach der Wende, finde ich, sind wir spielplantreuer geworden. Das merkt man. Manche Schauspieler ließen sich zu DDR-Zeiten doch schon beim kleinsten Krümel auf der Schalmei krankschreiben. Das ist irgendwie vorbei. Aber eigentlich arbeiteten wir ja auch früher unter kapitalistischen Bedingungen, kein Sonnabend, kein Sonntag, keine Sicherheit, also vor allem in den künstlerischen Berufen. Freilich: Wen man nicht mochte, den schmiß man nicht raus, dem gab man den Hamlet, um nach drei Proben sagen zu können, mein Herr, Sie sind den künstlerischen Anforderungen leider nicht gewachsen. Theater kann brutal sein: Regisseur Friedo Solter hat dem Dieter Mann mal eröffnet, du, ich brauch dich in den nächsten drei Jahren nicht, das bringt mir nichts. Das muß ein Schauspieler erst mal aushalten, das sind seelische Belastungen, die nicht so einfach zu bewältigen sind.

Ich liebe die Bühne. Sie ist irgendwie ein heiliger Ort und sollte aber auch so behandelt werden, ich laß mir da meine altmodische Haltung nicht nehmen. Über die Schauspieler hat der Adolf Dresen mal geäußert, und zwar mit einem großen, ehrlichen Staunen: Ich kann es nicht erklären, aber es passiert – daß die Götter in einen Schauspieler hinabsteigen. Und da muß man keine Schauspielschule besucht haben. Was denn, sagte Wolfgang Heinz zu dem Böwe, Sie haben keine dieser Schulen besucht? Daher also Ihre Ursprünglichkeit!

Entscheidend ist: Hast du was zu erzählen? So fragte Fred Düren immer. Nur die Antwort auf diese Frage entscheidet darüber, ob einer das Recht hat, am Abend vor einige hundert Menschen zu treten und sie quasi dazu zu verpflichten, ein paar Stunden zuzusehen und zuzuhören.

Vierzig Jahre fremde Eitelkeiten befriedigt, ja, das mußt du als Inspizient, und du mußt es irgendwie gern tun. Irgendwann freilich träumst du davon, auch einfach nur da unten im Publikum zu sitzen, dich verzaubern zu lassen oder Buh zu rufen. Du träumst davon, dabei zu sein, aber nicht mehr verwickelt zu werden. Keine Knöppe mehr drücken. Aber das ist ein sehr heimlicher Traum, es ist nur der Hauch von einem verbotenen Traum. Noch bin ich im Dienst, da zählt vor allem Diskretion und: Bereit sein ist alles. Sie wissen ja: Man muß Hamlet gewesen sein wollen.«

Acht Jahre Jadup und Boel.
Späte Ankunft.
Was wagen Sie sich, junger Dresen?

NOCH EINMAL nach seiner Filmarbeit befragt, würde der Schauspieler drei Rollen gern stehenlassen unter dem großen Strich: diesen Bildhauer Kemmel aus dem »Nackten Mann auf dem Sportplatz« (Regie: Konrad Wolf), den Professor der Literaturgeschichte in »Märkische Forschungen« (Regie: Roland Gräf) und den Bürgermeister in »Jadup und Boel« (Regie: Rainer Simon).

»Das sind die drei Glücksfälle meines Lebens. Es sind allesamt Geschichten, die zu tun hatten mit diesem verfluchten, schönen Einerlei des Alltags, der Gesichter, der heimischen Landschaften. Das Unauffällige auffällig machen, das war die Aufgabe. Die Filme erzählten von Betroffenheit, Schweigen, Dulden, Lügen – und doch auch einer Wiedergeburt des Menschlichen, wenigstens im Ansatz. Eines Tages übergab mir Rainer Simon, Assistent Konrad Wolfs beim ›Nackten Mann‹, in meiner Theatergarderobe das Szenarium von ›Jadup und Boel‹, und ich ahnte, worauf wir uns einlassen würden. Der Film entstand – und wurde verboten. Eine Spanne von fast acht Jahren zwischen Dreharbeiten und Premiere – das geht an die Substanz. Da vermeint man die Sinnlosigkeit des Berufs zu spüren, die Hilflosigkeit und diese verfluchte Abhängigkeit. Das Verbot des Films offenbarte die Absurdität: Wenn bei uns Menschen ins Nachdenken kamen, das produzierte eine Furcht, als sei der Staat gerade ins Rutschen gekommen. Und vielleicht stimmte es ja: Je mehr Menschen ins Nachdenken kamen, umso mehr kam der Staat tatsächlich ins Rutschen.«

Das Mädchen Boel, 1945 mit einem Flüchtlingstreck in die Altmark gekommen, verschwindet plötzlich, hinterläßt Gerüchte – die eines Tages wieder aufbrechen. Ist sie vergewaltigt worden? Und von wem? Und was weiß Jadup (Kurt Böwe), heute Bürgermeister der Stadt? Gerichtstage für die Erinnerung. Schönfärberei und Wahrheit geraten in heftigen Konflikt. Boel bleibt ein Mysterium, aber die Fragen, die entstanden sind, bleiben auch. Als Befreiung und Bedrohung zugleich.

JADUPS REDE zur Jugendweihe, aus dem Film »Jadup und Boel«. Lediglich von solcher Art brauchten Worte zu sein, um im Jahre 1980 das Verbot eines DEFA-Films zu bewirken.

»Liebe Mädchen und Jungen!

Vor allem wollen wir uns nichts vormachen. Jaja, ich weiß schon, was Ihr denkt. Ihr denkt, wenn er doch bloß schon fertig wäre. Nein, Ihr befindet Euch in einem Irrtum, wenn ihr glaubt, dieselbe Rede zu bekommen, die voriges und vorvoriges Jahr Eure älteren Geschwister bekommen haben. Ich will Euch nicht abhalten, Eure Geschenke in Augenschein zu nehmen, ich möchte Euch nur eines sagen: Hütet Euch, alle Probleme endgültig lösen zu wollen. Ich habe es immer wieder versucht, und jetzt weiß ich, es geht nicht. Das Leben ist keine Frage, die man endgültig löst. Es bliebe dann nur Stillstand und Tod. Ich hoffe, Ihr versteht, was ich damit sagen will. Natürlich muß man versuchen, die Fragen zu beantworten, die einem das Leben stellt. Man darf nie aufhören damit. Aber man muß es tun in dem Wissen, daß die

Fragen aus ihrer Lösung immer neu entstehen, so neu, wie wir sie vorher gar nicht kannten. Wenn man das vergißt, kommt man sehr leicht dazu, die Fragen zu lösen, indem man sie beiseite schiebt. Das Fragen selbst wird zu etwas Anstößigem, man fürchtet sich vor dem Fragen. Und deshalb versucht man, die Ursachen der Fragen aus dem gesellschaftlichen Bewußtsein zu verdrängen. Dann aber bleibt nur eine Antwort: Alles ist so, weil es so ist. Man tötet das Vertrauen, das in jeder Frage steckt. Alles ist so, weil es so ist. Merkt Ihr, wie unveränderbar die Welt dann wird? Natürlich will ich nicht behaupten, daß es der Sinn Eures Lebens ist, zu fragen. Aber ich glaube, daß das Schicksal der Revolution, unser aller Schicksal an Menschen geknüpft ist, für die man, wie Lenin sagt, bürgen kann, daß sie kein Wort auf Treu und Glauben hinnehmen, daß sie kein Wort gegen ihr Gewissen sagen werden. Ja, und ich hoffe, solche Menschen werdet Ihr.«

ALEXANDER OSANG, Reporter der Berliner Zeitung, über den DEFA-Film: »Jadup und Boel – die Akte zum Film«:

»Es war ein leiser, ehrlicher Film aus der Altmark. Er wollte den Menschen in diesem Land erzählen, daß sie nicht aufhören sollen, Fragen zu stellen. Diese Fragen waren es, die dem Film acht Jahre Dunkelhaft einbrachten …

›Jadup und Boel‹ heißt der Film. Sein Regisseur Rainer Simon schätzte ihn 1988 als seine beste Arbeit ein. Simon hatte inzwischen andere wichtige Filme gedreht und für ›Die Frau und der Fremde‹ sogar den Goldenen Berlinale-Bären bekommen. Auch die Staatssicherheit fand ›Jadup und Boel‹ bemerkenswert. Sie begann, sich mit Rainer Simon grundsätzlicher zu beschäftigen.

Simon hat das jetzt nachgelesen. Er hat 500 beschriebene Blätter gefunden, Berichte von Offizieren und 30 Spitzeln, die sich über die Jahre mit ihm beschäftigt haben. Sie heißen Oberleutnat Hagedorn, Oberstleutnant Unrath, Oberst Ribbecke und Major Gericke, aber auch Antonio, Jörg Ratgeb, Jose, Hans Werner, Mirko, Lorenz, Werner Weber, Wendt, Galina Mark, Wassili, Romeo, Victor Barth, Ullrich und Rose. Andere Informanten werden nicht durch Decknamen geschützt. Hans Dieter Mäde zum Beispiel, der ehemalige DEFA-Chef, der zu den freizügigsten Plauderern zählte. Von der Stoffentwicklung bis zur Filmpremiere ging die Staatssicherheit dem Regisseur zur Hand. Es hätte nur noch gefehlt, daß sie auch im Abspann auftaucht. Wenn man es genau nimmt, tat sie auch das.

›Jadup und Boel‹ war das Zentrum, sagt Rainer Simon. Allein 200 der 500 über ihn angelegten Seiten beschäftigten sich mit diesem Film. Das Kuriose dabei ist, daß sich die Stasi, wie so oft, diese Schreibarbeit selbst organisierte. ›Mit dem Ziel, den S. arbeitsmäßig zu binden, wurde ihm 1979 das Buch ›Jadup und Boel‹ angeboten‹, notierte Oberleutnant Hagedorn. Damals, 1979, waren die Eintragungen in Simons Akte unregelmäßig und zufällig. Simon galt als querköpfig und gefährdet. DEFA-Chef Mäde faßte fürs Stasi-Protokoll zusammen: ›Er ist eines der letzten prononcierten Talente im DEFA-Spielfilmstudio, die eine andere, von der Studioleitung organisierten Hauptlinie abweichende, eigene Position zur Filmentwicklung besitzen.‹

Was für ein Vergehen! ...

›Ich habe mich damals ziemlich gewundert, daß sie mir ausgerechnet diesen Stoff anboten, der doch nach einer gesellschaftskritischen Umsetzung schrie‹, erinnert sich Simon. Es geschah nicht zufällig. Das Buch wurde Simon nämlich nicht nur angeboten, um ihn ›arbeitsmäßig zu binden‹, sondern auch ›um abzusehen, wie S. die staatlichen Maßnahmen gegen Biermann verarbeitet hat‹ Die Staatssicherheit scheute keine Mittel. Sie ließ offenbar einen ganzen Spielfilm drehen, um festzustellen, wie eine einzige Person auf staatliche Maßnahmen reagiert.

Sie bekamen die Reaktion. ›Die Drehbuchfassung von Jadup und Boel‹, notierte Major Gericke, ›ließ erkennen, daß die negative Haltung des S. unverändert ist.‹ Deshalb sei eine Reihe politisch operativer Maßnahmen eingeleitet worden. Gericke, ein Stasimajor, der im Studio ein- und ausging, hatte den Hut auf. Oberleutnant Hagedorn und andere hatten die Verbindungen zu IM und Kontaktpersonen herzustellen bzw. aufrechtzuerhalten. IM Rose hatte seine persönlichen und beruflichen Beziehungen in die Waagschale zu werfen, Jörg Ratgeb, Mirko oder Lorenz lediglich ihre dienstlichen Kontakte auszuspielen. Andere hatten sich den Lebenskreis von Simons Lebensfreundin zu erschließen. Ihre Führungsoffiziere verpflichteten sie, den

Grad Simons negativ-feindlicher Gesinnung ausfindig zu machen, seinen Einfluß im DEFA-Spielfilmstudio zurückzudrängen, aber auch, gewissermaßen als konstruktives Element, Simon auf den richtigen Pfad zurückzuführen.

Letzteres gelang nur ungenügend. Die Bemühungen von IM Rose, das Drehbuch zu entschärfen, prallten an Simons Dickkopf weitgehend ab. Lediglich in der Besetzungsfrage konnte Direktor Mäde den Stasioffizieren einen Erfolg melden. Die Verpflichtung von Theaterregisseur Fritz Marquardt als Volkspolizist, eine blanke Provokation, wurde verhindert.

Man drehte. In dieser Phase lautete der Auftrag der ›positiven‹ Kräfte (u.a. IM Rose und Gen. Mäde) immer noch, ›einen aufführbaren Film zu produzieren‹. Ein Auftrag unter Vorbehalt. Denn mitten in den Dreharbeiten wurde folgende Notiz in die Akten gelegt: ›Sollten Mängel sichtbar werden, ist es möglich, ihn lediglich in Filmkunsttheatern (wie die Studiokinos seinerzeit hießen, d. A.) aufzuführen. Sollten die Schäden des Drehbuches so verstärkt werden, daß eine antisozialistische Position mit Eindeutigkeit durch Simon vorgetragen wird, wird der Film nicht zur Aufführung gebracht.‹ DEFA-Chef Mäde hatte nach Ansicht der ersten Szenen im vorauseilenden Gehorsam bereits angekündigt, daß womöglich irreparable Schäden zu erwarten seien.

Im März 1981 war ›Jadup und Boel‹ im Studio abgenommen worden, im Juni bat Simon den Filmminister Horst Pehnert um baldmögliche Zulassung. Pehnert, der in den Akten mitunter als José auftaucht, versprach unverzügliche Erledigung und meldete sich nie wieder. Im November 1981 wurde ein weiterer Brief, diesmal an Kulturminister Hans-Joachim Hoffmann geschrieben. In allerletzter Minute zogen aber Hauptdramaturg Dieter Wolf und die Dramaturgin Erika Richter ihre Unterschrift unter dieses Schreiben zurück. Die Staatssicherheit freute sich im Protokoll, daß der Brief ›durch inoffizielle Maßnahmen‹ nicht abgeschickt werden konnte. Ein lächerlicher Erfolg. 1982 schrieben Simon und ›Jadup‹-Kollegen zweimal an Kurt Hager, 1983 dann an Erich Honecker höchstselbst, ohne Antworten zu erhalten. Im Aktenberg findet sich die kleinlaute Bemerkung: ›Selbst positive Kräfte zeigen sich unzufrieden mit der Verschleppung der Zulassung für den Film Jadup und Boel.‹

Das ändert nichts an der Tatsache, daß der Film nicht in die Kinos kam. Wie hoch der Anteil der Staatssicherheit daran ist, läßt sich aus den Akten nicht rekonstruieren. Die Stasi verstand ihre Aufgabe im Operativen Vorgang Simon oftmals darin, mit gigantischem Aufwand kleine Erfolge zu erzielen. Im Dezember 1981 beispielsweise hörten sie ein Telefongespräch zwischen Konrad Wolf und Rainer Simon ab. Simon hatte gehört, daß Regisseur Andrzej Wajda in Polen verhaftet worden sei, und bat Wolf, der davon nichts wußte, über die Akademie der Künste zu protestieren. Man verabredete sich für den 23.

Kurt Böwe und Regisseur Rainer Simon; 1980

Dezember im Studio. Die Staatssicherheit arbeitete fieberhaft und fand einen Antrag von Rainer Simon, den er ein halbes Jahr zuvor gestellt hatte. Er wollte nach Stockholm fliegen, um eine chilenische Schauspielerin, die dort arbeitete, für die Hauptrolle in seinem Film ›Das Luftschiff‹ zu gewinnen. Praktisch über Nacht gewährte man Simon die Reise für den 23. Dezember. In der Akte wird stolz vermerkt: ›Treffen zwischen K. Wolf und dem S. konnte verhindert werden.‹ Über den Aufwand findet sich nichts.

›Manche Leute tauchen nur ein einziges Mal auf, andere wurden regelrecht in meine Nähe lanciert‹, berichtet Simon. IM Werner Weber

zum Beispiel, der auch unter anderem Namen auftaucht. Er lieferte neben Rose offenbar das verwertbarste Material über den DEFA-Regisseur. Simon hat herausgelesen, wer ›Rose‹ und ›Werner Weber‹ waren. Es gibt Berichte über Ereignisse, an denen nur sie und Simon teilgenommen haben, es gibt Berichte, in denen sie unvorsichtigerweise in der Ich-Form auftreten. Beide arbeiteten mit Simon zusammen, einer bis in die letzten Tage. Beide sind anerkannte und bekannte Fachleute. Beide haben nach der Wende weiter an ihren Karrieren gearbeitet. In einer Zeit, da viele DEFA-Leute arbeitslos wurden, haben sie sich lukrative Posten gesucht, haben sich nach Verantwortung gedrängt, haben gehofft, nicht entdeckt zu werden.

Simon hat sie entdeckt, und er hat mit ihnen gesprochen. Verschreckte, ängstliche Menschen, die, wie sie heute sagen, nur sein Bestes wollten. ›Ich hab gedacht, ich kann mit der Stasi Katz und Maus spielen‹, meint IM Werner Weber heute. ›Ich hab mich geirrt. Ich kann nichts entschuldigen. Ich habe damals gedacht, wenn sie was erfahren wollen, dann doch lieber von mir, als von irgendeinem Arsch, der keine Ahnung hat.‹ Wer soll ihm das glauben. Kann das Motiv, jemanden zu bespitzeln, überhaupt ehrenwert sein?

Die beiden ehemaligen Spitzel sind inzwischen von ihren Posten zurückgetreten. Sie haben es erst getan, nachdem Simon sie entdeckt hatte. Was nicht für sie spricht.

Rainer Simon hat keine Ruhe. ›Es geht doch nur nach dem Russisch-Roulette-Prinzip. Zufällig waren meine Akten noch nicht vernichtet. Zufällig konnte ich drei, vier Decknamen codieren. Bleiben noch 25 andere unenttarnt. Wir werden weiter suchen müssen. Über Kreuz lesen, vergleichen, bis wir sie gefunden haben‹, meint der Regisseur.

Nach ›Jadup und Boel‹ werden die Aufzeichnungen in Simons Akte dünner ... Ab und zu taucht noch einmal ›Jadup und Boel‹ auf. Immer dann, wenn berichtet wird, daß Simon wieder einen Gegenwartsstoff ablehnt, den sie ihm, ›um ihn arbeitsmäßig zu binden‹, angeboten hatten. Rainer Simon hat in der Tat nach ›Jadup und Boel‹ nie wieder einen Gegenwartsfilm gedreht. Er konnte es einfach nicht, obwohl die Stoffe da waren und auch das Geld. Nun könnte er. Doch jetzt fehlt das Geld.«

FILMANGEBOTEN ist der Schauspieler nie nachgejagt, und während wir über die Arbeit sprechen, unterbricht er sich plötzlich: »Ich bekenne, daß das Schicksal, der liebe Gott, der Weltengeist oder wer immer, daß der's ganz gut mit mir gemeint hat. Vom schweren Atem mal abgesehen. Ich hab mir vom Christentum ein Wort geborgt: Demut. Immer, wenn ich mich im Sommer von meinem bescheidenen Grundstück bei Putlitz verabschiede, warte ich eine Weile, ehe ich die Gartentür schließe und bedanke mich bei der Natur, daß sie mich wieder so beseelt hat, und ich hoffe – ich bitte nicht, ich hoffe! – auf das nächste Jahr.«

Kurt Böwe und Kurt Böwe im Film »Automärchen«, Regie: Erwin Stranka; 1983

Er ist ruhiger geworden, der Schauspieler. Auch im Drang zur Arbeit?

»Ach. Wie lange will man Ruhe bewahren bei aller Unruhe, die in einem weitertickt? Da kommt zum Beispiel eines Tages ein junger Mann in meine Wohnung, Andreas Dresen heißt er, der will einen Film über die Wende machen. Die Story kannte ich übrigens – weil ich auch der beste Zeitungsleser unter den Schauspielern bin. Ein Herr Matussek vom ›Spiegel‹ hatte die DDR bereist, dabei das Theater in Anklam besucht und den Intendanten, den ich spielen sollte, bereits in offener Zeilenschlacht erschossen. Glatt niedergestreckt, ja! Ich aber war entschlossen, ihn leben zu lassen und habe diese Rolle übernommen. Der Film heißt ›Stilles Land‹ und beschreibt diese Zeit der Wende anders, als uns Zeitungsschlagzeilen heute weismachen wollen.«

ANDREAS DRESEN, der Regisseur des Films »Stilles Land«, Sohn Adolf Dresens, über die Zusammenarbeit mit Böwe:

»Wer so wie ich in der Ost-Provinz großgeworden ist, kam selten mal ins Deutsche Theater Berlin. Als Kind kannte ich das Haus aus der Zeit, da mein Vater dort noch als Regisseur arbeitete. Wenn ich ihn in Berlin mal besuchen fuhr, führte er mich manchmal hinter der Bühne zwischen den Kulissen herum. Der Drache aus dem gleichnamigen Stück oder der riesige Pudel aus ›Faust‹, der staubige Geruch nach Pappe und Holz, das Knacken der Scheinwerfer – all dies hatte für mich den Reiz einer Märchenwelt. Um mich für Aufführungen oder gar Schauspieler zu interessieren, war ich noch zu klein.

So wurde mir Kurt Böwe erst zum Begriff, als ich etwas älter war und mich fürs Kino zu begeistern begann. Wenn man sich auch nur ein bißchen für das interessierte, was da so im eigenen Land produziert wurde, kam man nicht an ihm vorbei: der Bildhauer Kemmel aus dem ›Nackten Mann auf dem Sportplatz‹ von Konrad Wolf, Rollen in den Filmen von Gräf und Simon, vor allem der einprägsame Professor Menzel aus der de Bruyn-Verfilmung ›Märkische Forschungen‹ – all dies war Arbeit an Figuren, denen Böwe zu einem ganz eigenen Gesicht verhalf. Es war eine merkwürdige Mischung aus plebejischer Naivität und Durchtriebenheit, die seine Gestalten so schillern ließ. Der Mann schien auf berührende Weise mit der Welt verwachsen, geradezu in ihr verwurzelt zu sein, wie ein großer kräftiger Baum, dessen breiter Stamm mit der Erde zusammenfließt – und dennoch verbarg sich hinter dieser Bodenständigkeit stets noch ein Abgrund, eine Bauernschläue, die Berechenbarkeit ausschloß. Hinter dem breiten, gutmütigen Gesicht und der einnehmend-kumpelhaften Loyalität ließ sich allemal ein Universum vermuten.

Später erlebte ich Böwe dann auch auf der Bühne, und es war auf eine ganz ähnliche Art dieses erstaunliche Geheimnis, das von ihm ausging. Allerdings hätte ich damals nicht vermutet, daß ich schon sehr bald selbst Gelegenheit haben könnte, mit ihm zu arbeiten.

Im Juni 1991 schrieb ich gemeinsam mit Laila Stieler das Drehbuch zu dem Film, der mein Debüt fürs Kino werden sollte: ›Stilles Land‹, damals noch unter dem Arbeitstitel ›Provinztheater‹. Wir wollten die Wirren der Wendezeit in der DDR 1989 im Mikrokosmos eines kleinen Theaters widerspiegeln, an dem ein junger Regisseur verzweifelt um die Inszenierung von Becketts ›Warten auf Godot‹ ringt. Den Intendanten des Hauses nannten wir Walz; einen etwas behäbigen, im Grunde seines Herzens gutmütigen und ein bißchen ängstlichen Menschen stellten wir uns vor, der mit opportunistischer Schläue sein Haus über die chaotischen Umschwünge der politischen Großwetterlage herüberzuretten versucht. Es ist vielleicht nicht sehr verwunderlich, daß wir von Anfang an Kurt Böwe im Kopf hatten, als wir die Figur entwickelten.

Als es schließlich an die Realisierung ging, rutschte mir allerdings doch das Herz in die Hose, ihm diese Rolle anzubieten. Schließlich war er einer der Schauspieler, die ich am meisten bewunderte. Und ich? Ein blutjunger Anfänger, der von professioneller Filmarbeit kaum Ahnung hatte. Nicht mal eine vernünftige Gage konnten wir zahlen, da es am Geld natürlich auch haperte. Mit gemischten Gefühlen nahmen wir Kontakt auf und schickten Böwe das Drehbuch. Eines Tages dann wurde ich im Produktionsbüro ans Telefon gerufen.

Hier ist Walz! donnerte es durch den Hörer, und ohne mich zu Wort kommen zu lassen, ging es gleich weiter: Sagen Sie mal, Dresen, was fällt Ihnen eigentlich ein, auf die Idee zu kommen, daß ich, ausgerechnet ich diesen miesen und intriganten Feigling Walz spielen soll? Das ist ja geradezu eine Frechheit, mir sowas anzubieten! Kurt Böwe.

Erschrocken, verwirrt und in panischer Angst um meine Besetzung überhörte ich den aggressiv-ironischen Unterton und lenkte ein, daß die Figur doch durchaus auch ihre positiven Seiten habe und schließlich doch jeder von uns ein bißchen … ehm, im übrigen sei die Konzeption …

Ich kann mir schon denken, was Ihnen so durch den Kopf geht, wurde ich sofort wieder unterbrochen, Sie denken, da nehme ich den Böwe, dem ist ja die ganze DDR geradezu ins Gesicht gemeißelt, dem wächst ja der Osten förmlich durch die Haut, da kann ja gar nichts schiefgehen, das ist ja der Walz, der muß das überhaupt nicht spielen. Habe ich recht, mein lieber Dresen?

Das wollte ich nun so unumwunden nicht zugeben und stammelte irgendetwas von Typ und Figur, und daß wir schon beim Schreiben immer an ihn gedacht hätten und so weiter.

Hören Sie mal, Dresen! wurde meine hilflose Eierei abgebrochen. Wahrscheinlich haben Sie recht. Ich spiele Ihnen Ihren Walz, aber ich weiß nicht, ob wir die Termine finden werden …

Wir fanden sie! Wenn auch unter größten Schwierigkeiten, denn Böwe ist am ›Deutschen‹ ein vielbeschäftigter Mann, den man nicht so einfach für ein paar Drehtage nach Anklam entführen kann.

Ich war zugegebenermaßen verblüfft und freilich hocherfreut über die so unkompliziert gegebene Zusage, und wenig später trafen wir uns in Böwes Berliner Wohnung, in einer der oberen Etagen eines riesigen, grauen, häßlichen Hochhausblockes aus seligen DDR-Zeiten. Dort saßen wir, der Kameramann, die Kostümbildnerin und ich, wie staunende Jugendliche aufgereiht auf einem alten Sofa in seinem mit Büchern vollgestopften Zimmer, und wir hörten zum ersten Mal einige Teile seines so reichhaltigen Repertoires an Geschichten, Anekdoten und allen möglichen Lebensmaximen. Wir redeten über den Film, die Figur, unsere DDR-Erfahrungen, und dann erklärte Böwe, warum er zu Walz eine gewisse Nähe spüre.

Er erzählte eine Geschichte aus jenen Tagen, da sich die Kunst-Szene der DDR in heller Aufregung befand, weil Wolf Biermann die Wieder-Einreise in die Republik verweigert worden war. Damals gingen Unterschrifts-Listen herum, die die Regierung aufforderten, ihre Entscheidung rückgängig zu machen. So etwas zu DDR-Zeiten zu unterzeichnen, war allerdings mit einem gewissen beruflichen und privaten Risiko verbunden. Jeder wußte das, und kurioserweise war es ausgerechnet mein Vater, der damals im Deutschen Theater zu Böwe ging und sagte: ›Kurt, da drüben liegt die Liste.‹ Nicht mehr, aber auch nicht weniger. Für Kurt reichten diese Worte, um in drei fürchterliche Tage der Selbstbefragung, der Zweifel und Zerrissenheit gestürzt zu werden. Schließlich hat er nicht unterschrieben, und nach seiner eigenen Auskunft fühlt er sich bis heute nicht ganz wohl bei dem Gedanken, daß in jenem Moment die Angst größer war als der gute Wille.

In unserem Film gab es eine Szene, in der Walz seine Unterschrift unter eine vom Ensemble vorbereitete Protestresolution gegen die Regierungspolitik setzt und diese Resolution auch noch selbst zum Briefkasten trägt. Beim Anblick eines Briefträgers, der gerade dabei ist, den Kasten zu leeren, spürt er quasi die Bombe in der Hand ticken. Er weiß: Dieses Schreiben ist nichts Abstraktes, es wird einen sehr realen Empfänger erreichen und unliebsame Reaktionen auslösen. Walz läßt daraufhin den Brief mit der Resolution klammheimlich in der Schublade seines riesigen Schreibtisches verschwinden und wirft ihn erst in den Kasten, als Krenz bereits die ›Wende‹ verkündet hat und keine direkte Gefahr mehr besteht …

Als Walz in »Stilles Land«, 1992, Regie: Andreas Dresen

Es war wohl vor allem diese kleine Szene, die Böwe an die eigene Biographie erinnerte und die er nun zur Grundlage für den Charakter des Intendanten Walz machte.

Als wir die Szene später drehten und die Großaufnahme gemacht werden sollte, in der Walz mit der Resolution vor dem Briefkasten steht und die Zweifel ihn befallen, erinnerte ich mich an unser Gespräch, und ich sagte Böwe unmittelbar vor dem Drehen: ›Kurt, da drüben liegt die Liste.‹

Wir haben die Aufnahme nur ein einziges Mal gedreht, und Böwe spielte die Situation wunderbar. Für mein Empfinden widerspiegelte sein Gesicht die ganze begreifliche Angst eines Mannes, der an den Punkt kommt, da Zivilcourage tatsächlich beginnt, da das Aufbegehren existentiell wird: nämlich durch das Überschreiten der durch die Gesellschaft gesetzten Toleranzgrenzen.

Mit seiner beruflichen Erfahrung wäre es für Kurt Böwe ein Leichtes gewesen, meine Naivität und Unerfahrenheit bei der Arbeit auszunutzen, mich auflaufen zu lassen oder mir ein Bein zu stellen. Entsprechend groß waren meine Ängste vor dem ersten Drehtag mit ihm. Es war wie vor einer Prüfung, ich wußte nur: Zuviel Respekt und Ehrfurcht würden mir schlechte Ratgeber sein. Sie führten möglicherweise dazu, dem anderen nach dem Munde zu reden und die eigene Meinung zurückzuhalten – eine fatale Angelegenheit für einen Regisseur, der ja wohl die Fäden in der Hand behalten sollte. Ich nahm also meinen gesamten Mut zusammen und begann mit Kurt so zu arbeiten, wie ich es mit den anderen Schauspielern auch tat – indem ich freundlich, aber bestimmt meine Ansicht zur jeweiligen Szene und zur Haltung der Figur darin äußerte. Ich spürte, wie Böwe mich beobachtete, vielleicht, um herauszufinden, inwieweit er meinen Intentionen vertrauen konnte. Mehr und mehr merkte ich, daß ihm diese etwas unverfrorene Art recht gut gefiel und er mich als Partner in der Arbeit zu akzeptieren begann – was mir selbstverständlich Sicherheit gab. Kurt hat mich während der gesamten Dreharbeiten nie spüren lassen, wie groß das Gefälle zwischen unseren beruflichen Erfahrungen tatsächlich war, ich empfand ihn als so etwas wie einen Freund, der mir mit seinen Mitteln half, einen eigenen Weg zu gehen.

Dabei war der gesamte Film für ihn eine sehr anstrengende Angelegenheit, denn er mußte parallel dazu am Theater proben und natürlich seine Vorstellungen spielen. Manchmal holten wir Böwe am späten Abend nach der Aufführung ab und brachten ihn zum Drehort nach Anklam, wo er dann gegen ein Uhr nachts ankam. Dort drehten wir bis zum nächsten Morgen, bei klirrender Kälte, die Außenaufnahmen. Danach wurde er wieder nach Berlin gebracht, damit er seine Arbeit am Theater fortsetzen konnte.

Trotzdem gelang es Böwe, selbst in schwierigen Situationen einen unerschöpflichen Optimismus auszustrahlen; bis spät in die Nacht hinein erzählte er seine Schnurren und Anekdoten und unterhielt das gesamte Team mit endlosen Zitaten aus Thomas Bernhards ›Theatermacher‹. Wenn er kam, dominierte Kurt zwangsläufig den Drehort, er war weder zu übersehen noch zu überhören und verbreitete eine ansteckend gute Stimmung. Nun mußte man ›bloß‹ noch darauf achten, daß man über all den Geschichten zum Drehen kam …

Es gab auch Momente, da er plötzlich müde und abgespannt wirkte; man spürte, wie er um die nötige Konzentration rang; hinter der fröhlichen, manchmal derb-clownesken Fassade konnte man den empfindsamen, verletzlichen Menschen ahnen, der wohl lieber die Abgeschiedenheit einer Wiese oder eines Berges genießen würde, als all den Trubel und die Hektik um sich herum erdulden zu müssen. Ich glaube, in diesen Momenten war Kurt ganz bei sich allein.

An einem der Drehtage schauten uns ein paar Kinder zu, und sie merkten recht schnell, daß es sich bei dem dicken Schauspieler dort im Zentrum des Interesses um einen Star handeln mußte. Wahrscheinlich kannten sie Kurt Böwe auch aus dem Fernsehen. Ein kleines Mädchen jedenfalls trat an ihn heran und bat um ein Autogramm. Da Kurt kein Bild bei sich hatte, fragte er das Mädchen nach dem Namen und schrieb auf irgendeinen Zettel eine kurze Widmung. Die Unterschrift, die er darunter setzte, konnte ich bei genauerem Hinsehen als ›Günter Strack‹ entziffern. Verblüfft schaute ich ihn an, und als das Mädchen gegangen war, fragte ich ihn, warum er das getan habe.

Kurt grinste mich an und meinte nur: ›Freuen sich die Eltern. Wer kennt in dieser Zeit schon einen Böwe.‹«

IM FERNSEHEN hat er viel gespielt, der Schauspieler; besonders am Herzen liegt ihm noch heute die »Späte Ankunft« von Helmut Bez.

»Man hört ja manchmal von Leuten, die gingen Zigaretten kaufen und kehrten nie wieder zurück. Dieser Gedanke beschäftigte mich oft. Hinzu kam: Ich hatte ja immer diesen etwas unglücklichen Hang zur Medizin, und einen Arzt zu spielen, gehörte zu meinen heimlichen Wünschen. Eines Tages ging ich zu Adameck, dem Fernsehchef in DDR-Zeiten, wir kamen insofern schnell ins Gespräch, da ich gerade sechzig und er fünfundsechzig wurde – zwei bejahrte Knöppe mit deutlichem Hang zur Altersgrübelei. Ich erzählte ihm von meiner Vorstellung, einen Sechzigjährigen zu spielen, der nochmal ganz neu beginnt, der sein bisheriges Leben mit all seinen sozialen Verankerungen, die Halt und Fessel zugleich sind, zur Disposition stellt. Und der aufsteht und weggeht, zur Verwunderung seiner Umwelt, zu deren Erschrecken auch. Einen Film freilich, der in der Gegenwart spielt, wollte ich nicht, da hätten wir zu viel lügen müssen. Adameck fragte mich nur, ob ich einen Autor hätte, wenn ja, dann los. So zog ich zu meinem Freund Helmut Bez, und der fabrizierte zunächst eine siebenteilige Serie. Wir kamen nicht zurecht mit dem Stoff, brachen das Projekt ab, nach ein paar Wochen Funkstille kam per Post eine Erzählung, und daraus machten wir mit Regisseurin Vera Loebner diesen Film ›Späte Ankunft‹.«

HELMUT BEZ: Böwe. Zwei Versuche des Autors von »Späte Ankunft«:

1. *»Folgende Geschichte: Der durch Film, Fernsehen, Funk, Theater weithin bekannte Schauspieler K.B. geht einkaufen wie ein ganz normaler Mensch. Er ist keineswegs auffällig gekleidet, eher schlicht, völlig unprätentiös. Mit einem recht unansehnlichen, ja schon etwas verschlissenen Beutel, welcher auch wohl dem Transport von Text- und Drehbüchern dient, auch gar von Werken der Literatur, aus welchen er gelegentlich öffentlich liest, macht er seinen Gang durch die Kaufhalle, wie jeder andere normale Mensch auch.*

Plötzlich steht er einem Mann gegenüber, der ihm den Weg versperrt mit den Worten: ›Dich kenn ich!‹ Der weithin bekannte K. B. ist maßvoll erfreut und zeigt dies auch mit einem ermunternden Lächeln, worauf der andere mit auf die Person von K. B. gerichtetem Zeigefinger seine Kenntnis erläutert: ›Baukombinat Rostock!‹

Eine andere Geschichte. Nach der Ausstrahlung des Fernsehfilms ›Späte Ankunft‹, in welchem K. B. einen Landarzt namens Holtfre-

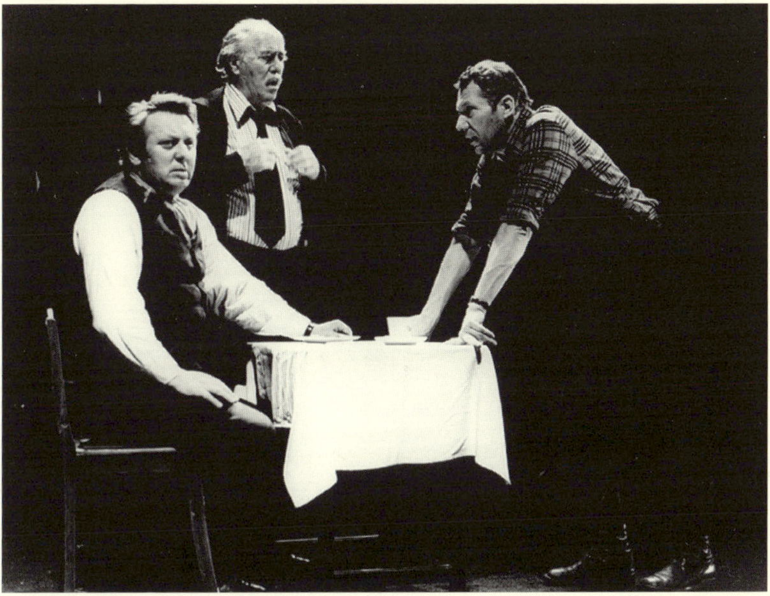

Probenarbeiten mit Adolf Dresen und Gerhard Bienert zu »Michael Kohlhaas«

Mit Ekkehard Schall in Brechts »Flüchtlingsgesprächen«, im TIP

Tschepurnoi in »Kinder der Sonne« von Gorki, mit Gabriele Heinz, Regie: Wolfgang Heinz, 1977

»›Kinder der Sonne.‹ Da spielt er den Tierarzt Tschepurnoi, einen Intellektuellen, der sein Zentrum, sein Lebensglück nicht findet, sich in dieser Gesellschaft nicht verwirklichen kann und zugrunde geht. Tschepurnoi wirbt um Lisa Protassow, ein krankes Mädchen, das zuletzt dem Wahnsinn verfällt. Tschepurnoi aber wirbt um sie, weil er seine Lebensaufgabe darin sieht, sie zu heilen, sie dem Leben wiederzugewinnen. Er ist zynisch, mit unverstelltem Blick ›auf die Dinge‹ und die Menschen, die ihn umgeben, hart und direkt im Urteil. Gorki führt die Figur mit einer ironischen Bemerkung ein und entläßt sie mit einer Anekdote: ›Ein Tierarzt hat sich erhängt.‹ Und Böwe spielt, eine seiner besten Leistungen am Deutschen Theater Berlin, den Tschepurnoi einfach, kompromißlos, angeödet von seiner Aufgabe, ›dero Hündchen‹ zu behandeln, und immer auf dem Sprung, seinen Traum ›zu retten‹, in die Tat umzusetzen. Dieser Tschepurnoi gerät aus dem Häuschen, als er hoffen kann, seine Werbung sei erhört. Er vollführt Bocksprünge, wird ganz kindisch vor Seligkeit. Als Lisa ihn dann doch abweist, ist er seltsam still. Eine unheimliche Abgeklärtheit liegt über ihm, eine Gleichgültigkeit, die erschreckt, ein hoffnungsloses Alleinsein. Er ist unbeteiligt, zynisch und, noch lebend, schon tot. Und so geht er hin und erhängt sich.«

Ingrid Seyfarth

Mit Christine Schorn, Partnerin in »Herr Paul«, 1994

Glückwunsch zum 65. von Gerhard Wolfram

Probenfoto zu »Die traurige Geschichte Friedrichs des Großen …« von Alexander Lang, mit Katrin Klein, Regie: Alexander Lang, 1982

Mit Katrin Klein (oben) und Dietrich Körner (unten) in »Dantons Tod« von Büchner, Regie: Alexander Lang

Mit Jutta Wachowiak in »Der blaue Boll« von Barlach, Regie: Rolf Winkelgrund

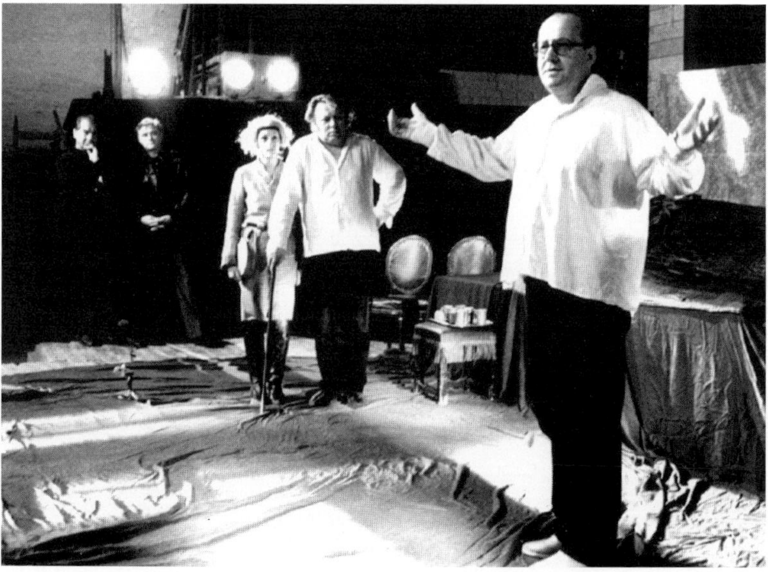

Mit Dieter Franke und Katrin Klein in Proben zu »Die traurige Geschichte Friedrichs des Großen« von Alexander Lang; im Hintergrund Otto Mellies und Dietrich Körner

Berliner Liederabend; im Hintergrund Uwe Hilprecht

Autogramme unter Kollegen: Fred Düren und Chefinspizient Dietrich »Tommy« Sommer

Böwe auf den Brettern, die seine Welt bedeuten

ter spielte, sagte die Apothekerin von Putlitz: Genau so sei der K. B., wenn er während seiner gelegentlichen Landaufenthalte in der Prignitz zu ihr hereinkomme und irgendwelche einschlägige Medizin hole, genau so; es sei, als sei er aus dem Film ins Leben getreten.

Diese beiden Geschichten haben eine ganz bestimmte Transparenz – mögen sie vielleicht auch nur gut erfunden sein, womit man immer rechnen muß, zumal, wenn sie ein Schauspieler selbst erzählt; unter ihnen sind Schelme, bei denen man auf etliches gefaßt sein muß, und ich freß einen Besen, wenn der K. B. keiner ist.

Die Schauspielerin S. S., ebenfalls weithin bekannt, wurde von einer jungen Kollegin gefragt, wie ›sie es denn mache‹, worauf die S. sagte, je älter sie werde, desto weniger ›mache‹ sie, und sie sei auf den Weg dahin, gar nichts mehr zu ›machen‹, sondern nur noch zu sein.

Der Schauspieler K.B. ist längst auch auf einem solchen Wege, möchte ich meinen, womit nicht gesagt werden soll, daß er da, wo er etwas ›macht‹ (machen muß), nicht große (vor allem komische) Wirkungen zu erzielen in der Lage wäre, und es wäre töricht, ihm fürderhin solches untersagen zu wollen oder ihn zu bitten, doch davon abzulassen. Aber K. B. sollte wohl selber wissen (und ich weiß, daß er eine Menge weiß und sich viele Gedanken macht), er sollte wissen, daß dies sein Weg in die Zukunft des Alters nicht ist, sondern bestenfalls Applikationen an der Laufbahn als Menschendarsteller, welche er gefälligst im Auge haben sollte, in seinem und unserem Interesse. Hat er sie nicht, diese unmodische, fast kompromittierende Sehnsucht danach? Man sollte ihn darin bestärken.

Denkend an seinen Michael Kramer, an seinen Michael Kohlhaas, macht man sich auf, die Literatur nach Aufgaben zu durchforschen, welche seinem Wesen und seinem wunderbaren Talent gemäß werden, und ist am Ende vielleicht sogar froh, nicht genug zu finden, weil man dadurch selbst in den Genuß kommt, etwas für ihn zu schreiben. Und dies tut man mit Lust, weil man weiß, daß das Angebot optimal genutzt wird.

K. B. sollte wissen, daß Schauspieler seiner Art für das Theater ein Lebenselixier sind, mögen auch Nachrichten an unser und auch sein Ohr dringen, welche besagen, daß Schauspieler nicht mehr gebraucht werden, sondern nur noch Textübermittler und Haltungsvorführer, daß Schauspieler eine Last sind, und daß man lieber mit mittleren Leu-

ten arbeitet, weil sie keine Herausforderung für Regie und Autor darstellen.« (1989)

...

2. »*Ja, tatsächlich: Der Schauspieler Kurt Böwe ist mehrere Male von dem Maler Caspar David Friedrich gemalt worden, und zwar als ›Chasseur im Walde‹ (1813/14), als einer der ›Zwei Männer am Meer bei Mondaufgang‹ (1816/17), als ›Der Wanderer über dem Nebelmeer‹ (um 1818) und als einer der ›Zwei Männer in Betrachtung des Mondes‹ (1819) – sämtlich Öl auf Leinwand.*

Ja, tatsächlich. Schauen Sie nach. Vergleichen Sie. Das Geheimnis ist lösbar.

Bemerkenswert an diesen Darstellungen ist neben etlichen anderen Dingen, deren Erwähnung an dieser Stelle überflüssig scheint, die Tatsache, daß der Abgebildete sein Angesicht dem Betrachter des Bildes nicht offenbart, sondern ihm den Rücken zukehrt beziehungsweise sein Antlitz der Ferne zuwendet, in die sie, die Betrachter, nun mit ihm zu blicken auf sanfte, aber nachdrückliche Weise gezwungen sind.

Ist er als Chasseur im Walde und als Wanderer über dem Nebelmeer allein, und zwar auf eine fast schmerzhaft verlorene Art allein, und duldet auch die Bildkomposition in keiner Weise die Hinzufügung einer weiteren Person, weder zur Hilfe noch zur bloßen Gesellschaft, so ist er auf den zwei anderen Bildern in Begleitung einer anderen, offenbar männlichen Person, und wenn ich mich frage, ob ich der andere würde sein wollen, so müßte ich doch wohl erst fragen, ob mein Dabeisein ihm angenehm sei – denn ich möchte nicht ungebeten der Zeuge und Genosse der von ihm bevorzugten Einsamkeit sein.

Das Talent und die Persönlichkeit, die Physiognomie, die Körperlichkeit, die Eigenart und die Eigenarten des Schauspielers K.B. sind nach wie vor in der Lage, einen Autor zu verführen, ihm die Rollen gleichsam auf den Leib zu schreiben. Wobei sofort die Frage auftaucht: Ist es der Leib des Mimen oder der des Autors, welcher dazu herhalten muß. Der Autor muß bekennen, in den Schauspieler unter Umständen und zwar mehr und mehr nur das hineinzusehen, was er aus ihm herauslesen möchte; und was dem Zuschauer als die Hervorkehrung des Innersten scheinen will, ist nichts anderes als die Offen-

legung einer fabelhaften schauspielerischen Technik. Und wenn das eben so ist, so mag es so sein, wir haben ohnehin nur wenige, die das so können, die sowas in dieser Weise ›drauf haben‹, und diese wenigen sollte man loben dafür. Was sie tun, kann man mit dem altertümlichen Wort ›Menschengestaltung‹ bezeichnen; es ist eine Art der Repräsentation auf der Szene, die unterzugehen droht im Mainstream der Daily Soaps, in denen das pure Leben sich wie pures Leben gebärdet und nichts mehr bewegt in den weiter tiefer liegenden seelischen Schichten.

Und sei es zehnmal eine durch Klugheit (welche dem K. B. absolut zu eigen ist) gesteuerte darstellerische Kunst, so bringt mich nichts davon ab, in den großen Augenblicken Böwes als Schauspieler die Kongruenz von Sein und Abbild zu spüren, glückhaft zu spüren. Das sind die Augenblicke, in welchen der Autor in mir auf dem Sprunge ist, ihm wieder eine Rolle, ihm auf den Leib, oder doch nur sich/ mir selbst: Der Autor ist glücklich, einen zu haben, dessen er sich bedienen kann, weil er selbst auf keine Bühne zu gehen vermag.

Mich hat sein ›Blauer Boll‹ seinerzeit sehr bewegt. Es muß die Zeit gewesen sein, als ich das Drehbuch für die bereits erwähnte ›Späte Ankunft‹ schrieb, diesen Fernseh-Zweiteiler, in welchem er die Hauptrolle des Holtfreter spielen sollte/wollte- und dann ja auch gespielt hat. Als Boll stand einer in der Mitte der Bühne und zeigte sich mit allen Fasern von etwas ergriffen, was er nicht zu artikulieren vermochte und was er deshalb in poetisch wunderbare Bilder faßte: sein Unbehagen an sich selbst als der, der er ist und wurde, und der unbändige Drang danach, einen Blick zu tun in die furchtbaren Abgründe des Seelischen, des Dämonischen, und dadurch ein anderer zu werden. ›Es kann mehr dahinter stecken, als man denkt, kann anders kommen, als ausgemacht ist, – und schließlich, was hat man auf die Dauer von dem flotten Lebenslauf mit garantiert ausgeschlossenen Beinbrüchen?‹ So fragt Boll, und er hat eine Ahnung von gewissen Dingen: daß da was im Gange ist mit ihm, daß da was in Bewegung gekommen ist, und daß er am Ende ein anderer sein wird, als er jetzt ist, und er weiß, daß das sein muß. Und der Arzt Holtfreter geht in die Prignitz, weil er auch so eine Ahnung hat, oder ein Wissen, und er riskiert den bisher garantiert ausgeschlossenen Beinbruch.

Und K. B. ist irgendwie verwandt mit Boll und Holtfreter, und dies macht eine tief anrührende Wirkung.

Der Nobelarzt Wilhelm Hinrich Holtfreter verläßt (Ende des vorigen Jahrhunderts) seine gutgehende Praxis im Berliner Westen und verfügt sich aufs Land, in die Prignitz (dahin, wo der Böwe als Böwe herkommt), durch nichts anderes getrieben als durch die Sehnsucht, endlich wirklich nützlich sein zu dürfen. Er verläßt seine Frau, bricht mit der Familie und steht plötzlich allein mit sich und der selbstgestellten Aufgabe. Ist er der Chasseur im Walde? Doch was jagt er? Eher doch der Wanderer über dem Nebelmeer, auf dem Gipfel seines Lebens stehend, einem Gipfel, der letztlich doch nur eine Anhäufung von Felsbrocken ist, aber doch ein wenig über dem Nebelwallen in der Tiefe stehend – ein bißchen Klarheit ist schon angesagt; die ferneren, die wirklichen Gipfel sind sichtbar.

Aber vielleicht ist er der, der in Gesellschaft eines anderen (ist es der gleich ihm wunderbare Schauspieler Reimar Joh. Baur?) in die Betrachtung des Mondes vertieft ist.

Es ist schon seltsam: Nie sieht man sein Gesicht auf diesen Bildern, immer ist es der Ferne zugewandt, unseren Blick mit sich ziehend. Und doch weiß man um seinen Ausdruck. Weil man ihn doch irgendwie kennt, den Böwe. Oder? Vielleicht doch nicht.

Sein Gesicht ist zu sehen in etlichen Polizeiruf-Krimis, in denen er einen klugen, lebensklugen Kommissar spielt, einen Mann mit menschlichen Empfindungen, ohne Allüren. Es grenzt schon fast an Menschendarstellung, was der Böwe da im Fernsehen treibt. Er trägt wieder ein leinenes oder ledernes Beutelchen mit sich herum, aus welchem es zuweilen piept: Es ist ein Handy, das er da in seinem Beutelchen hat. Es mag wohl dasselbe Beutelchen sein, das der Böwe im wirklichen Leben noch immer trägt; es wäre schön, wenn es so wäre.

Und schön, daß er überhaupt noch beim Beutelchen geblieben ist. Aber das wäre mir auch nicht vorstellbar: der Böwe mit einem ledernen Attachéköfferchen oder einem Pilotenkoffer.

Es sind flotte Produktionen, in denen er den Kommissar spielt, nicht ohne Qualitäten. Ein Produzent aus dem Westen meinte, einen Schauspieler aus dem Osten gesehen zu haben, der einen idealen Kneiper würde geben können in einer Kneipenserie – Böwe oder so ähnlich heiße der Mann.

Wo ist aber der Produzent, der ihn in seinen großen Bühnen- und Fernsehrollen gesehen hat, und der DARAUS seine Schlüsse zieht? Ich könnte ein, wenn nicht gar zwei Handvoll Rollen anführen, welche dringend des Böwe harren. Die eine oder andere würde ich ihm auf den Leib schreiben wollen.« (1995)

POLIZEIRUF 110. Seit einigen Jahren spielt Böwe im Fernsehkrimi, der den Wechsel aus Adlershof in die ARD gut überstanden hat, den Kommissar Groth, Uwe Steimle gibt seinen Chef.

Mit Uwe Steimle (r.) in »Polizeiruf 110«, Regie: Manfred Stelzer, NDR 1995

»Der Spiegel« schreibt über einen der Filme unter der Regie Manfred Stelzers: Die Schweriner Polizeiruf-Kommissare Groth (Kurt Böwe) und Hinrichs (Uwe Steimle) setzen als dramaturgisch interessantes Duo beste ›Tatort‹-Traditionen fort: ein Ex-Vopo der eine, die gekränkte Seele hinter einem massigen Körper verbergend. Der andere, dem Älteren vorgesetzt: ein flachsblonder Hänfling, Computerfreak, gewendeter Musterknabe, aber als Sachse im Ost-Gemüt gefangen … Der Fernsehkrimi erreicht wieder eine Dimension, in die er selten vorstößt – die des Humors und der Selbstironie. Der grauen TV-Krimi-Landschaft hat der NDR ein glänzendes Nordlicht aufgesetzt.«

Der Schauspieler erzählt: »Ein ungleiches Paar. Der Konfliktstoff liegt auf der Hand. Das ist so etwas wie ›Flucht in Ketten‹ Bei diesen beiden Nappsülzen weiß man ja erst gar nicht, ob sie überhaupt einen Fall lösen können. Ich habe meine Bauern gefragt, ob ich die Rolle annehmen soll. Die sagten: Kodi, mög' dat mal. Im Ernst: Ich spiele einen Kommissar, dem nichts Schlimmes aus DDR-Zeiten nachzuweisen war. Er wird wieder eingesetzt, weil man oben im Mecklenburgischen niemanden anderes findet. Er bekommt einen jungen, ehrgeizigen Burschen vor die Nase gesetzt. Der kennt sich natürlich nicht aus mit den Nordmenschen.

Das erste Drehbuch hatte ich gelesen und wußte, daß mein Intendant einen Fernsehauftritt von Böwe gar nicht gern sieht. Ich konnte die Rolle nur annehmen, wenn ich mein Gesicht nicht verlieren würde. Und da entdeckte ich etwas in der Figur des Groth, das mir gefiel: Der Groth hat etwas geleistet in der DDR, und er war aus Überzeugung Genosse. Das reichte, daß er, der alte, erfahrene Mann, einen Aufsteiger vor die Nase gesetzt bekam. Dem zeigt er allerdings deutlich: Wir waren so schlecht auch nicht, verehrter Herr. Das ist Groth, und das ist auch Böwe, ein Skeptiker, dieser Mann mit seinen Erfahrungen, der die Leute kennt und mit dem Volke atmet. Gemütlich, ein wenig bäurisch und ein ausgekochtes Schlitzohr: Mein lieber Aufsteiger, vergiß mich nicht; du steigst auf meinen Schultern, aber zertrampele sie nicht. Ich brauche die Schultern noch, und du brauchst mich noch. Und ihr, die ihr da zuschaut, euch möchte ich sagen: Nun habt mal keine Angst. Laßt euch nicht zu blöden Werkzeugen stempeln. Ihr müßt vierzig Jahre eures Lebens nicht wegwerfen.«

Gab es auch andere Fernsehangebote nach der Wende?

»Ich kriegte eins, da bat mich ein Produzent in seine millionenschwere Villa in Berlin-Grunewald – wegen eines dreizehnteiligen Fernsehfilms (aus dem vielleicht schnell sechsundzwanzig werden könnten). Nelkenkaiser oder Rosenkönig oder so. Die Sache hatte mehr als einen Haken. Aber wenn ich das gespielt hätte – wäre ich da am Ende nicht ein völlig anderer Mensch geworden? Der Markt saugt einen auf, und weg ist man. Nein.«

»Immer enger, leise, leise, ziehen sich die Lebenskreise«

NACH ZWEI bereits winterkalten Wochen siegt noch einmal mildwarme Schönwetterlage. Wir sind nach Krumbeck gefahren, schauen uns auch noch einmal in Reetz um. Der Schauspieler erweist sich wieder einmal als »Vorratsonkel«: Er fährt mit umfänglichem Gepäck in die Prignitz, als wollten wir vier Wochen übernachten, und zwar in stehendem Eis.

Bis auf Kümmerreste in Schattenmulden löste der hartgefrorene Schnee sich wieder auf, noch scheint der Erdboden einige Wärme gespeichert zu haben. Wässrig versumpfen die Wiese und Äcker, sie werfen glitzernd das Sonnenlicht zurück. Asphaltnässe, erst recht blendend, attackiert die Augen. Wie Schatten mit Heiligenscheinen kommen ein paar Menschen daher. In die Stille drängen sich die Stimmen von Haustieren, diesen geselligen Mitarbeitern des Menschen, wie sie Stifter im »Nachsommer« nennt. Bald halbiert fahlt der Mittagsmond dahin, schickt schwächeres Licht durch die Bäume; kahl sind sie, wie immer in den Jahreszeiten des Kommens und des Gehens. Die Landschaft, wie sollte es in der Prignitz anders sein, ist gerade in Straßennähe mehr Acker als Rasen, mehr Herausforderung als Einladung. Ein paar Bäume tragen kleine Tafeln, als habe der Naturschutz sie damit aus der Anonymität ihrer Vergangenheit erlöst.

Tümplig die Wege. Kurt Böwe öffnet den Mantel.

Es ist sehr später Herbst in Krumbeck, jenem Dorf bei Putlitz, das der Schauspieler zu seinem Fluchtpunkt für Ferien oder spielfreie Tage erhob. Unmittelbar am Dorfeingang verlassen wir den Asphalt.

Der Schauspieler geht langsamer zwischen den Bäumen. Er erzählt von Nachbarn, die schütteln den Kopf, daß im Garten der Böwes, wo mitten im Gras Lothar Sells kleine Terrakottafigur sitzt – ein Geschenk von Heide zu des Schauspielers fünfundfünfzigstem Geburtstag – riesiges Laubwerk wachsen darf:

Sowas wirft doch nur lästige Blätter ab, und man hat ständig mit Säubern zu tun.

»Man wird die Bäume eines Tages vor den Menschen schützen müssen.« Schnell redet sich Böwe in Rage. »Noch aber sind sie einfach da, die Bäume.« Jetzt klingen seine Worte geradezu schadenfroh. »Allein durch ihr unbegründetes Dasein strahlen sie eine Kraft aus, die anders ist als die Kraft der Tiere und der Steine. Da ist nicht diese mineralische Bewußtlosigkeit, da ist aber auch nicht jenes tierische Schweigen, dem der sprechende Mensch verwandt und zugleich fremd gegenübertritt. Es gibt etwas, was vielleicht nur Bäume verbreiten. Trost. Sagen die Dichter, und wir neigen dazu, ihnen da recht zu geben, wo wir selber nicht genau benennen können, was wir meinen. Bei keinem anderen Wesen sind Leben, Dauer und räumliche Ausdehnung so offensichtlich Gestalt geworden. Nirgends stellt sich der menschlichen Kurzatmigkeit etwas beharrlicher und zugleich vertrauter entgegen als sie. Sie trösten wirklich und sie beruhigen auch, wahrscheinlich, weil sie den Kreislauf des Lebens Jahr um Jahr neu durchlaufen, während wir hektisch unsere eine Daseinsbahn entlangrasen. Ihre Beständigkeit ist illusionslos, daher wahr. Denn auch sie sterben: einen kleinen Tod am Ende jedes Sommers; den großen Tod, wenn ihre Zeit gekommen ist. Und nicht die Ahnung eines Schreckens schwingt darin. Ganz im Gegensatz zu uns. Sie leben wesentlich vom Licht – also gewissermaßen von etwas Geistigem, das einen materiellen Träger braucht, um überhaupt sichtbar zu werden. Sonne, Wasser, Luft und das Chlorophyll der Blätter – das ist alles, was sie brauchen. Sie bilden ihre Körper aus, unbekümmert darum, wen sie dann eines Tages beschirmen. Nur in den Städten teilen Bäume unmittelbar das Schicksal der Menschen, ich sehe es, wenn ich über den Friedrichshain schaue: Sie sind schüttere Wipfelchen über mannshohen Eisengittern, die den Stamm umschließen. Aus den Bäumen wurden Schatten von Bäumen.«

Wir gehen und gehen. Vergraste Eisenbahnschienen gesellen sich in sehr endlicher Parallele zu den Feldwegen. Wir folgen der Fährte, die der Schauspieler vor über zehn Jahren mit Dieter Franke stapfte. Immer wieder gern, und immer mit neuen Nuancen im Tonfall, erzählt er, wie Franke angesichts der Ruhner Berge stöhnend und staunend ausgestoßen hatte, zwischen Vorwurf ob der Plackerei und Respekt ob der gravitätischen Idylle: Mensch, Kurt, du wohnst ja im Himalaya!

Mickrige einhundertachtzig Meter erheben sich diese Ruhner Berge über den Meeresspiegel.

An einem der zahlreichen Findlinge hatten der Schauspieler und sein Freund Rast gemacht, endlich die Flasche hervorgeholt und allein der dringlichen Gepäckerleichterung wegen ein paar kräftige Schluck genommen. Gleichsam als Versprechen auf künftige Expeditionen in diese bergige Wildnis wurde die Pulle schließlich unter einem der großen Steine versteckt, Flaschenpost sozusagen, Gipfelzeichen zweier Unerschrockener, denen noch so manches Abenteuer bevorstehen würde. Des waren sich beide sicher.

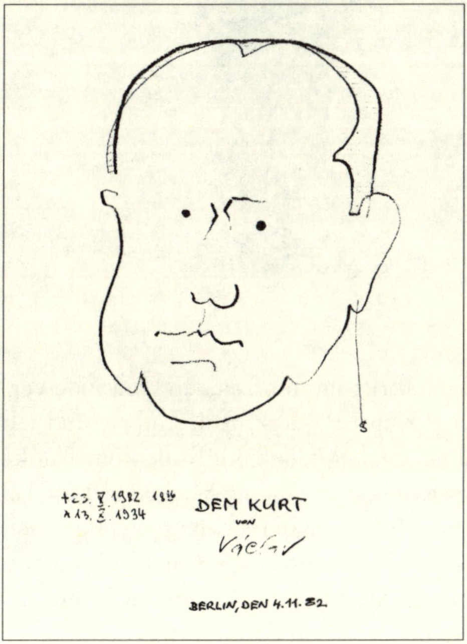

Dieter Franke (13. Oktober 1934 bis 23. Oktober 1982, 18.16 Uhr), gezeichnet von dem Bühnenbildner Vaclav Sramek

In einem Jahr kommen wir wieder, hatte Franke die zurückbleibende Flasche getröstet.

Als dieses Jahr vergangen war, lebte Dieter Franke nicht mehr.

»Zur Beerdigung trug ich übrigens einen schwarzen Anzug, zu dessen Kauf mich Franke eines Tages geradezu genötigt hatte – nach fortwährender Einflüsterung, mich endlich etwas gesellschaftsfähiger auszustatten. In der Baracke, einem unserer Spielorte, ließ er mich denn auf einen Stuhl steigen, daß ich allen das gute Stück, für 500 Mark erstanden, ausladend präsentiere. Mit Weste! Zur Beerdigung Dieter Frankes erlebte der Anzug also seine traurige Aufführung. Vor allem aber mit schrecklichen Äng-

Allee-Wanderung

sten war dieser Friedhofsauftritt im mir fremden Gewande verbunden. Eberhard Esche, Klaus Piontek, Rolf Ludwig und ich trugen den Sarg. Nicht genug damit, daß mir Rolli, vom Trunke ein wenig im Gleichgewicht gestört, auf die Hacken trat, so daß ich mit dem rechten Schuh bedenklich schlappte – nein, ich merkte zudem, daß mein Anzug, seit langem nicht gebraucht, von Motten zerfressen war, und jeden Moment rechnete ich damit, daß sich die Hosenbeine lösen könnten ...«

Allein pilgerte der Schauspieler damals zu Stein und Flasche, und er erinnert sich genau, es hat geschneit. Das Bühnenbild für die große Traurigkeit stimmte.

»Die Ruhner Berge im Schnee. Das ist verläßlich.« Der Schauspieler bleibt stehen und schaut sich um. »Deine eigenen Lebenskreise werden immer enger, aber diese schöne Landschaft hier, die verliert nichts, über alles wächst das schöne fette grüne Gras. Auch über die Flasche, die der Franke hier unter den Steinen ließ. Wir hätten sie austrinken sollen, schade drum.«

Könnte der Schauspieler hier leben, auf Dauer?

»Ja«, lügt der Mann im offenen Mantel, »hier könnte ich mich

Mit Terrakottafigur von Lothar Sell im Garten von Krumbeck

einnisten, in die Furchen kauern. Ich sehe beruhigt den Tag, es wird wahrscheinlich der letzte sein, da ich alle Bücher, die im Haus herumstehen, auf einmal in mich hineinfressen kann. Aber kaum hast du so etwas gesagt, erfaßt dich ja doch wieder das gewisse Frösteln, und dies inmitten aller Friedlichkeit der Natur: Mach, was du willst – der Friedhof in der Ferne rückt näher, die große Illusion verblaßt, an einem selber gingen die ernsteren, endgültigen Dinge vorüber. Ich denke nun öfter darüber nach, was an Träumen bleibt. Vielleicht: Man darf sich keinem Zwang aussetzen, das wäre das Schönste. Mühelos leben, wenn es geht. Höchstens dem Schaden ausweichen, den die Dummheit stiftet.

Ausweichen, ihn nicht zu bekämpfen versuchen. Einfach sagen: Mit mir nicht!«

Und der Schauspieler zitiert Theodor Fontane:

»Immer enger, leise, leise,
ziehen sich die Lebenskreise.
Schwindet hin, was prahlt und prunkt.
Schwindet hassen, hoffen, lieben;
und ist nichts in Sicht geblieben
als der letzte dunkle Punkt.«

Jetzt grinst Böwe. »Wir sind am Ausgangspunkt angelangt, unweit von Reetz. Die Familie kommt wieder ins Blickfeld, ich finde das richtig so.

Nie werde ich vergessen, wie mein Vater eines Tages nach Krumbeck kam. Ich war in diese große Bude in der Berliner Leninallee gezogen, hatte weder Geld noch sonstwas, aber doch immerhin den Gedanken, nicht auf ewig in dieser Betonwüste sitzen zu wollen. Der Zufall will's, ein Bauer fragt mich, sag mal, Böw', willst nich'n Hus? Ein Haus? Nein, sag ich, ich brauch kein Haus. Und wenn, dann nicht ganz allein irgendwo in der Wildnis. Höchstens hinterm Berg, da liegt das Dorf Krumbeck ... Was? unterbricht mich mein Bäuerlein, bitte nicht dorthin, zu diesen Neubauern, die klauen sich doch gegenseitig die Schweine aus den Ställen, alles Diebe, alles Spitzbuben! Ich trotzdem hin, da standen so sechs, sieben Häuser. Eins war sehr schön, das lag am Bach, und davor viel Wald. Natürlich konnte ich mich nicht entscheiden, meine Frau Heide ist da etwas zupackender, also fuhr ich erstmal wieder weg, und ich wußte zudem, daß sie es nicht mag, immer nur auf Bäume und in den Bach gucken zu müssen; sowas kann ja depressiv machen. Und im übrigen, meinte sie, sei ein Haus am Wasser nicht gut für mein Asthma. Kurt, sagt sie aber plötzlich, als wir kurze Zeit später wieder gen Norden gefahren waren, Kurt, wir nehmen dieses! – und damit meinte sie das nun wirklich abgemagerteste der Häuser, total verlaust und verlottert. Das war im Jahre 1978, und ich weiß noch, der nächste April zog übers Land, Regen und Schnee besorgten ihr trübes Handwerk, ich stand gerade am Haus und hatte noch einiges mit dem ehemaligen Besitzer zu bereden – da nähert sich ein

Automobil, fährt langsam durch den Nebel, der Schlag öffnet sich, und vier Herren steigen aus. Hermann Böwe, mein ältester Bruder Günther, mein zweitältester Bruder Henry sowie mein Schwager Bruno Baier. Sie waren sozusagen eine Okular-Inspektion, um mit Kleist zu reden. Sehr reserviert nähern sie sich dem Hause, sagen ebenso reserviert ›Guten Tag!‹, einen Händedruck gibt's nicht. Mein Vater führt ein kurzes Gespräch mit dem Noch-Hauswirt, sie erfahren von Schwamm und anderen betrüblichen Dingen; da zeichnet sich schon ab, daß die Inspektion eine sehr kurze sein wird. Die vier Herren verlassen den tristen Ort, nicht, ohne daß sich mein Vater umdreht, sehr schneidend ›Kurt!‹ ruft, eine Sekunde schweigt, um sich der Wirkung dieses Rufs und damit meiner respektablen Aufmerksamkeit zu vergewissern, und dann sagt er ruhig, aber mit der abgrundtiefen Verachtung des Kaufmanns: ›Kurt, daß du verrückt bist, wissen wir, deshalb bist du ja Poppenspäler geworden. Aber daß du dumm bist, so ein Haus zu kaufen! Das herzurichten, braucht einer wie du ein ganzes Regiment von Soldaten.‹ Dreht sich um und ist verschwunden.

Der Kerl ist unfähig zu leben, unfähig zu wirtschaften! Sagte auch mein Bruder Henry, Konsumchef in Putlitz. So begrüßte er mich, als ich am gleichen Abend hinging, um nach dem Sinn dieses merkwürdigen Besuchs zu fragen. Nur Henrys Frau beschwichtigte: Henny, laß doch mal den Kodi. Nun hat er endlich mal einen Entschluß gefaßt, da soll man einen Menschen nicht stören bei, und wer weiß denn auch, wozu das alles gut ist.

Ich verstand überhaupt nicht, warum sich mein Bruder eigentlich derart aufregte. Bis es mir dämmerte: Kurt Böwe war bekannt als geldloser Herumwanderer, und nun baut der ausgerechnet dicht bei Putlitz, wo der Henry Konsumchef ist, ein Haus aus. Er muß Gewerke bitten, nun stelle sich einer vor, eines finsteren Tages kommt heraus, und so wird's eintreten: Der Komödiant kann nicht zahlen, und die Nachricht geht herum zwischen den Dörfern wie ein Lauffeuer. Der Schaden für den Geschäftsmann Böwe, sei es nun der Vater oder der Konsumchef, brächte böse Folgen für die Familienehre.

Zur Logik der Handlung zählt, wir ahnen es, daß ich freilich immer die falschesten Handwerker anlockte, die teuersten nämlich. Und mein Henry schleicht ab und zu ums Haus, wie ein schlechter Schauspieler zeigt er seine Überraschung, wirklich aus reinem Zufall hier oben gelandet zu sein auf seinem Spaziergang, und die eigentliche Absicht schimmert durch wie ein schwarzes Unterhemd unter weißer Seide: Bei jeder Rechnung, die anstand, fragt er besorgt und gehetzt, ob ich sie bezahlen könne. Die Furcht, ich könne mich verschulden, hatte ihn geradezu elektrifiziert. Wo es doch schon eine Schande für die Familie war, daß ich zum zweiten Male geheiratet hatte – und noch dazu eine Schauspielerin! Da drang Stoff aus einem verluderten Gewerbe in den anständigen Alltag der Böwes; höchste Gefahrenstufe war angesagt.

Erst vor ein paar Jahren geschah es: Mein Bruder Günther hatte sich eben erst von seinem Scheißhäusel im Freien getrennt; nun sah er, daß wir uns ein Bad ins Haus bauen ließen. Da sagte Lodi, die Frau von Günther, erleichert und mit einem Lächeln, das es schon immer gewußt hatte: Jetzt sieht man, Kurt, daß du doch gut investiert hast.«

ANITA, SCHWESTER des Schauspielers, die im Gegensatz zu ihren Geschwistern Waltraud, Annemarie und Kurt immer in Reetz geblieben ist, erzählt noch einmal Momente aus dem Leben der Familie. Im Herbst scheint es, daß diese flache Landschaft verhaltener geworden ist, nicht mehr so berechenbar wie unter dem staubigen Licht der Sommersonne.

Wir gehen gemeinsam auf den Friedhof, wo die Eltern Böwe liegen und der kleine Bruder Hans; dort trifft man, kaum zu vermeiden, andere Verwandte. Immer ist Zeit zum Gießen, zum Harken, zum Bereden neuester Krankheiten und ewiger Leiden. Und über beides wird gesprochen, als sei es das Entscheidende, was am Leben erhält. Friedhöfe, hört man genauer hin, sind durchaus auch geschwätzige Orte.

Anita Baier, geborene Böwe, ist das geblieben, was man eine aufgeweckte Person nennt; alte Frauen altern sehr langsam in jenen Eigenschaften, die wir in dem etwas verstaubten Wort Seele finden. Von der Arbeit wurde sie ins Leben eingeführt, und so hat es einen Anflug von Erlösung, wenn die Zweiundsiebzigjährige mit den flinken, kugeligen, warmen Augen nunmehr auflachend zu ihrem Mann Bruno sagt, dem ehemaligen Dachdecker, den ein Herzinfarkt inzwischen still und vorsichtig und leise, aber nicht humorlos machte: »Zum Glück, jetzt haben wir nur noch zwei Tauben.« Anita sieht ihrem Bruder Kurt noch immer sehr ähnlich. Sie ist verbunden geblieben mit dem Landstrich der Geburt; nie bekam sie Gelegenheit, über den Horizont des Dorfes hinauszusehen. Wie diese kleine Frau so erzählt, kommt mir in den Sinn, daß jedes noch so glückliche, in sich zufriedene Leben auch ein Stück Gefangenschaft ist, aber auch: daß allzu langes Bleiben an einem Ort, daß zähes gleichmäßiges Dasein nicht unbedingt müde machen muß. Anita Baier ist eine Frau, bei der einem bewußt wird, welche Beleidigung im leichtfertig und gönnerhaft verwendeten Begriff von den sogenannten einfachen Leuten liegt.

»Unser Vater Hermann Böwe fuhr nicht mal mit dem D-Zug nach Stendal, der fuhr nur mit dem Bummelzug. Kann ich ja drei Mark sparen, sagte er. Von nichts kommt nur sehr wenig, das ist nunmal so, und dann hat der Hermann hunderttausend Mark hinterlassen, und alle, die seine Knauserei wahnsinnig gemacht hat, die freuten sich nun. So muß man das ja auch mal betrachten. Obwohl ich sagen muß: Wenn man so zurückguckt, dann gibt es nur wenige Dinge, die man für sein Leben wirklich benötigt. Und im Sarg bringt kein Geld mehr Zinsen.«

…

»Kodi hatte Asthma, ja, aber er hatte auch nie Lust zum Arbeiten. Ich will Minister werden, meinte er, oder Pastor. Naja, das sind ja auch so ne Art Schauspieler.«

…

»Das pfiff ja in Kodis Brust, mein lieber Gott!, das können Sie sich nicht vorstellen. Nee, das pfiff nicht, das rasselte, wie eine Kette. Der Kurt hatte andererseits aber auch nur Essen im Kopp. Der Arzt mahnte, Frau Böwe, Sie müssen dem Kurt den Brotkorb höher hängen. Und da versteckte die Mutter das Fleisch und die Wurst in Dosen, und sie stellte das Zeug oben auf den Schrank. Aber der Kurt holte Fleisch und Wurst regelmäßig runter. Der war zu nichts nutze, nur zum Leuteärgern und zum Futtern. Das hat er denn zum Beruf gemacht.«

…

»Auf dem Hof herrschte rege Bewegung, die Böwes zogen Kinder regelrecht an. Vom Bäcker der Sohn, vom Klempner der Sohn – alle Kinder der Umgebung kamen zu uns. Von unserem Großvater bekamen wir eines Tages, zu Weihnachten, ein großes Schaukelpferd – eins vom Karussell! Da kamen nun noch mehr Kinder. Der Großvater war ein Menschenfreund. Nur wer Kinder liebt, ist ein Menschenfreund, das glauben Sie mal!«

…

»Als wir noch klein waren, ging das so: Günther, unser ältester Bruder, der lebte bei den Großeltern einen guten Tag, und ich hatte währenddessen die drei Athleten an der Hand – Kurti, Annemarie und Henry, den Rest der Geschwister. Ich stand am Küchentisch, und deren Nöte waren uffgehoben vor einem frischgestrichenen Brot. Da war manchmal nicht viel mit Spielen. Wenn ich die Küche sauber hatte, der Vater achtete auf penibelste Sauberkeit, da rauschte Kodi mit seinen Dreckstiebeln über die Flure, der trat vorher absichtlich in die Pampe. Ich tobte und haute ihm auch mal eine runter. Kodi heulte und galt freilich sofort wieder als der ›arme Jong‹. So'n Schauspieler weiß eben beizeiten, wie man de Lüüt rumkriegt. Die gucken dir ins Herz, diese Poppenspäler, und wenn du weich wirst, schlagen die zu, die sind ganz schöne Egoisten, oder is es nich so?«

…

»Wenn einer nich klarkommt, is dat schon schlimm, das kennen wir. Die hängen sich dann auf oder werden Schauspieler, guck doch Kurti an. Aber so'n Poppenspäler – dat is ja wenigstens noch besser wie Aufhängen.«

…

»Als in Kyritz die Schule zumachte, wegen dem Krieg, da mußte ich den Kurt nach Potsdam zu unserer Tante bringen, wo er weiter zur Schule gehen sollte. Zwei Männer kamen mit dem Traktor vorbei, mit einem Flachhänger hinten drauf, da wurden Kurt und ich draufgehievt, unterwegs stiegen noch weitere Leute zu, es wurde immer enger auf dem Hänger; ich glaube, es dauerte fast sieben Stunden, bis wir in Potsdam ankamen. Mit dem Kerl hab ich was hinter mir! Und das Gepäck mußte natürlich ich schleppen.«

…

»Ich war Kindermädchen in der eigenen Familie, mußte abwaschen und fegen und fegen und abwaschen, und wenn ich vorn auf dem Hof die Sekretärin von Vater vom Büro aus dem Fenster schauen sah, da fing ich zu träumen an, von so einer schönen Arbeit, und ich hab mich insgeheim gefragt, warum Papa uns Mädchen nicht auch auf eine Schule schickte, wie den Kurt zum Beispiel. Aber wir besaßen dann fünf Kühe, und Vater kaufte noch über zwanzig Morgen Land dazu – nur, damit wir genug Arbeit hatten auf dem Hof. Das hat mich manchmal traurig gemacht. Wir arbeiten, heißt es immer, damit die Welt nicht verkümmert. Aber der Mensch, der verkümmert doch, wenn er nur die Arbeit kennt.«

…

»Als mein Vater fremdging, Sie kennen ja die Geschichte, da war ich die erste, die es wußte! Das hat mich gequält, dieses Wissen. Und was soll ich sagen – die Frau, mit der er später abhaute, das war doch tatsächlich meine Freundin Anni! Und schon so lange ging das, mein Gott! Das Mädel war sechs Jahre älter als ich, und ich dachte immer, die Anni, wenn sie zu uns kam, die will zu mir. Sie war die Frau vom Schneidermeister, und der war im Krieg. Ich weiß es noch wie gestern: Im Arbeitsdienst war ich, so um 1941 herum, aber ich mußte wieder zurück auf den Hof hier, weil eine Arbeitskraft fehlte. Eines Abends fuhren wir mit dem Rad ins Kino nach Berge, ›Madame Butterfly‹; mein Vater war dabei, die Anni, noch ein paar andere und ich. Sechs Leutchen waren wir, die Räder stellten wir in einem Wiegehaus ab, und wie ich da mein Rad reinschiebe, sehe ich doch, wie mein Vater die Anni küßt. Ich war wie vor den Kopf geschlagen. Den Schock verwand ich nicht, weiß Gott. Später lernte ich Nähen in Perleberg, und in der Zeit erwischten auch die Mutter und meine Schwester Waltraud den Vater mit der Anni, und da gab ich zu, das schon lange gewußt zu haben. Froh war ich, das Geheimnis los zu sein, und ich schämte mich. Anni nähte mir später ein Kleid, aus einem alten Sommermantel – nicht mal zur Anprobe ging ich, ich konnte das Weib nicht mehr sehen, der Haß war nunmal da, und den kriegte ich nie wieder los. Und als wir Vaddern mal angesprochen haben, später, auf die Heimlichtuerei hin, da hat er nur gebrummt: Was man genießt, ist stärker, solang das geheim bleibt.«

...

»Die Mutter, alleingelassen, wie sie war, kam später jeden Sonntag zu uns ins Haus. Bruno, mein Mann, und ich, wir beide haben uns ja die ganzen Jahre um Muttern gekümmert. Sonntags, da guckten wir vierzehn Uhr immer schon aus dem Fenster, und da kam sie denn angewackelt, die gute Frau, und sie verbrachte den Tag bei uns, einsam, wie sie war. Manchmal traute sie sich aber und fuhr doch tatsächlich weit weg, stellen Sie sich das vor – ganze zwölf Kilometer bis nach Perleberg. Dort im Krankenhaus ist sie auch gestorben.«

...

»Wie ich mit fünfundzwanzig heiratete, war Kurt neunzehn, und da heulten wir beide wie die Schloßhunde. Obwohl ich nur ein paar Ecken im Dorf weiterzog. Ist doch ein schönes Zeichen, nich?«

...

»Auf der Bühne habe ich den Kodi nicht gesehen, nein, nur im Fernsehen. Berlin ist uns zu weit. Aber wir müssen ihn nicht sehen, da kann er Kostüme anziehen, wie er will, wir kennen ja das Wesen von Kodi. Den erkenn ich doch in jedem Kostüm wieder.«

...

»Im Juli 1989 starb unser Vater, fast hätte der nun auch noch diesen Umschwung hier mitgemacht, Teufel komm raus! der arme Mann. Der schwärmte ja nun auch vom Westen, erwartete sich große Wunder, und ich habe ihn ganz gut verstanden, wie ich gesehen habe, wie seine schöne Kneipe in Borstel zuschanden kam, nachdem er sie verkauft hatte. Auf die DDR war er nicht gut zu sprechen. Wir alle nicht. Einer von meinen Söhnen, also von unseren Söhnen, mein Mann Bruno hat das nicht so gern, wenn ich ihn unterschlag, also einer von unseren Söhnen machte seine Doktorarbeit in Weimar, zu DDR-Zeiten, der war auch nicht in der Partei, aber da kam ein neuer Professor, der meinte, der Junge müsse in der Partei sein, wenn er so eine Arbeit schreibt. Da klappte mein Sohn die Bücher und die Türen zu. Mensch, da habe ich gesagt: Courage hat er, unser Junge. Die Courage ist manchmal wichtiger wie Geld.«

...

»Vor dem Krieg lebten fünfhundert, sechshundert Leute hier im Dorf, heute sind davon zweihundertfünfzig geblieben. Früher hockten die Menschen fast aufeinander, ganz eng, und nun? Nehmen Sie nur mal unser Haus – mein Mann und ich könnten jeden Tag in einem anderen Zimmer wohnen, und schon wär die Woche rum, so ungefähr ist das doch, etwas übertrieben gesagt. Aber viele haben keine Arbeit. Es gibt welche, die fahren mit dem Wohnwagen bis Hamburg, übernachten dort die ganze Woche und kommen nur am Wochenende nach Hause. Die haben nur noch ein Dach überm Kopf, aber kein Zuhause mehr. Aber wenn die Arbeit und das Zuhause zwei fremde Sachen sind, die nichts mehr miteinander zu schaffen haben, ich sage Ihnen, das ist armselig und unwürdig. Aber das ist das Leben. Das ging früher nicht mehr so weiter, bei den Kommunisten, aber so wie jetzt geht das auch nicht mehr weiter. Aber meistens ist das Leben ja so, sage ich immer zu Bruno, daß es nicht mehr weitergeht. Und dann geht das einfach so weiter.«

...

»Ach, Kodi, der! Der lebte doch immer schon weit weg, und uns hing hier alles am Hals. Ich war als älteste Schwester zuständig für den Abwasch, und der Kodi ist zuständig gewesen für Welt und Wunder. So waren die Verhältnisse. Ich für den Abwasch, der für Wunder und Welt.«

EIN KURZER BRIEF, Anfang November 1994. Der Schauspieler ist überrascht über den Absender: Regisseur Peter Stein. Der einstige künstlerische Leiter der Berliner Schaubühne schreibt: »Lieber Kurt Böwe, Ihre Beteiligung an der ›Cid‹-Aufführung, die ich kürzlich im Deutschen Theater gesehen habe, hat mich sehr beeindruckt – besonders die Nummer auf dem Stuhl, nah beim König, bei der Ihre Figur sich selbst als Racheopfer anbietet. Da mir Zuspruch von Kollegen ein Lebenselixier ist – das einzige, das mir blieb – nehme ich an, vielleicht unberechtigterweise, daß Sie meine Meinung interessiert.«

Ein sehr kurzer Brief. Fanpost sozusagen. Der Schauspieler kennt das, nichts Außergewöhnliches also, zumal die mit Federhalter und schwungvoller Handschrift verfaßte Zueignung aus der Kollegenschaft kommt. Und doch fragt sich der Schauspieler, wieso gerade er, wieso gerade jetzt, wieso gerade »Cid«, wieso gerade Stein? Seltsam beharrlich wirkt dieser Brief nach.

Wenige Wochen später stelle ich Peter Stein, Chef des Schauspiels bei den Salzburger Festspielen, ein paar Fragen. Warum er gerade Böwe geschrieben habe?

»Weil man reagieren muß, wenn einem etwas gefallen hat. Weil man einem anderen Menschen damit ein Zeichen geben kann. Wann reagieren wir denn noch normal, also neidlos auf die Leistungen anderer? Wann folgen wir denn noch spontan unseren Gefühlen, wenn es um ein schlichtes, absichtsloses Danke geht?«

Stein, siebenundfünfzig, wird seit Jahren von der bundesrepublikanischen Theaterkritik verrissen; er verließ die Schaubühne in Berlin enttäuscht, jenen Ort, wo er mit Dieter Sturm, auch Luc Bondy, Hans Michael Grüber und Bob Wilson fünfzehn Jahre lang, bis 1985, ein kollektives Aufbruchstheater schuf, das zur Legende wurde. Stein lebt heute die meiste Zeit in Rom; er meidet, wo es nur geht, die Nähe deutscher Journalisten. »Ich habe fünfzehn Jahre kein Interview gegeben«, sagt der verschlossene, nahezu introvertierte, in seinem Stolz verletzte und unnahbar gewordene Mann, der sich streng abschottet gegen Kälte und Aufgeblasenheit draußen. Er fürchtet langweilende Wiederholung in seinen öffentlichen Äußerungen, daher eine zunehmende Wortkargheit. Er mißtraut wohl auch zutiefst sich selbst. Kortner, Strehler und Planchon nennt er noch immer seine Vorbilder, Peter Zadek hochachtungsvoll einen Regisseur, der »in einer anderen Liga spielt«. Den allgemeinen Niedergang der Kultur bezeichnet er als Ursache für den Erfolg »von uns Epigonen und mittleren Talenten«.

Der Schauspieler und Stein kennen einander kaum. Aber ein kurzer Brief und Steins Antworten auf einige Interviewfragen offenbaren das Fragmentarische, wirklich Zweifelhafte aller Kunstbemühung – in einer Zeit, in der »viele leichtgewichtige Provokationen herumschwirren«, so Böwe, und das »gigantische Angebot von Langeweileverbreitungsmaßnahmen das Menschliche gefährlich bedrängen«, so Stein.

Peter Stein, Sie schreiben in Ihrem kurzen Brief an Böwe, Zuspruch sei ein Lebenselixier. Wie ist das aber mit der Kunst – ist sie Ihnen denn nicht mehr spielerischer Gegenentwurf zum Dasein? Genauso wichtig also oder vielleicht sogar wichtiger als Zuspruch?

»Kunst ist kein Gegenentwurf. Sie ist Lebensform zur Beschreibung des Daseins, zumal des unbeschreibbaren Teils davon. So dachte Tschechow. Daraus leitet sich die Definition des Künstlers ab, der ich nur unvollständig entspreche.«

Leiden Sie darunter?

»Ja. Darunter leide ich.«

Die »Orestie« des Aischylos in Moskau, eine Inszenierung, um die Sie Jahre kämpften; ein bisher unerfüllt gebliebenes »Faust«-Projekt, das sich in Ihnen ebenso festgehakt hat, vielleicht wie eine Vision oder sogar Obsession …

»Nichts hat sich festgehakt. Mein Faust-Verständnis ist über vierzig Jahre gewachsen und wird es hoffentlich weiter tun. Wenn sich eine Möglichkeit findet, ihn zu inszenieren, gut.«

Wenn nicht?

»Auch gut.«

Worauf ich hinauswollte: auf der anderen Seite ein deutscher Kunstbetrieb, der Obsessionen dringend nötig hätte, der sich aber, folgt man Ihrer Einschätzung, wie ein Geier auf Suchende, Störende, Sensible wirft. Wie kommen Sie mit wachsender deutscher Trübnis klar?

»Der, wie Sie sagen, deutsche Kulturbetrieb stößt mich ab. Suchende, Störende, Sensible kenne ich nicht, eher mittelbegabte Krachmacher, die sich auf den Markt drängen wollen. Sollen sie. Verzweifelt bin ich gar nicht, außer, wie es sich für einen anständigen Menschen gehört, über mich selbst. Sonst, das muß ich leider gestehen, geht es

mir danke. Meine Verletzlichkeit entstammt meinem verkrampften Verhältnis zu anderen Menschen, das sich im Laufe der Zeit durch freundliche Hilfe meiner Mitmenschen etwas gelöst hat. Jene Trübnis, die Sie ansprechen, macht mich lachen.«

Woher kommen die Impulse? Schöpfen Sie aus sich heraus?

»Alles, schien mir immer, bekomme ich von außen. Innen in uns ist nicht viel. Ich bin, wie jeder Theatermann, eher Resonanzboden. Ich glaube, ich habe Glück gehabt, gute Trommler haben auf mir gespielt, und das zur richtigen Zeit.«

Ist Ihnen die zeitlose Würde eines Textes wichtiger als politische Aktualität? Ihr Theater verströmt mitunter eine seltsame »Erotik« des Schmerzes, des Archaischen.

»Die Würde eines Textes ist mir so wichtig wie die Würde des Menschen. Ohne Aktualität ist ein Text fürs Theater nicht lesbar. Das, was Sie als Erotik bezeichnen, entspringt dem Miteinander-Spielen von Vergangenheit und Gegenwart. Schmerz ist eine der Triebkräfte für Kunstverfertigung.«

Hat sich missionarische Nützlichkeit des Theaters erledigt? Einer Ihrer Zentralbegriffe ist nicht mehr Aufklärung, sondern Verwirrung.

»Theater ist per (griechischer) Definition öffentliche Kunst und so immer im naiven Sinne politisch. Es wird von vielen für viele gemacht, deshalb gibt es viele Wos und Wies der Verwirrung, die in der Tat ein wichtiges Ingredienz einer Theaterveranstaltung sein sollte. Aber gewiß nicht das einzige. Ohne Liebe geht es nicht, mit Liebe ist es grauenvoll. Liebe ist sozusagen so notwendig wie unmöglich. Und: Handeln eben auch. Die menschliche Existenz ist eigentlich unmöglich. Das sagt das Theater.«

In Peter Handkes Erzählung »Nachmittag eines Schriftstellers« gibt es einen Übersetzer, der erklärt, warum er, einstiger Autor, nunmehr glücklich sei: Er leidet nicht mehr am Zwang, Originales schaffen zu müssen. Auch Sie betonen, Sie interpretierten nur. Koketterie? Schmerz? Wo bleibt jene egozentrische Anmaßung, ohne die Kunst nicht möglich ist?

»Peter Handkes Übersetzer ist offenbar in einer anderen Situation als ich: Ich habe noch nie etwas Originales geschaffen. Das ist keine Koketterie, ich kann das beweisen. Schmerz empfinde ich deshalb nicht,

und meine gelegentlichen Neidgefühle lösen sich leicht in tiefe Bewunderung auf für die Menschen, die sowas können. Egozentrische Anmaßung kann für solche Menschen hilfreich sein (wenn sie sich dadurch nicht selbst zerstören). Voraussetzung für Kunstausübung ist sie nicht – Sie sitzen da einem ehrwürdigen romantischen Irrtum auf.«

Ist der Künstler in seiner Verantwortungslosigkeit, rein spielerisch mit Welt umgehen zu dürfen, mitunter ein Mörder, der sich nur nicht zu handeln traut?

»Dem Künstler ist keine Verantwortungslosigkeit gestattet, nur dem jungen Menschen. Die Mörder sind unter den Handelnden Gott sei Dank eine verschwindende Minderheit – wenn nicht gerade Krieg ist. Im Angesicht der katastrophalen Folgen jedes menschlichen Handelns ist mangelnde Traute nichts Verwerfliches, die griechischen Tragiker stellten sie als (wenn auch nicht durchhaltbare) Tugend dar.«

Nach Shakespeare ist Kunst der Abdruck des Jahrhunderts und der Zeit.

»Shakespeares Definition ist unvollständig. Theater ist viel mehr. Im übrigen: Wenn ich mein Jahrhundert skizzieren könnte, wäre ich kein Theatermann, sondern Philosoph, bestenfalls Schriftsteller, schwachbegabtenfalls Journalist.«

Welche Hoffnungen haben Sie aufgegeben?

»Alle. Und sie dann wieder aufgenommen, außer der Hoffnung, mich zum Besseren ändern zu können.«

Was ist das noch für Sie: links?

»Mein Herz, die gelenkigen Finger (weil ich die mal auf ein Geigengriffbrett setzte), die Utopie.«

Sind Sie ein konfliktfreudiger Mensch?

»War ich nie. Ich bin bestenfalls konfliktbereit.«

Sehnen Sie sich manchmal nach einer Handkeschen »Niemandsbucht«, einer Welt außerhalb rasselnder Gegenwart?

»Ich habe das Buch von Handke nicht gelesen.«

Wünschten Sie manchmal, sich in anderer Kunst ausdrücken zu können?

»Ja, in Musik.«

Welche Erinnerung haben Sie an Ihre Kindheit?

»Den Zweiten Weltkrieg in Berlin. Dann die Flucht. Später Landschaft, Natur.«

Was hat Sie geprägt, wenn Sie ans protestantische Elternhaus denken?

»Alles, was sich denken läßt. Wenn ich einen Kraftpunkt habe, dann durch das Elternhaus.«

Intellektuelle mit ihrer dauernden moralischen Selbstüberforderung, und dies meist zur falschen Zeit – welche Schuld haben sie am Werteverfall der Zeit?

»Moralisch kann man sich gar nicht selbst überfordern, das Schwein in einem sorgt schon für gesunden Ausgleich. Die Schuld am Wertezerfall – falls Sie damit das gleiche meinen wie ich – trage ich gemeinsam mit meinen Zeitgenossen. Was das Theater betrifft, den Bereich, in dem ich hauptsächlich aktiv bin, so zähle ich zu den mittelgroßen Verbrechern.«

Glauben Sie, trotz allem, an so etwas wie Sozialismus?

»Haben Sie's denn noch immer nicht gelernt? Zu viele haben zu vieles, vor allem Unmenschliches, unter Sozialismus verstanden. Die Welt verändern wir jeden Tag mit jedem Atemzug, nur nicht zum Besseren. Die Menschenwelt gerechter zu gestalten ist, wie wir wissen, unmöglich – wenn wir es freilich nicht trotzdem versuchen, haben wir uns als Menschen verabschiedet.«

Ist Freiheit zu gefährlich für den Menschen?

»Freiheit und Unfreiheit sind gleich gefährlich für den Menschen. Aber er hat die Freiheit, sich zu entscheiden, was er vorzieht.«

WIR SPRECHEN über die Dinge, die Stein sagte, sind in ganz anderer Sphäre plötzlich, und zugleich kommen wir nicht los von dieser Einöde Reetz. Die seltsamsten Dinge fügen sich zu einem Leben.

Als Böwe vor ein paar Jahren in der Berliner Schaubühne im »Wintermärchen« gastierte, fragte Regisseur Luc Bondy erstaunt: Nanu, woher haben sie dich? Er bekam das Angebot, in einer Salzburger Andrzej-Wajda-Inszenierung mitzuwirken, einen Popen im ersten Akt sollte er spielen. Wegen so einer popligen Rolle so weit weg? Nein, dachte sich der Schauspieler und beantwortete das schriftliche Angebot auf die vornehmste Weise, nämlich gar nicht. Uwe Johnsons »Jahrestage« in vierzig Lesungen für den Rundfunk lehnte er ebenfalls ab; der Asthmatiker hörte sich vorm Aufnahmegerät den Eigentest an und entschied: »So etwas ist nicht erlaubt.« Siege des intellektuellem Schamgefühls.

Und auf der anderen Seite dies: »Als sie den Fernsehfilm ›Broddi‹ brachten, vor Jahren, da kam ich zu Pfingsten ins Dorf, ging in die Kneipe bei Muhs, hier gleich um die Ecke. Stille. Nur drei oder vier Leute drin. Ich bestelle ein Bier und einen Doppelten. Grundversorgung am Ende der Welt. Das gleiche nochmal. Plötzlich sagt einer in diese traurigste Stille der DDR hinein: ›Böw, ich hab dich in Fernsehn gesehen. So'n Blödsinn. Und dat zu Pfingsten.‹

Und das zu Pfingsten! So, meine Damen und Herren, denkt die Landbevölkerung. Das war organisierte Vernichtung zwischen zwei Bieren und zwei Doppelten. Dann wieder verwechselten mich die Leute, wenn wir drehten, mit Bürgermeistern oder Klempnern. Die Leute vermuten einen Menschen im Schauspieler – sage mir einer, welch größeren Sieg gibt es noch?«

Das Phänomen der Dinge zu erklären, hebt der Schauspieler wieder einmal die Stimme: »Inmitten aller Eitelkeiten, die man nicht los wird, kommt man doch schließlich dazu, sich als etwas sehr Zweifelhaftes anzusehen. Das sagte Fontane, und ich denke dran, daß neben uns, in Krumbeck, Rainer Noack wohnt, ein Prignitzer, ein Maurer. Eine sehr couragierte Frau, die Sigrid Noack, hat ihn aufgefangen und vor den Altar geschleppt. Rainer Noack nahm gestern die Motorsäge und schnitt mir das Holz. Weit hinten in Sibirien baute er die Erdgastrasse. Es ist ein weiter Weg von Sibirien zurück nach Krumbeck. Wenn du den Rainer siehst, weißt du: Nicht von den Schwätzern wird die Welt gemacht. Dieser stille Mann aus der Prignitz hört scheinbar dumpf zu, aber man entdeckt eine innere Ruhe, ein Lebenszentrum; er arbeitet in sich gekehrt, will keine Zuschauer beim Holzschneiden, er säubert die Säge und geht mit einem Gruß davon. Die Frage, was er dafür bekommt, beantwortet er mit den Augen: Willst du mich beleidigen?«

EIN LANGER WINTER und ein banges Frühjahr liegen vor Kurt Böwe. Er muß sich einer Prostata-Operation unterziehen. Krebsverdacht. Die Arbeit am Buch wird unwichtig. Aber gegen meine Zurückhaltung wächst Böwes Drang, im eigenen Leben jene Wurzeln zu suchen, die jetzt vielleicht helfen, das Rückgrat zu stärken. Als sei Innehalten die einzige Chance. Einmal sagt der Schauspieler: »Woran soll ich mich halten in diesem Krankenhemd? An meine Zukunft? Das wäre Anmaßung. An meine Vergangenheit? Das kommt einer Verwöhnung gleich. Nein, nur die Gegenwart ist das, woran man sich gewöhnen muß, und das ist schlimm genug. In der Jugend ist der Lehrer unser Arzt, in späteren Jahren der Arzt unser Lehrer.«

Ich bewundere die heitere Kraft dieses Mannes; nur manchmal sind es die Augen, die die Schauspielerei verweigern.

Plötzlich frage ich mich, womit ich über Monate hinweg das Vertrauen dieses Menschen rechtfertigte. Eindringling war ich, aber behandelt wurde ich als Gast. Böwe ist kein Einsiedler, im Gegenteil, wenn er ungestört von sich reden darf, ein Garant absoluter Geselligkeit. Aber ich spürte doch, dieser Mann ist mit den Jahren wählerisch geworden, der Abstand zum eigenen Gewerbe wächst, die Erwartungen sinken. Mehr und mehr konzentrierte sich seine Erzählfreude auf die Quellen seiner Herkunft; ging es um Theaterarbeit, schob er mir die Ergebnisse seiner publizistischen Sammelleidenschaft herüber. Berge von Papier, darunter editorische Kostbarkeiten, dazu Bücher, Video- und Tonkassetten überließ er mir, und niemals hinterfragte oder kontrollierte er den Rücklauf. Kurt Böwe ist ein Mensch, der vertraut und dem ein schlechtes Gewissen, das er möglicherweise bei mißbrauchtem Vertrauen auslöst, wichtiger ist als die Einforderung der überlassenen Dinge. Geld inklusive.

»Wenn Kurt mit dem Rundkreuz des Asthmatikers daherkam,« erzählt seine Frau Heide, »dann sagten wir immer: Hört mal, ein Kind weint. Ja, so hörte sich das Rasseln an. Wenn der Mensch ein ständiges Leiden hat, produziert er Vorsicht sich selbst gegenüber, aber Kurt entwickelte zugleich so eine Art gelockerte Penibilität in allen Dingen. Nur seine Bücher interessieren ihn.«

Mitunter traf ich auf einen einen schwer atmenden Mann, der

mir gleich nach der Begrüßung seinen tiefen Zweifel am Interviewprojekt mitteilte, um wenig später dennoch in ungehemmter Erzähllaune davonzugaloppieren.

Das Höchstmaß von Böwes innerer Beteiligung an diesem Buch: Eine seiner Suppen ist ihm auf der Hochflamme weggebrannt.

»Sie sehen«, sagte er, »die Kunst fordert nach wie vor Opfer. Und was bleibt, sind nicht offene Fragen, sondern offene Fenster.«

DIE ZEIT im Königin-Elisabeth-Hospital, wie das Krankenhaus Berlin-Herzberge nun heißt, ist keine heitere Zeit. Kurt Böwe spricht Tagebuch auf kleine Tonbänder.

»Draußen grünt es schon. Ich komme mir in meinem Zimmer vor wie jemand, der ein Aquarium anstarrt. Kurz vor der Operation. Man kriegt ein Büßerhemd übergezogen, als würde man zum Scharfrichter geführt. Du wirst als Mensch geradezu unkenntlich gemacht und dann auf einen Rollwagen gehievt. Ein Video werden sie von meiner Operation anfertigen. Eine traurige Hauptrolle, die ich da spiele. Hoffentlich spiele ich die Traumrolle bis zum Erwachen. Mein Herz schlägt noch immer ziemlich unrhythmisch. Im vergangenen Jahr hatte es dieser geplagte Muskel nicht einmal mehr geschafft, das Wasser aus dem Körper zu pumpen. Auf Fotos nach der ›Paul‹-Premiere, im Frühjahr 1994, sah ich aus wie ein Schwamm, der sich ins Theater verirrt hat. Gleichsam entwässert mußte ich werden. In einer der Herzkammern lauerte ein Thrombus, der darauf wartete, in die Blutbahn gespült zu werden; würde das nicht verhindert – hinaufschösse er ins windige Gehirn.

So klage ich für mich hin und ertappe mich bei ungerechtfertigter Larmoyanz. Aber ich bin Schauspieler und sage: Das Sterben ist die größte Verwandlung. Wer das einmal erfahren hat, muß bei jeder Verwandlung fortan den Tod mitdenken.

In diesem Krankenhaus sehe ich des öfteren Roman Silberstein, diesen wunderbaren Menschen, der seit Beginn meiner Schauspielerei alle Wege kreuzt. Ich erinnere mich noch an diesen Pfingstfeiertag irgendwann, eine Niere hatten sie ihm herausgenommen, in einer Suite lag er, sehr modern das Zimmer, aber kalt, ein etwas betrunkener Oberarzt schaute ab und zu vorbei; ich trank das mitgebrachte Bier allein. Aber Roman verbreitete eine Heiterkeit, als müsse er alle anderen trösten. Über Roman kam ich in diese Klinik. Er liegt auf der Dialysestation, alle naselang wird sein Blut gewaschen, eine vierstündige Arbeit. Ungebrochenen Herzens trägt er die Dinge. Nie der Erste auf der Bühne, so oft, da wir als Schauspieler zusammenarbeiteten, stand er neidlos im Schatten Böwes, die Frau lief ihm weg, da schaut er dich fröhlich an mit seinem bärtigen Gesicht, ein Mensch, der die Hand eines Kindes nimmt und damit an den Kosmos angeschlossen ist. Nie hörte ich ihn jammern. Wenn du ihn fragst, wie es ihm geht, antwortet er: Ich lebe, und er freut sich. Das alles muß ihn eine Kraft kosten, deren Quelle mir verschlossen bleibt, obwohl wir uns so gut kennen.«

PLÖTZLICH EIN LIED, es geht dem Schauspieler nicht aus dem Sinn:

»Im Frühtau zu Berge wir ziehn, Fallera.
Wir sind hinausgegangen, den Sonnenschein zu fangen.
Komm mit, versuch es doch selbst einmal …«

Ein Singen, zu hören im Fernsehfilm »Pause für Wanzka«, gedreht mach Alfred Wellms gleichnamigem Roman, Regie: Vera Loebner.

»Dieser Film«, sagt der Schauspieler, »in dem ich die Titelrolle spielte, wurde zufällig gestern abend auf B 1 gezeigt, um zweiundzwanzig Uhr fünfzig – da, bitteschön, gehört der Film auch hin; wahrlich ein Spät-Werk, nur noch etwas für ein paar Leute, die sich auf ein etwas leiseres Gespräch über den traurigen Untergang dieser DDR einlassen wollen.

Ich lag in meinem Krankenhausbett, konnte nicht schlafen und war durch den Zufall einer funktionierenden Fernbedienung also an mich selbst geraten. Starrte hinauf zum flimmernden Ding über meiner Matratzenkiste. Am Ende des Films ertappte ich mich in einer Erregung, die ich zu Beginn der Sendung niemals vermutet hätte.

Da wird ein Lehrer in der DDR, dieser Gustav Wanzka, Schritt für Schritt aus allen Träumen vertrieben. Er wird hinausgedrängt von einer unbarmherzigen Realität, die sich sozialistisch nennt. Er geht ins Alter hinein, in die letzte große Pause, aus der es kein Wiederkommen gibt, er tut es langsam, mit schwerem Tritt. Ein Mensch des Abschieds ist dieser Wanzka, und auch der Film nimmt Abschied, von einem großen pädagogischen Anspruch – den wir doch schon fast erfüllt wähnten und dem wir just in jenem Moment, da wir den Blick selbstgerecht hoben, fremder gegenüberstanden denn je; das schon zu Ulbrichts Zeiten, in denen der Film spielt. Wanzka weiß um den Niedergang, und dieses Wissen tut weh. Er ist ein Schulrat, der kurz vor der Rente noch einmal Lehrer sein will, der in seiner naiven oder gar idealischen Sicht auf die Dinge aber entdecken muß, daß er mit dem Wichtigsten, seiner Liebe zu Kindern, sehr allein steht im Kreis der Kollegen.

Ich erinnerte mich, diesen Film betrachtend, an meinen eigenen Beginn, an jenes Stadium der DDR, in dem etwas im Entstehen begriffen war; es gab diese Spannung vor etwas Bevorstehendem; man erfuhr an sich selbst, wie es ist, keinen festen Boden unter den Füßen zu haben, aber zugleich dieses Beunruhigende der Situation zu genießen, dieses Warten mit angehaltenem Atem. Doch diese Lehrer im Film, Kollegen des alten Wanzka, wußten nicht mehr, worauf sie hofften. Sie haben sich mit ihrer Machtlosigkeit abgefunden, mit ihrer Mattigkeit; verquälte und festgefahrene Kreaturen. Wanzka aber, so sagte es kürzlich der Genetik-Wissenschaftler Prof. Erhard Geißler in einer Berliner Zeitung, Wanzka sei einer, den würde er, seit er diesen Film noch einmal gesehen habe, doch glatt zum Bundespräsidenten wählen …

Der Film wurde mit ganz und gar bescheidenen Mitteln gefertigt, ohne Aggressivität, ohne Anflug von Karikatur, mit einer Traurigkeit, die dem Gegenstand entsprach: der pädagogischen Ausrichtung der Kinder, ihrer Unterwerfung unter Normen der Einheitlichkeit statt ihrer Herzensbildung – und ein erfahrener Pädagoge weiß in der entscheidenden Stunde, daß er im Grunde gescheitert ist. Am Ende steht ein kleiner Junge im Schneematsch, der kleine Junge, der ich doch selber war, der unbedarfte Dörfler, der einen guten Lehrer, einen guten Menschen so sehr brauchte, Schirrmann hieß er für mich, der Deutschlehrer, und Hartmann, der Sparkassen-Tschechow; im Film steht dieser kleine Junge hilflos lächelnd, daß es mir, noch immer, ins Herz schneidet, er ist der mögliche Mathematik-Professor, der aber wahrscheinlich nur Schuhmacher werden wird, weil Erwachsene mit ihrer Pädagogik und ihren Prinzipien über sein Talent latschen; der Junge, der nicht versteht, daß so einer wie Wanzka nun die Schule verläßt. Der geht durch den Schneematsch, verschwindet im Grau letzter Wintertage. Noch einmal für ein paar Monate zum Schulratsdasein hinaufgelobt. Aber die Wahrheit ist eine andere: Abgeschoben, aufs Altenteil. Wer lebt, der stört. Und es wird keine Wiedergutmachung geben.

Überhaupt: Die größte Kinderei ist das Wiedergutmachen. Man bläst die Asche fort – und nichts hat gebrannt. Die reingefegten Verwüstungen schweigen. Wenn die Kinder Schmerzen haben, bläst man hin und sagt: Es tut nicht weh! Später blasen die erwachsenen Kinder die Asche weg und sagen: Es hat nicht wehgetan.

Schlimmer Irrtum.

Wir sind hinausgegangen, den Sonnenschein zu fangen …

Tage zuvor lief im Fernsehen ›Das Schwein‹ mit Götz George. Eine junge Krankenschwester schüttelt mein Bett auf, wir kommen ins Gespräch, sie hat den Film gesehen, den ›Wanzka‹ auch; es ist ihr unangenehm, mich darauf anzusprechen, aber ich spüre, daß sie etwas sagen will, und dann sagt sie es: Wissen Sie, Herr Böwe, ich habe einfach Angst, daß alles zu laut wird in unserem Leben. Meine Kinder können mit einem Revolverschuß im Fernsehen mehr anfangen als mit einem Gedicht, und ich weiß nicht, was ich dagegen tun kann.

Die junge Frau hat recht. Warum nur verkehrt sich so vieles mehr und mehr nach außen, diese RTL- und SAT 1-Töne rühren nicht an; alles, was sich darbietet, sucht sich zu verhökern. Wieder denke ich an Wanzka: Als Lehrer wollte er jungen Menschen sagen, ihr müßt es mit uns Alten versuchen; ihr müßt es mit dieser Welt versuchen. Dieser Wanzka ist ein Mensch, den man gleichsam empfangen kann, der den Zuschauer mit samtener Kraft einem Problem übergibt. Der einen Kollegen vor dessen eigenem Aufstieg warnt, vor der Karriere: Du darfst nicht Schulrat werden! Du nicht! Leise sagt er es dem anderen ins Gesicht, freilich entschieden. Aber sie sind es alle geworden. Dem Untalent gehörte die Schule; gestern nur die Schule und heute die ganze Welt.

Wir sind hinausgegangen, den Sonnenschein zu fangen, komm, versuch es doch selbst einmal …

Die Naivität und zugleich Anmaßung des Unternehmens Sozialismus werden in ein paar Liedzeilen deutlich; der Sozialismus war hinausgegangen, den Sonnenschein zu fangen. Und alles versank in Finsternis. Und nachdem die billigen Sektflaschen entkorkt waren in jener Novembernacht des Jahres, in dem auch ›Wanzka‹ entstand, da hatte der Wahnsinn schon begonnen – der doch gar nicht gemeint war, als die Leute auf der Mauer ›Wahnsinn‹ riefen.

Kurz bevor der Staat zusammenfiel, sind wir jeden Morgen zu den Dreharbeiten nach Babelsberg gefahren, im roten Moskwitsch, dem roten Waggon, wie ich ihn immer nannte. Ich stieg allmorgendlich mit vielen Zeitungen ins Auto ein, wir suchten zwischen den Zeilen nach verbliebener Hoffnung, wußten in jenen Frühjahrstagen 1989 zwar noch nicht ums drohende Trümmerfeld, ahnten aber den Sturm und versuchten doch gleichsam, uns mit einer Hand festzuhalten, damit es uns nicht forttreibt.

Es gehört zum Schicksal mancher Wünsche, daß sie nicht altern. Auch die Sehnsucht nach einem Staat der Wanzkas war so eine Sehnsucht. Was davon bleibt? Die ohnmächtige Bewegung dieser verlorenen Sehnsucht selbst – die umso törichter in unserem Leben herumkaspert, je mehr wir ihre früheren Inbilder verdrängen, vergessen. Auch durch so einen Film, finde ich, formt sich wie von selbst noch einmal die Erzählung vom besseren Leben, die uns unverlierbar erscheint, wenn wir sie mit einer persönlichen Bedeutung beleihen können. Was unsereins im Rückblick auf einen vielleicht bald vergessenen Film empfindet, das werden die im Westen, die uns am Rande ihres erfolgreichen Weges aufgelesen haben, wohl nie verstehen können. Aber auch die sentimentalische Variante gehört zum Nachdenken über das Verlorene. Und werde ich jemals etwas anderes sagen, alles ist ja möglich, so wird es gelogen sein.«

DIE OPERATION wird erneut verschoben. Wieder Pause für Böwe, aufgezwungen vom verfluchten Herzen. Erneut rasen die Gedanken; leider rasen sie nur im Kreis.

»Ich will hier raus«, raunzt der Schauspieler, »aber ich weiß mit einem Mal nicht mehr, wohin.« Der Schauspieler sortiert völlig sinnlos irgendwelche Tablettenröhrchen auf dem Nachttisch. »Immer häufiger denke ich, daß ich keine Kraft mehr haben werde, auf eine Bühne zu gehen, dort oben etwas Neues zu beginnen. Shakespeares ›Heinrich IV.‹ will der Intendant in der nächsten Spielzeit auf die Bühne bringen, mir trägt er die Rolle des Volksphilosophen Falstaff an, eine der schönsten Gestalten der Weltdramatik, einen Schauspielertraum. Wieso ducke ich mich wie ein Pennäler, der vom Lehrer nicht gesehen werden will? Da bietet mir einer den Gipfel, und ich denke an Krumbeck, das Dorf im tiefsten Gras. Nur noch sitzen und lesen, nur noch mit Sigrid, Rainer und Dieter aus der Nachbarschaft auf der Bank unter den Bäumen hocken.«

Was bildest du dir eigentlich ein, sagt die Frau des Schauspielers wenig später, als sie zu Besuch kommt und einen Stapel Zeitungen mitbringt. In der ihr eigenen augenzwinkernden Direktheit fährt sie ihn an: Von mir aus kannst du aufs Dorf ziehen, dich einkitschen, aber wer soll es auf Dauer aushalten, dein Horchen auf jedes Geräusch, ob das nicht vielleicht doch Applaus ist. Willst dich aus dem Beruf schleichen und den Herrn Paul zur letzten großen Rolle hochstilisieren. Bescheidener Abgang! Kneifst vor Arbeit, meinst gar, ein großer Schauspieler zu sein, aber lehnst den Falstaff ab.

»Ach, bist du plötzlich ehrgeiziger als ich?« Der Schauspieler versucht eine schwache Gegenattacke.

Nein, erwidert seine Frau, man sieht ihr die Müdigkeit an, die sich bei häufigen Krankenbesuchen auf jedes Gesicht legt und die umso sichtbarer wird, je stärker man versucht, freundlich zu sein. Auch um Menschen, die einander lieben, macht diese Wahrheit keinen Bogen.

Ehrgeiz, Quatsch! wiederholt sie, aber ich habe wenig Lust, einen greinenden Böwe zu ertragen, der Bücher hortet und keins liest, der auf der Terrasse sitzt und sich langweilt und der dann mit Märtyrergesicht Geschichten erzählt, die wir alle schon hundertmal gehört haben.

»In einem bescheidenen Winkel dahinträumen zu können, ohne beständig Ansprüche erfüllen zu müssen, ist bestimmt kein Martyrium.«

Scher dich auf deine Bühne, sagt sie, du kommst doch ohne sie gar nicht aus.

»Mit sechsundsechzig«, erwidert, sichtlich angeschlagen, der Schauspieler, der es in diesem Moment nicht schafft, den gleichen neckend-provokativen Grundton zu finden, »mit sechsundsechzig sieht aber vieles nach sehr trübem Dämmerlicht aus, nach Abend, leider jedoch nicht nach Vollendung. Unsereins liegt da und ist Fragment geblieben. Ich glaube jetzt wirklich, ich bin immer nur ein Reproduzent meiner selbst gewesen, ich habe wiederzugeben versucht, was mich selber ins Herz getroffen hatte, als das Ding noch ein wenig kräftiger schlug. Aber nun erlischt da was, man wird hier zur Funzel in diesem Krankenhaus, das spür ich doch. Von Glück werd ich reden können, wenn ich hier heil herauskomme, und so ein Glücksfall kann manchmal nur ein dünnes Pergament über einem langsamen Erschrecken sein: Ernstliche Bejahung des Lebens setzt sich nämlich aus vielen, vielen Abschiedsworten zusammen. So läuft die Geschichte. Das Sprichwort von der Schwere des Anfangs stammt wahrscheinlich von Leuten, die das Ende nicht kennen. Ich glaube, ich bin an so etwas wie einem Ende angelangt. Und das ist so leicht nicht.«

Die Frau des Schauspielers bleibt hartnäckig, und sehr, sehr leise fragt sie, mit gezielt abschätzigem Unterton: Um noch einmal auf den Falstaff zurückzukommen – ist dir eigentlich mal aufgefallen, daß du in deiner gesamten, langen Laufbahn nicht ein einziges Wörtlein Shakespeare auf der Bühne gesprochen hast? Nicht ein einziges Wörtlein Shakespeare?

Der Schauspieler blickt auf wie jemand, den man ertappt hat. So sah Henry Maske aus, in der achten Runde gegen Rocchigiani.

Dieser Vorwurf sitzt. Schon am nächsten Morgen liegt auf dem Nachttisch ein gelbes Reclam-Bändchen, William Shakespeares »Heinrich IV.«

WÄHREND DRAUSSEN die Sonne gleichmäßiges Licht verteilt, mutet das Krankenhaus kalt an und fremd. Trotz der vielen Blumen auf dem Fensterbrett. Die angenehme Verrücktheit, die offenbar wieder Besitz ergriffen hat vom Schauspieler, paßt nicht hierher, und Böwe spürt das. »Die Art, wie alles zu Ende geht, hat etwas Erniedrigendes. Die Menschen liegen in dunklen Schlafzimmern oder in irgendwelchen Hecken draußen im Regen. Mehr ist am Ende nicht zu sagen. Und alles wird erst wirklich, wenn es dich selber betrifft. Aber: In Extremsituationen sind die Gefühle trivial. Die Behandlung kommt einem, ab einem bestimmten Moment, schlimmer vor als die Erkrankung selbst. Andererseits fühlt man sich geborgen: ja, man hat eine Identität. Es ist eine spielerische Identität, man schaut dem eigenen Ich zu, und dieses Ich – das sind die Apparate, an die man angeschlossen ist. Der Tod, der die Gedanken bedrängte, wird mit einem Male etwas Fremdes, weil alles Hantieren ringsum einer gnadenlos routinierten Kühle verpflichtet ist, die sich aufs Gemüt überträgt. Türen schlagen, Durchzug umweht dich, Betten werden auf quietschenden Rädern hin- und hergeschoben, hinter jeder Tür lauert die Handwerklichkeit eines Schlachthauses. Unsereins liegt im Bett und schwört, sollten wir die Eingriffe überstehen, künftig kleine Freuden des Lebens ernster zu nehmen. Aber ist, wer das Leben in kleine und größere Freuden einteilt, nicht längst schon verloren?«

Vielleicht das schönste Erlebnis im Krankenhaus: Anrufe von Fred Düren, aus einer Telefonzelle in Jerusalem. Der Schauspieler des Deutschen Theaters, der strenge, übermütige Komödiant, der zum Rabbiner wurde. »Am Ende kam er mit der Bibel ins Theater, es hatte ein Maß und eine Würde und eine Milde, was mit diesem großartigen Menschen plötzlich über uns kam; uns gottlose Sangesbrüder brachte Fred in arge Verblüffung und zu betretenem Schweigen. Fred Düren verehrte ich als ein tiefgründiges, nicht faßbares Original mit genialischen Zügen, tragikomisch in jeder Situation, jeder Rolle. Spätestens seit dem ›Boll‹ schätzte er offenbar auch mich. Fünf Minuten vor dem Beginn fast jeder Vorstellung klingelte in der Garderobe das Telefon, und der Meisterversteller sprach irgendetwas mich Verwirrendes, das plötzlich endete: ›Hier spricht Fred Düren, ich wünsche Gottes Segen.‹ Er legte auf, und ich ging beglückt auf die Szene.«

In Israel hat Fred Düren einen Baum gepflanzt für Kurt Böwe.

Fred Düren pflanzt in Israel einen Baum für Böwe

PROFESSOR ALTHAUS wird operieren, ein begnadeter Arzt, ein Mann mit jener Ausstrahlung, die ein Krankenhaus für lebenswichtige Momente heller machen kann. Wende-Jäger versuchten, aus einer europäischen Koryphäe einen Gezeichneten zu machen, einen »Abgewickelten«. Der einstige Chef der Urologen in der Charité behielt seinen Charakter, er ließ sich durch Diffamierung, die so viele DDR-Wissenschaftler und -Ärzte betraf, nicht einschüchtern. Als Honecker operiert werden mußte, streikten die Krankenfahrer. Althaus sorgte für den Transport ins Krankenhaus, Althaus operierte. Er holte kurz entschlossen seinen ehemaligen Cheffahrer, der kam aus Halle, nach Wandlitz, in einem der längst vergangenen Oktober, im Moskwitsch, bei dem nur drei Töppen funktionierten. Wichtigste Anweisung an den leise gewordenen Erich: Genosse, unser Revolutionswagen is e bissel kalt, du mußte eine Decke mitnehmen!

Kurt Böwe sagt heute, auch er verdanke diesem Arzt und seinen Kollegen das Leben. »Später, nach der Operation, die er an mir verübte, wird sich dieser Althaus, der wunderbare Komödiant, inmitten einer Ärztegruppe, die mich inspiziert, Raum verschaffen, an mich herantreten, mein Hemd lupfen, auf die Narbe zeigen und ausrufen: ›Gucken Sie sich doch meine Arbeit an. Hier, ist das nicht eine Linie!‹ Die beraten, ob ich morgen sterbe oder übermorgen – da kommt der und ruft: ›Hier, gucken Sie sich doch mal meine Arbeit an!‹ So sind die Künstler! Danke, Althaus!«

MITTE MAI des Jahres 1995 findet die erste Vorstellung von »Herrn Paul« nach langer Krankheit des Schauspielers statt. Am Ende einer bangen Durchlaufprobe atmen alle auf: Die körperliche Strapaze kann dem Noch-Kranken zugemutet werden; Ärzte werden bei den drei Vorstellungen während des Berliner Theatertreffens im Zuschauerraum sitzen.

»Alles hat seine Zeit«, sagt der Schauspieler. Ich betrachte ihn. Merkwürdig: Nach seiner schweren Operation sieht er jünger aus als sechsundsechzig – als hätte er eine Sonderabmachung mit der vergehenden Zeit. Es fällt mir nicht mehr so leicht, seine Augen zu beobachten, ohne das Gefühl zu bekommen, ich sei taktlos. Sie sind mit einem Mal völlig entblößt – nicht aufgrund ihrer Unschuld, das nun schon lange nicht mehr, weiß Gott!, nein, aufgrund einer auffälligen Beobachtungssucht.

Der füllige Körper hat in den letzten Monaten seine Schwammigkeit verloren. Ich denke daran, daß der Schauspieler einmal, als wir Fotos für dieses Buch heraussuchten, mit leiser Stimme sagte: »Es hat lange gedauert, bis ich ein Gesicht bekam«.

Herr Paul hat ein Gesicht. Weit eindringlicher, leiser, wahrhaftiger als bisher gibt der Schauspieler jenen weisen und wüsten, schmuddeligen und graziösen Verweigerer, den kein noch so gerissener Geschäftssinn vom Fleck kriegt. Er ist faustisch in seinem Beharrungsvermögen, sich in nichts verwickeln zu lassen.

Im März 1994 hatte das Stück von Tankred Dorst in den Kammerspielen des Deutschen Theaters Premiere. Über dreißig Vorstellungen liegen hinter dem Schauspieler, der mit Paul ein glückliches Jahr hatte, gemeinsam mit dessen Schwester, gespielt von Christine Schorn. Wer als Dramaturg diese beiden auf der Bühne sieht und fortan nicht gequält wird von der Idee, den Komödianten ein Zwei-Personen-Stück aufzutreiben, der hat seinen Beruf verfehlt, der hat keine Seele für das, was Theater kann und das Deutsche Theater muß.

Wenn der Schauspieler auf »Herrn Paul« zu sprechen kommt, zieht er gern seine Lieblingskritik aus der Tasche. Petra Kohse schreibt in der taz: »Ein Schmerbauch wie eine Siegesfahne. Der ihn vor sich herträgt, hat ihn der Gesellschaft abgetrotzt, dem Zwang zur Agilität, zur Gesundheit. Er hätte jeden Beruf ergreifen können und hat einfach nein gesagt und sich aufs Sofa gelegt, und da liegt er. Nützlichkeit hat er nicht nötig, er ißt, was er kriegen kann, schont seine Füße, philosophiert, wenn es sein muß – und stört. ›Wer lebt, stört‹, sagt Herr Paul und geht zur Türe hinaus. Zurück läßt er Helm und Lilo. Helm, der die stillgelegte Seifenfabrik geerbt hat, die einst Pauls Vater gehörte und in der Paul mit seiner Schwester notdürftig haust. Helm will eine Großwäscherei daraus machen, dazu müssen Paul und seine Schwester Luise ins Vorderhaus umziehen. Aber sie wollen nicht. Paul geht. Aber nicht weit, er kommt wieder. Helm schlägt mit dem Beil auf ihn ein. Paul steht wieder auf. Und bleibt … Paul ist der nicht wegzuorganisierende Rest in der Geschichte, ein Fragezeichen hinter jedem Muß. Michael Gruner inszenierte dieses Oblomow-Stück. Kurt Böwe spielt den Paul, eine erstklassige Besetzung. Er hat die komische Gelassenheit desjenigen, der aus Überdruß wieder naiv geworden ist. Über den fetten Backen blinzeln seine Augen mit müder List und Melancholie zugleich. Und wie graziös er seinen massigen Körper bewegt. Hört er wirklich zu, streckt er entzückt ein Bein von sich weg; wenn er über die Bühne läuft, ist es, als schwebe er – die Transzendenz des Klopses. Böwe ist grandios, er trägt die Inszenierung, assistiert von Christine

Schorn, die herrlich spätmädchenhaft, kauzig und zerstreut die Schwester Luise spielt … Michael Gruner ist wohl eher ein Regisseur fürs Episodische. Zwischentöne und Entwicklungen scheinen ihm eher fremd zu sein. Da wird mit Hochdruck vom Blatt gespielt, Geschichten zwischen und hinter den Zeilen gibt es keine. Nur bei Böwe. Er ist nicht nur der Ostler, der sich bockig dem neuen Hausbesitzer aus dem Westen entgegenstellt. Er ist nicht nur ein mahnender Fleck aus der Vergangenheit, nicht nur Opfer, sondern in all seiner Passivität auch aggressiv, ein Kinderfummler und Schwesterparasit. Er ist die Fettzelle im gesellschaftlichen Muskel, gegen ihn hilft keine Diät.«

Es gibt Philosophien, die man gleichsam auf ein Wort bringen kann, aber es gibt wichtigere Philosophien – die man mit einem Schweigen sagen muß. Und des Schauspielers Schweigen wird beredter, seit er im Krankenhaus lag und wohl ein Leben an sich vorbeiziehen ließ. Nun bietet er, als Paul, ein Bild romantischer Verwahrlosung. Böwe, der Grauclown. Stimmbänder, mit Mehl belegt oder Seifenstaub. Wächst zum Fremden, zum Ungeheuer. Stolzgepanzerter Drache, nicht traurige Kröte.

Dieser Mann auf der Bühne kann auf Zehenspitzen ganz laut gehen; er ist das Messer, das auf seinen Rost stolz ist. Herr Paul ist genial wie ein Musiker, der weiß, die eine Hälfte sind die Noten, die andere Hälfte jedoch sind die Pausen. Er zeigt uns die glücklichmachende Einsamkeit, utopielos zu leben – ohne daß die Seele an schütterer Stelle bricht. Dabei macht es der Schauspieler dem Zuschauer meisterhaft schwer, jene Distanz, zu der Paul sich konsequent zwingt, von der Komödie zu unterscheiden, die er sich und allen vorspielt. Herr Paul wird am Ende zerhackt, und er kehrt doch wieder. So erzählen uns Autor und Schauspieler: Theater nimmt den Tod ernst. Aber es verleugnet diesen Tod zugleich – indem es ihn ja nur als Theater ernst nimmt. Damit ist auch jede Todesgewißheit nur Fiktion. Diese notwendige Lüge der Kunst ist ihres wahrhaftigen Ernstes wegen natürlich auch komisch.

Die Wiederaufnahme des Stückes schildert Wolfgang Ruf im Theatermagazin »Die deutsche Bühne«: »Die Szene ist bewegend: Zum ersten Mal seit langer Krankheit steht Kurt Böwe wieder auf der Bühne der Kammerspiele des Deutschen Theaters … und sprüht sichtlich vor Spiellust. Und die Freude daran, daß ein vollbesetzter Saal gebannt seinen sparsam gesetzten, aber von körperlicher Fülle getragenen Worten und Bewegungen folgt, ist ihm bei aller schauspielerischen Beherrschtheit doch anzumerken. Richtig, am Ende, als der Applaus nicht enden will, tritt Böwe auf einmal an die Rampe, aufs Publikum zu. Seine Augen leuchten, und all die Fältchen in seinem Gesicht verbinden sich zu einem strahlenden Lächeln, als er sich noch einmal verbeugt. Erleichterung, Dankbarkeit und doch auch Stolz drückt das aus.«

Nun ist längst wieder Bühnenalltag eingezogen, und es gibt nicht nur Glücksstunden. Wie, wenn das Publikum schweigt, wenn es sich verweigert und zeigt, daß es auch eine Macht ist?

»Dann suchen sich Furcht und Hilflosigkeit einen gefährlichen Ausweg – in der Aggressivität. Ja, du wirst tatsächlich böse auf der Bühne. Womöglich siehst du noch zwei Gesichter in der zweiten Reihe, die dir nicht passen, schon machst du dich schalldicht, wirst verstockt. Der Untertext: Würde ich hier nicht bezahlt, träte ich sofort ab, ich möchte nicht spielen für euch – und Sie, meine Damen und Herren, für die ich sonst sehr gern spiele, gleich mit inbegriffen. Du stehst da oben, bist böse, aber bleibst trotzdem begierig nach einem Wort der Liebe. Aber du kriegst natürlich keine Liebe. Ich habe es in einer der jüngsten Vorstellungen erlebt: Die Welt schweigt dich an aus diesem verruchten Dunkel da unten. Wo ich doch so lange weg war, krank war – nein, nicht krank war ich, sondern im Felde; sieben Jahre lang oder dreißig kämpfte ich für euch, in einem unbekannten Krieg, für die Freiheit, fürs Überleben, fürs Vaterland, und nun sitzt das Vaterland, wie immer, undankbar vor mir und rührt keine Hand, nicht mal die Mundwinkel zucken. Den Kopf haben sie mir neu aufgesetzt, und ihr sitzt da, als wäre nichts geschehen. Aber es ist doch was geschehen! flehen meine Blicke: ICH! Ich bin geschehen! Merkt ihr denn nichts, ihr fühllosen Gestalten?

Bis plötzlich doch einer lacht. Ein einziger Mensch lacht. Und wer ist es? Ich blinzle hinunter. Mein Professor Althaus, mein Arzt! Als hätte nur er unter den Hunderten gehört, daß da oben eine Seele SOS schreit.

Kurt Böwe in der Titelrolle von Tankred Dorsts »Herr Paul« in den Kammerspielen des Deutschen Theaters, Regie: Michael Gruner, Premiere März 1994

»Im Ostteil Berlins setzt Herr Paul seine stille Größe für die Verfolgten der deutschen Einheit ein. Aus dem Drama um Tief- oder Erfolgssinn wird in Michael Gruners Inszenierung ganz selbstverständlich ein kleiner Ost-West-Konflikt. Kurt Böwe als majestätischer Lethargiker führt überzeugend vor, daß der Aufbau Ost allein eine Frage des Willens ist. Herr Paul will nämlich nicht. Mit kindlicher Fröhlichkeit thront er, die kurzen Beine etwas unter den beeindruckenden Bauch gewinkelt, auf der abgewetzten Ottomane und pariert die optimistischen Sprechblasen des Erben mit lapidarer Gleichgültigkeit. Hingegossen in der wärmenden Sonne der Scheinwerfer, von leise aufsteigenden Staubschwaden umwölkt, klärt Böwe die letzten Fragen von Dasein oder Nicht-Sein. Er hält, voll sympathisch bornierter Trägheit, allen Zumutungen kapitalistischen Wirtschaftswachstums stand. An seiner hohen Schmierenkunst gleiten alle Selbstgewißheiten von notorischen Vereinigungsoptimisten ab.«

Franz Wille in »Theater heute«, Jahrbuch 1994

Da haben wir wieder die Krux des Schauspielers, der ein Erhöhter und Verdammter zugleich ist – in solchem Moment steht er im bekannten Teufelskreis: Schutz vor der Welt sucht er ausgerechnet in der Zuneigung derer, vor denen er sich eigentlich, durch Kunst, zu schützen sucht.«

TANKRED DORST, der Autor des Stücks, über Kurt Böwe:

»Wer nun ist dieser Herr Paul?

Er hatte sich immer wieder verändert. In Hamburg erschien er mir wie eine Todesfigur, in München war er ein Schlaumeier, in anderen Städten ein Narr, und sicher hat er in den vielen Inszenierungen, die es inzwischen gibt, noch auf ganz andere Weise seine Komödie gespielt. Ich versuche nun, mir den Herrn Paul vorzustellen, den ich vor vielen Jahren wirklich gekannt habe, und ich merke, daß mir der echte hinter dem gespielten mehr und mehr gleichgültig geworden und also fast verschwunden ist. Kein Bild dieser Person stellt sich hinter den Bühnenerscheinungen ein.

Damals in Wuppertal, in den fünfziger Jahren, war er mir vertraut, weil er ein Teil meiner Geschichte war. Ich entdeckte ihn am Ende des langen dunklen Korridors, ich sah ihn dort durch die halboffene Tür. Ich sah ihn auf dem zerschlissenen, rot gemusterten Sofa liegen; ein großer dicker Käfer im kragenlosen Hemd. Ich fragte ihn aus, und er antwortete mir willig; er war in dieser Zeit, als wir zusammen in dem alten Haus wohnten, ein Teil von mir selbst geworden: Ich ahnte, daß ich tätig und lebenstüchtig nur deshalb sein wollte, um mich von diesem anderen Teil von mir zu unterscheiden.

Mit dieser Mischung von Anziehung und Abneigung, von Angst und Sehnsucht nach Unschuld habe ich damals angefangen, ein Theaterstück zu schreiben: ein junger Mensch auf der Suche nach einem sinnvollen Engagement, nach einer Tätigkeit, die seine eigene arme Existenz rechtfertigt, entdeckt den Anderen, den Untätigen, der sich nicht von der Stelle rührt, der nichts will, der alle Anstrengung und Anpassung verachtet und zunichte macht.

Der junge Mann, so sah ich mein Stück, will die Welt verändern, der Andere, Herr Paul, erzählt sie. In einer Zwischenphase sollte das Stück auch ›Der Geschichtenerzähler‹ heißen. Herr Paul erzählte, auch dann erzählte er, wenn niemand zuhörte. Er erzählte, was er nicht erlebt hatte, aber in Wirklichkeit, so hat es den Anschein, hat er gar nichts erlebt. Er lag nur da, und die Welt war in seinem Kopf. So wurde dieses träge andere Ich eine Art Dichter, ein Künstler ohne Kunstwerk, Paul produzierte ja nichts.

Meine Schwierigkeit beim Schreiben dieses Stückes, das ich eine Komödie nannte, blieb aber weiterhin: Herr Paul war passiv und also eigentlich keine dramatische Figur. Erst viele Jahre später und dadurch, daß ich ihn schreibend in die alte Seifenpulverfabrik setzte (die es damals im Hinterhof auch wirklich gab), kam das Ganze in Bewegung, konnte so etwas wie ein Konflikt und eine Handlung entstehen: Paul soll ausziehen, aber er will bleiben.

Mit der Öffnung der deutsch-deutschen Grenze stellte sich dann die Komödie in anderer Aktualität und Bedeutung unversehens wieder ein. Meine Phantasie hatte sich in der Zeit des Wirtschaftswunders in den fünfziger Jahren festgehalten, – wie nun, wenn die Geschichte 1992 in Meiningen spielen würde, in einem alten Haus, in einer leerstehenden Fabrik in der ehemaligen DDR, wenn der junge Mann aus dem Westen käme, das Geschwisterpaar aber seit vielen Jahren in der alten Villa oder in den Fabrikräumen provisorisch gehaust hätte; und wenn die neue Zeit, das heißt der ökonomische Druck rasche und wohl auch brutale Veränderungen forderte: Wie sähe dann die Geschichte von Herrn Paul und seiner Schwester aus?

Nur ein Ossi, hörte ich sagen, könne dies Stück wirklich verstehen. Müßte es mir dann, weil ich so lange im Westen gelebt hatte, unverständlich geworden sein?

Ich war neugierig, was aus meiner Komödie in Berlin am Deutschen Theater geworden war. Da saß ich, es wurde dunkel und langsam hell: Kurt Böwe lag auf dem Sofa, redete vor sich hin. Mit wem redest du denn? Die Stimme kam von draußen, und dann erschien, halb Vorwurf, halb kläglich wimmernd, Luise und versuchte, ihren Bruder für ihre Ansteckbrosche zu interessieren. So begann der für mich aufregende Abend, und ich sah: die Schauspieler hatten den Kampf um den Ort, an dem sie lebten, zu ihrer eigenen Geschichte gemacht, so wie sie diese aus der Vergangenheit ihres Landes verstehen konnten.

Aber zugleich, wie in keiner anderen Aufführung sonst, war dieser Mensch, der so schwer auf dem Sofa lag, mein alter Herr Paul, melan-

cholisch resistent, so wie ich ihn vor vielen Jahren gekannt hatte. Ich hörte ihn reden, ich sah das schwere Kind, den Verweigerer: Mein anderes Ich, der wunderbare Kurt Böwe.«

RAINER SIMON, DEFA-Regisseur, schreibt über Herrn Paul, kommt aber zunächst noch einmal auf Böwe im DEFA-Film »Jadup und Boel« zurück:

»Ein Bürgermeister aus der DDR darf sich nicht prügeln, nicht mal in Notwehr mit randalierenden Jugendlichen, die Staatsgewalt ist unantastbar, wehe dem, der die Hand gegen sie erhebt, wo kämen wir denn hin, wenn das Schule machen würde – falls die Szene aus dramaturgischen Gründen nicht eliminiert werden kann, muß sie auf ein Mindestmaß gekürzt werden, mit dieser verqueren Logik könnte es gesagt worden sein in einer der unzähligen Abnahmediskussionen des Films ›Jadup und Boel‹, die schließlich zu dessen Verbot führten. Das war 1980, Hauptrolle: Kurt Böwe.

Einen Herrn Paul darf man zerhacken, eine Hand ab, ein Bein, Blut spritzt, gleich darauf kommt er wieder unversehrt zur Tür herein, der ist unantastbar. So geschieht es in Tankred Dorsts Bühnenstück ›Herr Paul‹ in den Kammerspielen des Deutschen Theaters 1995, Hauptrolle: Kurt Böwe.

Herrn Paul, vormals Jadup, kann man auch als Kriminalkommissar im Fernsehen begegnen, ein menschliches Fossil unter zappelnden, plappernden Zombies. Die Jugendlichen von damals schieben jetzt mit Autos und Thai-Mädchen, wenn sie nicht gerade Obdachlose von der Müllkippe aufklatschen, und der Kommissar sammelt die Indizien in einem Einkaufsbeutel, den er von Jadup geerbt haben könnte. Als der Schauspieler Böwe 1980 durch die märkische Kleinstadt zum Drehort ging, stellte ihn eine Einwohnerin energisch zur Rede, fordernd, daß er, der Bürgermeister, endlich die versprochenen Handwerker zu ihr schicke. Böwe kommentiert, da siehst du's, du hattest mich richtig besetzt, ich habe diese DDR-Fresse, mir glaubten sie den Bürgermeister, ich habe diese Geschichte, ich mußte mich nicht verstellen. Als er Jadups Rede hielt, Sätze, die der Schriftsteller Paul Kanut Schäfer geschrieben hatte, mußte er sich auch nicht verstellen: ›... Ja, ich glaube, daß das Schicksal der Revolution, unser aller Schicksal mit Men-

schen verknüpft ist, für die man bürgen kann, daß sie kein Wort auf Treu und Glauben hinnehmen, kein Wort gegen ihr Gewissen sagen werden ...‹ – Gedanken, von denen später viele meinten, erst Herr Gorbatschow hätte sie erfinden müssen, sie waren längst in vielen Köpfen, nur eben nicht in denen der Herrschenden, die in der Regel damit beschäftigt sind, ihre Macht zu erhalten, und deshalb etwas langsamer im Denken sind.

Als ich Böwe die Rolle des Jadup anbot, fragte er sofort, wie willst du das durchkriegen, und ich soll geantwortet haben, versuchen wir's mal – es hat damals leider nicht geklappt, aber Böwe hatte sich aus Fernseh- und Theaterverpflichtungen für die riskante Rolle freigemacht, und nach der acht Jahre verspäteten Premiere hat er dem zwiefach aufmerksam beobachtenden Publikum die Fragen Jadups gestellt: ›Hütet euch davor, alle Fragen endgültig lösen zu wollen, ich habe es immer wieder versucht, und jetzt weiß ich, es geht nicht, das Leben ist keine Frage, die man endgültig löst. Es bliebe dann nur Stillstand und Tod ...‹

Das war 1988 im Ost-Berliner Kino ›Babylon‹, das bis heute ein Ort für öffentlich ungeliebte Filmasylanten geblieben ist. Ein reichliches Jahr später hatten sich diese Fragen erledigt.

Was macht ein fiktiver Bürgermeister wie Jadup heute? Der sitzt im Vorruhestand vorm Fernseher und sieht aus alter Anhänglichkeit Polizeiruf. Da gibt's einen Kommissar, der ist ihm sympathisch. Der ruht in sich und tut etwas. Der sieht hin, lächelt, schweigt, stellt sich nicht dar und verstellt sich nicht, der ist heute noch genauso wenig der positive Held wie früher. Die optimistisch dreinschauenden Parteisekretäre aber sind mutiert zu den positiv denkenden Geschäftsleuten, die auch mal einen zerhacken, wenn's nicht anders geht, wenn einer sich anstellt wie Herr Paul. Der ist die neue Gefahr: Verweigerung. Anarchie. Terrorismus ... Herr Paul will einfach nur Herr Paul sein, nichts anderes.

An Jadup mußte ich denken, als ich letzten Sommer in Montségur war, auf der geschliffenene Ketzerburg der Katharer.«

EIN BIERGARTEN, sagt der Dichter Oskar Maria Graf, ist ein Stück Himmel auf Erden. Wer an Himmel denkt, denkt an Seligkeit. So ist Bierseligkeit ein Stück derselben, und sie ist wohl eine der wenigen Seligkeiten, die Sünde voraussetzt: das umfängliche Trinken von Bier.

Wenn der Schauspieler über dieses Getränk philosophiert, und das geschieht von Zeit zu Zeit, dann ist er in seinem Element. Immer schon gewesen. Er lächelt vielsagend und erinnert an ein Wort des Kollegen Ernst Kahler vom Deutschen Theater, der über sein Verhältnis zu Dieter Franke einst mitzuteilen wußte: Dieter und ich haben seit langem weltanschauliche Differenzen. Wir können uns nicht einigen, ob doppelte Wodka oder halbe Liter Pils gesundheitsfördernder sind. Von Zeit zu Zeit schließen wir einen Kompromiß und trinken beides. Am nächsten Tage leiden wir stumm erbittert an den Folgen ideologischer Koexistenz.

Auch in der Familie Böwe, so weiß ich von Bruder Günther, ist der Durst seit jeher ein Talent gewesen, gleichmäßig verteilt auf alle Söhne und sorgsam gepflegt. Der Schauspieler nickt. »Aus Trotz sozusagen sind die Prignitzer Kneipenhocker geworden, denn zu Zeiten der Erbuntertänigkeit war ihnen verboten, nach Einbruch der Dunkelheit noch in Wirtshäusern herumzusitzen. Seit ihnen kein Gutsherr mehr solches verbieten kann, scheinen sie die verlorenen Jahrhunderte nachholen zu wollen, und weil dazu alle Abende dieser Welt nicht ausreichen würden, sind selbst vormittägliche Bierrunden nichts Außergewöhnliches.«

»Das schier schwebende Gemüt eines Biertrinkers«, so hebt der Schauspieler in beliebiger Stunde zur augenzwinkernden Rede an, jetzt sehen wir deutlicher denn je, er ist ein pathetischer Mensch, »dieses Gemüt, das von unfrohen Naturen gar zu oft fahrlässig mit gemeiner Betrunkenheit verwechselt oder gar bewußt mit dieser in Beziehung gebracht wird – dieses Gemüt setzt nicht automatisch ein, wenn man einen Biergarten oder eine Kneipe betritt. Wie alle Harmonie, so stellt sich besagte Seligkeit nur ein, wenn Äußerliches wie Innerliches zu hoher Übereinstimmung drängen.«

Der Schauspieler nimmt einen Schluck vom geliebten »Flensburger«, wir sitzen im brandenburgischen Runddorf Porep, auch einem Ort seiner Kindheit, in der Nähe von Muggerkuhl oder von Marnitz oder von Stepenitz, ein Name geheimnisvoller als der andere. Wir sitzen in der Dorfkneipe, der Schauspieler will mir die Wirtin vorstellen, hier trinkt er oft sein Bier, von Krumbeck herüberkommend, aber die Wirtin ist gerade mal weg, Urlaub. Wohl in Amerika? fragt der Schauspieler mit einem Lachen, das man nur in Porep lachen kann, wenn man hört, jemand sei nur mal weg, denn wo soll einer hin, wenn er in Porep lebt. Und der Schauspieler lacht immer noch, und er überhört also fast, als die diensthabende Verwandtschaft sagt, ja, genau, in Amerika, in El-Ä, und jetzt lachen alle, die hier sitzen, weil der Schauspieler lacht, und sie lachen noch lauter, als der Schauspieler, den Schreck der Weltsensation hinunterzuspülen, eine Runde »Schluck und Bier« bestellt, also Klaren und Pils.

»Bierzeit ist Gemütszeit«, fährt der Schauspieler im ironischen Traktat fort, nicht vom Kommen und Gehen der Gäste zu bremsen, selbst wieder einmal Dichter und Darsteller in einem. »Wie jede wirklich tiefe Empfindung ist auch das Biertrinkgefühl gleich einem scheuen Reh, schon die geringste Disharmonie, jede unbotmäßige, künstlich erzwungene Tempoverschiebung gefährdet seine Reifung. Denn dieses Gefühl kommt nicht auf Bestellung, wie ein Bier auf Bestellung kommt, was ich hiermit tue, nein, sein Wachsen gleicht in unserer sensitiven Unmerklichkeit dem Zeitmaß einer aufbrechenden Rose. Es steigert sich, um auf den Kern zu kommen, Schluck für Schluck. Bedächtigkeit ist überhaupt die Grundvorraussetzung eines wirklichen Biererlebnisses. Sie will durchaus gelernt sein, diese konstante Mischung von bewußt ausgestellter Getragenheit und einer kreatürlichen Schlummrigkeit in Blick und Benehmen.«

Der Schauspieler weiß, wovon er spricht. Gestern noch in Berlin, war er mitten im Reden aufgestanden, an eins der Bücherregale gegangen, hatte gekramt und zog schließlich von irgendwoher einen Zettel hervor, den er gleichsam, auch da haben wir über das Bier disputiert, als Beleg seiner Erfahrungen zitierte: »Lieber Genosse Böwe, Sie haben am 4. September 1970 (einem wichtigen Tag) aus alkoholischen Gründen die Probe ›Zeitgenossen‹ versäumt. Das ist schlimm, es gibt nur wenige Umbesetzungsproben, und eine der wenigen haben Sie zerstört. Als

Spartenvertrauensmann am Theater des Friedens Halle demoralisieren Sie mit diesem Verhalten die Disziplin des Ensembles. (Wenn der nicht kommt, muß ich erst recht nicht ...) Mit diesem Verhalten beschädigen Sie das Bild, die Erwartungen an einen Genossen Schauspieler. Sie haben zwar heute sehr gut den ›Faust‹ probiert, aber das reicht nicht. Üben Sie, wieder nüchtern geworden, ehrliche Selbstkritik; Entschuldigungen bei den Kollegen und dem Regisseur sind das Wenigste, was zu erwarten ist.

Ihr Horst Schönemann. PS: Und wenn Du schon trinken mußt, mein lieber Kurt, dann trainiere bitte so lange, bis Du wirklich standfest bist. Denn auch im Sozialismus gilt: Dienst ist Dienst, und Schnaps ist Schnaps.«

»Schon diese wenigen Bemerkungen lassen erkennen«, so fährt der Schauspieler nun in seinem selbstinszenierten Monolog fort, »daß Biertrinken überhaupt eine Kunst ist, deren Gipfel zu erklimmen es frühzeitiger Übungen und Studien bedarf. Die Früchte guter und ausdauernder Erziehung, das Vorbild der Eltern und, sonderlich in meinem Prignitzer Falle, auch der Brüder spielen, wie bei der Entfaltung jedes anderen Talents, eine gewichtige Rolle.«

Und er lacht wieder, der Schauspieler, als wolle er weglachen, was unzumutbare Wahrheit ist: Der deutsche Schauspieler ist von Berufs wegen unglücklich, deutsche Theaterkantinen sind Sammelstätten des Unglücks. Bäuche, gewölbt wie die Rundhorizonte der Bühnen, fader Alltagssuff, überall rote Flecken auf den Gesichtern, geschwollene Nasen, trübsinnige Augen. Da sitzen sie, verdammt vom Zweifel und geplagt von Unlust: Der eine mag nicht spielen, weil der Regisseur eine Tüte ist, der andere, weil das Stück nichts hergibt. Der eine trinkt, weil er nur Nebenrollen bekommt, der andere, weil ihn diese ewigen Hauptrollen überfordern. Und, so fragt »Theater heute«, das Fachorgan der Trinker, das dem Drama des unendlichen Saufens an deutschen Bühnen sogar schon Kolumnen widmete: Warum trinkt jeder dritte? Die Antwort: Weil er früher an einem großen Haus spielte und jetzt an einem kleinen spielt, weil er ein verkannter Komiker ist oder ein unterschätzter Tragiker, weil er seit zwanzig Jahren in diesem Kaff lebt, weil ihm die Mühle des Repertoirebetriebes sein Rückgrat gebrochen hat, weil er unkündbar ist, weil er sich jeden Abend im Spiegel sieht und weil die Träume welken. Der vierte trinkt, weil es am Rhein so schön ist, und der fünfte hat keine Gründe mehr, es ist der Regisseur, er hat den horror vacui und trinkt erst recht. Die Gründe vergehen, die Kunst ohnehin, das Bier aber bleibt sich gleich.

»Gottseidank!« wischt der Schauspieler jeden Anflug von Ernsthaftigkeit vom Biertisch. Und wie er so vor sich hin sinnt, über abgestumpfte Welt und vergehende Zeit, da mag er an die Dreharbeiten zu Rainer Simons Film »Zünd an, es kommt die Feuerwehr« gedacht haben, im Jahre 1979, da DEFA-Verantwortliche leichtsinnig Kurt Böwe, Rolf Ludwig, Günter Junghans und Jürgen Gosch zum Hauptrollen-Gesindel fügten, zu jener Feuerwehrtruppe von Siebenthal, die in ländlich-kleinstädtischer Gegend nur selten dazu kommt, Feuer zu löschen und daher beginnt, Brände selbst zu legen. Vier Schauspieler, freilich bestens trainiert, eigene Brände zu löschen – und manche Stunde verging, so erzählt Kameramann Roland Dressel, das Quartett zu suchen, und in historischer Uniform saßen diese, nicht selten, in irgendeiner Kneipe …

Böwe und Bier

Nach einer kleinen Pause sagt Böwe, mit einem Male nun doch merkwürdig leise: »Alkohol ist wirklich eine Erfolgs- und Betrugsdroge, da könnt ihr sagen, was ihr wollt. Gerade am Theater. War man gut, hat die Euphorie es verdient, daß man sie in noch höhere Höhen treibt. War man schlecht, muß man den Kummer ertränken. Aber ich muß sagen, unmittelbar vor einer Vorstellung trank ich nie. Tommy, der Wunder-Inspizient, könnte das bestätigen.«

Wie hat der Schriftsteller Armin Stolper erzählt? Wenn Kurt einst in Halle morgens etwas verpennt und verquollen auf die Probe kam, wir bleiben beim Thema Bier, dann genügte ein Blick, und Tommy wußte, daß er seinem Freund eine Brause und ein paar frische Konsumschrippen holen mußte, die in der Saalestadt auch früh um zehn schon so steinhart waren, daß man sich damit den Schädel einschlagen konnte. Und manchmal wollte es der Zufall, daß der Regisseur miese Laune hatte und schon fünf Minuten nach Probenbeginn nach Tommy schrie, um ihn für etwas verantwortlich zu machen, wofür der gar nicht verantwortlich war. Und wenn es dann hieß, so Stolper, Tommy ist im Augenblick nur schnell einmal wohin gegangen, dann höhnte die Stimme des Meisters: Aha, ist Ihr Kammerdiener wieder unterwegs, Herr Böwe?

Aber dieser Tommy erinnert sich, wie der Schauspieler auch, an eine Probe im Landestheater Halle vor über fünfundzwanzig Jahren, die aus Gründen, welche in diesem Chapitre naheliegend sind, allen Beteiligten unvergeßlich blieb: Horst Schönemann arbeitete an der Inszenierung von Gorkis »Nachtasyl«, und es war ein Morgen des Restalkohols. Der zog in der Blutbahn nahezu des gesamten Ensembles seine quälenden Kreise. Zudem knirschte es ohnehin, wie stets im Stadium von Endproben. Das Chaos schob sich zusammen wie ein Gewitterhimmel. Da plötzlich funkte es irgendwo, und es wäre kein Wunder gewesen, wenn dies bei Böwe seinen Anfang genommen hätte. Mit einem Male stimmte zwischen allen und bei jedem jeder Ton, jede Bewegung, die Dinge flossen ineinander, die Vorgänge lebten. Schönemann, der wohl insgeheim schon wieder traurigen Herzens die standardisierten Verweis-Texte durchging, kam ins Staunen. Der

Gewitterhimmel löste sich auf, sehr hell wurde es auf der Bühne. Inspizient Tommy ahnte in dieser Situation das einzig Richtige. Was zum Verweis taugt, taugt auch zu höchster Kunst. Er ließ umgehend Schnaps holen, den guten »Edel« aus der Kantine, hinter der Probebühne war rasch ein Tablett gefüllt, und jeder, der eine Auftrittpause hatte, nahm eine Ration. Den Pegel halten, nennt man das, oder auch: ihn ein wenig heben. Die Probe geriet zur Sternstunde, deren Leuchten blieb und weiterwirkte.

Trotz des Verweises, den alle Beteiligten für ihre sehr guten Leistungen erhielten.

Der Schauspieler blickt kühn ins Wesenlose: »Ich sagte es doch: Bühnenmenschen sind Verirrte, Leute, die nicht mit dem Leben zurechtkommen, weil sie es nicht auf eine einzige Schiene bekommen. Sonderlich groß und vom Boden abhebend im Trunke; man muß erleben, wenn sie sich an die Kantinentische setzen, lauernd und bereit, denn die Zeit des Auftritts kennt keine Begrenzung: Kaum hat der eine einen Witz erzählt, wird er überboten von den Einwürfen des anderen; man überfordert sich in den Auslassungen der Phantasie, sie gehen sich gegenseitig an die Pointen, als sei es jedesmal die Gurgel, und sind so fröhlich dabei. Aber das Ganze ist auch eine traurige Geschichte, denn heute sind sie zwar heiter, aber es wird später Abend werden, und morgen müssen sie wieder zur Probe, und der Gang nach Hause ist furchtbar, doch der kommende Morgen ist furchtbarer, weil der Trunk nicht aus den Gliedern will und statt dessen Mißlaunigkeit in den Körper hinein- und aus ihm herausstrahlt, und dann stellt so ein wackerer Mann sich auf die Bühne, obschon die seelischen Dinge noch im Zustand der Verwüstung sich befinden, und da kommt ein Regisseur und meint, daß der gemarterte Schauspieler gefälligst von rechts nach links und von links nach rechts zu gehen habe, wohlfeil auf seinen Lippen einen Text, der, verdammt noch mal!, nicht sein Text ist, den er sich nur unter Mühen ins Hirn gemeißelt hat, aber nur dünn geritzt in die Windungen, ein ewig flüchtiger Text also, und das Jammerbild eines Schauspielers ist im Entstehen, das in nichts darauf hindeutet, daß da vielleicht etwas Eigenständiges entstehen könnte. Bis sich der Alkohol doch verflüchtigt, aber dann braucht man vielleicht noch einen kleinen Doppelten, und nun wird alles weich und formbar und erkennbar in beabsichtigter Heiterkeit und Leichtigkeit. Dichters Text hat nun seinen Mund gefunden, aus dem der Geist zu sprechen vermag, und die Kollegen ringsum sind zwar schon müde, aber nicht müde genug, um nicht doch erstaunt zu fragen, woher der Kerl das alles nun nimmt. Sicher erreicht ihn bald die wohlverdiente Ermüdung, aber sie erreicht ihn, zum Glück, erst nach dem Schluck, den er schnell noch nimmt, nicht ohne reumütig auszurufen: ›Heute wird noch mal gesumpft, morgen kommt der Wendepumpft.‹ Oder, wie Dieter Franke erfand: ›Was sind wir Künstler doch für ein fröhliches Land, heute hier und morgen schon wieder besoffen.‹ Den Spruch, so sagte es Eberhard Esche in seiner Ansprache für den Toten, erfand Dieter Franke auf dem ›Drachen‹-Gastspiel des Deutschen Theaters vor Urzeiten in Paris …«

REETZ. Aus der Chronik des Dorfes.

Die erste schriftliche Erwähnung fand Reetz im Jahre 1323 als »Retze«.

1576 24 Höfe (Hühnerhöfe), fünf Ansiedler.

1685 Grundsteuern: 300 Thaler, 21 Silbergroschen, 4 Pfennig.

1873 »Ich habe mich als Barbier in Reetz niedergelassen und beschäftige mich daneben mit Zahnausziehen. Ein geehrtes Publikum bitte ich um gütigen Zuspruch. gez. Franz Bantzien.«

1897 »Launiger Jagdbericht: Rehböcke fielen sechs bei der heutigen Jagd in Reetz. Dazu ist kaum zu sagen, kommen 28 Hasen, Kaninchen, liefen 2 dicht an Herrn L. vorbei. Die fidele Jagdgesellschaft.«

1899 Gründungsversammlung des Kriegervereins im Lokal Muhs.

1899 Die SPD erreichte 19 Stimmen bei den Reichstagswahlen.

1909 Die Schule wurde erbaut.

1922/49 Hermann Böwe betrieb ein Geschäft zum Verkauf von ländlichen Produkten wie Getreide und Kartoffeln sowie für Kohlen.

1923 In Reetz wurden in letzter Zeit zahlreiche Diebstähle ausgeführt. Beim Eigentümer W. Schulze erbeuteten sie eine Menge Wäschestücke von der Leine, beim Dachdeckermeister Baier 5 Zentner ungereinigten Roggen, beim Kaufmann Nüsse 1 Zentner Roggen, beim Eigentümer Blüthmann ebenfalls 1 Zentner Roggen, und Frau Bauerngutsbesitzer Theiß wurden aus ihrem Forst ein ganzes Fuder Birken, die auf einem Haufen lagen, gestohlen.

1926/45 Alfred Böwe war der erste ehrenamtliche Bürgermeister.

1928 Straßenbau in Reetz, jeder Hof mußte sich an diesem Projekt mit Pflastersteinen beteiligen.

1946 Im Zuge der Bodenreform wurden 147,69 ha auf acht Neubauern mit 5,89 ha, neunzehn mit 39,43 ha, zwei mit 12,53 ha, einem mit 12,35 ha und auf 39 Altbauern mit 77,98 ha aufgeteilt.

1948 Das erste Fußballturnier nach dem Krieg fand statt. Dabei belegte die Mannschaft des SV Reetz den zweiten Platz.

1950 Die telefonische Handvermittlung wurde eingebaut, angeschlossen waren Gulow, Steinberg, Strigleben, Baek, Wüsten-Vahrnow, Gülitz, Bresch, Waldhof, Klockow.

1951/71 Günther Böwe wurde Vorsitzender des Sportvereins.

1958 Die telefonische Handvermittlung ersetzt Selbstwählamt.

1958 Gründung der ersten LPG mit acht Mitgliedern und 42,74 ha landwirtschaftlicher Nutzfläche.

1962 Die Verkaufsstelle wurde von der HO übernommen.

1962 Von der Gemeindevertretung wurden folgende Beschlüsse gefaßt: Entwässerung der linken Straßenseite, Baumbepflanzung, Instandsetzung der Schäferdrift, Bau der Leichenhalle, Bau einer Omnibushaltestelle, Bau einer dritten Zisterne für Feuerlöschzwecke.

1963 Der Dorfteich mußte wegen Austrocknung und Verschmutzung beseitigt werden.

1964 Der erste Stall der großen Milchviehanlage mit 148 Tierplätzen wurde fertiggestellt.

1967 Für die Jugend des Dorfes wurde ein Jugendraum zur Verfügung gestellt.

1969 Die Reetzer Schule wurde geschlossen.

1970 Baubeginn für einen Schießstand, der leider nie fertiggestellt worden ist.

1973 Eröffnung der LPG-Essenküche in der ehemaligen Gaststätte Oppermann.

1973 Bau einer Buswendeschleife in der Dorfmitte.

1982/89 In Reetz existiert eine Ortsgruppe des Demokratischen Frauenbundes Deutschlands (DFD). Diese leistet einen großen Anteil am gesellschaftlichen Leben der Frauen auf dem Lande: So traf man sich regelmäßig, um einen Nähkurs zu absolvieren, Rommé-Abende durchzuführen, Adventsgedecke zu basteln und natürlich auch, um zu feiern.

1985 Die Fußballmannschaft stieg für eine Saison in die erste Kreisklasse auf.

1988 Die Fußballmannschaft des SV Reetz mußte wegen Spielermangels aufgelöst werden.

1990 Eröffnung der ersten Privatbetriebe: Tischlerei, VW-Autohaus, Wäscherei und Heißmangel, Autoreparaturwerkstatt.

1991 Schließung der LPG-Essenküche.

1992 Aufbau eines neuen Storchennestes auf dem Grundstück Dierks. Das Nest wurde von den Störchen gut angenommen, und der Nachwuchs blieb nicht aus.

Mit der Wende wurde das Ende der Landwirtschaftlichen Produktionsgenossenschaften als solche eingeleitet. Die LPG Pflanzenproduktion löste sich 1990 auf; die gesamten Nutzflächen gingen in die ehemaligen Genossenschaften bzw. bestehenden Tierproduktionsbetriebe zurück. Unsere Genossenschaft arbeitet heute in zwei Abteilungen: Reetz und Gulow. Sie trägt den Namen »Tierzuchtgenossenschaft e. G.«.

ÜBER SEINEN BRUDER GÜNTHER sagt der Schauspieler:

»Er und ich – das sind zwei Lebensläufe, die vielleicht unterschiedlicher nicht sein können. Günther wurde 1921 geboren. Als er in den Krieg zog, weinte die Mutter. Sie gab ihm einen Talisman mit, der rettete ihm das Leben. Erzählte Günther oft.

Ins Feld zu ziehen wurde seine Welt, er hatte keine andere Wahl. Zum Glück auch für ihn haben die Deutschen diesen Krieg verloren. Später hieß es: Um Direktor eines großen Silos zu werden, mußt du in die Partei. Lodi, seine Frau, kreischte durchs Haus: Wenn du Kommunist wirst, häng ich mich auf. Was sie dann ebensowenig tat, wie Günther Böwe Kommunist wurde – wenngleich er sich natürlich der führenden Partei anschloß. Wenn er denn große Reden hielt, schien mir immer, Marx und Gott seien eine einzige Person, die beiden hat er nie so ganz auseinanderhalten können.

Nun dreht sich die Zeit für ihn zurück, er kann wieder im Schützenverein sein, und er spricht etwas lauter, wenn er die Erinnerungen herauskramt. Aber auch wenn ich über diesen Krieg anders denke – dem Menschen kann man kein Schweigen aufzwingen, wenn es um seinen Erfahrungshorizont geht. Für Günther bestand dieser Krieg aus Wahrnehmungen, Handgriffen und Verhaltensweisen unter der ständigen Bedrohung durch einen Feind, der keinerlei Nachlässigkeit verzieh. Das Verbrechen an dieser Generation bestand darin, daß man sie instrumentalisiert, sie ihrer Gefühle beraubt hat. Auch des Gefühls der Angst. Das Kameradschaftserlebnis während der ›Stahlgewitter‹ erscheint im nachhinein noch als gemeinschaftlicher Befreiungsakt. Das heißt aber nicht nur, daß man gemeinsam die unreflektierte Angst auf den Feind übertragen konnte; durch das Aufeinanderangewiesensein in Gefahr verringerte sich auch das sonst ›normale‹ zwischenmenschliche Mißtrauen – und gerade diese Mißtrauensreduktion, dieses unalltägliche Vertrauen, eine ungeängstigte Geborgenheit innerhalb einer Gruppe wird später als das wesentliche Ereignis erinnert.

Wenn Günther nach Hause kam, als Soldat, schliefen wir bei ihm in der Stube, das roch so angenehm nach Leder, nach Fremde; wir staunten über diesen Mann, der unser Bruder war und der für uns weit draußen einen gerechten Krieg führte. Da stand der große Karabiner in der Stube, und wir fühlten unser Herz bis an den Hals hinauf schlagen. Sein Körper war wuchtig, mein erster Gedanke: Hier kommt ein wandelndes Stück Erde auf dich zu. Es war ein Gesicht, das nichts zurücknahm, sich keine Böße gab.

Ganz im Gegensatz zu Henry, meinem anderen Bruder – er hat die kürzeste Kriegs-Geschichte. Jahrgang 1927, im Schnellkurs nach Potsdam, zum Soldaten ausgebildet, dann im Waggon über die Oder gekarrt, im fahrenden Zug von den Russen aufgehalten, aufgerieben, ein Zug mit Kindern in Uniform, ein paar Mann sind übriggeblieben, die wenigen kamen heulend zurück, wieder über die Oder, diese Todeslinie. An einem heißen Maientag fünfundvierzig, überhaupt war der Mai sehr heiß, guck ich in Reetz aus dem Schlafzimmer, das Tor unten ist noch verrammelt. Am Staketenzaun sehe ich einen weinenden Jungen, unrasiert. Ich schreie: Henry, und da bricht er zusammen, rutscht hinter den Zaun ins Gras. Einer, der eine Reise gemacht hatte durch die Hölle. Ein Davongekommener, für immer gezeichnet.

DER BRUDER HENRY liegt in Putlitz auf dem Friedhof, und immer, wenn der Schauspieler mit dem Auto vorbeifährt, ruft er durchaus vernehmlich hinüber: Henry, mein Guter, ich grüße dich herzlich! Du bist nicht tot, so wahr ich lebe!

»Der Henry«, sagt Kurt Böwe, »war ein origineller Bursche, ausgestattet mit großer Ähnlichkeit zum Vater Hermann. Wir wissen, da genau lag die Quelle inständiger Liebe, mit der unsere Mutter den Henny umgab. Henry fehlte jene Härte, die Hermann in seinen Zügen trug, aber die Würde und die kaufmännische Grazie des Vaters trug er in die nächste Generation hinein. Ein sinnlicher Mensch war er, das meint die Lust aufs Getränk ebenso wie die Lust aufs Fleisch. Seine Frau sagte einmal, die Böwe-Kerle seien samt und sonders Straßenengel und Hausteufel, und die seltsame Mischung aus Sorge und Stolz, leisem Zorn und doch auch wieder Gelassenheit verweist darauf, daß sie diese Bezeichnung wohl vor allem in Richtung ihres Henry gewählt hatte. Ich vermute, viele Konsummädchen des Kreises Pritzwalk sind auf kurz oder lang unter des Bruders Fittiche gekommen – nicht ohne beträchtliches Lob von ihm scheidend, wenn wir das mal so diplomatisch ausdrücken wollen.

Henry Böwe war ein sehr phantasiereicher Kaufmann. Als er in Putlitz die Leitung des Konsums übernahm, machte er einen ansehnlichen Laden daraus; wenn bei offiziellen Veranstaltungen Ordenspflicht angesagt war, paßten die Meriten Hennys bald nicht mehr auf die linke Brustseite. Er nahm das Geld, das zu den Orden gehörte, immer gern hin und vertrank es freudig und großzügig mit seiner kleinen Truppe. Seine Kunden begrüßte er stets mit Witz und Wärme, und siehe da: Alle Handels-Herrlichkeiten, die die DDR zu bieten hatte, wurden gleichsam noch einmal veredelt durch des Kaufmanns Böwe herzliche Art, Menschen zum Kauf jener drögen Dinge zu bewegen, die einen Konsum so ausdauernd schmückten.

Bei aller Diesseitigkeit handelte es sich bei unserem Henny auch um einen äußerst spinösen Burschen, der Wirklichkeit ins Geistreiche und Weltentrückte aufzuheben verstand – sicher auch dies eine Voraussetzung, um sich freiwillig in den DDR-Handel zu begeben. Hin und wieder behauptete Henry, er habe wahrhaftig Gott gesehen, und sein Gesicht wurde ernst, klar, und es deutete an, keinen fremden Zweifel an dieser Beobachtung zuzulassen. Es muß sich auf dem Klosett im Hof zugetragen haben, in Reetz. Da saß er, draußen hatte sich gerade ein Gewitter überm flachen Land entladen, nun sah mein Bruder durchs Loch in der Holztür hinaus, sinnend und mit der nötigen Geduld, die einem an solchen Orten rasch zufließt – und da muß es geschehen sein: In den sich hochtürmenden Wolken sah Henry, wie er immer sagte, den lieben Herrgott, dort oben thronend, und er lächelte ihm zu und hob winkend die Hand; es war nach Henrys Erinnerung die rechte.

Niemand konnte dem Bruder je dieses Bild rauben. Der Glaube ans Erfahrene ist ihm wohl auch belohnt worden. Als er Prostatakrebs bekam, wie ich später auch, sicherlich genetisch bedingt – da starb Henry zu Silvester, bevor die großen, tötenden Schmerzen kommen würden, in einem Herzanfall, der nur Minuten währte; und fast gelassen und ruhig, jedenfalls erlöst, lag er in den Armen seiner Frau. Als hätte dieser liebe Gott die rechte Hand, mit der er einst gewunken hatte, nun dem Henry auf die Schulter gelegt und ihn wahrlich heimgeholt.

Wie die Dinge nicht anders zu erwarten sind: Als er zu Grabe getragen werden sollte, fuhr ich mit dem Taxi nach Putlitz, aber nur ein paar ABM-Leute werkelten vor sich hin und schauten erstaunt, was denn ich hier wolle. Einen Tag zu früh war ich gekommen, weil ich wieder mal nicht richtig hingehört hatte, als in der Familie der wichtige Termin besprochen worden war.

Nachdem ich selbst dem Tod noch einmal von der Schippe gesprungen war, ließ ich einen Rosenstock an Henrys Grab pflanzen, und regelmäßig geht also mein Ruf zu ihm hinüber, wenn ich durch Putlitz fahre.«

Die Brüder Böwe. Der dritte im Bunde ist Günther, den sie den »Präsidenten« nennen. Er starb 1997.

ÜBER SEINEN BRUDER KURT erzählt Günther Böwe:

»Gucken Sie sich erstmal ganz in Ruhe den herrlichen Flieder auf unserem Hof an; solange der blüht, ist so ein Grundstück – trotz der Tatsache, daß es in Reetz liegt – gleich um zehntausend Mark wertvoller, oder? Jaja, lachen Sie nur. Den Flieder kann man sich angucken, einfach so. Ansonsten erlebt man ja die Natur hier auf'm Lande immer nur mit der Erfahrung, irgendwie von ihr abhängig zu sein, vom Wetter, vom Blühen, vom Reifen. Der ganze Kram.

Also Kodi und ich. Ich bin ja nun der älteste der Firma Böwe. Stimmt, meine Geschwister haben mich immer Präsident genannt. Bis heute sagen die das. Den Kurt zog's mit Gewalt zu die Poppenspäler. Der spielte ja schon in der Schule Theater, den alten Miller. Später, als ihn der Schönemann holte, da rief der Kurt den Familienrat zusammen, lange hat er überlegt, ob er nach Halle gehen soll, ich hab nur gesagt, Kurt, halt mich bloß fern von diesem Schönemann, dem zieh ich eins über die Rübe, das vergißt der nicht. Das hätte ich auch gemacht, ohne mit der Wimper zu zucken. Man weiß doch, was an den Theatern so los ist. Der Kurt, was hatte der für 'ne ordentliche Familie. Wenn er zu uns kam: Geschniegelt und gebügelt. Und denn nachher, als Poppenspäler? Da kam er verludert und verlottert ins Dorf reingeschneit. Besucht hab ich ihn kaum, mal in Halle, ja, da kriegte er den Nationalpreis dritter Klasse. Wir ins Hotel, Böwe mein Name, da wußten die sofort Bescheid. Wir haben nur einmal bestellt, und zwar das erste Mal, dann nur gesoffen. War schön. Kurt mußte nochmal weg, zu irgend 'ner Nachtvorstellung, auf der Bühne fiel ihm die Flasche Schnaps aus der Tasche, die hatte er mitgenommen. Da kriegte er zu dem Preis noch eine Abmahnung, also richtig astrein sind die Schauspielers nich.

Ich könnte nich so viel erzählen über mein Leben wie er. Alles gelebt, alles überstanden, alles durchschaut – was ich zu erzählen habe, ist in zehn Minuten erledigt. 1986 wurde ich Rentner, nicht ganz freiwillig allerdings. Wie das halt so gewesen is in Erichens Leitungskollektiven: Unser Generaldirektor in Perleberg – ich arbeitete in der Mischfutterproduktion – ging in Rente, und da wollte der eben, daß auch wir anderen Chefs Schluß machen. Vielleicht hätte ich noch 'n bißchen weitergemacht, sicherlich sogar. Aber seitdem kriege ich Rente und Schluß. Veränderungem gibt es nicht mehr. Nur Erinnerung. Neun Jahre Soldat, davon drei Jahre Gefangenschaft. Das war's im wesentlichen, aber darüber lohnt nicht zu reden. Vorbei. Außer Polen habe ich alles mitgemacht. Am 22. Juni 1941 bin ich in Rußland einmarschiert, ich kenn den Nord-, Mittel- und Südabschnitt von Stalingrad, erzählen Sie mir nix. Ich hab mich mit allen rumgeschlagen, die Franzosen haben wir verprügelt und die Engländer auch. Heiligabend 1943 wurde ich Feldwebel, manche Weinlese machte ich mit, naja, bis zur dritten Schlacht um Aachen ging das. Soweit die Kurzfassung. Nicht einen einzigen Kriegstag war ich in der Garnison, nicht einen einzigen. Wenn ich dagegen den Mann meiner Schwester reden höre: Vier Tage im Balkan, aber den Mund aufmachen, als wäre er die ganze Zeit im Feld gewesen. Oder mein Bruder Henry: drei Wochen Krieg, und die Bahnfahrt mitgezählt. Nee, nich mit mir. Ich weiß, was los war. Es konnte freilich keiner ahnen, daß das alles so kommt. Ich bin in Reetz geboren, wollte aber selber nie in die Landwirtschaft. In Wittenberge besuchte ich die Handelsschule, machte die mittlere Reife und mußte im November 1938 zum Arbeitsdienst. Eigentlich wollte ich Handelskaufmann werden, hatte mich in Rostock beworben, aber um die Chancen für eine Immatrikulation zu erhöhen, riet man mir, erstmal zur Wehrmacht zu gehen; das war bei den Nazis so wie bei Erichen: Wer 'ne Uniform anzieht, zeigt Patriotismus, und Patriotismus bringt Pluspunkte. Also hin zu die Soldaten. Zur Heeres-Unteroffiziersschule in Potsdam wollte ich. Das zerschlug sich, ich mußte zum Arbeitsdienst und wurde ausgemustert, zur 11. Kompanie beim 3. Bataillon des Infanterieregiments 67 in Spandau. Weiß ich wie heute! Der Krieg geht los, und ich bei die Infanterie! Na gute Nacht, Marie! Und nun kommt so ein Punkt, da muß ich Vaddern Dank sagen: Der kannte einen vom Wehrkreiskommando in Perleberg, und weil er wußte, daß bei der Infanterie keine große Chance bestand, den Krieg lebend zu überstehen, sagte er dem, du hör mal, leg doch ein gutes Wort für meinen Sohn ein, damit er irgendwohin kommt, wo dat nicht so gefährlich ist – und so kam ich zu einer Nachrichtenabteilung, mußte gleich eine Prüfung ablegen und wurde in der Funkerkompanie eingesetzt. Aber Moment, nicht bloß Strippen ziehen, was große Scheiße ist, sondern funken! Richtig funken! Wurdest im Auto gefahren, mußtest natürlich auch bißchen was können! Also wenn du Infanteriefunker mit Tempo vierzig warst, das heißt, bloß vierzig Buchstaben pro Minute, da hattest du freilich keine Chance, bei der Nachrichtentruppe der Division unterzukommen. Achtzig war das Mindeste. Ich brachte es auf hundertzwanzig! Naja, nicht umsonst wurde ich Feldwebel, später Oberfeldwebel. Das war'n schönes Stück Arbeit, das Funken. Und alles verschlüsselt! Der Feind hörte ja mit. Also im ganzen Krieg, laß mich schätzen, funkte ich höchstens dreimal Klartext! Das große Problem war für mich nie das Morsealphabet, nee. Aber wie gesagt, das Tempo! Wenn die taktische Führung einen Funkspruch durchgab, und du brauchtest zehn Minuten, da konntest du ja gleich mit dem Fahrrad hinfahren – wenn du lebend durchkamst. Wenn ich also einen Funkspruch von hundert Buchstaben habe, der muß in zwei Minuten durch! Zuerst, bei der Ausbildung, piepte mir alles im Kopf. Auf Bude habe ich allein geübt, wie ein Wahnsinniger, ich wollte das packen! Die ganzen Sender mußtest du kennen, vom Fünf-Watt- bis zum Hundert-Watt-Gerät, du mußtest die Hochantenne ausfahren können, mit Gegengewichten. Oder Kurzwelle! Mußtest du kennen! Einer von meinen Leuten war Amateurfunker. Wir an der Front, und der ging in Urlaub. Wir haben uns gedacht,

Im DEFA-Film »Die vertauschte Königin«

In »Das Buschgespenst« (Teil 1), einer Karl-May-Verfilmung des Fernsehens der DDR, mit Rolf Ludwig und Andreas Herrmann

In »Einzug ins Paradies«, einem mehrteiligen Fernsehfilm, mit Michaela Hotz

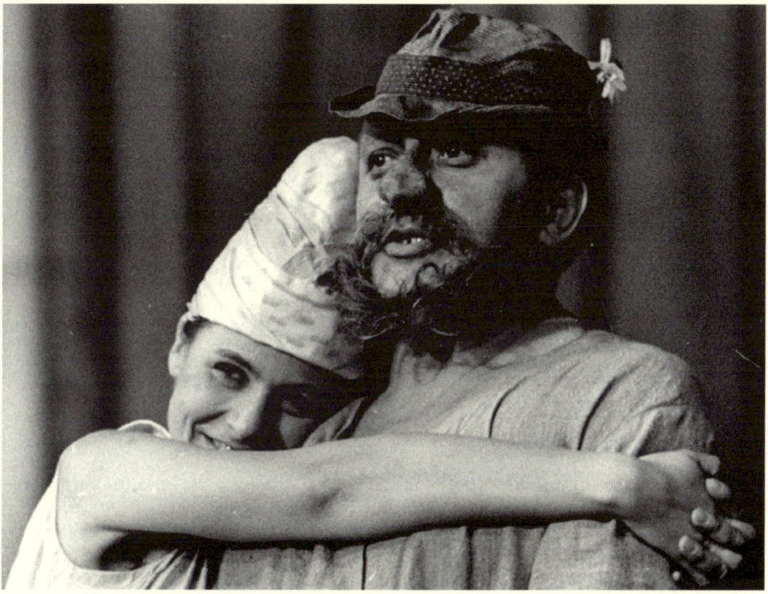

Ein wichtiger »Familienauftritt« auf der Bühne: Heide Schönknecht (spätere Böwe) und Kurt Böwe in »Amphitryon«, Halle 1967

Das Ensemble des »Berliner Liederabends«, von links: Uwe Hilprecht, Günter Sonnenberg, Kurt Böwe, Elsa Grube-Deister, Reimar J. Baur, Jutta Wachowiak, Tommy Sommer, Rolf Ludwig

Gratulation zu Böwes 60. Geburtstag – mit Jenny Gröllmann und Ulrich Mühe (oben) und mit Dietrich Körner (unten)

DEUTSCHES THEATER

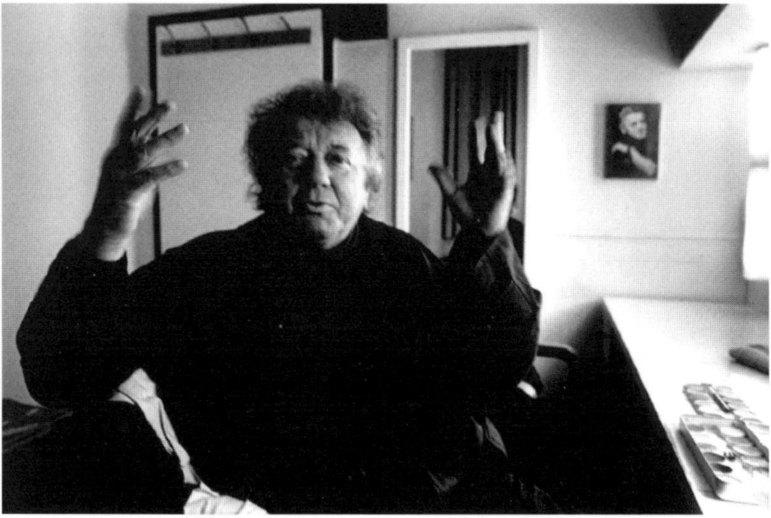

Aus Kurt Böwe wird …

… in der Garderobe …

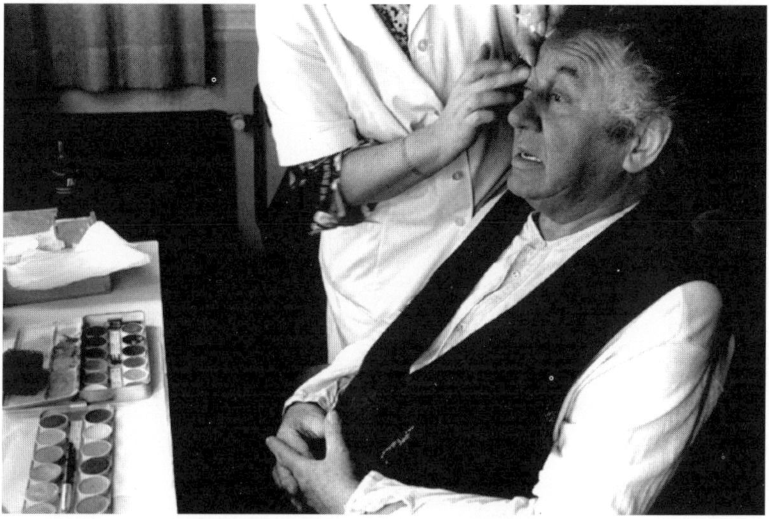

… und in der Maske …

… Tankred Dorsts Herr Paul.

Kurt Böwe mit Tochter Winnie

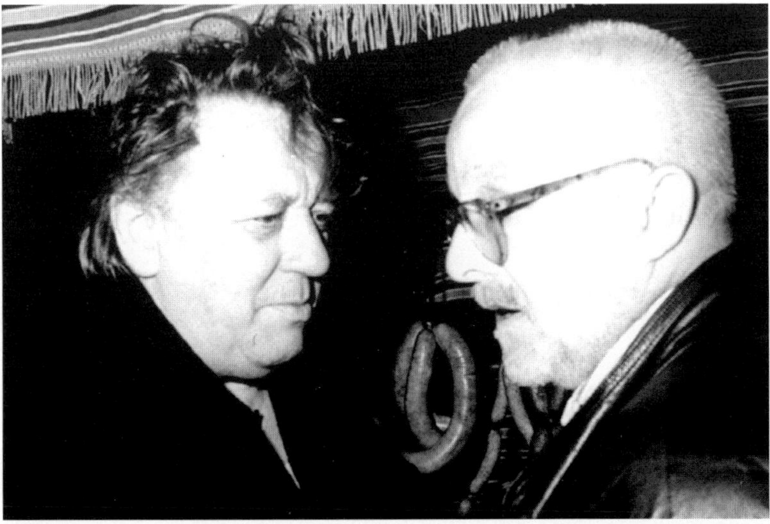

Der Entdecker des Schauspielers Böwe: Regisseur Horst Schönemann

mal sehen, ob wir mit Funk über die Alpen kommen. Der also nach Hause, wir mit ihm eine Zeit ausgemacht, und dann funkten wir: Bring Senf mit! Und prompt: Der Junge kam aus Berlin nach Rom zurück – mit Senf. Feine Sache. Wir hatten eine Panzerabteilung, für die mußte die Divisions-Nachrichtenabteilung Funker abstellen, und da konntest du freilich nicht mit dem Trabbi hinfahren. Das ging nur mit Kommandopanzer und zwei Acht-Rad-Spähwagen. Ich war Kommandant im Wagen, und wir hielten die Verbindung zwischen der Panzerabteilung und der Division. Sturmgeschütz bin ich gefahren. Dort, wo's weh tat. Ja, da waren wir, ganz vorn. Wenn die Panzer vorfuhren, fuhren wir mit. Bis Stalingrad. Ich hab meine Beine in der Wolga gebadet, bin wahrscheinlich einer der letzten Lebenden, die das noch sagen können. Das war im August 1942. Unten am Fluß ging eine Bahnlinie lang, und da standen die Russen mit ihren Geschützen. Aber wir sahen da auch, was wir sonst nie gesehen hatten in Rußland: Tomaten, Zwiebeln, Melonen, Wein. Da konnten wir nur abends hin, und mit einem russischen Fahrzeug, denn ansonsten hätte der Iwan sofort geballert. Am 24. August wurde ich mitsamt meiner Besatzung zum ersten Mal abgeknipst. Ich sitze am Fahrzeug und esse Linsen, es ist schon schummrig gewesen, der war wieder mal zu spät gekommen mit dem Fressen, naja, die übliche Schlamperei. Aber wir waren immer irgendwie abgeschnitten, hatten uns also schon gewöhnt an den Mist. Im Nordriegel lagen wir, zwischen Wolga und Don. Vierzehntes Panzerkorps! Früh am Don, abends schon an der Wolga, und zwischendurch hat der Iwan verrückt gespielt. Der Iwan schoß immer rüber. Am 25. August frühmorgens griff das Infanterieregiment neunundzwanzig an, mit Unterstützung der Nebelwerferbatterie. Unsere schossen mit brennendem Öl. Da konntest du mal sehen, wie der Iwan mit lodernden Khakiuniformen aus der Steppe kam. Alles brannte. Das war natürlich ein gefundendes Fressen für uns. Wir sofort vor bis zur Wolga. In den Schluchten haben wir gelegen, tief und schmal waren die. Mein bester Freund fiel, Volltreffer zwischen dem Auto und uns. Schreck in der Morgenstunde: Zwei Mann tot, das Fahrzeug kaputt. Sind gleich abgerückt, nach vorn. Die vorn wußten gar nicht, was hinten los war. Ich habe denen erstmal klargemacht, daß das Artilleriefeuer vom Iwan die Hölle auf uns schickte.

Es gibt plötzlich keinen Unterstand mehr mit einer dreifachen Balkendecke über dem Kopf, die Bezeichnung Front ist zu einem dehnbaren Begriff geworden. Wo fängt sie an, wo hört sie auf? Wenn die Panzerverbände losdreschen, kann so eine Frontlinie binnen einer halben Stunde fünf Kilometer vor den Infanteriestellungen liegen. Artilleriefeuer heißt: das Gehör ausschalten, die Explosionen dürfen nicht auf das Nervensystem durchschlagen.

Ein Offizier nahm mich mit zur Kompanie, dort wollten die meisten am anderen Tag in Urlaub fahren. Hatte sich was mit Urlaub! Plötzlich Befehl von meiner Truppe: Sofort zurückkommen! Hauptmann Lewerenz und ich. Etwa vierzig Kilometer Weg waren das. Wir kommen an die Donbrücke: alles verstopft. Weil die alle nach Stalingrad wollten. Lewerenz rüber, er stoppte drüben die Truppen, damit wir übersetzen konnten. Wie wir auf die Donhöhe kommen, nach einer halben Stunde, sehen wir, daß hinter uns alles dicht ist. Wir waren grade mal aus dem Kessel raus. Dieser Hauptmann Lewerenz von der Feldgendarmerie hat mir das Leben gerettet, indem der uns über die Donbrücke bugsierte. Am 22. Januar 1943 habe ich das letzte Mal gefunkt. So'n Tag vergißt du nie. Da hieß es in den Gegenfunksprüchen immer nur ›Hunger, Hunger, Hunger!‹ Fünfzig Gramm Brot gab es am Tag, die Jungs haben die Pferde aufgegessen. Generalmajor Stein von der sechsten Armee war außerhalb des Kessels unser Befehlshaber. Nun hieß es, die letzten Angehörigen der sechsten Armee melden sich in ihren Ersatztruppenteilen in Deutschland. Wir lagen bei Dnepropetrowsk-Stalino. Sechs Mann waren wir, und wir nahmen jeden Zug, der irgendwie nach Westen fuhr. Wenn wir Infanteriebataillone überholten – die Köpfe hingen runter, kein Sturmgepäck mehr auf dem Rücken, die hatten es irgendwo liegenlassen, in den Straßengraben geworfen. Nach vierzehn Tagen landeten wir in Lemberg, da stand ein Zug mit der Aufschrift: Nach Berlin. Wir sahen aus wie die Schweine, in Frankfurt/Oder, auf dem Bahnhof, mußten wir uns beim Standortkommandanten melden, und rundum hieß es: ›Da kommen ein paar Verlauste aus dem Osten.‹ Als der Standortkommandant, ein Oberst, erfuhr, daß wir aus Stalingrad kamen, beorderte er uns sofort zum Infanterieregiment acht in Müllrose, die Ersatztruppe, damit wir uns dort aufpäppeln konnten. Nun sprach sich schnell rum, da sind sechs Mann aus Stalingrad, da kann man sich vorstellen, was da abends und nachts losging. So, nun ab zur Neuaufstellung nach Bordeaux, Biarritz, da wurde die Dritte Infanteriedivision neu gegründet. Dann Italien. 1944 Oberfeldwebel. Dann nach Westen. Verdun, da hatten wir schon wieder sechs Tote, später Metz. Wir wollten die Franzosen ins Meer jagen, aber nun kam ja die Zeit, da wir es waren, die mächtig verprügelt wurden. Das hieß bei mir: Schlacht um Aachen. Im Ruhrkessel dann ab in die Gefangenschaft. Erst hatten wir uns durch die Wälder geschlichen, mit der Zeit sind wir doch wieder frechgeworden; wenn du jahrelang die Straßen lang marschierst, willste eben irgendwann den Kopf wieder heben, kannst dich nicht feige in irgendwelche Furchen kauern, und das noch in der eigenen Heimat. Naja, und plötzlich hieß es: Hands up! Es folgten drei Jahre in Belgien, siebenhundert Meter unter Tage habe ich Steinkohle gemacht. Erst dachte ich: naja, besser als Wüste irgendwo, ein doppelter, vier bis fünf Meter hoher Stacheldrahtzaun, Wachtürme mit schwarzen Soldaten, zwischen den Zäunen die Schießgasse für die Wachmannschaft, und vor dem Zaun die Leere, die Wüste ... Dazwischen zwölf Monate im Straflager, wir wollten nämlich nicht mehr arbeiten, hatten monatelang nur Kohlsuppe gegessen und meuterten also ein bißchen. Am 19. März 1946, ich wog hundertzwölf Pfund, erfuhr ich, daß ich Vater geworden war. Aber die Gefangenschaft ging weiter, Abtransport nach Brüssel – dort packte ich Care-Pakete beim christlichen Verein junger Männer. Ein paar dieser Pakete schickte ich nach Reetz. Hundertzweiunddreißig Paar Damenstrümpfe und über fünftausend Zigaretten. Am 21. September 1947 bin ich wieder daheim angelandet, mit dem Milchwagen kam ich an. Es war an einem Sonnabend. Im Gepäck hatte ich Zigaretten, Damenstrümpfe, einen Teddy für den Sohn. Am nächsten Tag war Erntefest. Im Dezember heirateten wir, der Junge war inzwischen zwei Jahre alt. Eigentlich wollte ich nur meine Frau und den Jungen holen, ich hatte ein Arbeits-Angebot in Belgien – aber wir blieben wir in Reetz.

Mein Soldbuch habe ich heute noch. Oberfeldwebel! Aber daß ich aktiver Soldat gewesen war, zählte ja nun nicht mehr. Wir mußten umfunktioniert werden, für Erichens Staat. Nützte ja nichts. Zwei Jahre lang lernte ich bei unserem Vadder, jetzt hatte der endlich einen, der für ihn den ganzen Schriftkram machte. 1949 kam die Prüfung als Großhandelskaufmann. Danach ging ich zur Vereinigten Bauern-Hilfe, nachdem die Kommunisten Vaters Geschäft zugemacht hatten. Privat war ja verpönt. Vater war, auf gut deutsch gesagt, die Bank von Reetz. Deshalb gefällt mir nicht, wenn Kurt unsere Familie oft als so arm hinstellt. In den besten Zeiten gehörten den Böwes zwei Pferde, vier Kühe, zwanzig Schweine, dazu zwölf Hektar Land. Aber Kodi hatte ja nicht einmal ein Portemonnaie, mit dem Jungen hatte unser Vater nicht viel im Sinn. Zu mir war er anders, muß ich sagen. Und das schon zu Zeiten, als ich ein kleines Kind war. Jeden Tag schenkte er mir Schokolade. So. Vier Jahre machte ich Fernstudium, in den sechziger Jahren, in Rostock. In Perleberg wurde ich stellvertretender Direktor in der Getreidewirtschaft. Achttausend-Tonnen-Silos standen dort, zweihundert Leute arbeiteten im Betrieb, später kam Ludwigslust dazu, am Schluß hatten wir bis zu zweihunderttausend Tonnen Mischfutterproduktion, in Karstädt. Das war der größte Betrieb seiner Art in der DDR. Fünfhundertvierzig Mann Belegschaft, ich als einer der Direktoren. Aber mehr als tausendneunhundertzehn Mark Brutto brachte ich nich nach Hause.

Ich hab ganz schön durchgezogen, frag die Leute. Gammeln und Unsauberkeit kann ich nicht ausstehen. Fünf Millionen Mark Kredit sollte ich mal aufnehmen für den Betrieb. Ich? Nein, sag ich zum Chef, Kredit kommt bei Böwe nicht in Frage. Bei mir zählt, was auf die Hand kommt. Ich garantiere dir, sag ich zum Chef, daß ich die fünf Millionen in einem Jahr aus der Firma raushole und umschlage. Hat geklappt! An dem großen Silo stünde heute ›Böwe und Söhne‹. Aber für'n Appel und 'n Ei ist der Betrieb weggegangen. Mich erblickt in Karstädt keiner mehr, ich will das nicht sehen, ich kann nicht ertragen, wie zum Teufel geht, was man selber mal mitgeschaffen hat.

Es geht ja alles kaputt. Gucken Sie sich das Dorf an: die Leute arm, die Landwirtschaft tot. Die Alten gucken aus ihren Fenstern, was sollen sie sonst machen. Die einen kriegen Frührente, die anderen gar nichts. Jeden Sonnabend war in Reetz Disko, also früher bei Erichen. Heute gibt es nur noch den Karnevalsklub. Gehen Sie mal von Haus zu Haus: Früher hatte Reetz zwei Gaststätten, zwei Bäcker, fünf Kaufleute, zwei Schmieden, Tischler, Schuhmacher, Klempner. Alle hatten noch Lehrlinge. Drei Tankstellen gab es. Und heute? Eine Kneipe, eine Tankstelle, ein Markt, was früher Konsum hieß. Das Glas Bier kriegste ab zwei Mark aufwärts. Aber ich geh kaum in die Kneipe. Höchstens mal auf'n Schluck und 'n Bier. Mich nennen die hier den Oberammergauner. Weil ich keinem so leicht was ausgeb. Aber wie käm ich denn dazu? Bin ich denn blöd? Wer schenkt denn mir was? Nie hat mir einer was geschenkt. Muß auch nicht sein. Brauch ich nich, sowas. Und deshalb geh ich gar nicht erst in die Kneipe, wo alles immer teurer wird. Ich kaufe mir meinen Falkenthaler, den billigsten für sieben Mark neunundneunzig – halbe Taschenflasche voll Wasser, die andere Hälfte den Schnaps, das ist meine Tagesration. Und das Bier hol ich mir in Perleberg; hier im Dorf kostet es nämlich über eine Mark. Meine Söhne hatten beide schon Silberhochzeit. Der eine ist Diplomkaufmann, war stellvertretender Chef bei der Kreisplankommission, ging dann zu Edeka, kam mit den Westlern nicht klar, ist jetzt Versicherungskaufmann. Der andere studierte an der DHfK, Sport und Geschichte, arbeitet auf einem Gymnasium. Es ist ein gutes Gefühl, wenn man weiß, die Kinder haben Sicherheit in ihr Leben reingekriegt. Das schafft ja nicht jeder heute. Ich selber mach noch den Schriftführer bei der Feuerwehr und den Kassenwart beim Jagdkollektiv. Vor ein paar Tagen kriegten wir neue Löschfahrzeuge, es gab so ein kleines Fest, und mich ärgert immer, wenn die jungen Leute bei so einer Gelegenheit nicht mal wissen, wie man eine Uniformjacke korrekt zuknöpft oder wie man einen ersten Spatenstich ansetzt. Da kriegen die ein Auge, wenn ein Alter wie ich denen noch zeigen kann, was 'n bißchen Ordnung ist.«

GESAMMELTE SÄTZE des Schauspielers Kurt Böwe über die Schauspielerei.

»Thomas Mann sagte, die Theaterkunst sei die hemdsärmligste aller Künste, und er meinte es wohl nicht als Kompliment. Wir leben von Redensarten, die uns nicht gehören, und ein geliebter Lügner zu sein – das ist doch fast schon das Höchste, was man im Verhältnis zu einem anderen Menschen erreichen kann. Eine Kunst auf Leben oder Tod? Gestorben ist auf einer Bühne meines Wissens noch keiner – es sei denn, daß sich einer den Säbel in den Leib hieb, weil er die betreffende Szene bei den Proben nicht richtig trainiert hatte.

*

Die Bilderfülle nimmt allenthalben zu. Nie zuvor wurde so viel abgebildet und betrachtet. Aber wer kann das Anscheinende noch vom Existierenden trennen? Gemeinsam ist den Menschen nur noch das Spektakel, das Spiel, das niemand spielt, aber bei dem alle zuschauen.

*

Die meisten Erfindungen, die wir machen, sind doch Erfindüngelchen. Und: Unter ständigem Herumhüpfen auf der Bühne leidet das Hirn. Bei einem Schauspieler ist die Intelligenz nicht ungestört ausgebildet. Sagt Thomas Bernhard. Weder haben wir das Schießpulver erfunden, noch können wir mit anderem kochen als mit Wasser. Aber trotzdem ist Bescheidenheit unsere Sache nicht.

*

Wolfgang Heinz kam mal in eine Verkehrskontrolle, irgendeine Vorschrift hatte er verletzt, und als er den Polizisten darauf verwies, er habe gefehlt, weil er fremd in der Stadt sei, da sagte der Polizist: ›Was heißt hier fremd! Das ist mir egal!‹. Heinz, der auf alles, was ihm ungerecht erschien, allergisch reagierte, schrie den Polizisten an, wurde aufgeschrieben und erhielt eine Vorladung zum Polizeigericht. Bevor es zur Verhandlung kam, wurde ihm gesteckt, die Anzeige sei vorwiegend deshalb erfolgt, weil er den Polizisten angeschrien habe. Was tat Heinz? Er schaltete in der Vernehmung auf Lautstärke 12! Der Richter: ›Warum schreien Sie denn so?‹ Heinz: ›Ich schreie nicht, ich spreche immer so laut. Das kommt von meinem Beruf.‹ Fazit: Er bekam nur eine kleine Ordnungsstrafe.

*

Ich bin kein Besserwisser, ohne etwa nicht zu wissen, was ich tue. Wenn ich anwesend sein will, das heißt, wenn ich mich auf dieses teuflische Spiel Theater einlasse, dann ist meine Irrtümlichkeit vielleicht mein größtes Kapital. Ich rümpele mich so durch. Mir ist Gott sei Dank nicht gegeben, mit einem Gestus auf die Bühne zu kommen, der vorn und hinten stimmt. Die Umstülpung des Ichs in die Öffentlichkeit ist ein martialischer Vorgang. Bei diesem Vorgang bin ich von Grund auf gefährlich ungenau. Irgendein Furor ist in dir; aber keiner, glaub mir, weiß Genaueres. Du kommst aus deinem eigenen Kreis nicht heraus, und es möge, bitteschön, ein Teufelskreis sein, in dem du dich bewegst. Und du magst dir einen Hut aufsetzen und die Augen anders flackern lassen, alles ganz lustig, aber Sie waren es doch wohl, persönlich, Herr Böwe, den wir eben sahen? Sie waren's, kein anderer.

*

Willensstärke und Willensschwäche, das sind so Begriffe, die von der Erfolgsgesellschaft geprägt worden sind. Mir ist schon bewußt, daß ich unglaubliches Glück gehabt habe. Ich kenne Leute, bei denen schmerzt es mich, weil die sich einfach nicht verwirklichen können, die sind einfach nicht geltungsbedürftig genug. Wenn man mit denen redet, spürt man, daß es zu ihnen gehört hätte, das auszudrücken, was sie erleben, was sie fühlen, und es ist unheimlich traurig, daß das alles so privat bleibt. Eine gewisse Schamlosigkeit braucht man für den Beruf. Aber dann trifft man auf Menschen, die haben diese Schamlosigkeit nicht, aber die sind so reich an Seele, und da wird man ganz offen und versinkt in Nachdenken.

*

Anmaßung gehört zur Natur des Schauspielers; ich glaube, daß er einen gewissen Hochmut haben muß, nein, nicht haben muß – er muß ihn sich geradezu erarbeiten. Was er von Natur haben muß, ist dieser Wahn, seine eigenen Faxen und Geschichten so wichtig zu nehmen, daß sie anderen unbedingt mitgeteilt werden

Drei Fotos: Kurt Böwe in der Titelrolle des »Theatermachers« von Thomas Bernhard, Kammerspiele des Deutschen Theaters, Regie: Peter Schroth/Peter Kleinert, 1989

»Das wohl ist Böwes Kunst inzwischen: Er tritt erst gar nicht mehr auf, wenn nicht wirklich er, und nur er, gemeint ist.
Den Streit, den Böwe in sich ausgetragen hat, ist der zwischen Provinz und Vollendung, zwischen Heimat und Kunst. Stimme, Gestus, Augen-Blick: Sie leben unverkennbar, unübersehbar, unüberhörbar (wenn er will) aus dem fast Mecklenburgischen. Doch alles, was sich daran vergrübeln möchte und zu Barlachscher ›Spökenkiekerei‹, zur Innenschau drängt, wird von Böwe nach außen gestülpt, erbarmungslos bis zur Selbstbezichtigung ›vorgeführt‹, aus- und bloß-, immer jedenfalls vorgestellt.
Der Mann ist ein Meister-Darsteller dessen, was in uns allen als ›Provinz‹, will sagen: als zu wenig, als verkorkst, verbraucht, verengt, verbohrt, verkannt herumwest. Er veredelt diesen Murks unseres Lebens zur Philosophie; deshalb war er ein so begnadeter Bernhardscher Theatermacher Bruscon – ein gnadenlos die Hinfälligkeit spielender und überspielender Mensch, dem natürlichsten Größenwahn verfallen: etwas Besonderes sein zu wollen.

Hans-Dieter Schütt

müssen. Es ist furchtbar mit diesen Schauspielern. Das sind Egoisten. Du kommst nicht zu Wort bei denen. Sie müssen dauernd von sich reden. Nicht genug, daß sie da oben auf der Bühne herumstehen und auch nichts anderes tun als reden, reden, reden – Schauspieler müssen auffallen und laut herummimen, selbst dann, wenn sie schweigen.

*

Man kann wach werden vom Spielen, richtig wach. Das ist ja eine utopische Tätigkeit, was man da oben tut auf dieser Bühne: Man wird empfindlich gegenüber Menschen und gegenüber der Welt. Das ist das Schönste, was einem passieren kann.

*

Wenn es eben Applaus gab und du den Nächstbesten hinter der Bühne umarmst: Jetzt habe ich's geschafft! dann hast du, hoffentlich, morgen schon wieder Zweifel. Das braucht man: dieses Sich-nie-ganz-sicher-Sein. Wehe, wenn du meinst, bei dir läuft es. Nein, du mußt deinen eigenen Wert behaupten und ihn zugleich ankratzen.

*

Solange man nicht besetzt wird, ist die Weltdramatik eine leere Faust.

*

Ein gewisser Herr Straßburger sagte mir mal, er sei der bestmögliche Hauptdarsteller in seiner geplanten Inszenierung, aber da er Regie führe und also selber nicht spielen könne, müsse er halt nach Ausweichmöglichkeiten Umschau halten, und da sei er auf mich gekommen. Mit umgehängtem Mantel sagte er dies, als sei mit ihm soeben der Bohemien erfunden worden. Der Hauptdarsteller bei diesem Mann war immer der Bauch. Ich glaube an die Spontaneität und die Naivität, und ich glaube an den Bauch – vorausgesetzt, daß ein Kopf da ist!

*

Der Schauspieler ist auf Zuschauer angewiesen, alles, was er tut, ist für das Publikum bestimmt. Er ist ein öffentlicher Faktor, der durch seine Selbstdarstellung das Publikum bei Laune hält, er ist selbst Mittelpunkt der Aufmerksamkeit, er ist eine Daseinsform, die ihr Leben so einrichtet, daß sie der Öffentlichkeit ständig vor

Augen ist und immer wieder ihre Blicke auf sich zieht und ihre Anerkennung erheischt. Der Schauspieler ist ein Mensch des Augenblicks und ein Meister des kurzweiligen Hier und Jetzt. Er lebt von dem, was ist, er geht von einem Jetzt zum nächsten und zum Übernächsten, weil jedes Jetzt mit dem Ende seines Auftritts untergeht. Schauspieler sein heißt ständig untergehen. Schauspielers Domäne ist die Zeitweiligkeit. Er ist so sehr von der Öffentlichkeit, ihrer Meinung und ihrem Wahr- und Erinnerungsvermögen abhängig, daß seine Geschicke nur noch von deren zeitweiliger Laune bestimmt werden. Der Schauspieler ist Herr der Öffentlichkeit, solange die gute Laune hat; aber er ist auch Sklave. Weil sich die öffentliche Meinung ständig ändert und es nichts Unbeständigeres gibt als sie, sinkt oder steigt die Bedeutung und die Popularität des Schauspielers je nach dem Wandel der öffentlichen Stimmungslage. Das Publikum ruft ein ›Hoch‹ aus, um unmittelbar darauf ›Buh‹ zu brüllen. Das so wunderbare wie wunderliche Gewerbe des Schauspielers bekommt seine ästhetische Moral durch die Zeit, in der es ausgeübt wird. Aus dem hohen Ton, den das Publikum heute bejubelt, wird morgen abend schon der hohle Ton, die Lüge verlorener Idealität.

*

Theaterspiel ist der schmale Grat zwischen Zufälligkeit, unschuldigem Gelingen und gesicherter Routine. Vielleicht gehört dazu, gelegentlich abzustürzen. Das alles ist eine Clownerie, von der du nicht sagen kannst, ob sie ihre Berechtigung hat und ob sie richtig ist – aber sie rettet.

*

Das ist zwanghaft beim Schauspieler, daß er das Maul nicht halten kann. Er fühlt sich immer aufgerufen. Und nun hat er hin und wieder sogar einen eigenen Gedanken. Den möchte man natürlich loswerden. Und da ich ein ziemlich durchdringendes Organ habe, macht sich das manchmal sehr breit. Hast du schon als Kind so eine dicke Stimme gehabt? fragte mich meine Enkelin Lilly. Man findet sich als Schauspieler ständig in den falschen Momenten bedeutend. Von meiner Frau krieg ich dann einen Schubs unterm Tisch. Ah, sag ich dann, man hat mich auf unsanfte Art gerade benachrichtigt, daß ich mich eitel sonne. Heide meint, mein Benehmen käme von der Kuhbläke, aus der ich stamme. Der liebe Gott aber hat mir einen hilfreichen Zug mitgegeben: Selbstironie. Ich denke, daß ich mit dem Zuwachs an Erfahrung nicht nur als Darsteller brauchbarer geworden bin, sondern möglicherweise ein bißchen bescheidener werde. Obgleich: Ist ein bescheidener Schauspieler nicht eine contradictio in adjecto?

*

Dresen sagte einmal über die Schauspieler: ›Ab einem gewissen Punkt seid ihr mir unheimlich. Ich begreife nicht mehr, wie ihr das macht und woher ihr das nehmt. Bis zu diesem Punkt trau ich mich auch, alles zu sagen, aber dann nicht mehr.‹ Dresen brachte Schauspieler auf eine sehr liebenswürdige Weise genau an diesen Punkt und hat sie dann wirklich in Ruhe gelassen.

*

Treffendes über unseren Beruf erzählt der Lieblings-Schauspielerwitz Heiner Müllers:

Kommt ein arbeitsloser Schauspieler zu einem Zirkusdirektor und fragt nach einer Anstellung. Der Zirkusdirektor fragt, an was für eine Nummer denn der Schauspieler gedacht habe. Der entwickelt sofort seine Idee: Die gesamte Manege wird mit Scheiße gefüllt, und oben am Zirkuszelt wird eine dicke Kugel installiert. Sie wird ausgeklinkt, fällt in die Manege, und der gesamte Dreck spritzt in die Zuschauer, die sind allesamt von oben bis unten besudelt. – Was denn, fragt der Zirkusdirektor konsterniert, das soll alles sein? – Moment, unterbricht ihn der Schauspieler, das ist keineswegs alles. Denn dann komme ich – und zwar ganz in Weiß!

*

Der Dichter schreibt sein Stück, er hat gleichsam die Wäscheleine aufgespannt. Die Regisseure und Dramaturgen und Bühnenbildner und Musiker kommen und hängen bunte Wäsche auf. Nun kommen auch die Schauspieler, sie sind wie der Wind, der die bunte Wäsche flattern läßt. Jetzt aber ist das Bild erst lebendig.

*

Aber am Ende ist die Bühne so leer wie am Anfang.«

»DIE AUSSICHT auf die Komödie am Abend tröstete ihn, wenn er am Morgen zu einem traurigen Tag erwachte.«

Sagt Kurt Böwe an einem Novembersonntag auf der Bühne des Deutschen Theaters, und mit dem Beginn der kurzen Lesung aus Karl Philipp Moritz' Roman »Anton Reiser« aus dem 18. Jahrhundert gehen die Augen hinunter zu ihm, dem die Lesung gilt und der in dieser Stunde den von »Theater heute« gestifteten Fritz-Kortner-Preis erhält, eine Ehrung für Wagemut, Wahrhaftigkeit und ästhetische Neugier.

Dieter Sturm. Theaterphilosoph.

Den Geheimen hat ihn Dramatiker Botho Strauß genannt, einen Dramaturgen, dessen Lebenswerk aus drei Jahrzehnten wörtlicher Rede besteht, einer Rede, die konsequent nur ins Innere des Theaters gerichtet war. Als wolle da einer, sich selber immer wieder relativierend, ein Zeichen setzen gegen den Verwertungswahn der Zeit, gegen alle selbstgefällige Brillanz; denn in der Brillanz panzert sich der Gedanke gegen den Zweifel. Sturm ist Anfang der sechziger Jahre Gründungsmitglied der Berliner Schaubühne, er wird ihr Programmatiker und ihr Gewissen; dieses Theater, Widerpart und doch auch linker Partner des Westberliner Establishments, Spielzeug und Katheder zugleich, ist sein Lebenswerk geworden.

Während der Preisverleihung, bei der auch die Regisseure Luc Bondy und Thomas Langhoff sprechen sowie die Schauspielerin Edith Clever liest, sagt Böwe etwas, das noch einmal zu Anfängen seiner eigenen Theaterlaufbahn führt: »Dieter Sturm war 1960 Leiter der Studentenbühne am Theaterwissenschaftlichen Institut der Freien Universität Westberlin – ich war Leiter der Studentenbühne am Theaterwissenschaftlichen Institut der Humboldt-Universität in Ostberlin. Wir trafen uns in seiner Heimatstadt Erlangen, zum Europäischen Studententheaterfestival. Wir trafen uns zu fruchtbaren, offenen Gesprächen, die in jener Zeit von offizieller Seite beiderseits nicht erwünscht waren. Dieter Sturms Truppe spielte in Erlangen 1960 Tollers ›Hinkemann‹, wir eröffneten 1961 das Festival in Erlangen, auf Vorschlag Dieter Sturms, mit Tollers ›Entfesseltem Wotan‹. Dann kam der August 1961, und eine Mauer trennte uns. 1990 sahen wir uns wieder, auf der Schaubühne, am Kurfürstendamm, an Erfahrungen reicher.«

Ich frage Dieter Sturm nach den Umständen jener Bekanntschaft, die zu Freundschaft wurde. Daß man sich 1961 zum vorläufig letzten Mal sah und erst 1990 erneut einander begegnete, erweist sich als sinnstiftend-dramaturgische Pointe Böwes, in Wahrheit indes kam Dieter Sturm all die Jahre oft herüber, gleichsam fern verloren und doch bleibend anverwandt dem Geist gerade dieses Deutschen Theaters. Den Mann auf der Mauer wird ihn Thomas Langhoff nennen.

Annäherungen an den Osten wurden freilich damals, zu Zeiten der erwähnten Studententheater, an der Freien Universität beargwöhnt, wenn nicht gar bestraft; Kontakte mit der FDJ gerieten zum Relegationsgrund, wenn sich ein diesbezüglicher Verdacht erhärtete. Die Westberliner Universität hatte sich als eine im überlegten Sinne antikommunistisch ausgerichtete Lehranstalt profiliert, gerichtet gegen die Verhältnisse in der DDR, speziell gegen die Humboldt-Universität. Andererseits, so Dieter Sturm, verstand man sich als demokratisch im Sinne der Westalliierten, als antitotalitär; es herrschte also ein Klima zwischen »stockiger Provinz und pluraler Bewegtheit, zwischen Starrheit und Aufbruch«.

Jene Studentenbühne, die Sturm leitete, befand sich im Gegensatz zu vielen anderen der Bundesrepublik in finanzieller Abhängigkeit von der Uni, und daraus erwachsende Eingriffe in den Spielplan hatten das Verhältnis von Instituts- und Theaterleitung beträchtlich abgekühlt. Als Sturm 1960 auf dem Festival in Erlangen in einer öffentlichen Veranstaltung gefragt wurde, ob die Institutsleitung an der FU tatsächlich gegen eine Studenten-Aufführung von Tollers »Hinkemann« interveniert habe, bestätigte er dies; die Veranstaltung erhielt daraufhin anklägerische Züge, »und dort«, erzählt Dieter Sturm, »wo die Stuhlreihen endeten, standen in der ersten Reihe der Stehenden die Ostberliner Studenten Kurt Böwe, Rudi Münz und Joachim Fiebach und begleiteten meine Rede mit geradezu provozierendem Beifall.«

Das Pikante der Situation bestand darin, daß jener Professor, der das Inszenierungsverbot hatte durchsetzen wollen, in Erlangen und just in dieser Veranstaltung anwesend war – und Dieter Sturm wurde später vorgeworfen, das Ansehen der FU, und zwar vor den Augen der Ostberliner, beschädigt zu haben. Seine Kontakte zu Böwes Theater-Truppe und spätere Fürsprache, die Studenten der Humboldt-Uni sollten ihren »Entfesselten Wotan« in Erlangen spielen, führten an der Freien Universität zu Auseinandersetzungen und dem Versuch eines Relegationsverfahrens gegen Sturm.

»Freilich«, schränkt er gegen eine Überbewertung dieser Vorgänge ein, »ernsthafte Wagnisse bestanden damals für uns nicht. Was wir aufs Spiel setzten, erwies sich als übersichtlich. Man muß unsere politische Forschheit vor der Folie dessen sehen, was es für Menschen in der DDR damals bedeutete, Wagnisse einzugehen – denken wir etwa nur an die Folgen der Uraufführung von Müllers »Umsiedlerin« und Hacks' »Die Sorgen und die Macht«. Vergleichend von politischen Risiken zu reden, die man auf sich nahm, verwischt also leicht den unterschiedlichen Intensitätsgrad; geschieht dies, wird der Vergleich unaufrichtig. Möglicherweise haben die Kontakte, die wir zunächst lediglich als Kontakte zwischen Studententheater und Studententhater definierten und die freilich politisch interpretierbar waren, hinter den Kulissen der Humboldt-Uni mehr Beunruhigung ausgelöst als an der Freien Universität. Weil sich die DDR auch im geringsten Detail – und mehr waren wir kaum – nicht entscheiden konnte, was Chance und was Falle sei.«

Jahrzehnte später. Für den Dramaturgen Dieter Sturm hat sich, auf schmerzhafte Weise, ein Traum erfüllt, er betritt seit kurzem das Deutsche Theater durch den Bühneneingang. Schmerzhaft, weil der Gewinn die Folge eines Verlustes ist: Mit der Schaubühne hat er mehr als einen Ort verlassen. Nun setzt er, Kollege Kurt Böwes, hier seine Fragezeichen, möglicherweise etwas stiller; aber wenn eine Theaterinszenierung das ferne, wilde Ufer ist – Sturms Denkspiele vor, auf, zwischen und nach den Proben bleiben wohl, gerade Schauspielern, Strom und Boot zugleich.

DIETER STURM über den Schauspieler Kurt Böwe: »Der Kurt ist nicht nur jemand, der das So-Sein auf der Bühne unverwechselbaren physischen Spielmöglichkeiten verdankt. Seine Erscheinung ist das, was ihn befeuert; aber er ist gegen diese Ausstrahlung und zugleich in Korrespondenz mit ihr auch zu sehr vorsichtigen, präzisen, fast zärtlichen Spielzügen fähig. Wie er etwa im ›Cid‹, gegen die Möglichkeiten des Stücks, Dinge in Anführungszeichen setzte und sich auf schmaler und also umso eindringlicherer Gefühlsspur bewegte – das offenbarte in besten Momenten einen geradezu introvertierten, schmerzhaft leisen Schauspieler. Was er spielt, kann so herzbrechend sein, gerade weil ein sensibler Kern von so viel Bühnenvitalität umgeben ist. Böwe macht von dieser Vitalität, etwa als Herr Paul, einen sehr differenzierten Gebrauch, er jauchzt sich nicht zügellos hinein ins Massige – was ein mittelmäßiger Darsteller sofort tun würde. Kurt ist, wenn ich dies vereinfachende Attribut verwenden darf, ein plebejischer Schauspieler, den es mit seiner Körperlichkeit hinausdrängt, aber auf der anderen Seite ist da eine schwerblütige, zwingende Form der stummen Selbstbefragung. Seine Seele mag durch und durch bäurisch bleiben, sein Anspruch bleibt zugleich sehr groß, und da ist eine merkwürdige Linie, wo urwüchsige Kraft die hohe Intelligenz berührt. Tiefe des Grundempfindens, die ich bei ihm spüre, meint auch einen sozialen Grund – der im Vergleich mit Schauspielern aus der Bundesrepublik möglicherweise hervorsticht, weil besonders in der frühen DDR viele Menschen eine Chance zu künstlerischer Profession erhielten, die ihnen im Westen versagt gewesen wäre.«

WORTE DIETER STURMS bei der Verleihung des Fritz-Kortner-Preises, im November 1993:

»Ich bin vor vielen Jahren nach Berlin gekommen, um in zwei Welten zu leben, und das hat sich für mich in einer ganz erstaunlichen Weise erfüllt. Ich drücke das ganz bewußt jetzt nicht politisch aus, obwohl es eine politische Implikation hat. Aber das andere, der Reiz, der Erlebniswillen, ist das eigentlich Tieferliegende. Als wir die Schaubühne gründeten, gab es viele große Vorbilder. Neben anderem, aber durchaus nicht an letzter oder auch nur mittlerer Stelle, war für uns das wichtig, was damals in den Theatern Ostberlins und keineswegs nur am Berliner Ensemble, sondern ganz besonders am Deutschen Theater Berlin unter Wolfgang Langhoff geschah. Ohne all die Bestürzungen, Befremdungen, Belustigungen und manchmal auch Belehrungen, die ich dort erlebt und erfahren habe, die mir dort eingeritzt worden sind, wäre ich nie soweit gekommen, wichtigen Regisseuren und Schauspielern halbwegs ein Partner zu sein.

Dieter Sturm

Beinahe hätte das auch zu einer weiteren entscheidenden Wendung in meinem Leben geführt, denn es gab eine Zeit, da ich glaubte, es sei richtig, die Arbeit an der Schaubühne zu verlassen, weil sie über eine gewissen Punkt damals nicht hinausgehen konnte. Ich hatte das Glück, daß Wolfgang Langhoff mich als Novizen in einem Mitarbeiterstab akzeptieren wollte, ich war also drauf und dran, die Gefilde der Freiheit zu verlassen und frei in die der Unfreiheit überzutreten.

Leidergottes oder Gottseidank war es so, daß die Angst, der Kleinmut und die Enge der damaligen Kulturpolitik der DDR bewirkten, daß Wolfgang Langhoff kurz vor meinem Übertritt über die Grenze, die schon die Mauer war, als Intendant abberufen wurde. Mir blieb nichts anderes übrig, als auf diesen Weg zu verzichten. Trotzdem war er für mich nie abgegolten. Das heißt, ich verharrte in einer Art und Weise, die durchaus bezweifelbar ist wie vieles an mir und meinem Beruf, ich verharrte immer in der Gedankenspielerei, in diesem alten, läppisch delirierenden und reizvollen Spiel, was für mich geworden wäre, welchen Weg im Inneren und in der Spur der Empfindung ich gegangen wäre, wenn ich damals nicht von höherem Ort daran gehindert worden wäre, die Mauer zu durchschreiten.

Ich habe die gesamte Zeit die sehr seltsame Empfindung gehabt, daß gleichsam eine Abspaltungsfigur von mir in der DDR existiert. Und in dieser Doppelung, die ich in diesem Haus besonders deutlich empfinde, geht natürlich in einem Moment, wo wir alle in Ost und West voneinander befremdet sind, diese Befremdung durch mich in einer ganz besonderen Weise als Kältestrom hindurch. Wobei die Tatsache, daß das, was zusammengehört, durch einander befremdet ist oder sich befremdet, in der Geschichte der Seelen und der Stoffe keineswegs ein ungewöhnlicher, keineswegs ein unfruchtbarer und keineswegs ein zur Verzweiflung oder Larmoyanz oder Aggressivität führender Prozeß sein muß.

Als mich selber ein bißchen doppelt empfindende Person möchte ich sagen: Nutzen wir die Chance, auch den Reiz, der darin liegt, daß wir vielleicht sogar mehr als vorher in einer gewissen Weise fremd füreinander geworden sind oder gerade werden, auch als eine immense Chance des Staunens, der Selbsterkenntnis, der Neugierde, damit wir am Schluß zu der schwierig zu erringenden, balancierten dialogischen Einheit kommen, einander als andere und damit erst als uns selbst zu erkennen. Verharren wir also in dieser Fremdheit, damit wir zu dieser dialogischen Einheit kommen, die als einzige lohnt.«

FALSTAFF, sagte einst Jacobsohn, das ist man oder man ist es nicht.

Der Schauspieler sitzt in seiner Garderobe im Deutschen Theater und schaut einer kleinen Figur ins Gesicht. Ines Schweighöfer, die Frau eines Kollegen, hat sie ihm zur Premiere von Shakespeares »Geschichte von Heinrich IV.« geschenkt. Die Figur erinnert an die Terrakotta-Gestalt, die im Garten von Krumbeck sitzt. Es ist Falstaff, und Böwe schaut doch keinem anderen ins Gesicht als – Böwe: Melancholie, Ängstlichkeit, ergraute Gottlosigkeit. Der umgeschnallte Bauch, eine Figur wie aus der commedia dell'arte. Dazu leichte Schühchen, »damit man nicht wie ein Idiot herumtapst«, sagt der Schauspieler. Die von Goldfäden durchwirkte Kappe hat etwas von einer Krone – Falstaff, der König der Gegenwelten. Ein Juwel von Gott weiß wieviel Karat, eine der drei oder vier vollkommensten Figuren Shakespeares, schrieb der Italiener Tomasi di Lampedusa über diesen Sir John, und wie oft hat der Schauspieler jenen Moment verflucht, da er sich von der gesundheitsförderlichen Stichelei seiner Frau (»in langer Laufbahn nicht ein einziges Wörtlein Shakespeare«!) beeindruckt gezeigt hatte, seinem Regisseur Thomas Langhoff also auf den Leim ging und die große Aufgabe annahm. Aber es gibt nun einmal Stücke, die spielen Theaterdirektoren nicht, weil die Geschwätzmaschine der Dramaturgie irgendeine Aktualität darin entdeckt hat, sondern: weil die einzigartige Gelegenheit nicht verpaßt werden darf, große Rollen ideal zu besetzen. Was kommen mußte, kam: Böwes Traumrolle geriet ihm zur Alptraumrolle. Falstaff ist schließlich nicht ein einzelner, er umfaßt gleichsam die gesamte Gattung Mensch – wie soll dies ein einziger Darsteller packen?

Böwe ist kein Dröhn-Falstaff. Er spielt lieber weniger als zuviel. Und zeichnet so das leise, komische Porträt eines Weisen aus der Gosse, der sich mit kalkulierter Eleganz durchwurschtelt in den Zeiten von Mord und Bürgerkrieg. Von ihm gilt, was im Stück von Falstaff gesagt wird: Er ist nicht nur selber witzig, er ist auch die Ursache dafür, daß andere witzig sein können. »Heinrich IV.« ist auch die Geschichte eines sehr ungleichen Paares. Prinz Henry, Vertreter der künftigen Macht, kungelt mit Falstaff, dem Herrn der Niederungen. Es ist die Geschichte von Wasser und Feuer, die nicht zusammengehen, aber doch zusammengehören, will man die Welt einigermaßen schlüssig erklären.

»Jeder kennt diesen Falstaff, vermeintlich. Das Faß auf zwei Beinen, umringt von den lustigen Weibern von Windsor, jaja. Forscht man nach, weiß niemand etwas Genaueres von dieser Figur. Aber jeder möchte sein Klischee, das er für Bildung und Wissen hält, bestätigt bekommen: Wein, Weib und Gesang. Sicher, dieser Mensch ist eine sehr lebendige Mahnung, dünne Getränke zu meiden, er ist kein Jünger des Sauerbrunnens, und mein Freund Dieter Franke, an den ich bei dieser Rolle oft denken muß, würde jetzt ausrufen: Trinkt, trinkt, aber haut vorher die Weiber aus den Bierstuben! – dennoch: Der Witz dieses Falstaff, der zum Beispiel auf nicht sehr menschliche Weise Rekruten wirbt, ist nicht bestechend freundlich, so wie das gesamte Stück nicht eben freundlich ist. Erzählt wird die uralte, verflucht frische Geschichte über die Misere des Menschen, über die Verstörung, in der sich doch jeder befindet. Daß Leben nur aus Fristen besteht, daß das Ende schon hereinläutet, während wir uns noch auf dem Jahrmarkt der Möglichkeiten wähnen – diese Ahnung ist dem Falstaff unvermeidlich. Die Freiheit der Entfaltung birgt immer die Möglichkeit in sich, den eigenen Untergang zu produzieren. Das Gelände, das sich im Stück öffnet, gibt Zeugnis von der Verwundbarkeit des Allmachtsdenkens, von der Gebrechlichkeit der großen Planung und des größenwahnsinnigen Anspruchs auf Endgültigkeit und Macht. Jede Geschichte des Fortschritts produziert Zeichen, die auf das Gegenteil von Fortschritt verweisen. Herrschaft, unter welcher Fahne auch immer, erzeugt im Wettbewerb der Dinge geschlagene Menschen.

Ich begreife in den Zeiten großer Geschichte, so erzählt uns dieser Falstaff, daß Lüge sein muß. Und daß ein Nichtlügner kaum überlebensfähig wäre – weil doch alle lügen. Es gilt, und das darf man getrost auch von einem Schauspieler lernen, eine ironische Kunst der alltäglichen Lüge zu beherrschen, welche möglichst wenigen schadet, aber allen oder besser vielen oder noch besser ihm selbst, also dem Lügner, das Leben erleichtert oder es gar zur Freude, mindestens aber erträglich macht. Falstaff – der mehr Fleisch, also auch mehr Schwachheit hat als andere – ist das Paradeexempel auch der schauspielerischen Rettungsmanöver: mit Witz sein Leben zu retten.

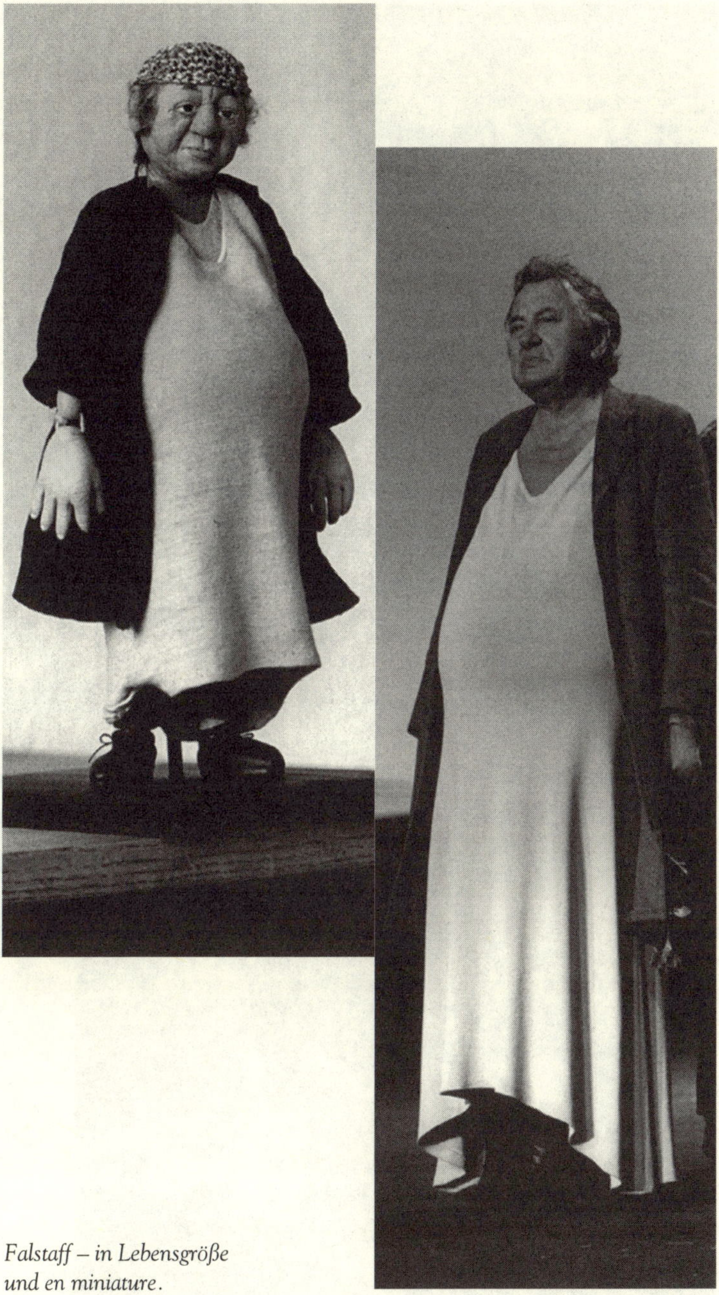

Falstaff – in Lebensgröße und en miniature.

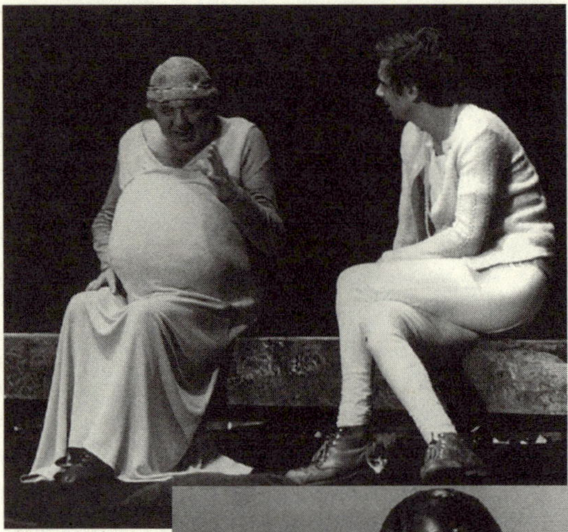

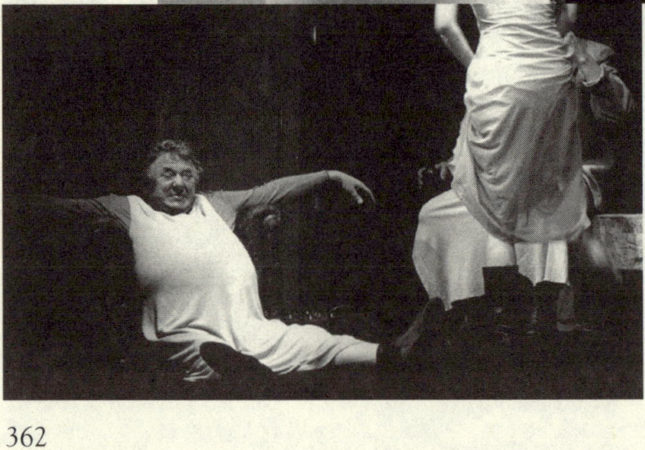

Auf den beiden vorhergehenden Seiten sowie auf der rechten Seite: Kurt Böwe als Falstaff in Shakespeares »Die Geschichte von Heinrich IV.« im Deutschen Theater, Regie: Thomas Langhoff, Premiere: Februar 1996 Auf dem ersten Bild Böwe mit Michael Maertens (als Prinz Henry).

Pressestimmen zur Aufführung:

Vor allem Kurt Böwe ist zu besichtigen, für den Langhoff den Sir John Falstaff ausgesucht hat, den berühmtesten Poltron der dramatischen Literatur. Mit wollüstiger Behaglichkeit watschelt Böwes heruntergekommener Ritter über die Szene, sich gelegentlich der Rampe nähernd, um seinen Witz nicht nur an seine Sauf- und Raubkumpane, sondern auch ans Publikum zu richten. Ob er über die Ehre philosophiert oder über die Vorteile des Instinkts, stets produziert er den Spaß gelassen munter. Doch Böwes dickleibiger Gauner und Experte im Bramabarsieren hat auch Weltschmerzliches. Seine Taten und Reden sind nicht die eines lebenskräftigen, seine gesellschaftliche Endzeit tragikomisch gar nicht spürenden Adligen, sondern Akte eines, freilich gerissenen Strolches. Wenn er dem toten Heißsporn Percy ohne Skrupel noch einen Dolchstoß versetzt, um sich als sein Bezwinger ausgeben zu können, ist das der Gipfel der Diffamie, zu der dieser erbärmliche, brutal egoistische Kerl fähig ist. Was freilich nicht weniger und nicht mehr bedeutet als gängige menschliche Norm. Damals. Heute.

Gerhard Ebert

Kurt Böwe ist Sir John. Im wehenden Kleid, Papa und Mama zugleich. Mit seinem spillerigen Zuckerprinzchen gibt er ein merkwürdiges Paar ab, Siegfried und Sieglinde, Parzifal und Herzeleide. Böwe geht es verhalten an. Vor der Bombenrolle Falstaff, dem Abräumer, der den übrigen »Heinrich IV.« nicht selten in gefährliche Schieflage bringt, hat er Respekt. Nur selten trägt er auf, oft steht er da, streichelt sich versonnen den wattierten Bauch und läßt die anderen toben. Ein durchaus melancholischer Clown. Mehr und mehr wird aus dem frechen Dicken ein mißvergnügter Alter, ein lästiger, im Leerlauf rotierender Komikbolzen.

Manuel Brug

Böwes Falstaff untergräbt mit seinen grandiosen Latrinen-Arien jegliche Moral. Böwe: ein Humanist aus der Gosse, leuchtendes Vorbild für alle Schwerenöter, Schlampen und Tagediebe. Georg Hensels Bemerkung, Falstaff zuliebe werde »Heinrich IV.« gelegentlich auch in Deutschland aufgeführt, klingt angesichts dieses Kurt Böwe noch wie eine Untertreibung.

Rüdiger Schaper

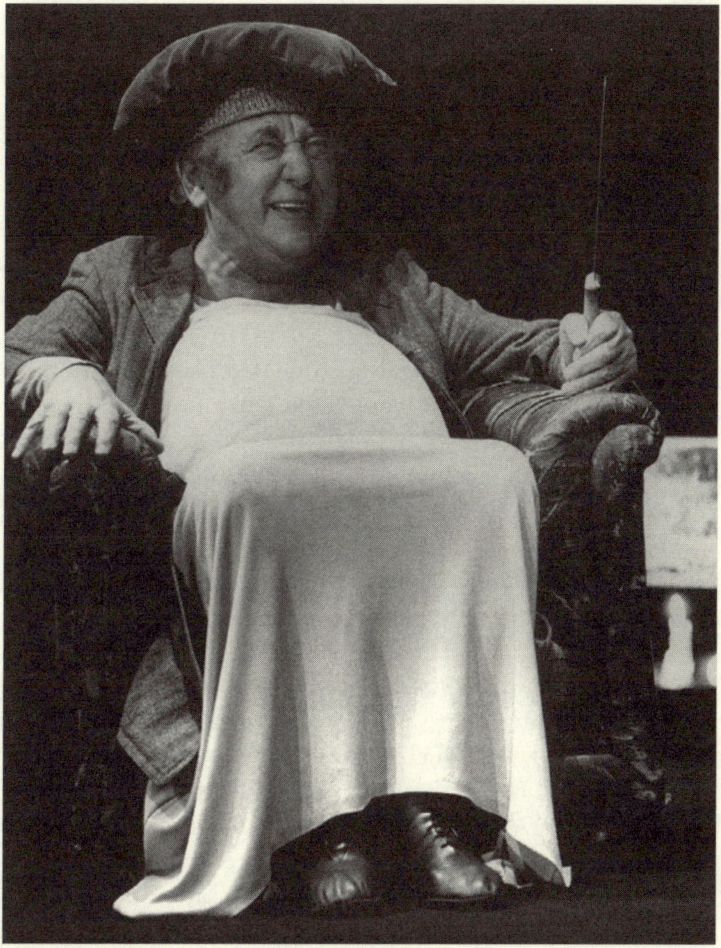

Es geht darum, möglichst schadenfrei durchzukommen, hin zum fröhlichen Tod. Gebt mir Leben! Der Ruf wird immer erst auf den Schlachtfeldern so richtig verstanden. Wenn es zu spät ist.

Was bleibt, ist die Angst – vor allem davor, sinnlos zu sterben. Falstaff fragt nach dem Sinn, auf Feldern der Ehre sein Leben zu geben, und er warnt vor dem, woraus aller Staat sich nährt: dem Glauben an Macht und deren Verknüpfung an Ehre. Aber wie, wenn Ehre dich umbringt beim Vorangehen? Kann Ehre, fragt der Dicke, ein Bein wieder ansetzen? Oder einen Arm? Nein. Ehre hat kein Geschick in der Chirurgie. Was steckt in diesem Wort Ehre? Luft.

Der bessere Teil der Tapferkeit ist Besonnnheit. Sagt Falstaff. Sage ich, Böwe aus der Prignitz. Sagt mein langer kurzer Atem.«

HEINER MÜLLER IST GESTORBEN. Der Tod im späten Dezember 1995. Der 67. Geburtstag im frühen Januar. In feuchter Januarkälte auch der endgültige Abschied. Dazwischen macht Deutschland das, was Deutschland seit jeher gut kann: Dichter gründlich und geradezu verliebt feiern – weil sie tot sind.

Der Schauspieler sagt nur: »Die Gedichte, die Heiner in Amerika schrieb, todsterbenskrank, waren das erste, was ich von ihm wirklich verstand. Todesnähe als gemeinsames Schicksal schafft Gleichklang von Empfindungen. Müller erholte sich vom Krebs in Santa Monica, ich erholte mich vom Krebs in Krumbeck. Beides sehr standesgemäß. Er ist tot. Ich lebe. Ich werde bald gerufen, sagt Falstaff, noch vor der Nacht. Gerufen, fragt sich, von wem. Nimmt man einem Menschen die Lebenslüge, nimmt man ihm das Glück. Falstaffs Lebenslüge besteht in der Illusion, bald an der Seite des neuen Königs zu stehen, der gestern noch sein Saufkumpan war. Aber ich denke bei diesen Worten an den Tod.«

Der britische Kunst-Philosoph John Berger schrieb für Müller, diesen Experten für geschichtliche Brüche: »Man hat dich oft angeklagt, die Dinge zu zerbrechen, aber niemand hat dich je selbst etwas zerbrechen sehen.« In Bergers wundervollem Text ist auch vom Lächeln Müllers die Rede, das so umstürzlerisch ist, daß es all die marmornen Gedenksäulen dazu benutzen kann, sich hinter ihnen zu verstecken, um im richtigen Augenblick sarkastischer denn je hervorzubrechen.

In den Zeiten von Dichters Tod sind die Landschaften voller Gedenksäulen. Was bleibt, ist Sehnsucht nach Sarkasmus, der nicht alle diese Säulen stehenläßt. »Daß Müller gestorben ist«, sagt der Schauspieler, »das wissen wir jetzt. Daß er tot ist, wird die nächste schlimme Nachricht sein. Müller-Texte lassen uns weiter ins Offene rennen, ins offene Messer Geschichte. Aber jene, die in diesen Tagen der Trauer beschwören, daß Müller ungeheuer bleibend sei – wollen sie wirklich allesamt die bleibende Ungeheuerlichkeit seines Werkes?«

BEI DER TRAUERFEIER im Berliner Ensemble gehören die ersten Reihen im Zuschauerraum Politikern aller Parteien. Das übliche heuchlerische Betroffenheitsritual. Es müßte jemand, sagt der Schauspieler, in solchen Momenten mit dem Mikrofon an diese Leute herantreten und jeden einzelnen fragen, wann er denn das letzte Mal in einer stinknormalen Theater-Aufführung war. Es müßte ja nicht mal Müller sein …

Die Brecht-Bühne an diesem 16. Januar tief und nackt bis auf die Brandmauern. So sah man sie zuletzt in Müllers Inszenierung »Duell Traktor Fatzer«. In das Grau und Schwarz hineingehängt: eine rote Tafel. Fahne? Opfertuch? Ein Leuchten jedenfalls gegen die Trauer. Wie sagte doch Heiner Müller: Eine gute Beerdigung ist die, die mißlingt.

Irgendwie hoffen alle das Beste an diesem Tag.

Der Schriftsteller und Filmemacher Alexander Kluge, vorn in der ersten Reihe, setzt sich nicht auf einen Stuhl und schaut zur Bühne, er setzt sich auf die Rampe und schaut in den Zuschauerraum. Es geht leger zu, man will der einfachen Wahrheit der Stunde etwas entgegensetzen.

Kluge, der langjährige Gesprächsfreund des Dichters, hält die Trauerrede. Erinnert an Müllers Satz: Kommt Zeit, kommt Tod. Die Lebenden seien nur eine Hälfte des Wirklichen, die andere Hälfte seien die Toten. Und die entscheiden mit über den Platz, den die Lebenden auf der Erde beanspruchen. Das 20. Jahrhundert, sagt Kluge, hätte seine Ausprägung in der Zeit zwischen 1914 und 1989 erfahren. In diesem Jahrhundert der Schlachten seien diejenigen, die aus den Kriegen kamen, nicht einfach nur Lebende gewesen, sondern gezeichnete Untote; und das sähe man dem Jahrhundert an.

Nunmehr, sagt Kluge, seien wir bei der Übergabe dieser Erfahrungsmasse an die Erben. Zur deutschen Jahrhundert-Erfahrung (für Müller zeitlich festgemacht an der Ermordung der Luxemburg, am Machtantritt Hitlers und an Stalingrad) gehöre ein Menschentyp, der den Dramatiker sehr beschäftigt habe: Der trägt innen gleichsam einen Charakterpanzer, und außen wird er auf Schienen gesetzt, und er kann sich nicht lösen von diesen Schienen – und die führen geradewegs nach Auschwitz …

Heiner Müller, so der Redner, sei das Gegenteil eines Opportunisten gewesen. Stets habe er freilich auch Blockaden seiner Arbeit erlebt, oft sei sein Ausdruck gelähmt gewesen, wenn sich Macht und Masse der Wirklichkeiten wie Eisblöcke ineinandergeschoben hätten. In der Verarbeitung dessen seien die Texte kristalliner und radikaler geworden. Und strenger. Und diese Strenge hätte ihm, Müller, nach eigenen Worten, das Leben gerettet. Und so habe der Krebskranke das Krankenhaus mit den Worten verlassen, die an den berühmten Heidelberg-Schlager angelehnt waren: »Ich habe meine Speiseröhre in München verloren.«

Kluge erinnerte an seine Interviews mit Müller, an jenes berühmte Nicken nach mancher Frage, und dieses Nicken konnte tausend Dinge bedeuten, am wenigsten bedeutete es ein einfaches »Ja«. Dies sei die hintersinnige »slawische Art« des »sächsischen Römers« gewesen, sich zu äußern.

Dann spricht der achtzigjährige Stephan Hermlin: Die Tragik unserer Epoche wollte es, daß Müllers leises Wort erst wirklich hörbar wurde, als es mit der versuchten Verwirklichung der Idee, von der er ausgegangen war, immer schneller zu einem Ende kam.

Nach der Trauerfeier strömt der schwarze Zug der Gäste und Neugierigen zum Dorotheenstädtischen Friedhof. Kommt zum Stehen, weil die Tore verschlossen sind. Small talk allenthalben. Dazwischen Volker Schlöndorff mit Regieanweisungen aus dem fahrenden Pkw. Action! Ein kleines Festival der Selbstdarsteller. Immer wieder wird Eva-Maria Hagen von Journalisten befragt, ob denn Biermann da sei. Im »Spiegel« hatte er mit der Kraft einer Millionen-Auflage sein Kommen vollmundig angekündigt. Nein, Wolf habe es sich anders überlegt. Der Stau am Tor wird größer. Umliegende Cafés füllen sich. In der naheliegenden Brecht-Buchhandlung, so ergibt eine Journalisten-Umfrage vor

Ort, ist heute noch kein Müller-Buch verkauft worden. Der könnte sich aber trösten: auch kein Brecht ging bisher über den Ladentisch.

Selbst an diesem Tag bleibt der gewitzte Dramatiker seinem Publikum voraus; seine Uhren gingen immer schon anders. Eine Stunde eher als offiziell angekündigt, war er im engsten Familien-, Freundes- und Kollegenkreis zu Grabe getragen worden. Als die Menge endlich auf den Friedhof darf, findet sie am Grab Müllers ein paar Kränze. Der Sarg ist von einer Holzplatte abgedeckt, auf der schon Blumen liegen. Pech für zwei Kamerateams, die sofort zum Grabe Brechts gerannt und dort in Stellung gegangen waren. Nein, Müller liegt neben dem Schauspieler Wolf Kaiser, und der Platz ist im Handumdrehen verstopft.

Etwas abseits vom Trubel, an einer Birke, steht der Schweizer Volksbühnen-Regisseur Christoph Marthaler, im eleganten schwarzen Mantel, in der einen Hand Stock und eine weiße Peter-Stuyvesant-Tüte, in der anderen eine große dicke Zigarre. Es duftet. Der Rauch steigt und verteilt sich. Man möchte ihm glatt einen Whisky reichen. Aber vielleicht hat er den in der weißen Plastetüte.

DIE PROBEN zum Falstaff sind keine leichte Zeit. Mitunter kommt sich der Schauspieler wie ein Stein vor, der unbeweglich auf der Bühne lag. Der schwerfällige, von Zweifeln geplagte Mann aus der Prignitz scheint dem Regisseur Langhoff im Weg zu stehen, dessen mütterlich-italienisches Blut auf schnellere Bewegungen bei der Arbeit drängt.

»Aus der drückenden Wirklichkeit des Krankenhauses, aus der Einsamkeit Krumbecks wieder hinein in diese Gemeinschaftsdummheit und Massenkarambolage Theater! Der Abstand, den Krankheit und Nachdenken gebracht haben, machte mir zu schaffen. Man ist eine durchaus gestandene Merkwürdigkeit, doch wehen einen gerade bei so einer Gestalt wie dem Falstaff die eigenen Unsicherheiten an, die Kräfte reichen nur zum Fragmentarischen. Man weiß es, man bekennt sich dazu, und doch fürchtet man das Unvermögen. Zudem merke ich, ich tauge nicht

Böwe liest Böwe.

mehr für alles, was sich breitmacht auf der Bühne und den Deckmantel der Kunst für das Ausleben der eigenen Egozentrik benutzt. Es gibt Dinge, die mich unsicher lassen, weil ich, wie schon so oft beschworen, diesen Beruf nicht wirklich erlernt habe. Meine Langsamkeit spüre ich, die sich trainierbarer Virtuosität entzieht. Mehr und mehr stört mich ein Schauspielertyp, der aus Klangregistern besteht, die maniriert und kunstbeflissen gezogen werden. Bestimmte Leute gehen immer gleichbleibend mit Texten um, sie erfinden stets nur sich selbst, das Eigene verkommt zum Künstlichen und gerät in eine fade, egoistische Bedeutsamkeit, die wie eine Fahne vor sich hergetragen wird. Diese Schauspieler stecken sich in hübsche Schachteln, die man aufmachen kann, und die immergleiche Melodei ertönt. Die Spontaneität verläßt das Theater, wenn diese Leute zu den Proben erscheinen. Sie tragen einen Zug von Beleidigtsein um den Mund, wenn man ihren Heiligenschein nicht grüßt.

Das Theater, wie alles andere, hat keine sehr glückselige Zeit. Es gibt den furchtbaren Anspruch des Zwischenraums, in dem wir jetzt leben, den Anspruch der Zwischenzeiten, denen nun die Stunde gehört: Nichts ist entschieden, alles darf für möglich gehalten werden, alle Richtungen sind so offen wie sie verbaut sind. Bindungen bröckeln, die Sinngebung stellt sich nur müh-

Kurt Böwe, Wolfgang Kohlhaase, Werner Stötzer (v. l.)

sam her, die größten Irritationen gehen von Nichtigkeiten aus. Theater entwickelt zwar noch immer so etwas wie eine Aufmerksamkeit für die Unruhe, die tief aus der Psyche kommt – aber kaum mehr so, daß die Menschen das Bedürfnis haben, einen Dialog zu beginnen. Wie soll sich ins Publikum übertragen, was uns Theaterleuten selbst mehr und mehr abhanden kommt. Aber beim Theater kommt es nunmal nicht darauf an, wie oben gespielt wird, sondern wie es unten wirkt. Und wir verlieren an Wirkung, ich spüre es. Aber ich weiß gar nicht, ob ich es bedauern soll.

In letzter Zeit dachte ich oft daran, wie sehr ich mich doch einst gefreut hatte, als meine Tochter Winnie, nunmehr auch Schauspielschülerin, durch ihre erste Prüfung an der Schauspielschule gerasselt war. Diese Freude schien mir wie ein Omen.

Was ist mit einem geschehen, wenn man die Stätte, die einem doch das Leben war, fast schon wie ein Fremder betritt?

Aber wir können die Träume nicht lassen, auch ich gesteh's, und die Hoffnung war es, die mich diesem Falstaff in die Arme trieb, gemäß dem Dichterwort: ›Die Welt wird alt und wieder jung,/ doch der Mensch hofft immer Verbesserung./ Die Hoffnung führt ihn ins Leben ein,/ sie umflattert den fröhlichen Knaben,/ den Jüngling locktet sie in Zauberschein/ und wird mit dem

Greis nicht begraben./ Denn beschließt er im Grabe den müden Lauf,/ noch am Grabe pflanzt er die Hoffnung auf.‹

Mit dieser Hoffnung spiele ich den Falstaff, und ich werde nicht vergessen, daß mir bei der ersten Probe ein Schmetterling auf den Oberarm flog. Als wollte mir ein Wesen von draußen Leben einhauchen im dunklen Zauberraum Theater. Inzwischen kann ich geradezu gütig lächeln, wenn der Kritiker der Frankfurter Allgemeinen Zeitung meint, ich sähe als Fallstaff aus wie eine ›transvestitische schwangere Knödelköchin‹. Wichtiger ist mir, daß mich meine Souffleuse kürzlich zur Seite nahm und leise etwas sehr Bedenkenswertes sagte: Kurt, mir fällt auf, daß du inzwischen ein wenig lax mit deinem Paul umgehst. Du hast ihn doch geliebt. Nun bist du beseelt vom Falstaff. Erschlag damit bitte nicht den Herrn Paul, sei wieder zart zu ihm.«

WIR GEHEN noch einmal durch Reetz.

Graugebliebene Seele des ewigen Durchgangsortes: »Versatzstücke, die dich anfliegen«, sagt der Schauspieler. Er schaut sich unruhig um, als suche er noch immer, schon wieder, nach bisher unentdeckten Zeichen des eigenen Lebens.

»Nein, beständig sind und bleiben in diesem Dorf wohl nur die Himmelsrichtungen – die mich damals mit ziemlich langen Armen fortgezogen haben.«

Löchrige Horizonte, schäbige Augenweide. Die blättrige Farbe des Fachwerks, ein alter verwaschener Himmel. Der Steinmetz kratzt Trauer auf jeden Grabstein, in den Schornsteinen rieselt der Sand. Regen läuft kalt an den Hauswänden herab. Vergilbtes Stroh in den Scheunen; knochiges, graues Gewöll liegt im Staub. Wir gehen schweigend, Phantasie schafft hier nur eintönig gleiche Bilder. Wie man sich ein Dorf der Vergangenheit halt vorstellt: Geräusche des Milchwagens in der Frühe, zernarbt und zerkerbt das Zahlbrett des Postschalters, Sandspuren erzählen eine Geschichte mit Pferd und Wagen. In den Dingen, die dem Schauspieler in den Blick kommen, liegt etwas, das wahrgenommen wird, aber kaum mehr ins Bewußtsein reicht. Wegsames Einerlei, das den Anschluß verpaßt hat. Hier wurde die Kirche immer im Dorf gelassen. Ein Wind geht über alles hin, ein Wind weht vieles weg. Und Kodi ist zwar nicht Arzt geworden, aber immerhin hat Christian, Böwes Sohn aus erster Ehe, das Vermächtnis der Mutter erfüllt; er wurde Mediziner in Angermünde.

Noch einmal die Innenräume der Kindheit: Zwischen den Möbeln bleichen die Schatten aus. Familiengespräche bei Anita, der Schwester, bei Günther, dem Bruder, bei Muhs, dem Kneipier: Viel Erinnerung, mehrere Gedächtnisse. In den Zimmern wabern noch ein paar Geheimnisse, sicher, aber wenn man genau hinhört: Alles ist still. Wenn man genau hinsieht: Alles ist Arbeit. So erst ist alles gut.

Der Schaupieler und sein Autor Hans-Dieter Schütt.

»Man sieht nur, was man weiß, heißt es bei Fontane. Erst mit diesem Wissen, daß ich die Prignitz nicht loskriege, sah ich eines Tages die Landschaft, aus der ich kam, wirklich. Nachdem ich diese Welt, die ich nur scheinbar kannte, als meine Welt begriffen hatte, vermochte ich sie zu fassen. Vielleicht auch in meinen Darstellungen, und zwar mit durchaus angebrachtem Selbstbewußtsein. Denn diese Leute ohne Resonanznamen, unter denen ich aufwuchs, die sind eine staatstragende Kraft: Sie produzieren Brot. Diese Gegend hier wurde zu einem Zeitpunkt mein Eigentum, da ich mich selbst als eine Art Aktivum begriffen hatte, endlich. Indem sich Kodi fremd machte, war plötzlich ein Fixpunkt gefunden, der nicht mehr nur Schatzwalter für Kindheitserlebnisse zu sein hatte, sondern auf den sich dieses merkwürdige Subjekt Böwe in all seiner Andersartigkeit beziehen ließ.«

Der Schauspieler schaut mich von der Seite an und scheint plötzlich zu erschrecken, daß wir gleichsam noch immer stöbernd durch dieses Dorf gehen. Als sei der Versuch der Erinnerung letztlich doch als Niederlage programmiert: Denn es verlief in diesem Leben doch so vieles ohne besondere Vorkommnisse. Irgendwie traurig, aber auch heiter. Und sehr alltäglich. Die Waschschüssel, in der man im Winter das Eis aufschlagen mußte. Der Herd, mit Holz geschürt. Der Rauch in der Küche. Der Waschtag mit dem dunstigen Geruch zerknüllter Bettlaken. Mehr nicht. Wichtige Personen längst verweht, als ob sie nie gelebt hätten.

Aufschreiben, daß sich eigentlich gar nichts ereignete? Auch was du formuliert hast, ist so schnell weg.

Es kommt aber wieder, Böwe. Das ist der Lauf der Welt.

Plötzlich, wir sind auf dem Friedhof angelangt, hebt der Schauspieler beide Hände und bewegt sie, als spiele er mit zwei Puppen; der Zeigefinger dirigiert den imaginären Kopf, Daumen und Mittelfinger bringen die unsichtbaren Arme in Schwung.

»Das vielleicht Wesentliche zum Schluß! Mein Großvater, der mit seinen Söhnen den vergammelten Hof auf Pump gekauft und ihn in zäher Fron hochgebracht hat – ein Kätner wurde Bauer! – war ein wunderbarer Märchenerzähler. Er, der Klippschüler, schrieb großartige Briefe. Sein Vater wiederum, mein Urgroßvater also, war noch ärmer, ein Tagelöhner in Schönfeld, dort hinten. In der allergrößten Not verschaffte Urgroßvater sich einen Schimmel, eigentlich nur noch wert für den Abdecker, wie hätte er ihn sonst gekriegt, bastelte sich zwei Puppen und ging über Land. Sein Zweck war, Lumpen und überflüssiges Gekröse aufzukaufen, Eintauschware für ein paar Groschen zusätzlich. Aber das Betteln vor den verschlossenen Türen war ihm verhaßt. Deshalb diese selbsterdachte Inszenierung: Er bimmelte mit einer

Glocke, daß die Kinder zusammenliefen; er hat ihnen aufgespielt mit den beiden Puppendingern, er machte ihnen ein Vergnügen. Verläßlich lockte ihr Quieken die Großen an. Dann hat Urgroßvater einen Spruch gesagt, der ist in der Familie Böwe überliefert bis heute.

›Jung Böw ut Schönfeld
is uck aver hier!
Bröcht Lumpen!
Bröcht Lumpen!
Denn freut hei sik siehr.‹

Der Spruch könnte einem wert und heilig sein wie der gedankentiefste Hamlet-Monolog. Beim Dänen-Prinzen hängt ein Leben dran – nach einer Idee vom Shakespeare. Auch an Urgroßvaters Gedicht hat, von allergrößter Not nicht kleingekriegt, Existenz drangehangen – freilich, nach einer bitteren Idee vom Leben selber. Aber so fängt, möglicherweise, alle Schauspielerei an.«

Wir gehen. Das Auto steht am Dorfeingang. Kurt Böwe muß sich beeilen. Heute abend ist Vorstellung.

BURGTHEATER

Wien, 23. April 1996

Lieber Kurt Böwe,

eigentlich bin ich ein Feind von Biografien.
Sie sind die erste Ausnahme.

Ich habe mit großem Vergnügen in dem schönen, lebendigen und aufregenden Theaterbuch über Kurt Böwe gelesen.

Hoffentlich geht es Ihnen gut. Schade, daß wir noch nie über eine Arbeit zusammengefunden haben.

Herzliche Grüße

Claus Peymann

Anhang

ZWEIMAL EIN FRAGEBOGEN

Der Schauspieler ist ein Zeitungsleser. Und wer nun Zeitung liest, stößt im Beilagen-Repertoire auf eine Art Grundausstattung: Fragebögen über Fragebögen. Viele sind von den familiären Fragespielen Marx' und Prousts inspiriert oder den elf berühmten Fragebögen, die Max Frisch in seinem Tagebuch verteilte – gleichsam kurzatmig daherkommende Denkstachel, auf die man sehr spontan antworten sollte. Weil man sie sonst nie beantwortet, aus Furcht davor, nicht weise und wahr genug zu sein.
Den Mix aus Fragebogen-Fragen beantworten der Schauspieler und seine Frau ganz unpathetisch, freundlich, unverkrampft, selbstironisch, vielleicht nur amüsiert übers Redespiel. Keine Schlußsätze fallen, nur Relativsätze. Widersprüchliches Antworten eingeplant.
Unabhängig voneinander erzählen sie – voneinander.

HEIDE BÖWE,
für welchen höheren Sinn lebt der Mensch?
Oh! Er lebt wohl am ehesten dafür, daß ihm dieser Sinn nicht gar zu hoch gerate. Das zu erreichen, ist wahrscheinlich die erstrebenswerteste aller Künste. Denn der Mensch ist meistens nicht das, was er sein soll oder sein will – er ist das, was ihm widerfährt.

Was finden Sie liebenswert an diesem Jahrhundert?
Fürs Jahrhundert fehlt mir der Überblick. Liebenswert am Leben ist für mich, daß man sich, trotz allem, hin und wieder sagt: So schlimm war's ja doch nicht!

Was ist links?
Die Antworten, die ich in meinem Leben brauche, kommen immer weniger aus einer unmittelbaren politischen Richtung.

Welches ist Ihr liebster Platz auf der Welt?

Das Meer.

Mit welchen drei Begriffen charakterisieren Sie Deutschland?
Ich versuche es mal mit drei Namen: Goethe, Hitler, Einstein.

Welches wäre das Ziel Ihrer Traumreise?
Der europäische Süden. Das ist Exotik und dennoch kulturelle Verwandtschaft.

Wann haben Sie zuletzt geweint?
Ich könnte fast jeden Tag weinen. Schon die Abfahrt eines Zuges, der mich eigentlich gar nichts angeht, bringt mich den Tränen ebenso nahe wie Küchenlieder.

Was trauen Sie der Menschheit nicht mehr zu?
Das Gute. Die Welt hat ohne den Menschen begonnen und wird wohl ohne ihn enden. Seitdem der Mensch zu atmen und sich zu erhalten begonnen hat, seit der Entdeckung des Feuers bis zur Erfindung aller atomaren Vorrichtungen, hat er – außer wenn er sich fortgepflanzt hat – nichts anderes getan als Millionen von Strukturen zerstört, die niemals mehr integriert werden können … Aber vielleicht ist, was ich da zusammenrede, zu pessimistisch und also zu arrogant. Pessimismus ist nämlich Arroganz: Ein Pessimist meint ja, er wisse schon alles. Aber so arrogant sollte man nicht sein: zu denken, wir hätten quasi das Schicksal, die letzten Menschen zu sein …

Was empfinden Sie als Verrat?
In jeder Minute verraten wir irgendetwas. Hauptsächlich mittels Verrat wird Leben organisiert. Oder? Was mich selbst betrifft: Ich bin inzwischen zu wählerisch in meinen Kontakten geworden, als daß da wirklich noch viel Verrat geübt werden könnte.

Welches Kunstwerk haben Sie nie verstanden?
Leider zu viele.

Wie beschreiben Sie Lebenskünstler?
Es gibt Leute, die sagen, das Glas sei halbleer; und es gibt Leute, die sagen, das Glas sei halbvoll. Letztere sind Lebenskünstler.

Was ist ein wunder Punkt bei Ihnen?
Daß ich so gar keine tiefe Begabung habe.

Welchen Zeitgenossen würden Sie für Verdienste um die Menschheit auszeichnen?
Keinen Politiker. Vielleicht all die unbekannten Ärzte, die in Afrika oder Asien Leben retten und dafür sicher auf viel Geld und viele Annehmlichkeiten ihres Standes im reichen Europa verzichten.

Finden Sie Marx überholt?
Nein, er wird es sein, der uns mit seinen Analysen überholen wird.

Worüber wundern Sie sich?
Es gibt wenig zu wundern beim Blick rundum, es gibt eher Grund zum Traurigsein.

Mit welcher Persönlichkeit der Geschichte würden Sie gern in Briefwechsel treten?
Mit Weibern, denen die (männlich organisierte) Geschichte verweigerte, Persönlichkeit zu sein.

Kann man mit Ihnen Pferde stehlen?
Ja! Wollen wir, sofort?

Was mochten Männer an Ihnen?
Daß sie mit mir Freund sein konnten.

Wie wollten Sie am liebsten aussehen?
Als ich Mädchen wurde, kamen Petticoats in Mode, Marilyn Monroe war aktuelles Traumbild – eine schlimme Zeit für mich. Mann, war ich froh, als die Sackmode kam! Ich hatte, was Aussehen betrifft, nie ein sehr großes Selbstwertgefühl.

Gab es schauspielerische Vorbilder?
Ja, zum Glück – sonst hätte ich meine schauspielerische Karriere vielleicht nicht aufgegeben.

Was wäre für Sie das größte Unglück?
Wenn ein Kind von mir sterben würde. Ich glaube, das ist das Schlimmste: Wenn Eltern vorm Grabe ihres Kindes stehen.

Wo möchten Sie leben?
Auf der Sonnenseite.

Was ist für Sie das vollkommene irdische Glück?
Ruhe zum Beispiel. Vollkommenes irdisches Glück wäre, wenn man diesen Begriff nicht mehr mit großen Dingen belasten müßte wie Frieden oder Freiheit, sondern wenn einem ganz selbstverständlich kleine alltägliche Dinge einfallen dürfen, ohne daß man sich vorwerfen muß, spießig und weltabgewandt zu sein. Also etwa: einfach auf einer Treppe in der Sonne sitzen und Kartoffeln schälen.

Welche Fehler entschuldigen Sie am ehesten?
Die ich selber habe. Weil ich die schon kenne.

Ihre liebsten Romanhelden?
Männer, die »fertig sind auf die Reifen«, wie der Hallenser sagt. Etwa »Der Regenkönig« von Saul Bellow.

Ihre Lieblingsgestalt in der Geschichte?
Geschichte hat mich seltsamerweise nie interessiert, ich verwechselte regelmäßig die Kriege und Siege. Wissen Sie, wann ich Geschichte begriffen habe? Beim Fall der Mauer. Der Niedergang der Polis, des Römischen Reichs – ich konnte mir das als Vorgang nie real vorstellen. Ich verstand nie, wie sowas geht. Jetzt weiß ich's.
Und ich weiß, wie banal sowas ablaufen kann.

Ihre Lieblingsheldinnen in der Dichtung?
Heldische Frauen sind meist langweilig.

Ihre Lieblingsmaler?
Der Himmel und seine Wolken. Der Herbst. Bei den Menschenmalern wechselt das.

Ihr Lieblingskomponist?
Bach. Immer mehr: Kammermusik.

Welche Eigenschaften schätzen Sie an einem Mann am meisten?
Männern mit Witz verzeihe ich mehr als anderen.

Welche Eigenschaften schätzen Sie an einer Frau am meisten?
Wenn sie ein Geheimnis hat.

Ihre Lieblingstugend?
Verläßlichkeit, Beständigkeit. Das sind Dinge, die vor allem für Kinder wichtig sind. Ich

wünschte mir oft, ich sei beständiger.

Ihre Lieblingsbeschäftigung?
Lesen, Gartenarbeit.

Wer oder was hätten Sie sein mögen?
Eine Musikerin.

Ihr Hauptcharakterzug?
Ich bin in allem zu schnell.

Was schätzen Sie bei Ihren Freunden am meisten?
Deren Zuneigung zu mir.

Ihr größter Fehler?
Ich bin wohl zu leicht verführbar, kann dann leider sehr eifernd sein. Ich neige dazu, mich in Situationen einzulassen, in denen mir alle notwendige Distanz verlorengeht.

Ihr Traum vom Glück?
Lange leben, ohne siech zu werden.

Was möchten Sie sein?
Gelassener.

Ihre Lieblingsfarbe?
Rostrot.

Ihre Lieblingsblume?
Die Hortensie.

Ihr Lieblingsvogel?
Der Spatz auf dem Dach.

Ihre Lieblingsrolle der Vergangenheit? Ihre Lieblingsrolle in spe?
Nein, danke.
Rollenspiele waren oft genug mein Verhängnis.

Ihr Lieblingsschriftsteller?
Henry Miller, Charles Bukowski. Weniger von der Schreibe, als von der Lebenshaltung her.

Ihr Lieblingslyriker?
Rilke.

Ihre Helden in der Wirklichkeit?
Mütter mit behinderten Kindern. Tamina Nasrin.

Ihre Heldinnen in der Geschichte?
Aufmüpfige Weiber, die man erschlagen oder verbrennen muß, daß sie Ruhe geben.

Ihre Lieblingsnamen?
Italienische, also Namen mit Musikalität.

Was verabscheuen Sie am meisten?

Aggressivität, auch meine eigene.

Welche geschichtlichen Gestalten verachten Sie am meisten?
Ich kann mich anstrengen, wie ich will: Mir gelingt Verachtung nicht.

Welche militärischen Leistungen bewundern Sie am meisten?
Den Krieg der Geschlechter, die Niederlagen der Tugend, die Siege der Vernunft.

Welche Reformen bewundern Sie am meisten?
Die durch Freimaurer eingeforderte Einführung weltlicher Schulen in Schlesien, in den zwanziger Jahren.

Welche natürliche Gabe möchten Sie besitzen?
Musikalität.

Wie möchten Sie sterben?
Auf grüner Wiese. Und ohne Schmerzen.

Ihre gegenwärtige Geistesverfassung?
Ruhig und klar.

Ihr Motto?
Spaß muß es machen.

Was ist Ihre größte Hoffnung?
Daß sich jeder Tag Leben lohnt.

Wer oder was ist Ihre heimliche Leidenschaft?
Das ist doch das Schöne an ihr: Sie bleibt eine heimliche.

Was ist Ihnen peinlich?
Angeberei.

Welche kulinarischen Genüsse schätzen Sie am meisten?
Ich esse alles gern, durch die Küchen aller Länder hindurch. Nur »Prignitzer Durchgekochtes« mag ich nicht.

Was treibt Sie zur Verzweiflung?
Egomanie.

Wem werden Sie ewig dankbar sein?
Meiner Stiefmutter. Die hatte eine Eigenschaft, die ich nicht besitze: Demut.

Was loben Ihre Freunde an Ihnen?
Verrate ich Ihnen nicht, weil meine Freunde mir nachsagen, ich sei nicht sehr selbstloberisch.

Wem möchten Sie auf keinen Fall in der Sauna begegnen?
Fremden Leuten.

Was sagen Ihre Feinde Ihnen nach?
Verläßlichkeit, hoffe ich. Aber das sagen mir meine Feinde ja nicht.

Wofür oder bei wem müssen Sie sich unbedingt noch entschuldigen?
Bei meiner Mutter. Aber sie selbst würde so etwas nie erwartet haben: Denn es ist unredlich, einem Kind das Gefühl zu geben, man sei den Eltern etwas schuldig.

Welche Ihrer Vorzüge werden verkannt?
Es wird nichts verkannt an mir. Was an mir zu verkennen wäre, das würde ich schon kundtun.

Was war, was ist Ihr größter Erfolg?
Mit dem Begriff Erfolg kann ich ebenso wenig anfangen wie mit dem Begriff Stolz.

Was war Ihre dramatischste Fehlentscheidung?
In meinem kleinen Leben gab es nur eine wirkliche Fehlentscheidung: meine erste Ehe, ein Fehler aus Gedankenlosigkeit.

Was sind Ihre verborgenen Schwächen?
Ich leide an meinen Unzulänglichkeiten. Das sind Dämonen, die einen heimsuchen.

Wie würden Sie einem Blinden Ihr Äußeres beschreiben?
Groß, zusammenstehende Augen, lange Beene, etwas hervorstehende Zähne. Ich bin wohl ein ganz passabler Kleiderständer.

Was würden Sie zuerst durchsetzen, wenn Sie einen Tag lang Deutschland regieren könnten?
Die Werbung abschaffen!

Wer wird Deutschland in zehn Jahren regieren?
Der Haß.

Welcher Politiker flößt Ihnen Vertrauen ein?
Ich lasse mir nichts mehr einflößen.

Welches sind die drei klügsten Köpfe unserer Zeit?
Nein, bitte nicht noch eine weitere Hit- oder Rangliste.

Was ist Ihre Lebensphilosophie?
Meine Philosophien wechseln.

Welchen Traum wollen Sie sich unbedingt noch erfüllen?
Einen Teich bauen.

Wo möchten Sie beerdigt werden?
In Krumbeck, dort trägt man Menschen noch würdig zu Grabe.

Wer soll Ihre Grabrede halten?
Niemand.

Welchen Satz erhoffen Sie sich?
Entfällt. Ich hör den ja eh nicht.

Was gefällt Ihnen an sich selbst?
Daß ich mich jetzt nicht überreden lasse, diese Frage zu beantworten.

Welches war Ihre erste Mutprobe?
Im Schwimmbad vom Zehn-Meter-Turm zu springen.

Was würden Sie, hätten Sie die Macht, auch gegen den Willen einer Mehrheit durchsetzen?
Nichts. Meine Furcht vor der Mehrheit ist inzwischen zu groß.

Welche Hoffnungen haben Sie aufgegeben?
Wir haben schon darüber gesprochen: die Hoffnung, daß das Zenit der Menschheit noch vor uns liegt. Das, was jetzt ist, wird seinen Lauf nehmen. Es wird wohl kein anderes System geben.

Keine Revolution hat die Hoffnungen derer erfüllt, die den Aufstand wagten. Leiten Sie daraus ab, daß die ganz große Hoffnung lächerlich sei und nur der Hoffnungslose sich Enttäuschung erspart?
Ja. Und das gibt einen Schmerz, der einem das Herz zerreißt.
Aber man muß leben und leben und leben.

Fürchten Sie sich vor den Armen dieser Welt?
Nein. Vor den Reichen fürchte ich mich.

Womit rechtfertigen Sie, mehr Geld zu besitzen als andere?
Das ist nicht zu rechtfertigen. Das ist eine von jenen Fügungen, für die man dankbar sein muß. Die Frage ist ja generell zu stellen: Warum bin ich ungeschoren geblieben? Warum bin ich nicht diejeni-

ge, die irgendwo in Afrika verhundert oder in einem Slum leben muß?

Teilnehmer welchen historischen Ereignisses wären Sie gern gewesen?
Da fällt mir zum Glück keines ein.

Hat Heimat für Sie eine Flagge?
Ich hatte noch nie ein Heimatgefühl, das mit Fahnentuch verbunden gewesen wäre.

Gibt es Landstriche, Bräuche, Städte, die Sie auf den Gedanken brächten, Sie seien für einen anderen Ort besser geeignet?
Der Süden. Da sind die Menschen weniger verstockt, und schöner sind sie auch.

Was empfinden Sie angesichts der Gewißheit, daß es Sie in fünfzig Jahren nicht mehr gibt?
Nichts. Ein Krümel mehr oder weniger – was soll's?

Wieviel Zeit verbringen Sie vor dem Spiegel?
Trotz des eben Gesagten: von Tag zu Tag mehr. Doch nimmt das Vergnügen daran ab.

Wer regt Sie am meisten auf?
Schweiger, hinter deren Schweigen nichts steckt.

Können Sie Ihre Hemden allein bügeln?
Ja, aber ich tu's nicht.

Wer lügt besser: Männer oder Frauen?
Frauen reden mehr, also lügen sie auch mehr.

Ihr Lieblingskollege im Fernsehen – und bei wem schalten Sie sofort um oder aus?
Ich schalte immer öfter aus, weil auch Lieblingskollegen immer öfter Mist spielen.

Was würden Sie gern in den Köpfen der Deutschen ändern?
Das Denken, Fühlen und Handeln in Nibelungen-Kategorien.

Wer ist der größte Gauner in Deutschland?
Das Geld.

Haben Sie schon mal Auswanderung erwogen?
Nein.

Kann Ideologie eine Heimat sein?
Leider ja.

Können Sie sich ohne Heimat denken?
Man kann ohne Heimat auskommen, wenn man eine hat.

Was bezeichnen Sie als Heimat? Ein Dorf, eine Stadt oder ein Quartier darin, einen Sprachraum, einen Erdteil, eine Wohnung?
Das alles kann Heimat sein. Am wichtigsten aber: wenn Heimat ein Dach über der Seele ist – mehr nicht, aber auch nicht weniger.

Worauf können Sie eher verzichten? Auf Heimat, auf Vaterland, auf die Fremde?
Auf die Fremde am wenigsten.

Wenn Sie sich in der Fremde aufhalten und Landsleute treffen: Befällt Sie dann Heimweh oder dann gerade nicht?
Nach bisherigen Erfahrungen: Dann gerade nicht.

Hoffen Sie auf ein Jenseits?
Nein, aber ich hoffe, daß niemand verlorengeht.

Was ertragen Sie nur mit Humor?
Ein Leben in Deutschland, und das auch noch in der Hauptstadt.

Wovor haben Sie Angst?
Vor familiären Unglücken.

Haben Sie einen wiederkehrenden Alptraum?
Einen?

Wofür sind Sie dankbar in Ihrem Leben?
Für Menschen, die mich so nehmen, wie ich bin.

Von welcher Erfindung hätten Sie gern, daß es die Ihre sei?
Auch zu solcher Überlegung fehlt mir der notwendige Ehrgeiz. Weil ich eigentlich gar nicht wissen will, wie es wirklich ist. Meinetwegen kann es so sein oder auch anders. Wozu muß ich die Wahrheit kennen, weiß man doch ohnehin nie genau, was damit gemeint ist. Wenn die Leute die Wahrheit wüßten, würden sie sich wahrscheinlich alle erschießen. Aber ich bin jetzt sehr weit abgekommen von Ihrer Frage und meiner Antwort.

Was ist Ihnen im Leben am besten gelungen?
Der Ausstieg aus der Schau-

spielerei ohne allzu große Narben.

An welchem Ort erhielten bzw. gaben Sie Ihren ersten Kuß?
In Oschatz, im Schulpark des Internats. Ich war siebzehn. Der Junge war das Notopfer für mich Spätentwickler. Ich kam zurück in unser Acht-Betten-Zimmer, alle Mädels saßen so aufrecht wie neugierig im Bett, wollten wissen, wie's war, und genossen ein teuflisches Vergnügen, als ich panisch mein Waschzeug nahm und mir die Zähne putzte.

Nennen Sie drei Dinge, die Sie für Geld nicht tun.
Die Familie verlassen, jemanden verraten, einer Partei beitreten.

An welche abergläubische Regel halten Sie sich?
Ich glaube an biomechanische Wellen. Der erste Eindruck ist der beste, sagte meine Mutter immer, und ich hielt das lange Zeit für blanken Unsinn. Aber mehr und mehr erwische ich mich bei der Frage: Was habe ich gefühlt, als ich den und den zum ersten Mal sah?

Gewalttätige in der U-Bahn greifen jemanden an. Was tun Sie?
Ich werde Angst haben, und ich hoffe, daß meine Angst etwas freisetzt, daß mich zur Einmischung befähigt. Ich kann so eine Frage nicht eindeutig beantworten. Ich glaube, der Mensch trägt Kräfte oder Ohnmächte in sich, deren Entfaltung an Situationen gebunden sind und sich nicht vorhersagen lassen.

*

KURT BÖWE,
für welchen höheren Sinn lebt der Mensch?
Es gibt keinen höheren Sinn als das Glück, zu leben. Brecht: »Ein jeder hat die Welt geliebt, wenn man ihm zwei Hände Erde gibt.«

Was finden Sie liebenswert an diesem Jahrhundert?
Das verläßliche Ausmaß der Irrtümer.

Was ist links?
Dort, wo das Herz schlägt, wo also auch der gefährlichste Schmerz wohnt.

Welches ist Ihr liebster Platz auf der Welt?
Krumbeck.

Mit welchen drei Begriffen charakterisieren Sie Deutschland?
Drei? Zwei! Goethe und Buchenwald.

Welches wäre das Ziel Ihrer Traumreise?
Ein solches Ziel ist mir fremd. Manchmal nur denke ich an das Meer. Das hat schon eine Gewaltigkeit mit sehr erzieherischer Wirkung – was zum Beispiel die Demut betrifft.

Wann haben Sie zuletzt geweint?
Als ich den Text Adolf Dresens für dieses Buch las. Und als ich im Krankenhaus lag und im Fernsehen noch einmal »Pause für Wanzka« sah.

Was trauen Sie der Menschheit nicht mehr zu?
Die Menschheit ist zu allem fähig; die Erbsünde kriegen wir nicht wieder los. In der Einschätzung des Menschen sage ich ein schüchternes Ja zu Nietzsche und Schopenhauer. Vor allem Nietzsche ist eine radikale, aufregende Gestalt.

Was empfinden Sie als Verrat?
Sich selbst aufzugeben.

Welches Kunstwerk haben Sie nie verstanden?
Den zweiten Teil vom »Faust«. Und wie ich den Faust im ersten Teil gespielt habe, das verstehe ich auch nicht mehr so ganz. Ansonsten: moderne Malerei. Aber man muß nicht alles verstehen wollen – erst Erklärungen machen manche Sache mystisch und dunkel.

Wie beschreiben Sie Lebenskünstler?
Die kann ich nicht beschreiben, denn sie interessieren mich nicht.

Was ist ein wunder Punkt bei Ihnen?
Ich bin Hypochonder.

Welchen Zeitgenossen würden Sie für Verdienste um die Menschheit auszeichnen?
Niemanden.

Finden Sie Marx überholt?
Marx ist ebenso wenig überholt wie die Bibel.

Mit welcher Persönlichkeit der

Geschichte würden Sie gern in Briefwechsel treten?
Mit keinem, die sind mir alle unheimlich. Höchstens mit einem Cellisten, denn Cellisten sind einsame Leute. Der schweigsamste unter ihnen ist Pablo Casals gewesen.

Kann man mit Ihnen Pferde stehlen?
Na klar, Schütt – wenn du stiehlst. Ich selber brauch keine Pferde.

Was mochten Frauen an Ihnen?
Vielleicht den Humor.

Wie wollten Sie am liebsten aussehen? Gab es schauspielerische Vorbilder?
Vorbilder? Da is mir nüscht Verdächtjet uffjestoßen – wie es in Hauptmanns »Biberpelz« heißt.

Was wäre für Sie das größte Unglück?
Auf Unglück innerlich nicht vorbereitet zu sein.

Wo möchten Sie leben?
Keinesfalls unterwegs. Nur zuhause.

Was ist für Sie das vollkommene irdische Glück?
Für mich gibt es Glück immer nur in Verbindung mit meiner Familie, erfolgreicher Arbeit, Liebe, Ruhe und Gesundheit – und einem Flensburger Bier.

Welche Fehler entschuldigen Sie am ehesten?
Die aus Unsicherheit passieren. Im reinen Licht verbrennt alles, sagt Fontane. Sei also vorsichtig und tu nicht, als hättest du immer alles gewußt.

Ihre liebsten Romanhelden?
Die Menschen in Fontanes »Stechlin«. Das ist ein Jahrhundertend-Werk, in dem meine Gemütslage treffend erfaßt ist.

Ihre Lieblingsgestalt in der Geschichte?
Der, der trotz alledem jeden Morgen aufsteht.

Ihre Lieblingsheldinnen in der Dichtung?
Fällt mir nichts ein, ich spielte bisher keine Frauen.

Ihre Lieblingsmaler?
Wand- und Höhlenmaler.

Ihr Lieblingskomponist?

Gegenfrage: Wer hat eigentlich die Stille komponiert?

Welche Eigenschaften schätzen Sie an einem Mann am meisten?
Das ironische Spiel mit dem eigenen Ich; die Fähigkeit, sich selbst nicht ganz so ernst zu nehmen.

Welche Eigenschaften schätzen Sie an einer Frau am meisten?
Das ironische Spiel mit dem eigenen Ich; die Fähigkeit, sich selbst nicht ganz so ernst zu nehmen.

Ihre Lieblingstugend?
Zurückhaltung, was sonst.

Ihre Lieblingsbeschäftigung?
Mich interessieren weder Samt noch Seide, vor dem Reisen habe ich einen Horror, einen wunderbaren Blick habe ich hier von meinem 18. Stockwerk aus. Wenn das Licht wechselt, ändern sich auch die Gefühle, wie auch Jahres- und Tageszeiten. Die Welt will ich um mich herum haben, also sammle ich Bücher. Indem ich Bücher um mich habe, habe ich die Welt im Rücken. Und lese ich ein Buch, hab ich die Welt sogar im Kopf.

Wer oder was hätten Sie sein mögen?
Vielleicht Hans im Glück.

Ihr Hauptcharakterzug?
Ein gewisser Sinn für Tatsächlichkeiten.

Was schätzen Sie bei Ihren Freunden am meisten?
Deren Freundschaft.

Ihr größter Fehler?
Wenn ich mich errege, bin ich am dümmsten.

Ihr Traum vom Glück?
Immer wieder: Daß die Fügungskraft aller Dinge mich noch ein wenig am Leben läßt. Was ist Glück? Hast du Instinkt für das Glück? Für das, das sich nähert, und für das, das fortgeht? Oder zählt deine Angst fiebrig die Stunden, wie ein Zwangskranker? Ja, was überhaupt ist Glück? Eine Menschenkette von Augenblicken, die ganz stark ihre Unzerstörbarkeit wollen? Oder eine Glasmurmel, bläulich, die man weder anhalten noch ins Rollen bringen kann? Ich glaube, es gibt eine Formel für Glück. Ich kenne sie nicht genau, aber ich ver-

mute mal: Es ist ein Gleichheitszeichen drin und eine unpathetische riesige Null.

Was möchten Sie sein?
Gesünder.

Ihre Lieblingsfarbe?
Blau, abstrakt begriffen.

Ihre Lieblingsblume?
Jede, die es im Frühling wieder schafft.

Ihr Lieblingsvogel?
Die Amsel, die Mütterliche unter den Vögeln.

Ihre Lieblingsrolle der Vergangenheit?
Ach. Sagen wir diplomatisch: die Bratenrolle.

Ihre Lieblingsrolle in spe?
Immer die nächste. Also vielleicht: der Volksphilosoph Falstaff in Shakespeares »Heinrich IV.«

Ihr Lieblingsschriftsteller?
Immer der, der es schafft, daß ich sein Buch bis zu Ende lese. Außerhalb aller Konjunktur und Konkurrenz: Theodor Fontane, Thomas Bernhard. Und Shakespeare! Auf den trifft zu, was Heiner Müller sagte: Wir sind so lange nicht bei uns selber angekommen, solange Shakespeare unsere Stücke schreibt.

Ihr Lieblingslyriker?
Die Dichter des Grundgesetzes.

Ihre Helden in der Wirklichkeit?
Alle, die rechtzeitig Leine ziehen. Deserteure vor allem. Und natürlich: Meine Ärzte.

Ihre Heldinnen in der Geschichte?
Die Mütter unbekannter Deserteure.

Ihre Lieblingsnamen?
Winnie und Heide.

Was verabscheuen Sie am meisten?
Wichtig Gemachte.

Welche geschichtlichen Gestalten verachten Sie am meisten?
Helden, außer auf dem Theater.

Welche militärischen Leistungen bewundern Sie am meisten?
Kapitulationen.

Welche Reformen bewundern Sie am meisten?

Als einstiger Germanist: Tie Rächtschraibprevohrm.

Welche natürliche Gabe möchten Sie besitzen?
Ich bin's zufrieden. Es ist doch zum Beispiel ein wertvolles Talent, immer ein wenig durstig zu sein.

Wie möchten Sie sterben?
Ehrlich gesagt: gar nicht.

Ihr Motto?
Das wechselt. Sagen wir es heute mal so: Erfahrung vollzieht sich nicht im Sprung, sondern im Schritt. Noch anders gesagt: Die Faulheit ist der Fleiß der Träumer.

Was ist Ihre größte Hoffnung?
Immer wieder: nicht ausgepfiffen zu werden.

Wer oder was ist Ihre heimliche Leidenschaft?
Selbstgekochte Suppen.

Was ist Ihnen peinlich?
Fehlendes Publikum.

Welche kulinarischen Genüsse schätzen Sie am meisten?
Essen und Trinken. Mehr noch Trinken.

Was treibt Sie zur Verzweiflung?
Teilnahmsloses Publikum.

Wem werden Sie ewig dankbar sein?
Ewig? Ich glaube kaum, daß ich so lange lebe.

Was loben Ihre Freunde an Ihnen?
Mein Modebewußtsein.

Wem möchten Sie auf keinen Fall in der Sauna begegnen?
Den Leibwächtern Shirinowskis.

Was sagen Ihre Feinde Ihnen nach?
Konsequenten Opportunismus. Aber auch da rette ich mich zu Fontane: Ich bin nun mal für Frieden und Kompromisse.

Wofür oder bei wem müssen Sie sich unbedingt noch entschuldigen?
Die Zeiten sind vorbei.

Welche Ihrer Vorzüge werden verkannt?
Meine Schweigsamkeit.

Was war, was ist Ihr größter Erfolg?

So weit bin ich noch nicht.

Was war Ihre dramatischste Fehlentscheidung?
Mich an der Schauspielschule zu bewerben.

Was sind Ihre verborgenen Schwächen?
Feigheit, Entschlußlosigkeit, kurzum: Labilität. Aber wieso nehme ich eigentlich so spontan an, daß diese Schwächen verborgene seien?

Wie würden Sie einem Blinden Ihr Äußeres beschreiben?
Ein etwas größerer Kopf, Bauch. Dieter Franke sagte immer zu mir, mit diesem Koppe auf meinem Halse könnte ich erst im Fernsehen auftreten, wenn die 80er Bildröhre erfunden worden sei.

Was würden Sie zuerst durchsetzen, wenn Sie einen Tag lang Deutschland regieren könnten?
Alle Straßennamen ändern! Ausnahmslos alle, in Ost und West, Nord und Süd.

Wer wird Deutschland in zehn Jahren regieren?
Immer noch die CDU. Egal, unter welchem Parteinamen sie auftritt.

Welcher Politiker flößt Ihnen Vertrauen ein?
Keiner. Ich laß mir von Politikern nichts mehr einflößen.

Welches sind die drei klügsten Köpfe unserer Zeit?
Mir fällt nur Heiner Müller ein. Feig, falschzüngig, aber beides mit Witz. Der verrät für Pointen das Vaterland, das er gar nicht hat. Der verfügt über den notwendigen Sinn für Mumpitz – so daß man mehr und mehr das Gefühl kriegt, unser »Heini« meint das alles nicht so ernst, wie es seine Leser tun. Hoffentlich schreibt er nicht mehr so viele Stücke, sondern gibt nur noch Interviews.
Er ist Deutschlands bester Aphoristiker.

Was ist Ihre Lebensphilosophie?
Ich liebe das Leben so sehr, daß ich mir immer nur sage: Durchkommen, Hauptsache durchkommen!

Welchen Traum wollen Sie sich unbedingt noch erfüllen?
Da müßte ich jetzt zu lange überlegen.

Wo möchten Sie beerdigt werden?

In Krumbeck ist da ein Hügel, der Stein steht auch schon fest, auch die Kumpels, die mich da hintragen und hinuntersenken.

Wer soll Ihre Grabrede halten?
Niemand, jedenfalls an meinem Grab nicht. Danach jeder nach seiner Art.

Welchen Satz erhoffen Sie sich darin?
Entfällt, verehrtes Publikum.

Was gefällt Ihnen an sich selbst?
Die angeborene Scheu.

Welches war Ihre erste Mutprobe?
Mit Mut sollte man mich nicht in Verbindung bringen. Höchstens mit Übermut. Ich bin eher dafür, solche Situationen zu vermeiden, in denen Mut nötig ist.

Was würden Sie, hätten Sie die Macht, auch gegen den Willen einer Mehrheit durchsetzen?
Nichts. Das hat keinen Sinn. Die Mehrheit, das sind zu viele.

Welche Hoffnungen haben Sie aufgegeben?
Daß die Welt freundlicher und menschlicher gemacht werden kann – und zwar durch eine organisierte Bewegung.

Keine Revolution hat die Hoffnungen derer erfüllt, die den Aufstand wagten. Leiten Sie daraus ab, daß die ganz große Hoffnung lächerlich sei und nur der Hoffnungslose sich Enttäuschung erspart?
Die ganz große Hoffnung ist nicht lächerlich, aber sie wird wohl sehr, sehr lange »nur« Hoffnung bleiben.

Fürchten Sie sich vor den Armen dieser Welt?
Ich fürchte ihre unerbittliche Kraft, ja. Der Hunger in der Welt ist ein unberechenbarer Faktor, der die Welt noch einmal verändern wird. Die Ohnmacht ist ein gewaltiger Feldherr.

Womit rechtfertigen Sie, mehr Geld zu besitzen als andere?
Das rechtfertige ich überhaupt nicht, deshalb gebe ich es schnell und relativ unkontrolliert aus.

Teilnehmer welchen historischen Ereignisses wären Sie gern gewesen?

An großartigen Ereignissen möchte ich nicht teilnehmen und nicht teilgenommen haben. Ich fürchte mich vor Gleichschritt und Marschmusik.

Hat Heimat für Sie eine Flagge?
Meine Heimat ist mein Taschentuch.

Gibt es Landstriche, Bräuche, Städte, die Sie auf den Gedanken brächten, Sie seien für einen anderen Ort besser geeignet?
Nein. Ich bin ein Mensch des normalen Maßes. Die Berge bei Krumbeck kann ich mir in zehn Sekunden Phantasie zum Himalaya machen.
Ich bin unlustig, in die Welt hineinzugehen, und ich glaube kaum, daß die Chinesische Mauer mich je vermißt hat. Was soll mir die Weltreise; hinterher gibt man blöde Kommentare ab, aufgelesen in schlechten Reiseführern.

Was empfinden Sie angesichts der Gewißheit, daß es Sie in fünfzig Jahren nicht mehr gibt?
Abwarten! Vielleicht bescheinigt mir die Theaterkritik doch noch Unsterblichkeit.

Ihre gegenwärtige Geistesverfassung?
Gefaßt.

Wieviel Zeit verbringen Sie vor dem Spiegel?
Sehr wenig Zeit. Ich gucke nur rein, ob ich nicht zu schwer werde. Wenn ich in unsererm Lichtenberger Haus Fahrstuhl fahre, neuerdings, im Westen, muß ich auch in den Spiegel gucken. Will ich aber gar nicht. Naja, einen Trost rede ich mir dabei ein: Mein Gesicht kriegt so ein bißchen Historizität.

Wer regt Sie am meisten auf?
Die Ehre gewähre ich fast keinem mehr.

Können Sie Ihre Hemden allein bügeln?
Bitte keine Einmischung in mein Privatleben!

Wer lügt besser: Männer oder Frauen?
Nicht das Geschlecht ist entscheidend, sondern der Beruf. Also: Am besten lügen Schauspieler. Die künstlerische Wahrheit besteht überhaupt aus unsterblichen Lügen.

Ihr Lieblingskollege im Fernsehen – und bei wem schalten Sie sofort um oder aus?
Werner Rühmann und Walter Albers.

Was würden Sie gern in den Köpfen der Deutschen ändern?
Bin ich Sisyphos?

Wer ist der größte Gauner in Deutschland?
Ich weigere mich, da auch nur einen zu bevorzugen, indem ich auch noch seinen Namen nenne.
Haben Sie schon mal Auswanderung erwogen?
Das ist mir zu weit.

Kann Ideologie eine Heimat sein?
Ja. Leider.

Können Sie sich ohne Heimat denken?
Heimat ist ja kein Besitz. Heimat ist nicht, wo wir sind – Heimat ist, wo wir her sind: und also das Verlorene.
Davon erzählt Erinnerung immer: von der Vertreibung, vom Entzug. So gesehen, braucht man Heimat.

Was bezeichnen Sie als Heimat? Ein Dorf, eine Stadt oder ein Quartier darin, einen Sprachraum, einen Erdteil, eine Wohnung?
Die Prignitz.

Worauf können Sie eher verzichten? Auf Heimat, auf Vaterland, auf die Fremde?
Ich bin für Gerechtigkeit: Ich kann auf jedes dieser Dinge in gleicher Weise verzichten.

Wenn Sie sich in der Fremde aufhalten und Landsleute treffen: Befällt Sie dann Heimweh oder dann gerade nicht?
Weder noch.

Hoffen Sie auf ein Jenseits?
Wenn es eines gäbe, würde ich mich nicht dagegen stemmen.

Was ertragen Sie nur mit Humor?
Mich und alle anderen Menschen.

Wovor haben Sie Angst?
Vor der Einsamkeit, die einem der Tod aufdrängt. Es wäre schlimm, wenn meine Frau eher ginge als ich.

Haben Sie einen wiederkehrenden Alptraum?

Ja. Ich kriege keine Luft und sterbe.

Wofür sind Sie dankbar in Ihrem Leben?
Daß dieser Alp bisher ein Traum blieb.

Von welcher Erfindung hätten Sie gern, daß es die Ihre sei?
Ich lebe lieber mit den Geheimnissen dieser Welt. Ich möchte also, daß man mir in manchen Dingen meine Unwissenheit läßt, etwa, wenn es um die Elemente dieser Erde geht. Ich habe Mädchen kennengelernt, die mir in froststarrer Nacht den Sternenhimmel zu erklären suchte. Ich dachte in jener Sekunde an anderes, meine Damen und Herren. Wenn ich freilich etwas Neues erfinden könnte, dann: Alle, die mich umgeben, sollten glücklich alt werden und dann an Herzschlag sterben, plötzlich. Das Sterben ist schrecklich. Man sollte die Chance bekommen, nobel von der Welt zugehen. Ein Mittel zu erfinden, das Asthma beseitigt, wär im übrigen auch nicht übel.

Was ist Ihnen im Leben am besten gelungen?
So richtig nichts. Ein bißchen gelungen ist mir vielleicht, daß ich als Schauspieler noch nicht ganz vergessen bin. Aber da hängt so wenig von einem selbst ab. Wie es Fellini sagt: Was ist ein Schauspieler? Man kann sich dabei viel denken, ein Mensch aus der Provinz, der sich irgendwo zwischen der physischen und metaphysischen Realität bewegt. Angesichts dieser metaphysischen Realität sind wir alle provinziell; wer sind die wahren Bewohner der Transzendenz? Genau dieses Zwischenreich, das ich Provinz nenne, das Grenzland zwischen der faßbaren und der unfaßbaren Welt – das ist das eigentliche Feld der Kunst. Und unsere Strahlkräfte kommen nicht aus uns selber.

An welchem Ort erhielten bzw. gaben Sie Ihren ersten Kuß?
Das war in der 11. Klasse, 1949, in Kyritz an der Knatter, Hilde hieß das hübsche Mädchen, die Eltern stammten aus dem Rheinland, Drogisten, die dann wieder nach

dem Westen gingen. Hilde wurde eine feurige Kommunistin. Zunächst aber, es war wohl Herbst, küßte ich sie in einer Miete.

Nennen Sie drei Dinge, die Sie für Geld nicht tun?
Jetzt Vorsicht vor falschen Schwüren! Aber was ich auf keinen Fall machen würde: meine Familie verraten. Lassen wir's bei diesem einen, wesentlichsten Punkt.

An welche abergläubische Regel halten Sie sich?
An eine Regel nicht. Aber ich bin sehr abergläubisch, ja. Im Dorf gab es Gesundbeter, okkultische Dinge trugen sich zu. Wenn mir eine Katze von links nach rechts über die Straße läuft, komme ich noch immer ins Grübeln. Einsam im Nebel zu wandern, ab und an ein großer Stein, aber was steckt hinter den Steinen? Ein leiser Schauder läßt sich nicht leugnen. Oder Gewitter! Bauern, die ihre Scheuer voll haben, fürchten das Gewitter, ein Jahr Arbeit steht in Gefahr. Wir Kinder mußten uns in der Küche einfinden, saßen auf kleinen Kissen, und Großmutter sagte bei jedem Donnerschlag: De leewe Gott schümpt!

Gewalttätige in der U-Bahn greifen jemanden an. Was tun Sie?
Laut schreien, mit aller Kraft. Das hilft. Auch einem selber, gegen die eigene Angst.

KURT BÖWE IN SEINEN ROLLEN

Rollen am Theater (Auswahl):

1959
Schleim in »Der entfesselte Wotan« von Ernst Toller. Studentenbühne der Humboldt-Universität Berlin. Leitung: Kurt Böwe

ab 1960 Maxim Gorki Theater Berlin
Schufterle in »Die Räuber« von Friedrich Schiller. Regie: Maxim Vallentin/ Hans Dieter Mäde
Mathuras Gehilfe in »Vasantasena« von Lion Feuchtwanger. Regie: Horst Schönemann

1961
Bedienter in »Der zerbrochene Krug« von Heinrich von Kleist. Regie: Maxim Vallentin
Ernie Flowers in »Rummelplatz« von Evan MacColl. Regie: Horst Schönemann

1962
Episodenrollen in »Die Reise um die Erde in 80 Tagen« von Pavel Kohout. Regie: Horst Schönemann
Paul in »Steine im Weg« von Horst Sakowski. Regie: Ottofritz Gaillard

1963
Rolf Sorge in »Seine Kinder« von Rainer Kerndl. Regie: Horst Schönemann

1964
Mitglied des Quartetts in »Frau Jenny Treibel« von Claus Hammel nach Fontane. Regie: Horst Schönemann

1965
Hauptmann in »Die Geisel« von Brendan Behan. Regie: Horst Schönemann
Lehrer in »Am Tage der Hochzeit« von Viktor Rosow. Regie: Horst Schönemann
Rolf Sorge in »Meine Kinder« von Rainer Kerndl. Regie: Horst Schönemann

1967 Volksbühne Berlin
Sänger in »Jean Paul Marat« von Peter Weiss. Regie: Fritz Bornemann

1968
Lokführer in »Der Abstecher« von Martin Walser. Regie: Christoph Schroth (Theater im 3. Stock)

ab 1967 Landestheater Halle
Kite in »Pauken und Trompeten« von George Farquahr. Regie: Christoph Schroth
Sosias in »Amphitryon« von Armin Stolper. Regie: Horst Schönemann.
Teterew in »Die Kleinbürger« von Maxim Gorki. Regie: Horst Schönemann
Verschiedene Rollen in »Zehn Tage, die die Welt erschütterten« von John Reed/ Heiner Müller. Regie: Christoph Schroth
Puntila in »Herr Puntila und sein Knecht Matti« von Bertolt Brecht. Regie: Christoph Schroth

1968
Baugeschäftsführer Otto Laiper in »Landshuter Erzählungen« von Martin Sperr. Regie: Christoph Schroth
Trullesand in »Die Aula« von Hermann Kant. Regie: Horst Schönemann
Spiegelberg in »Die Räuber« von Friedrich Schiller. Regie: Horst Schönemann

1969
Verschiedene Rollen in »Anregung«. Regie: Horst Schönemann
Gubanow in »Zeitgenossen« von Armin Stolper nach Gabrilowitsch. Regie: Christoph Schroth

1970
Generaldirektor in »Anregung II«. Regie: Horst Schönemann
Faust in »Faust I« von Johann Wolfgang von Goethe. Regie: Horst Schönemann

1971
Iwan Stepanowitsch in »Himmelfahrt zur Erde« von Armin Stolper nach Sergei Antonow. Regie: Horst Schönemann

1972
Luka in »Nachtasyl« von Maxim Gorki. Regie: Horst Schönemann
Graf von Roccamonte in »Der Fächer« von Carlo Goldoni. Regie: Jurij Kramer
Krzystof Maximowicz in »Fehldiagnose« von Jerzy Stefan Stawinski. Regie: Peter Schroth/ P. Kleinert

ab 1973 Deutsches Theater und Kammerspiele Berlin
Direktor/ Die Backe in »Wege« von Nikolai Haitow. Regie: Uwe-Detlef Jessen

1974

Sharkows Freund in »Vom Abend bis zum Mittag« von Viktor Rosow. Regie: Christoph Schroth

Mitwirkung im »Kramkalender« von Erwin Strittmatter. Regie: Horst Schönemann/ Armin Stolper

1975

Rukossujew und *Ugarow* in »Provinzanekdoten« von Alexander Wampilow. Regie: Ulrich Engelmann

Dr. Stockmann in »Ein Volksfeind« von Henrik Ibsen. Regie: Klaus Erforth/ Alexander Stillmark

1976

Großvater/ Dickbauch in »Der Standpunkt/ Tüchtige Leute« von Wassili Schukschin. Regie: Wolfgang Heinz

1977

Michael Kohlhaas in »Michael Kohlhaas« von Adolf Dresen (nach Heinrich von Kleist). Regie: Adolf Dresen

Tschepurnoi in »Kinder der Sonne« von Maxim Gorki. Regie: Wolfgang Heinz

Der Richter in »Peripherie« von Frantisek Langer. Regie: Klaus Piontek

1978

Dergatschow in »Letzten Sommer in Tschulimsk« von Alexander Wampilow. Regie: Horst Schönemann

Michael Kramer in »Michael Kramer« von Gerhart Hauptmann. Regie: Wolfgang Heinz

1979

Kambyses in »Prexaspes« von Peter Hacks. Regie: Cox Habbema/ Eberhard Esche

Jegor Bulytschow in »Jegor Bulytschow und die anderen« von Maxim Gorki. Regie: Manfred Wekwerth. Gastrolle im Berliner Ensemble

1980

Theo Mangold in »Jutta oder die Kinder von Damutz« von Helmut Bez. Regie: Friedo Solter

Shrewsbury in »Maria Stuart« von Friedrich Schiller. Regie: Thomas Langhoff

1981

Chaumette/ Herman/ Simon in »Dantons Tod« von Georg Büchner. Regie: Alexander Lang

Ziffel in »Flüchtlingsgespräche« von Bertolt Brecht. Regie: Wolfgang Heinz

(Gastrolle im Theater im Palast)

1982
König Friedrich Wilhelm I. in »Die traurige Geschichte von Friedrich dem Großen«. Ein Fragment mit dem Versuch einer Ergänzung von Alexander Lang. Regie: Alexander Lang

1984
Orest in »Iphigenie auf Tauris« von Johann Wolfgang von Goethe. Regie: Alexander Lang

1985
Boll in »Der blaue Boll« von Ernst Barlach. Regie: Rolf Winkelgrund

1988
Alter Sedemund in »Die echten Sedemunds« von Ernst Barlach. Regie: Rolf Winkelgrund

1989
Bruscon in »Der Theatermacher« von Thomas Bernhard. Regie: Peter Schroth/ Peter Kleinert

1990
Dorfrichter Adam in »Der zerbrochene Krug« von Heinrich von Kleist. Regie: Wolfgang Forester (Gastspiel Bad Hersfelder Festspiele)

1991
Friedeborn in »Käthchen von Heilbronn« von Heinrich von Kleist. Regie: Thomas Langhoff

1992
Wojwode von Lublin in »Der Turm« von Hugo von Hoffmannsthal. Regie: Thomas Langhoff

1993
Don Diego in »Der Cid« von Pierre Corneille. Regie: Alexander Lang

1994
Herr Paul in »Herr Paul« von Tankred Dorst. Regie: Michael Gruner

1996
Sir John Falstaff in »Heinrich IV.« von William Shakespeare. Regie: Thomas Langhoff (Probenbeginn Oktober 1995)

Rollen im Fernsehen (Auswahl):

Alfred Magnus in »Den Wolken ein Stück näher«. Regie: Christian Steinke. 1973
Kräuter in »Broddi«. Regie: Ulrich Thein. 1975
Nurkow in »Rückkopplung«. Regie: Lothar Bellag. 1977
van der Straaten in »Melanie van der Straaten«. Regie: Thomas Langhoff. 1982
Jonas in »Einzug ins Paradies«. Regie: Achim und Wolfgang Hübner. 1987
Wanzka in »Pause von Wanzka«. Regie: Vera Loebner. 1989
Dr. Holtfreter in »Späte Ankunft«. Regie: Vera Loebner. 1989
Fleischermeister in »Die verschwundene Miniatur« Regie: Vera Loebner. 1990
Großvater in »Sprache der Vögel«. Regie: Fred Noczynski. 1991
Braumeister in »Die Audienz« (Vanek-Trilogie). Regie: Fritz Bornemann. 1991
Kommissar Groth in »Polizeiruf 110« (NDR), seit 1991

Filmrollen bei der DEFA (Auswahl):

Nadler in »Die Toten bleiben jung«. Regie: Joachim Kunert. 1968
Festungsoffizier in »Ich war 19«. Regie: Konrad Wolf. 1968
Kriminalrat Stübner in »Leichensache Zernik«. Regie: Helmut Nitzschke. 1972
Bildhauer Kemmel in »Der nackte Mann auf dem Sportplatz«. Regie: Konrad Wolf. 1974
Tycho Brahe in »Johannes Kepler«. Regie: Frank Vogel. 1974
Erich Weinert in »Zwischen Nacht und Tag«. Regie: Horst E. Brandt. 1975
»Mama, ich lebe«. Regie: Konrad Wolf. 1977
Lehrer Burschelmann in »Ottokar der Weltverbesserer«. Regie: Hans Kratzert. 1977
Kassbaum in »Tambari«. Regie: Ulrich Weiß. 1977
Zetsche in »Zünd an, es kommt die Feuerwehr«. Regie: Rainer Simon. 1979
John Ruster in »Blauvogel«. Regie: Ulrich Weiß. 1979
Philippi in »Levins Mühle«. Regie: Horst Seemann. 1980

Jadup in »Jadup und Boel«. Regie: Rainer Simon. 1980 (1988 uraufgeführt)
Berniko in »Pugowitza«. Regie: Jürgen Brauer. 1981
Schorsch in »Asta, mein Engelchen«. Regie: Roland Oehme. 1981
Literaturprofessor Menzel in »Märkische Forschungen«. Regie: Roland Gräf. 1982
Arzt in »Das Luftschiff«. Regie: Rainer Simon. 1983
Kalle Sengebusch in »Automärchen«. Regie: Erwin Stranka. 1983
Schmied in »Die vertauschte Königin«. Regie: Dieter Scharfenberg. 1984
Graubaum in »Ab heute erwachsen«. Regie: Gunther Scholz. 1985
Oscar in »Der Junge mit dem großen schwarzen Hund«. Regie: Hannelore Unterberg. 1986
Habermoss in »Verflixtes Mißgeschick«. Regie: Hannelore Unterberg. 1989
Buttstädt in »Die Spur des Bernsteinzimmers«. Regie: Roland Gräf. 1992
Walz in »Stilles Land«. Regie: Andreas Dresen. 1992

Personenregister

Inhaltsverzeichnis

Alle Autorenbeiträge und Interviews wurden, soweit nicht anders notiert, für dieses Buch verfaßt.
Die Notizen Werner Stötzers veröffentlichen wir mit freundlicher Genehmigung des Autors.
Der Text von Alexander Osang erschien am 10. März 1992 in der »Berliner Zeitung«; die Veröffentlichung erfolgt mit freundlicher Genehmigung des Chr. Links Verlags Berlin.
Dieter Sturm gab uns die freundliche Genehmigung, seine Dankesworte bei der Verleihung des Fritz-Kortner-Preises 1993 zu veröffentlichen.

Die Fotos stellte Kurt Böwe aus seinem Archiv zur Verfügung. Die Autoren sind:
Gisela Brandt, Martin Dettloff, Pepita Engel, Joachim Fieguth, Günter Gueffroy, Barbara Haller, Harry Hirschfeld, Andreas Kämper, Dieter Lück, Barbara Meffert, Manfred Paul.
Nicht in jedem Fall waren die Autoren zu ermitteln.